DANIEL CHAMIER

WILHELM II.
DER DEUTSCHE KAISER

WILHELM II.
DER DEUTSCHE KAISER

EINE BIOGRAPHIE
VON DANIEL CHAMIER

MIT EINEM GELEITWORT
SEINER KAISERLICHEN HOHEIT
LOUIS FERDINAND
PRINZ VON PREUSSEN

LANGEN MÜLLER

Die englische Originalausgabe erschien 1934 unter dem Titel „Fabulous Monster“ im Verlag von Eduard Arnold & Co. in London, die deutsche Erstausgabe 1936 unter dem Titel „Ein Fabeltier unserer Zeit“ bei Amalthea in Wien.

Aus dem Englischen von
Dorothea v. Beseler

2. Auflage 1993

in der F. A. Herbig Verlagsbuchhandlung München · Berlin
Umschlaggestaltung: Wolfgang Heinzel, München,
unter Verwendung der Aufnahme eines Ölbildes von Lazlo.
(Fotografie: HERO BILD, Helmut Rominger, Ebingen)
Druck und Binden: Wiener Verlag, Himberg bei Wien
Printed in Austria
ISBN 3-7844-2235-7

Inhalt

L F

Geleitwort

Als ich meine militärische Grundausbildung bei der Luftwaffe absolvieren mußte, wurde ich einer Gruppe von jungen Ärzten zugeteilt. Wir waren alle aus dem Rekrutenalter heraus und besaßen einen akademischen Grad. Ein sehr verständnisvoller Feldwebel war für unsere Ausbildung verantwortlich. Zu Beginn des Kurses, der acht Wochen dauern sollte, begrüßte er uns mit den Worten: Meine Herren, merken Sie sich eine militärische Grundregel, dann werden Sie diesen Kursus glänzend überstehen: Wie man's macht, ist's falsch.

Und wie recht er hatte, dieser menschenfreundliche Vorgesetzte, dessen Namen ich leider vergessen haben. Und genau diese Maxime kann man auf meinen von mir innig geliebten und zutiefst verehrten Großvater Kaiser Wilhelm II. nach Lektüre des vorliegenden Buches anwenden. Was immer er auch tat oder sagte, in den Augen seiner zumeist illoyalen Berater und seines Volkes war es falsch.

Ich bin aber felsenfest davon überzeugt, daß die Geschichte zu einem ganz anderen Urteil kommen wird. Dies trifft bereits auf zwei Völker zu, wie ich persönlich feststellen konnte: die Norweger und die Israelis.

Von allen mir bekannten Biographien meines Großvaters wird das vorliegende Buch ihm und seinem komplizierten Charakter am gerechtesten. Zwei Ereignisse haben meiner Ansicht nach die lange Regierungszeit des Kaisers besonders geprägt:

Der Abschluß des Bündnisses, das er im Jahre 1904 mit seinem Vetter Kaiser Nikolaus II. von Rußland in Björko schloß, hätte den Frieden in Europa für viele Jahre gesichert. Es wurde leider auf beiden Seiten von den jeweiligen Kabinetten torpediert. Der Verrat seines Freundes, des deutschen Reichskanzlers Bernhard von Bülow in der sogenannten Daily-Telegraph-Affaire hat das seelische Rückgrat des Kaisers gebrochen. Von dieser entsetzlichen Enttäuschung durch seinen vermeintlichen besten Freund, den er in den Fürstenstand erhob, hat er sich nie wieder erholt. Mein Großvater war damals sogar bereit, zugunsten meines Vaters abzudanken. Der Kronprinz hat die größte Chance seines Lebens aus reiner Loyalität seinem Vater gegenüber nicht wahrgenommen.

Als einer der letzten noch lebenden Enkel des Kaisers und derzeitiger Chef meines Hauses begrüße ich dankbaren Herzens das Wiedererscheinen dieses einmaligen Buches.

Berlin,
im Februar 1989

Louis Ferdinand
Prinz von Preußen.

Vorbemerkung

Der Verfasser gebraucht als Leitmotiv seines Buches das Sinnbild des kühnen und feurigen Einhorns, das dem Engländer schon allein als Bestandteil des königlichen Wappens von England vertraut ist, für den nicht-englischen Leser aber der Erläuterung bedarf. Mr. Chamier selbst schreibt darüber: „Das Einhorn wird in der Heraldik und in den alten Sagen als Symbol der Reinheit und uneigennützigen Gesinnung verwendet; meine Ansichten über Einhörner habe ich aber eigentlich mehr einem phantasievollen Buche von Lord Dunsany ‚The King of Elfland's Daughter' entnommen, dessen Titelbild ein Einhorn zeigt, das von verfolgenden Hunden zu Boden gerissen wird. Dort ist von den Einhörnern gesagt, daß sie von jenseits der Grenze kommen, die das Elfenland von den ‚Gefilden, die wir kennen', trennt; wenn sie aber herüberkommen, so werden sie natürlich zu Tode gehetzt. Diese Vorstellung vom Einhorn brachte mich dann auf die Idee des Buchtitels und auf das Motiv vom ‚Kampf um die Krone', auch fanden sich einige Einhörner in der Bibel, die sich dem Gedanken sehr gut einfügten." Der Verfasser spricht in seinem Buche von dem Fabeltier der Zeitgeschichte, dem feuersprühenden Einhorn — „the Fabulous Monster of contemporary history, the firebreathing Unicorn" — und nimmt den Gedanken auch im Titel des Buches auf. Eine Bibelstelle, in der das Einhorn vorkommt, hat Mr. Chamier in der englischen Ausgabe über das 4. Kapitel gesetzt, das von der Thronbesteigung Kaiser Wilhelms II. handelt, sie steht im 92. Psalm, Vers 10 und 11: „(Denn siehe, deine Feinde, Herr, deine Feinde werden umkommen; und alle Übeltäter müssen zerstreuet werden.) Aber mein Horn wird erhöhet werden, wie eines Einhorns, und werde gesalbt mit frischem Öl." Eine andere hat er dem 5. Kapitel vorangestellt, in dem Bismarcks letzter Kampf um die Macht geschildert wird, nämlich Hiob, Kapitel 39, Vers 9: „Meinest du, das Einhorn werde dir dienen?" — Abgesehen von diesen tieferen Deutungen ist aber das Einhorn auch eine bekannte Gestalt der englischen Märchenwelt. Ein Kindervers, der vermutlich auf die beiden, in lebhafter Haltung dargestellten Schildhalter des englischen Wappens, Löwe und Einhorn, anspielt, beginnt mit diesen Worten:

„The Lion and the Unicorn
Were fighting for the crown;
The Lion beat the Unicorn
All round the town."

(Der Löwe und das Einhorn Kämpften um die Krone; Der Löwe jagte das Einhorn Um die ganze Stadt herum.) Auch in der Märchenfolge „Alice in Wonderland", die in England so bekannt ist wie Grimms Märchen in Deutschland, tritt ein Einhorn auf, zu dem das erstaunte Kind sagt: „Do you know, I always thought Unicorns were fabulous monsters" (Weißt du, ich hatte immer gedacht, daß Einhörner Fabeltiere sind).

Das Fabelwesen, das dem Verfasser vorschwebt, ist also das Symbol der Reinheit und Tapferkeit, der idealen Auffassung des Königtums.

Der Übersetzer.

I. Kapitel

Friedrich Wilhelm Viktor Albert

Aus leicht zu erratenden Gründen wurde das Kind Friedrich Wilhelm Viktor Albert getauft.

Die Frage, wie es richtig zu erziehen sei, lastete sehr schwer auf dem Gemüt der jungen Eltern, vielleicht schwerer als notwendig war. Die Eltern glaubten an die Lehre vom Einfluß der Umwelt, das Kind aber entwickelte sich nach der Lehre von der Vererbung. „Aus der Verbindung von Welfischem leicht in Energie umgesetztem Starrsinn und Hohenzollernschem mit Idealismus gepaartem Eigenwillen", so schrieb später der Erzieher, „wurde . . . ein menschliches Wesen geboren mit eigentümlich stark ausgeprägter Individualität, welche durch nichts wirklich verändert selbst den mächtigsten äußeren Einflüssen widerstehend in ihrer Eigenart sich konsequent entwickelt hat; ein Wesen von eigentümlich krystallinischem Gefüge, welches durch alle Phasen der Entwicklung sich erhalten... hat". Nicht Feen sondern Vorfahren hatten ihre Gaben zum Guten oder Bösen in die Brust des Kindes gelegt, noch ehe es am 27. Januar 1859 im Kronprinzenpalais zu Berlin, im ersten Morgenlichte blinzelnd, in der alten eichenen Hohenzollernwiege lag; und niemand konnte hinter dem Vorhang hervortreten und sagen: Das darf nicht sein! Eine verspätete Hexe aber brachte in der herkömmlichen Weise eine tückische Gabe. „Kinder, es ist ein tüchtiger Rekrut!" rief der alte Feldmarschall Wrangel der jubelnden Menge zu; erst zwei Tage später wurde entdeckt, daß der eben angetretene Rekrut schon invalide war.

In der folgenden Woche sprach die ganze Berliner Gesellschaft nur über Geburtshilfe. War es eine Verletzung oder ein angeborener Fehler? Die Geburt war schwer und angstvoll gewesen; es hatte einen Augenblick gegeben, wo man gedacht hatte, daß weder die Mutter noch das Kind am Leben bleiben würden. Manche tadelten die Versuche der Hebamme, das Kind durch

Schütteln zum Atmen zu bringen[1], andere die Instrumente des Arztes[2], auf die man eine Verletzung zurückführte, von der Lady Paget glaubte, daß sie eine Verrenkung gewesen sei: „wahrscheinlicher ein gerissener Nervenstrang", sagt ein englischer Arzt, „infolge ungeschickter Geburtshilfe."

Der junge Vater, Friedrich Wilhelm, Sohn des Prinzregenten von Preußen und Neffe des geisteskranken Königs, Friedrich Wilhelms IV., vereinigte mit den strengen Erziehungsgrundsätzen seines Hauses die gemilderte Demokratie eines fürstlichen Liberalen. Die junge Mutter, damals erst achtzehn Jahre alt, hatte aus ihrer früheren „überlegenen Umwelt" am englischen Hofe die neuesten hygienischen Ideen und ihres Vaters, des Prinzgemahls, Gedanken über Erziehung mitgebracht. Ihre Kinder sollten den besten Unterricht und die beste Luft genießen. Dem jungen Fritz, wie man ihn zuerst nannte, folgten bald drei Brüder und drei Schwestern. Der Regent — nunmehr König Wilhelm I. — schenkte seinem Sohn das Gut Bornstedt bei Potsdam. Hier spielte die kronprinzliche Familie im Sommer Privatleute, hier beaufsichtigte Friedrich Wilhelm die Gutswirtschaft und Victoria die Meierei; die Kinder, die keine verderblichen Ideen über Rang und Kaste in sich aufnehmen sollten, jagten sich mit den Dorfkindern, plantschten und liefen im Winter Schlittschuh auf dem Dorfteich. Victoria liebte ihre Kinder am meisten, solange sie noch klein waren. Sie „wünschte mit unaussprechlichem Verlangen", so schrieb ihre Freundin Lady Paget, „sie immer als Babies zu haben. Solange sie ganz klein waren, liebte sie sie mit einer Heftigkeit, als fürchte sie, sie könnten ihr fortgenommen werden". Nur zu bald keimte die unbekannte Seele in dem vertrauten kleinen Körper, um mit „Strenge" im Zaum gehalten zu werden, wie Putlitz zustimmend notierte. Es wurde viel erzählt von der spartanischen Kinderstube, der einfachen Kost, den wenigen Ferien und den Rutenhieben; als seine Erzieherin ihm bei der Exekution einmal versicherte, es tue ihr ebenso weh wie ihm, fragte der junge Fritz nachdenklich, ob es ihr denn auch an derselben Stelle weh tue. Mit acht Jahren war er jedoch Fräulein von Dobeneck, der strengen aber geliebten Erzieherin, schon entwachsen; und nun kam Hinzpeter.

[1] Paget, S. 110; „Gräfin Eppinghoeven", S. 4; „Ein alter Diplomat", S. 17.
[2] Bigelow (a), S. 50—51.

Der gewissenhafte, trockene Sonderling war ein eigenartiger Gefährte für Arbeit und Spiel eines kleinen Jungen. Er fand in seinem Zögling ein kleines, zartes, blondes Kerlchen, wunderhübsch wie ein kleines Mädchen, mit einem kraftlosen linken Arm, der ihn noch zarter machte, und mit einem Charakter. Nicht etwa, daß er Schwierigkeiten gemacht hätte. Königskinder werden jung zugeritten; bei seiner Verständigkeit, wie der Erzieher schrieb, seinem früh entwickelten Pflichtgefühl und seiner angeborenen Charakterfestigkeit verursachte es keine Mühe, eine stoische kleine Statue bei ermüdenden Hoffestlichkeiten aus ihm zu machen, einen jungen Kavalier der Damen, einen Knaben, der sich mit furchterregenden Unbekannten in fremden Sprachen unterhalten konnte. Lange vorher, als er vier Jahre alt war, hatte er auf der Hochzeit seines Onkels Bertie[1], als es ihm in der Kirche zu langweilig wurde, seinen Onkel Leopold[2], der damals noch ein Schuljunge war, in die Hand gebissen. Der Achtjährige, der den Ernst des Lebens kannte, muß halb ungläubig auf diese Revolte seiner sorgenlosen Jugend zurückgeblickt haben. „Äußerste Strenge" — und das war keine leere Phrase — war erforderlich, um ihn in diesem reifen Alter dahin zu bringen, sich zu konzentrieren: bis sein eigenes Gewissen und sein Wille vorzeitig geweckt worden waren, dann gab es keinerlei Schwierigkeiten mehr. Er wurde gelehrt, die guten Dinge den kleinen Gästen aufzunötigen, die zum Tee kamen, aber selbst sich ihrer zu enthalten, um Selbstbeherrschung zu lernen. Er wurde niemals gelobt, Hinzpeter hielt davon nichts. Der Erzieher kümmerte sich eifrig um seine religiöse Entwicklung; einmal brachte er es soweit, ihm Angst vor den Schrecken der Hölle zu machen; dann war er belustigt, als sein Zögling im Geiste der ersten Christen um den Beistand des Himmels bei seinen Schularbeiten bat. Wie sollten die getäuschten Eltern eines so begabten und so lenksamen Sohnes wissen, daß es nicht Wachs war, was sie formen wollten, sondern eine „kräftige, seltene Pflanze", die sich auf ihre eigene Art durchkämpfte?

Der lahme Arm wurde mit ebensoviel Festigkeit behandelt wie das kindliche Gemüt. Die Versuche der Chirurgen waren nutzlose Qual; eine schlimme Folgeerscheinung beseitigte Hinzpeter jedoch

[1] Prinz von Wales. D. Übers.

[2] Herzog von Albany. D. Übers.

auf seine Weise. Vielleicht hatte ein Unfall, der dem Zweijährigen beim Ritt auf einem Esel zugestoßen war, in ihm das Gefühl der Hilflosigkeit erweckt; noch mit acht Jahren mußte dem kleinen Kerl das Pony geführt werden. „Da weder Reitknecht noch Stallmeister dazu imstande waren“, schrieb Hinzpeter, „hob der Erzieher... den weinenden Prinzen auf sein Pferd ohne Bügel und erzwang die Übung der verschiedenen Gangarten, taub gegen alles Bitten und Weinen, erbarmungslos den unaufhörlich herunterstürzenden Reiter wieder hinaufhebend“, bis endlich nach wochenlanger Quälerei das nötige, wegen der leichteren linken Seite schwer zu haltende Gleichgewicht durch des Knaben Balancierkunst erlangt war. „Aber nur ungewöhnliche Energie und Rücksichtslosigkeit konnten die ungewöhnliche, wenn auch natürliche Schwäche besiegen. Nachdem dies einmal geschehen und der Prinz durch Wecken der eigenen Kraft jedem anderen Knaben gleichgestellt war, konnte er dem Stallmeister übergeben werden zu weiterer schnell fortschreitender Ausbildung[1].“

Es war damals die Zeit heroischer Maßnahmen gegen die Schwachheiten der Kinder. Als das Pferd des Prinzen einmal im Park gescheut und ihn abgeworfen hatte, billigte man es höchlichst, daß die Eltern ihre Besorgnis unterdrückt und unberührt ihren Weg fortgesetzt hatten, während ihr kleiner Reiter wieder hinaufkletterte. Vielleicht wünschte er sich manchmal, er wäre ein Junge, dessen Mutter herbeigelaufen käme, um ihn aufzuheben und zu küssen, wenn er vor ihren Augen von Dobbin herunterpurzelte.

„Einfach reizend und sehr lebhaft“, das war der Eindruck, den der junge Fritz und seine Geschwister auf einen Besucher machten. Die Furcht, ein empfängliches Wesen im Übermaße anzuspornen, war den Müttern damals noch nicht aufgegangen. Was sollte mit Kindern nicht in Ordnung sein, die doch ohne Zweifel eine Mustererziehung genossen? — die den älteren Kindern als „freudlos“ und „bitter hart“ im Gedächtnis blieb.

Daß sie nicht alle ganz mißrieten, ist einem Einfluß zu verdanken, der stärker war als derjenige der Eltern oder des Erziehers oder einer hygienischen Kinderstube. Dieser Einfluß war die große Hohenzollerntradition. Für Kinder war es ein strenges Leben, aber langweilig war es nicht. Es wurde im Lichte

[1] Hinzpeter, Manuskript (Wilhelm [b], S. 32).

nicht nur einer ruhmreichen Vergangenheit gelebt, einer Vergangenheit, deren Mühsal und Härten Helden erlitten hatten, sondern auch einer ruhmreichen Gegenwart, einer Gegenwart, die die lebendig gewordene Vergangenheit war — ein zweites heroisches Zeitalter der deutschen Geschichte.

Im Jahre 1859, als Fritz geboren wurde, näherte sich Preußen einem der großartigen Augenblicke seiner Geschichte; zwölf Jahre später hatten Preußen und Deutschland ihn erreicht. Die Gründung des Reiches war weit mehr als ein bloßer Triumph für Preußen selbst oder eine Erhebung des losen Gefüges der deutschen Staaten zum Kaiserreich; es war der Ausdruck der Freude und der Gesundheit, die nach Jahrhunderten der Schwäche und bitterer Leiden zurückkehrten. Die Machtlosigkeit eines Landes, das auf zahllose kleine Fürsten verteilt war, die Schrecken solcher Kämpfe wie der Dreißigjährige Krieg hatten nichts vom deutschen Nationalbewußtsein übrig gelassen als die Erinnerung an Kaiser Barbarossa und die letzte Hoffnung, daß er eines Tages wiederkehren würde, wenn die Raben nicht mehr um den Kyffhäuser flogen — wenn die Deutschen aufhörten die Feinde der Deutschen zu sein; bis unter Napoleons Drohung der deutsche Patriotismus in einem durch Friedrich den Großen stark gemachten Preußen wiedererstand. Und als Preußen in den Befreiungskriegen den Weg gewiesen und 1870 an der Spitze eines deutschen Heeres die einst im Frieden geraubten Provinzen zurückgewonnen hatte, da war es zwecklos, daß manche Leute um die gute alte Zeit jammerten, als Deutschland noch nichts von diesem garstigen Ruhm und Wohlstand sein genannt hatte, sondern eine brave respektable Nation von Professoren, die Zielscheibe der praktischer veranlagten Völker gewesen war. Der nicht durch Taten aufgerüttelte deutsche Geist war in Gefahr gewesen, in Abgründe von Pedanterie und Kleinkrämerei zu versinken und in den Tiefen umzukommen, die jener harren, welche außerhalb des Stromes des Weltgeschehens bleiben. Das deutsche Volk einschließlich seiner Professoren fühlte dies und der Jubelschrei bei der Proklamation des Kaiserreiches war ein Schrei der Erlösung.

Diese Heldensage von Deutschlands Wiedergeburt war für den kleinen Fritz nichts Entferntes und Entlegenes. Aus den Fenstern seines Kinderzimmers sah er ihrer lebendigen Wirklichkeit zu.

Von seinem Elternhause Unter den Linden erblickte er den

Durchmarsch der Österreicher 1864, sah er 1866 die erbeuteten österreichischen Kanonen, die durch die jubelerfüllte Straße gezogen wurden. Beim Einzuge des siegreichen Heeres im Jahre 1871 ritt er auf seinem gescheckten Pony hinter seinem Vater. Seine ersten Eindrücke von öffentlichen Ereignissen waren mit Siegesnachrichten und den Freudenfesten eines Volkes verbunden. Die Helden dieser großen Zeit waren die Männer seines eigenen Hauses, sein Vater und sein Großvater. Ihr rauher Verbündeter, der Kanzler, hatte zuerst wohl etwas vom überlebensgroßen Kürassier für ihn. Mit der Zeit aber offenbarte auch er sich als Halbgott.

So war das Leben, das wußte Fritz schon, jedenfalls für Preußen und das Haus Hohenzollern. Potsdam, wo immer der Sommer verbracht wurde, war angefüllt mit Erinnerungen an Friedrich den Großen. Er hatte ihren Wohnsitz, das Neue Palais, erbaut. Große Vorfahren lagen in der Garnisonkirche begraben; über ihrer Gruft hatten sich Friedrich Wilhelm III. und Zar Alexander in einer dunklen Stunde die Hand gedrückt. Im nahen Charlottenburg führte der feierliche, schattige Tannenweg zur Gruft der Königin Luise, der der Gram um das Vaterland das Herz gebrochen hatte. Diese dunklen Stunden machten die Geschichte um so schöner; ohne sie würden Preußen, Friedrich, der Große Kurfürst nicht so groß gewesen sein. Solche, von unsterblichem Ruhm durchglühte Erzählungen füllten das junge Herz fast zum Zerspringen. „Ich will gut sein!" hatte Victoria von England gesagt, als sie, ein Kind noch, erfuhr, daß sie dereinst eine Königin sein werde; und doch waren ihre unmittelbaren Erfahrungen mit Fürstlichkeiten nicht gerade sehr begeisternd. Was für ein steiler Pfad war es doch für kleine Beine, der Pfad der Tugend, der dahin führte, ein würdiger Hohenzoller zu sein!

Der Ansporn dieses Gedankens wurde rücksichtslos angewandt und der lebende Held des Epos, gleichzeitig König und Ahn, geliebt und ehrfürchtig verehrt, wurde der Gegenstand frühzeitiger Heldenverehrung. Der alte Kaiser liebte seinen ersten Enkelsohn am meisten, wie es die Art der Großväter ist; er liebte ihn noch mehr, als der kleine Kerl heranwuchs — hübsch und lebhaft und voll leidenschaftlicher Liebe zu ihm — und freute sich zu sehen, wie der Zehnjährige als eben ernannter Sekondeleutnant im Ersten Garderegiment zu Fuß sich bemühte, mit seinen langen Kameraden Schritt zu halten. Die Erziehung des Knaben entsprach jedoch keineswegs den Anschauungen des Großvaters. Im Jahre 1874, als er fünfzehn Jahre alt war und sein Bruder Heinrich zwölf, wurden sie auf ein Gymnasium geschickt: durchaus zum Mißfallen des Kaisers, zum Entsetzen der an der Tradition hängenden und zur Freude und Bewunderung der liberalen Kreise. Man hatte das ganze Land durchsucht, um eine Schule zu finden, deren Direktor bei dem Gedanken, einen lebendigen Prinzen unter den Schülern zu haben, nicht ganz die Nerven verlor. Endlich fand man Direktor Vogt in Kassel; dieser erklärte, er wolle die Brüder nur dann aufnehmen, wenn sie sich genau ebenso wie ihre Kameraden den Vorschriften fügten. Am 1. September, ehe sie dorthin gingen, wurde der Ältere in der blumengeschmückten Friedenskirche bei Sanssouci eingesegnet: eine feierliche Angelegenheit auf einem Podium bei der ein Katechismus beantwortet und ein selbstverfaßtes Glaubensbekenntnis verlesen werden mußte. Die Niederschrift des Konfirmanden spiegelte das Gefühl der Anspannung wider, die sein ganzes Knabenleben erfüllte. „Ich weiß, hohe und schwere Aufgaben warten meiner in meinem zukünftigen Leben; auch bin ich mir bewußt, daß Gott einst Rechenschaft von mir fordern wird, ob und wie ich meinen Christenberuf erfüllt habe; doch der Gedanke daran soll mich nicht mutlos machen; wohl aber will ich ihn mir zur Bewahrung vor jedem Hochmut dienen lassen, vornehmlich aber jetzt zur ernsten Mahnung, treu und gewissenhaft die Zeit meiner Jugend zur Ausbildung der mir von Gott verliehenen Gaben und Kräfte zu benutzen.“

In Kassel, wo Jérôme in Deutschlands dunklen Tagen regiert hatte, lebten die beiden Knaben mit Hinzpeter und dem freundlichen General von Gottberg, ihrem Militärgouverneur, und zwar im Winter in dem alten Fürstenhaus nahe der Schule, während sie im Sommer nach Wilhelmshöhe hinauszogen, wo Napoleon III. als Gefangener gelebt und seine Zigaretten auf dem Schreibtisch eingebrannt hatte. Und wäre nicht der Ritt hin und zurück gewesen, so sagte später der Ältere, würden sie überhaupt nicht gewußt haben, wie die Welt aussah.

Auf der düsteren Anstalt zum Einpauken von Wissen, die das deutsche Gymnasium ist, zeichnete der junge Wilhelm sich nicht durch besonders glänzende Leistungen, sondern durch beharrliches hartes Arbeiten aus. Mit seinen Mitschülern verkehrte er in etwas geräuschvoller Kameradschaftlichkeit; ein Prinz darf nicht schüchtern oder hochmütig erscheinen; ihre gemeinsame Erholung bestand darin, daß sie klassenweise in schwarzen Röcken und mit eleganten Krawatten unter Führung des Klassenordinarius spazieren gingen. Die Strenge des Studienplanes war besonders fühlbar für die beiden Brüder, die nicht auf gymnasialer Grundlage unterrichtet worden waren. Sie standen um fünf auf; Schule und Schularbeiten nahmen zehn bis zwölf Stunden in Anspruch; in ihrer „Mußezeit" hatten sie Unterricht in den neueren Sprachen und Musik oder, was schöner war, Schieß- und Reitstunden, in den Ferien Malstunden. Der Hohenzollernsche Brauch, ein Handwerk zu lernen, wurde bei Wilhelm wegen seines Armes aufgegeben. Es wurde ihm viel mehr Arbeit auferlegt und viel weniger Freiheit und Vergnügen gestattet als den meisten jungen Leuten seines Alters, schrieb M. Aymé, der ihm französische Privatstunden gab. Es war ihm nicht einmal erlaubt, besondere Fähigkeiten zu entwickeln; er mußte alles treiben. Es genügte nicht, daß er fleißig arbeitete; auch seine künstlerische Empfänglichkeit mußte angeregt werden. Es genügte nicht, daß er ein braver Junge war; ein Gewissen, das schon empfindlich genug war, mußte noch fortwährend mit einer furchtbaren Verantwortung angestachelt werden. Der Schüler, der von dem unersättlichen Hinzpeter durch Fabriken geführt worden war, träumte davon, alle möglichen großen Reformen in seinem Lande einzuführen, zum Besten aller, die unter dem gegenwärtigen sozialen System leiden.

Er und der Franzose gerieten einmal in Streit über den Krieg von 1870. Der Lehrer fühlte, daß es unrecht von ihm war, gekränkt zu sein, wo keine Kränkung beabsichtigt war, er war aber ein zu guter Republikaner, um sich „bei einem Prinzen" zu entschuldigen; so war es nach einigen Tagen gegenseitigen Schmollens Seine Königliche Hoheit, der freundlich bedauerte, ein Gefühl, das er über alles schätze, die Vaterlandsliebe, verletzt zu haben. Deshalb wollte M. Aymé in späteren Jahren nichts davon hören, wenn man ihm von der ungezügelten Hitzköpfigkeit seines früheren Schülers sprach. Bei Besuchen der Eltern bemerkte M. Aymé, daß die Kronprinzessin einen „*culte*" für ihren ältesten Sohn hatte; war er nicht gut, war er nicht klug, machte er nicht seinen Eltern Ehre? Man konnte sie nicht dazu bringen, für Heinrich Interesse zu zeigen, der ein sanftmütiger, einschmeichelnder kleiner Faulpelz war. Die Mutter, die des Verbrechens der Freigeisterei beschuldigt wurde, schien um ihre religiöse Erziehung nicht sehr besorgt zu sein; gleichviel, dachte der französische Hauslehrer, welche puritanische Familie kann einen besseren, ehrlicheren, saubereren Achtzehnjährigen aufweisen[1]?

Anscheinend glaubten seine Eltern manchmal etwas von Überanspannung in seinem Wesen zu entdecken; sie schoben es auf die Behinderung durch seinen Arm. Er trug als Schüler keine blendenden Erfolge davon, aber eine der drei jährlichen Medaillen für die fleißigsten und tüchtigsten Oberprimaner; auf der Abgangsliste, in der er nach dem Alphabet unter Preußen stand, war er der zehnte.

Wilhelm war beinahe achtzehn, als er Kassel am 23. Januar 1877 verließ. Neue Eindrücke drängten sich. Am 27. wurde er großjährig erklärt und zum Ritter des Schwarzen Adlers geschlagen, wobei er den Schwur leistete, einen tugendsamen und christlichen Lebenswandel zu führen und den Witwen und Waisen beizustehen. Am 9. Februar trat er seinen Dienst an, bei der 6. Kompagnie seines Regiments, des Ersten Garderegiments zu Fuß. Im Sommer bestand er das Offiziersexamen; nach den Herbstmanövern sah sich sein Großvater jedoch widerstrebend genötigt, ihm Urlaub zu geben, um nach Bonn zu gehen und dort Rechts- und Staatswissenschaften und Nationalökonomie zu studieren. Der glückliche Heinrich war auf das Schulschiff „Niobe" gekommen und von dort auf die Marineschule in Kiel. Hinzpeters Aufgabe war beendet. Das Leben hatte begonnen.

Bonn war sehr verschieden von Kassel. Es war noch anmutiger und noch mehr von Geschichte erfüllt; es hatte poetischen Reiz wie Oxford; es war wie Oxford ein Paradies für einen jungen Mann; aber es war voll von jungen Leuten, die in den Staatsdienst zu treten beabsichtigten und eine feine Nase für alles Königliche hatten. Für einen jungen Mann, dessen Knabenzeit so hart gewesen war, konnte es nicht unangenehm sein, wenn viel aus ihm gemacht wurde. Seine Natur argwöhnte weder Schmeichelei noch sonst etwas, mißtraute weder sich selbst noch der Freundschaft, dem Glück der Stunde oder den Aussichten für das Leben. Er wäre lieber zur See gegangen, aber Student zu sein war auch schön. Er gehörte dem vornehmen schlagenden Korps der Preußen an und wurde ein guter Fechter, doch war es ihm nicht gestattet, auf der Mensur zu stehen. Später sagte er, auf der Universität

[1] Aymé, S. 133.

würde zuviel getrunken; für die Figur wahrscheinlich, nicht für den Kopf. Gegen manche häufig vorkommenden Verirrungen war der junge, von der fixen Idee der Pflicht besessene Mann genügend gewappnet; auch in späteren Jahren hatte er noch den Eindruck, daß junge Leute keine Mätressen brauchen und ohne sie bestehen können. Er arbeitete immer noch fleißig. Er hatte keine Muße für die Zweifel der Jünglingsjahre, keine Freiheit für Bedenken hinsichtlich der Richtung seines Lebens. Der Wandel, der sich in Bonn vollzog, bestand hauptsächlich darin, daß das schon Vorhandene nun sichtbar und hörbar wurde.

Mehr als sichtbar und hörbar: hell und laut. Körperlich und geistig hatte er durchgehalten; er war weder ein Opfer des nun abgetretenen Paukers geworden, noch ein vollkommener Musterknabe. Im Gegenteil, die Quellen, die leicht hätten erschöpft sein können, waren rege geworden. Er sagt, dies sei die glücklichste Zeit seines Lebens gewesen. Mangels genauer Kenntnis darüber muß auch angenommen werden, daß es die Zeit war, da seinen Eltern zuerst Zweifel über den Erfolg seiner Erziehung aufstiegen.

2. Kapitel

Auguste Viktoria

Auch der Kronprinz Friedrich Wilhelm war ein Kind vieler Hoffnungen gewesen.

Er war in der Erwartung herangewachsen, daß er der Nachfolger seines Onkels sein würde. Sein Vater lebte und regierte. In den Kriegen von 1866 und 1870 hatte Friedrich Wilhelm sich einen Namen als Heerführer gemacht. Sein Vater lebte noch immer. Es war die Lebenstragödie Friedrich Wilhelms; um nichts weniger, wenn er seinen Vater liebte.

In den fünfzehn Friedensjahren, die diesem stolzen Anfang folgten, sank er in eine ewige Thronfolgerschaft. Er stand in der Opposition: wie die meisten Thronerben und jedenfalls alle preußischen. Er hatte liberale Ansichten: natürlich, denn die Krone war reaktionär; auch dies war preußisch. Sein Vater, Wilhelm I., war selber während der Regierungszeit seines Bruders liberal gewesen, die Hoffnung der Fortschrittlichen, die Personifizierung der Neuen Ära. Diese Hoffnungen wurden enttäuscht, als er König wurde: auch dies war preußische Überlieferung. Einer seiner Vorfahren hatte gesagt, solange er noch Prinz gewesen wäre, hätten ihn die Leute vor Liebe aufessen wollen; nun er König sei, bedauerten sie, es nicht getan zu haben. Der Kronprinz hatte mehr wahrhaft moderne Neigungen als manche seiner Vorgänger; die Liberalisierung der preußischen Monarchie war aber ein gigantisches Unternehmen.

Obgleich sein kleiner Hof ein Mittelpunkt der Opposition war, machte er der Regierung keine ernsthaften Schwierigkeiten. Seine wenigen herausfordernden Gesten endeten in Unterwerfung. Manchmal konnte er auch, traurig und mit halbem Herzen, ein wenig Mitarbeit leisten. Seine Gemahlin, die nicht von Geburt eine Hohenzollern war und sich durch die Ratschläge ihres Vaters gestärkt fühlte, wäre bereit gewesen, einen weit unbarmherzigeren Krieg mit den herrschenden Gewalten zu führen. Sie war nicht imstande und versuchte es auch nicht ernstlich, Vorurteile zu überwinden oder Anschauungen zu mildern, die sie verachtete. Wenn sie einen englischen Kammerdiener, englische Küche, eine englische Kinderstube und die englische Sprache vorzog, so bestand sie eben darauf, und ebenso auch auf einer englischen Verfassung, falls sie zu haben war; denn war das alles nicht das Beste seiner Art? Es ist klar, daß sie oft unvorsichtig war, indem sie einer sehr begreiflichen Empfindung Ausdruck gab.

Sie war gewohnt, sich in mannigfacher Weise zu betätigen und allem den Stempel ihrer energischen Persönlichkeit aufzuprägen. Sie kutschierte, sie ritt, sie schoß mit der Pistole, sie trieb Malerei, Bildhauerei, Musik, Literatur, sie studierte Botanik und Physik, schrieb Aufsätze über Politik, beaufsichtigte Haushalt und Meierei, ja sie hängte die Bilder auf, wenn es nötig war, nähte und spann. Sie besaß alle Gaben der Grazien außer Takt und alle Tugenden außer vielleicht der zärtlichen Liebe. Mit soviel Fähigkeiten — und soviel ungeduldigem Ehrgeiz, der die natürliche Ergänzung dazu ist — sah sie sich selbst und Friedrich Wilhelm während der besten Jahre ihre Lebens zu dem ermüdenden Kreislauf der Repräsentationspflichten und bitterer Abhängigkeit verurteilt. Gemäß der Tradition existierte Friedrich Wilhelm gänzlich von seines Vaters Gnaden. Seine Apanage war nicht groß; ohne Erlaubnis des Hofmarschallamtes durfte er nicht die Möbel in seinem eigenen Hause umstellen; die Erziehung seiner Kinder wurde vom Kaiser bezahlt. Und der Sohn ihrer Hoffnungen bedeutete für ihn und Victoria eine Erschwerung ihrer Lage.

Der bewußte Anteil des Kaisers an der Erziehung seines Enkels hatte eigentlich nur in gelegentlichem Murren über ihren zivilen Charakter bestanden. Sein unbewußter Anteil war jedoch überwältigend. Der Knabe wuchs mit einer Generation heran, für die Wilhelm I. und Bismarck Heroen von fast übermenschlicher Größe waren. Die Eltern hatten nicht überlegt, daß je erfolgreicher seine Erziehung nach ihren eigenen autoritären Grundsätzen war, desto sicherer die Obergewalt des Großvaters durch sie begründet wurde, als dem Repräsentanten all dieser furchtbaren kaiserlichen Verantwortlichkeit, als dem Herrn, dem all die Ehrerbietung, all der Gehorsam zustand, den seine Eltern ihm einzuprägen nie ermüdeten. Als nach dem Abgang von der Universität die Armee, *en attendant le trône,* seine Laufbahn wurde, gewann der Großvater, wenn möglich, eine noch romantischere Überlegenheit. Es hätte in der Tat eines grauen Hauptes bedurft, um mit ein paar akademischen liberalen Grundsätzen die großen konservativen Persönlichkeiten in einem noch ganz unerfahrenen Herzen zu überwinden. Die Familienstreitigkeiten waren dem Blicke des Knaben ferngehalten worden; er hatte keine Vorstellung davon, daß nicht jeder rechtlich denkende Mensch politisch und privat dem „Großpapa" ergeben war.

Daß er ein ehrlicher, echter Mann werden möge, war das Gebet seiner Eltern gewesen. Jedoch menschliche Gebete sind blind; es war durchaus nicht ihre Absicht gewesen zu beten, er möge so echt werden, daß er selbständige Ansichten hätte. Der lenksame Schüler, dessen Geist so leicht zu formen schien, kam von der Universität als ein junger Mann, dessen Selbständigkeit — oder Eigenwillen — und Selbstvertrauen — oder Selbstgefühl — vollkommen war. Der Wandel war nur geringfügig, doch schien er ungeheuer.

Er hatte einen festen Willen, ausgesprochene Ansichten, eine rasche Zunge; er war so eifrig, daß er Zustimmung für gewiß nahm und über ungeahnte Empfindlichkeiten und unausgesprochenes Widerstreben hinweggaloppierte. Man mußte laut und deutlich sprechen, um nicht durch die Trompetenrute in seiner eigenen Brust übertönt zu werden. Er war vergebliches Hoffen, er werde einen Blick auffangen oder einem geflüsterten Worte zuhören. Er wußte, daß Mut und Tatkraft im Leben notwendig waren, noch aber ahnte er nicht, daß es notwendig war, behutsam zu schreiten. Er wußte, daß er das Rechte tun wollte. Er war entschlossen, seine Pflicht zu tun. Er wäre gern auf Reisen gegangen, wie die meisten jungen Thronfolger; da aber sein Großvater fand, er müsse mit seiner militärischen Ausbildung vorwärts kommen, so warf er sich darauf. Nach der Ansicht des Kaisers war seine militärische Fachbildung betrübend mangelhaft. Eine durch die Art der Erziehung bedingte sitzende Lebensweise, die Spaziergänge mit dem Ordinarius, dazu der unglückliche Arm: Was für junge Leute, so fragte sich Wilhelm selbst, sollten denn aus den Gymnasien hervorgehen? Hinzpeter meinte, es sei niemals ein junger Mann in die preußische Armee eingetreten, der so wenig das Zeug zu einem schneidigen Kavallerie-Offizier zu haben schien, wie der junge Prinz Wilhelm. Keine Zweifel hemmten die Tatkraft des jungen Prinzen Wilhelm. Verwundert über eine so aufs Ganze gehende Fürstlichkeit notierte der Generalquartiermeister Waldersee, er tue alles gründlich, was er auch unternehme. Zum Premierleutnant in der Leibkompagnie des Ersten Garderegiments ernannt und am 22. März des folgenden Jahres zum Hauptmann in der 2. Kompagnie desselben Regiments befördert, erwarb er sich von neuem den Ruf, fleißig und tüchtig zu sein und, was man damals sehr bewunderte, sich völlig unterzuordnen. Wie sehr war es darum zu beklagen, daß ein junger Mann, der so bereit war das zu tun, was ihm gesagt wurde, sich trotzdem darauf versteifte — wie alle möglichen Leute zu entdecken begannen — so zu denken, wie es ihm beliebte!

In einem sehr wichtigen Punkte war er bereit, den Ansichten seiner Eltern entgegenzukommen, nämlich was seine Heirat anging.

Während seines letzten Sommers in Bonn war er bei dem Herzog Friedrich von Augustenburg, oder genauer Schleswig-Holstein-Sonderburg-Augustenburg, in Gotha zu Besuch gewesen und hatte dort eine Neigung zu der ältesten Tochter des Herzogs, Auguste Viktoria, gefaßt. Herzog Friedrich war ein naher Freund des Kronprinzen, dessen Wunsch es gewesen war, daß der Kummer um die Herzogtümer durch eine Heirat geheilt werden solle; so traf es sich zum mindesten glücklich, daß der junge Wilhelm mit seiner Liebe so ganz am rechten Orte war. Natürlich würde kein Hohenzoller gezögert haben, sich aus Pflichtgefühl zu verheiraten; Friedrich Wilhelm schrieb jedoch, daß die Heirat seines Sohnes auf beiden Seiten auf tiefer Neigung beruhte. Warum auch nicht? Es ist nicht merkwürdig, daß die Gefühle junger Leute, die wissen, daß sie füreinander bestimmt sind, durch diesen Umstand angeregt werden, sei es in dieser oder in jener Richtung. Das Mädchen war nicht schön, aber liebenswürdig und angenehm; der zwanzigjährige junge Mann, Heißsporn[1] behindert durch den lahmen Arm, war doppelt anziehend. Große Leidenschaften fallen nicht so leicht mit den Forderungen der Pflicht zusammen, wohl aber freundliche Neigungen.

Es gab einige Kritik und einige Schwierigkeiten. Die Heirat wurde als keine große Partie angesehen, man fand, daß die Braut einer strengen Ahnenprobe nicht genüge, abgesehen davon, daß sie älter war als der Bräutigam, dieser aber sei zu jung zum Heiraten und außerdem jung für sein Alter. Der Kaiser bestand darauf, daß der Herzog auf Schleswig-Holstein verzichten solle; der

[1] Shakespeare, König Heinrich IV. D. Übers.

Herzog weigerte sich, es sei denn, er würde für die Verluste entschädigt, die ihm durch den Kampf um seine Rechte entstanden waren. Aber im März des folgenden Jahres, 1880, starb der Herzog; sein minderjähriger Nachfolger, Ernst Günther, und dessen Ratgeber willigten ein, den Anspruch fallen zu lassen; am 14. Februar fand die Verlobung statt und am 27. Februar 1881, nach dem Ablauf des Trauerjahres, die Hochzeit.

Friedrich Wilhelm Viktor Albert von Hohenzollern war bei dieser Gelegenheit keineswegs eine der Hauptgestalten. Der Bräutigam zählt niemals sehr bei einer Hochzeit, wenige Bräutigame aber haben neben der Braut noch so überwältigende Konkurrenten. Sie zog feierlich ein, zur Seite der Kronprinzessin, während der Bräutigam ihr mit seiner Kompagnie als Ehrenwache im Hof des Schlosses die Honneurs erwies. Die Braut wurde empfangen vom Kaiser, vom Kronprinzen — und von Prinz Wilhelm. Die Hochzeit fand am nächsten Abend statt: die ein wenig langweilige, schlichte protestantische Trauung, gefolgt von einem Festmahl und Zeremonien, und schließlich der einzigartige Fackeltanz preußischer königlicher Hochzeiten — kein Tanz, sondern eine gemessen schreitende Prozession, zu einer Musik, die ein Echo der Vergangenheit war, mit rotgekleideten Pagen, mit fackeltragenden Würdenträgern, Braut und Bräutigam abwechselnd ihre verschiedenen hohen Verwandten an der Hand führend, um den prachtvollen Weißen Saal herum und nochmals herum, viele Male.

Danach war ihr Zuhause das Marmorpalais in Potsdam, das Friedrich Wilhelm II. 1788 erbaut hatte: ein hübsches kleines Palais oder großes Landhaus, auf Pfählen am Ufer des schönen Heiligen Sees errichtet, mit einem wundervollen Garten im englischen Landschaftsstil, ferner mit einer abgesondert liegenden Küche, die einen halbzerfallenen Tempel darstellte, einer Bibliothek in Form eines gotischen Pavillons, einem maurischen Tempel, einer mit Borke gedeckten Einsiedelei und einer Muschelgrotte, neben anderen merkwürdigen Gebäuden. Der Prinz, wohl wissend, daß man sagte, in seinem Elternhause führe die Frau das Regiment, schien anfangs geneigt zu beweisen, daß er noch sein eigener Herr sei; seine sanfte Gemahlin entwaffnete bald jeden solchen Verdacht und herrschte auf ihrem eigenen Gebiete unbehindert. Prinzeß Wilhelm war nicht intellektuell, der Tagesklatsch wollte wissen, daß die geistvollen älteren kaiserlichen Damen sie dies etwas fühlen ließen; sie besaß aber einen Herzenstakt, der sie befähigte, ihre nicht immer leichte Stellung erfolgreich auszufüllen. Die jungen Leute lebten still in ihrem kleinen Palais und brachten mit bewundernswerter Pünktlichkeit und Beharrlichkeit kleine Knaben zur Welt — Friedrich Wilhelm 1882, Eitel Friedrich 1883, Adalbert 1884! Graf Philipp zu Eulenburg-Hertefeld trat 1886 dort in nahe freundschaftliche Beziehungen — nicht ohne einiges weise Mißtrauen gegen die Freundschaft von Fürsten — sowohl mit dem jungen Ehemann wie mit der „strahlend glücklichen Gattin und Mutter". Das fröhliche und schlichte Familienleben, das Vergnügen am Spiel mit den Kindern, schien den in der Logik bewanderten deutschen Freunden des Prinzen nicht ganz mit seinem strengen Charakter übereinzustimmen; aber die junge Menage gefiel. An dem jungen Hofe, so schrieb Waldersee, fühle man sich „wie im Kreise einer Familie, in dem nichts von steifer Etikette, nichts von höfischer Falschheit, nichts von Feindschaften zu merken ist"

Sie hatten keine Zeit für Feindschaften. Im Juli 1883 wurde der Prinz zur Dritten Reitenden Batterie des 1. Garde-Feldartillerie-Regiments kommandiert; schon früher hatte er Befestigungslehre unter dem späteren Oberstleutnant Diener vom Pionierbataillon von Rauch studiert. Herbstmanöver beim 4. Armeekorps im Stabe des Feldmarschalls Graf Blumenthal. Am 20. Oktober Kommandeur des 1. Bataillons des Ersten Garderegiments zu Fuß. Am 16. September 1885 Oberst und Kommandeur der Garde-Husaren. Als der junge Oberst zum erstenmal sein Husarenregiment dem Kaiser und Prinz Friedrich Karl vorführte, rief der berühmte Reitergeneral der Feldzüge von 1866 und 1870 aus: „Du hast es gut gemacht! Ich hätte es nie geglaubt!" Und „die Wenigen, welche damals" — wie Hinzpeter — „die Bedeutung der Leistung, dieses Sieges der moralischen Kraft über körperliche Schwäche ermessen konnten, fühlten sich seit der Zeit zu den stolzesten Hoffnungen . . . berechtigt".

Jener begrenzte Teil der Welt, der etwas von ihm wußte, fing an, den Obersten etwas geheimnisvoll zu finden. Der Thronerbe, der einen Beruf als ein Steckenpferd ansieht, den Hof zum angenehmen Privathaus herabdrückt und Politik und elegante Gesellschaft verabscheut, ist ein bekannter Typus, doch der junge Wilhelm war anders geartet. Die fleckenlosen Tugenden eines Albert des Guten[1] — dem er äußerlich etwas ähnelte — waren mit einem

[1] Gemahl der Königin Victoria. D. Übers.

farbloseren Temperament verbunden, als es der hitzköpfige, himmelstürmende junge Gardeoffizier besaß. Für ein Steckenpferd wurde seine Aufgabe viel zu ernst genommen und für einen kommenden Mann hatte er zuviel von jener knabenhaften Fröhlichkeit an sich, die sogar die Eulenburgschen Kinder ausrufen ließ, ein „solcher Leutnant" könne doch sicher nicht der Prinz sein! Nach Hinzpeters Ansicht war es gerade die elementare Charakterstärke des Prinzen, die es ihm gestattete, sich so verschiedenen Neigungen hinzugeben, „frei ... im Gefühl der Solidität der eigenen Persönlichkeit". Die andere Vermutung, seine ganzen militärischen Tugenden seien nur angenommen, um seinem Großvater zu gefallen, erlitt einen harten Stoß durch einen Vorfall, der seinem Großvater durchaus nicht gefiel. Der Oberst hatte seinen Offizieren wegen des dort betriebenen hohen Spieles den vornehmen Union-Club verboten[1]. Dessen Schirmherr war der Kaiser selbst erst geworden und der Präsident, der Herzog von Ratibor, hatte das Ohr Seiner Majestät; eine Zeitlang sah es böse aus für den kühnen Husaren. Eine Königliche Kabinettsorder wies seinen Kommandierenden General an, ihm die Zurücknahme des Verbotes „anheimzustellen"[2]; der Prinz lehnte die Zurücknahme ab. Der König ging nicht so weit, einen Befehl zu geben, aber er war ernstlich ungehalten; der geplagte junge Mann, der schon bei seinem Vater schlecht angeschrieben war, erkrankte an einem Abszeß im Ohr. Die üblichen Gerüchte, die sich an Krankheiten von Fürsten knüpfen, brachen aus, besonders in der liberalen Presse; inzwischen wurde das Ohr, das konservativ war, wieder gesund.

Der Sieg in der Angelegenheit des Union-Clubs erregte großen Ärger in der Berliner vornehmen Gesellschaft und wurde der Anlaß, daß eine Verleumdung in Umlauf kam. In der „Nouvelle Revue" schrieb jemand, nach Komplimenten über den klaren Kopf und das goldene Herz, den Geist, die Regsamkeit und den Mut

[1] Veranlassung zu dem Verbot gab ein Befehl des Kaisers an seinen Enkel bei dessen Ernennung zum Kommandeur des Garde-Husaren-Regiments, er solle das bei der Gardekavallerie vorkommende Glücksspiel durch scharfes Vorgehen innerhalb seines Regiments ausrotten helfen. D. Übers.

[2] Die Order beschränkte sich darauf, eine Aufhebung des Verbotes „anheimzustellen", weil in der alten Königlich Preußischen Armee allein den Regiments-Kommandeuren das Recht zustand, darüber zu entscheiden, wo ihre Offiziere verkehren durften. D. Übers.

des Prinzen, man sage, er sei im Begriff seine Gemahlin zu verlassen. Vielleicht beabsichtigte der französische Schriftsteller damit ein weiteres Kompliment; wenn das der Fall war, so war es unverdient. „Ich habe den Prinzen durch einen nun zweijährigen Verkehr gründlich kennengelernt", schrieb Waldersee, „und verbürge mich für ihn u n b e d i n g t, er lebt in sehr glücklicher Ehe, und es ist eine wahre Freude, sein Familienleben zu beobachten." Der feurige junge Rigorist vergalt die Meinung der Gesellschaft mit „Abscheu und Ekel", beschränkte aber seine reformatorische Tatkraft auf seines eigenes Regiment.

Sogar sein Vater war zufrieden mit seiner Besonnenheit.

3. Kapitel

Friedrich III

Bittere Äußerungen aus dem Munde der Eltern begannen die Aufmerksamkeit der Welt auf einen Bruch zwischen dem kronprinzlichen Paare und dessen ältestem Sohne zu lenken.

In Deutschland wurde diese Angelegenheit von den Parteien ausgebeutet; bei der ersten Andeutung von Verstimmungen kam die Presse eifrig mit Bomben und Gift herbeigesprungen. Bei Hofe, wo Friedrich Wilhelm in der Minderheit war, hatte der Sohn die meisten Sympathien. Im Auslande, wo die romantische und edle Gestalt des Kronprinzen die einzige war, die man kannte, war jedes erzürnte Wort, das er sprach, ein Nagel zum Sarge eines jungen guten Namens. Sein eigener Vater hat es gesagt! — und welch ein Vater!

Die Welt hatte keine Vorstellung von der Zerrissenheit der Gefühle Friedrich Wilhelms. Zu dem innerlich verbitterten Paare war ein jugendfrischer Sohn heimgekehrt, zu unerfahren, um die Tragödie seiner Eltern zu verstehen, glücklich in hellen Zukunftsaussichten und neugewonnenen Möglichkeiten für die Betätigung seiner Kräfte, mit seinen eigenen Ansichten und ohne jede Spur ihrer liberalen Lehren, die ihre bekümmerten Augen hätten entdecken können. Seine Politik war die der Krone; seine Freunde waren Herbert Bismarck, der Generalquartiermeister Waldersee — ein Hitzkopf, der den Präventivkrieg predigte — und Philipp Eulenburg; gegen letzteren war nicht soviel einzuwenden, denn er war ein charmanter Mensch und überall beliebt, aber immerhin gehörte er zu den Intimen des Hauses Bismarck. Dort hielt man viel von dem jungen Verbündeten. Herbert schrieb an Eulenburg, er habe wohl einen Anflug vom Potsdamer Leutnant, aber im übrigen sei er „eine Perle"; sogar der große Kanzler meinte, er könnte sich zu dem so nötigen „*rocher de bronze*" entwickeln.

Selbst der alte Kaiser wurde in Deutschland nicht so vergöttert wie Bismarck. Der Anteil Wilhelms I. an der Gründung des Reiches war ein wesentlicher und ehrenvoller gewesen, aber sein Ratgeber hatte das praktische Genie beigesteuert, und für die Deutschen, die sich so leicht in den Wolken verlieren, war ein Mann mit praktischem Genie ungefähr dasselbe wie ein Wundertäter. Bismarck hatte seine Wunder — deren Härten jetzt längst über ihrem Erfolge vergessen waren — der Opposition seiner Landsleute zum Trotz vollbracht und empfand daher noch weniger Sympathie für alle auf Selbstregierung gerichteten Bestrebungen dieser Landsleute als die meisten großen Minister der auswärtigen Angelegenheiten. Der *rocher de bronze,* den er unter den Nachfolgern des Kaisers so heftig ersehnte, war ein Monarch, der entschlossen war, mit fester Hand seine starke konservative Autokratie fortzuführen.

Der junge Mann beschäftigte sich allerdings nicht mit Politik; er tat sich etwas darauf zugute, daß er die „Tees und dergleichen" vermied, bei denen man ihn dazu einfangen wollte, Partei zu nehmen. Bismarck, der ihn gern festgelegt gesehen hätte, versuchte vergeblich, seine Versetzung nach Berlin zu erreichen, damit er dort den Dingen näher sei; er würde sonst ein bloßer Soldat werden — „ein richtiger Gardeoffizier!" Sein Glaubensbekenntnis war jedoch das Bismarcksche, und das Bismarcksche Glaubensbekenntnis umfaßte gerade damals nicht nur das „Stark und Unabhängig!", das ganz in der Ordnung war, und das „Krone und Heer, und nieder mit der Schwatzbude!", das begreiflich war angesichts der sehr verschiedenen Beiträge dieser Organe zu dem Aufstieg Preußens und des Reiches, sondern auch ein „Nieder mit dem englischen Einfluß!".

Der Umstand, daß Friedrich Wilhelm und Victoria abweichende politische Ansichten hatten, trug, als sie ihrerseits auf abweichende Ansichten stießen, eher dazu bei, ihre Überraschung zu verschärfen als sie zu mildern. Victoria sagte von Bismarck, die Tränen, die dieser Mann sie habe vergießen lassen, würden Eimer füllen; deshalb durfte kein Angehöriger von ihr gut mit ihm stehen. Sie wollte niemals zugeben, daß der junge Wilhelm andere Anschauungen, andere Pflichten hätte als nur die ihres Sohnes. Ihr fehlte die Geduld, um zu überzeugen, und bei dem wundesten Punkt, um den es sich handelte, die Unschuld, um zu entwaffnen. Ihr Einfluß war aus tiefster Überzeugung englischer Einfluß, der sich unmittelbar aus englischen Quellen herleitete und bei ihrem Gemahl allmächtig war; noch war ihre gemeinsame Macht nicht groß, bald aber würde das Land — vom englischen Hofe aus regiert werden!

Es gab noch einen anderen Quell der Bitternis. Der Kaiser neigte dazu, seinen ihm ergebenen Enkel so zu behandeln, wie er seinen andersdenkenden Sohn niemals behandelt hatte; ja, wenn er in seinen letzten Jahren „mein Sohn" sagte, so meinte er meistens den jungen Wilhelm[1]. Er sprach mit ihm über die politischen Angelegenheiten und auf kaiserlichen Wunsch unterrichtete während des Prinzen Kommando zum Auswärtigen Amt auch der Kanzler ihn über seine Ansichten von den Dingen der inneren und äußeren Politik. Friedrich Wilhelm mußte zusehen, wie das, was in ihm unterdrückt worden war, bei seinem Sohne gelobt und gefördert wurde. Sein Freund Geffcken schrieb im Jahre 1883, der Kronprinz sei bitterer und pessimistischer als je, er trauere um sein vergeudetes Leben. Zu General von Schweinitz sagte der Kronprinz traurig: „Die Zukunft gehört meinem Sohne."

Es verhielt sich so, daß die bloße Existenz eines Sohnes auf der Seite der Regierung ein Unglück für Friedrich Wilhelm war. Bisher hatte er, ob bewußt oder unbewußt, das Gefühl haben können, daß nach dem Tode seines Vaters der Weg für ihn frei sein würde. Jetzt würden seine Feinde niemals den Mut verlieren. Ihre Hoffnungen wirkten stark auf seine gegenwärtige Lage zurück und er war nicht mehr der jüngste. Er war die Zukunft gewesen, nun war er eine Episode geworden.

Als Ursache von Familienzerwürfnissen steht die Politik sonst der Religion nach. In dieser Familie kam aber die Religion erst an zweiter Stelle: der junge Wilhelm war zu orthodox und die orthodoxe Partei bei Hofe war heftig reaktionär — überall gab es Gegenströmungen unter der Oberfläche.

Die psychologischen Zusammenhänge waren nicht ganz leicht zu verstehen.

Gegen die immer öffentlicher zur Schau getragene Verstimmung seines Vaters konnte der junge Offizier sich nicht wehren. „Am Sonnabend nahm der Kronprinz gelegentlich eines Abschiedsdiners beim 1. Garderegiment Veranlassung (besser gesagt, er brach sie vom Zaun), den Sohn vor allen Offizieren und Gästen als einen unreifen, urteilslosen Menschen hinzustellen. Der Prinz bewahrte seine Haltung, war aber außer sich. Es besteht nur eine

[1] Eulenburg, S. 187.

Meinung, daß Prinz Wilhelm sich sehr verständig . . . benommen hat[1]." Waldersee, der dies berichtet, will auch bei den Manövern 1884 Anzeichen einer gewissen Verstimmung beim Kronprinzen beobachtet haben[2].

Hohenzollernsöhne machen keine Widerworte. Sein streng militärischer Großvater, seines Vaters Mutter, diese freundlichste aller Großmütter, die ihn zärtlich liebte[3], sein Onkel Karl Anton, der von ihm sagte, er sei ein Charakter, sein einziger überlebender Bruder Heinrich, der mit schlichtem Enthusiasmus zu Waldersee sagte, er wisse, was für einen Bruder er habe, und hoffe, bald imstande zu sein, ihm seine Treue zu beweisen, Hinzpeter, der nie lobte, aber grimmig überzeugt war, einen jungen Erzengel aufgezogen zu haben: diese alle, die auf seiner Seite standen, hätten in einer öffentlichen oder privaten Fehde mit seinem Vater niemals mit ihm sympathisieren können. Es blieb nichts anderes übrig, als gute Miene zu machen und es mit militärischer Korrektheit zu ertragen. So konnte ein Zuschauer wie sein Freund Bigelow, der Sohn des amerikanischen Botschafters, von ihm schreiben: „Soviel ich weiß, hat er niemals in seinem kindlichen Gehorsam geschwankt."

Die schweigende Zielscheibe war aber ein junger, leidenschaftlicher Mensch, der sich Gedanken darüber machte.

Je weniger er die Befürchtungen und Vorahnungen seiner Eltern verstand, desto unfreundlicher und unvernünftiger erschien ihm ihr Mißfallen. Niemals groß im Gedankenlesen und noch wenig welterfahren, erkannte er nicht das Wesen des Schmerzes, den er ihnen zufügte, und verstand nicht, daß sie litten und in ihrem Schmerz sich gegen das unbewußte Werkzeug ihrer Leiden wandten. Wenn sie vor allem behaupteten, er sei ein junger Tor, der in seinem Alter nicht das Recht hätte, eine eigene Ansicht zu haben, so war er nicht bereit, das zuzugeben: ist man fünfundzwanzig, Oberst und Familienvater, dann ist der Vorwurf, jung zu sein, ungefähr das letzte, was man zugibt. Die Beschuldigung verletzt, ohne zu überzeugen. Sein Verhältnis besonders zu seiner Mutter — „mit meinem Vater allein geht es ja immer ganz gut"[4] — ver-

[1] Waldersee, 2. Febr. 1885.

[2] Die Darstellung Waldersees ist nicht verläßlich und erweckt den Eindruck, daß er Verstimmungen entdecken w o l l t e. D. Übers.

[3] Eulenburg, S. 30.

[4] Waldersee, 19. Nov. 1886.

wirrte, schmerzte und erbitterte ihn. Daß seine politischen Ansichten und politischen Gefährten als ein Beweis unkindlicher Gefühle behandelt wurden, hatte die Wirkung, daß er sich grollend den Anschein gab, als hätte er überhaupt keine Gefühle; das war dann natürlich sehr „grob und unangenehm" und es folgte heftiges mütterliches Schelten. Er flüchtete zu Waldersee und Eulenburg, um sich in den wildesten Ausdrücken den Kummer von der Seele zu reden; seine Empfindungen wurden immer verzweifelter. Was waren das für politische Ansichten, die für seine Eltern ein so unwiderlegliches Glaubensbekenntnis bedeuteten? Bismarck und Herbert sagten doch, sie seien verhängnisvoll für das Land — englandfreundlich, rußlandfeindlich, heeresfeindlich, jeder großen preußischen Tradition entgegen! Die Leute vom Bau wußten ohne Zweifel sehr genau, daß wegen der Ansichten „der Friedrichs" der Himmel nicht einstürzen würde, aber der junge Mann nahm seine Eltern ebenso tragisch wie sie ihn nahmen. Meine Eltern und mein Vaterland! Brutus konnte nicht gequälter gewesen sein als er. Obwohl Eulenburg die Lage nicht als so verzweifelt ansehen konnte, war er doch bekümmert um seines jungen Freundes willen, weil dieser ganz unglücklich darüber war.

„Weshalb", hätte Philipp gern leise gesagt, „trieben Sie Ihren Sohn durch Mangel an Verständnis für seine Eigenart dem 1. Garderegiment und Herbert in die Arme[1]?" Aber Philipp war nicht privilegiert genug, um das wagen zu können, und andere waren im entgegengesetzten Sinne tätig.

Im Mai 1884 wurde der junge Wilhelm nach Rußland geschickt, um dem Thronerben Glückwünsche zu seiner Großjährigkeit zu überbringen und daneben dem Zaren zu zeigen, daß die Rußlandfreunde die Unterstützung der kommenden Generation haben würden, mochte auch der anglophile Kronprinz eine vorüberziehende Wolke bedeuten. Er hatte einen glänzenden Erfolg; der zurückhaltende und argwöhnische Zar Alexander sprach von nichts anderem als seiner Freude an seinem Gast und zitierte dessen politische Ansichten; Giers sagte „wer auch immer die Idee gehabt habe, Prinz Wilhelm herzuschicken, sei dazu zu beglückwünschen" (dazu bemerkte der stolze Großvater: *„Il faut que j'accepte le compliment!"*)[2]. Waldersee schrieb ganz verwundert

[1] Eulenburg, S. 174.

[2] Große Politik, Nr. 633.

„wie er bei großer Harmlosigkeit und Munterkeit doch seinen Jahren voraus“ sei. Aber gerade durch diese Harmlosigkeit, darum weil der Zar so empfänglich für Freimütigkeit war, war der Sieg errungen worden: durch eine Eigenschaft, die in der Tat allzu stark ausgeprägt war. Wilhelm war, weil er nichts anderes zu sein wußte, vollkommen offenherzig gewesen, als er seines Vaters Ansichten verleugnete und dem Zaren versicherte, daß er, der Oberst, die russischen Interessen wahrnähme. Der Dankbrief, in dem diese Versicherungen wiederholt werden mußten, hätte den meisten Leuten schweres Kopfzerbrechen gemacht; der Husar kannte keine solchen Subtilitäten. Aber selbst so kann er sein Schreiben kaum mit mehr Befriedigung betrachtet haben als Brutus die Leichen seiner Söhne. Eine merkwürdige Sache, das Leben, trotz allem Mut und aller Tatkraft! Es sieht nicht gut aus, wenn man die Bemerkungen des Vaters furchtbaren Unsinn nennt, aber wie soll man es sonst ausdrücken?

So war denn, als er im Sommer 1886 wiederum den Befehl bekam, nach Rußland zu reisen, sein Widerstreben so deutlich, daß ein französischer Journalist darüber nach Hause berichten konnte[1]. „Ich sagte mir, daß mein Vater auf das tiefste gekränkt sein würde, und annehmen müßte, ich hätte durch eine Intrige mich an seine Stelle zu setzen versucht[2].“ Trotzdem wurde er entsandt, um den Herbstmanövern bei Brest-Litowsk beizuwohnen, dieses Mal mit einer Mission, die darin bestand, daß dem Zaren die Dardanellen angeboten wurden, mit einem schönen Gruß von Bismarck. Der Zar erwiderte jedoch ziemlich grob, wenn er sie haben wollte, so würde er sie sich nehmen, ohne Bismarck um Erlaubnis zu fragen; worauf der Sendbote, wie er schrieb, seine Mission als gescheitert betrachtete und entsprechend berichtete. Was er zurückbrachte, waren zwei kleine Bären — die alte Bärin war von seiner Büchse erlegt worden — und der Ruf der Kühnheit bei einem Jagdsport, der auch für Prinzen gefährlich ist. Der Kaiser und Bismarck waren aber mit seinen diplomatischen Bemühungen zufrieden.

Jedoch hatte der Kronprinz die Kränkung wohl gefühlt, die darin lag, daß er zweimal übergangen worden war, und als im folgenden Winter der junge Wilhelm im Auswärtigen Amt zu

[1] De Bonnefon.

[2] Wilhelm (b), S. 320.

lernen anfing, zahlte der Vater die brieflichen Missetaten seines Sohnes mit Zinsen heim. „Angesichts der mangelnden Reife und der Unerfahrenheit meines ältesten Sohnes", so lautete der väterliche Brief an Bismarck, „verbunden mit seinem Hang zur Überhebung wie zur Überschätzung, muß ich es geradezu für g e f ä h r l i c h bezeichnen, ihn jetzt schon mit auswärtigen Fragen in Berührung zu bringen." Dieser Protest, der gegen den Sohn gerichtet war, welcher bereits zwei auswärtige Missionen zur Zufriedenheit ausgeführt hatte, war für Friedrich Wilhelm mehr ein Mittel seinen Ärger loszuwerden, als eine praktische Maßnahme; die Sprache war aber derart, daß sie seinem Sohne, als die Sache durchsickerte, am Anfang seines Lebens einen lebenslänglichen Schaden zufügte; was die Behauptungen anlangt, so lag die Ungerechtigkeit vor allem darin, daß sie überhaupt vorgetragen wurden.

Mit siebenundzwanzig Jahren besitzt man selten die Weisheit reifer Erfahrung, wie weise man auch reden mag. Daß der junge Wilhelm diese letztere Vorsicht häufig außer acht ließ, war ein Phänomen, das der Briefschreiber zu ernst nahm. Ein kluger, sogar, wie man zu sagen anfing, ein glänzender junger Mann, lebendigen Geistes inmitten einer schwerfälligen Gesellschaft, lebhaft unter Pedanten, den die Höflinge umschmeichelten und die Großen freundlich lobten, und der gleichzeitig prächtig frei von jedem leisesten Anflug von Selbstgefühl gewesen wäre, hätte frühzeitig unter allgemeinem Aufatmen gen Himmel erhoben werden müssen. Der *panache* des Husarenobersten hatte nur ganz beiläufigen Charakter, gab er sich doch so völlig aufrichtig und rückhaltlos wie es für ein menschliches Wesen überhaupt möglich ist. Voll feurigen Interesses für alles um ihn her, besonders ein eifriger Heldenverehrer, und zu unaufhörlicher äußerer Betätigung erzogen, war jede Form der Selbstbetrachtung für seinen fortwährend anderwärts beschäftigten Geist ebenso unmöglich, wie sie der instinktgeleiteten Selbstverständlichkeit seines Charakters fremd war. Ungestüm, heftig, beweglich, war er das, was seine Treibhaus-Erziehung aus ihm gemacht hatte; unter den Wellen und Blasen der Oberfläche floß aber eine unerschütterliche Natur. Es war gut beobachtet, was der „Figaro"-Korrespondent berichtete, daß er die Beweglichkeit feststehender Ideen habe. Mochte er laut die Cymbel schlagen, seine junge Lebensbahn offenbarte Beharrlichkeit, Festigkeit und Unterordnung. Mochte er die Familie beunruhigen, über den Kreis seiner Potsdamer Kameraden hinaus wußte die Öffentlichkeit kaum irgend etwas über den mutmaßlichen Thronerben und war deshalb außerordentlich neugierig — obgleich damals jedes praktische Interesse daran im weiten Felde zu liegen schien.

Zu Anfang des Jahres 1887 hatte niemand eine Ahnung von dem Furchtbaren, das bevorstand.

In den ersten Monaten dieses Jahres litt der Kronprinz an einer hartnäckigen Heiserkeit, wie er glaubte infolge einer Erkältung, die er sich bei einer Ausfahrt im offenen Wagen mit dem König von Italien zugezogen hatte. Am 6. März fand der berühmte Gerhardt ein kleines Gewächs am Kehlkopf. Der 22. März, des alten Kaisers neunzigster Geburtstag, war noch durch keine Besorgnis getrübt, aber das Gewächs nahm mit einer Schnelligkeit zu, die ein Anzeichen seiner Bösartigkeit war. Der Chirurg Bergmann schlug Entfernung durch Spaltung des Kehlkopfes vor, doch würde diese Operation die Stimme sicher schädigen, vielleicht sogar zerstören. Über die Gefährlichkeit der Operation gingen die Meinungen auseinander, sie war jedoch schon für den 21. Mai angesetzt, als ein zweites Gutachten in Vorschlag gebracht wurde; die Wahl fiel auf einen englischen Halsspezialisten, Sir Morell Mackenzie.

Als nun Mackenzie sagte, das Gewächs sei gutartig, wurde der Bote der Hoffnung natürlich als Befreier von dem begrüßt, was schlimmer war als die Krankheit, und das waren die Ärzte. Der berühmte Gelehrte Virchow analysierte ein Stück der Geschwulst als gutartig; anscheinend ist dies auch bei Teilen eines ausgesprochen bösartigen Gewächses möglich. Man glaubte nur zu gern das Beste und niemand williger als der kranke Mann und seine Frau; die deutschen Ärzte, die durch Virchows zweites Gutachten in ihrer Meinung erschüttert waren, gaben ihre Zustimmung dazu, daß Mackenzie die Behandlung übernahm.

Der Kronprinz fuhr mit seinem Sohne[1] zum Jubiläum der Königin nach England, eine glänzende Erscheinung unter ihren glänzenden Gästen, und Mackenzie sagte bald darauf, das Leiden sei so gut wie geheilt. Aber der Sommer wurde auf der Suche nach heilsamer Luft auf Reisen in Tirol, Venedig und Baveno

[1] Prinz Wilhelm begleitete seinen Bruder, den Prinzen Heinrich, der eine nach England mitgehende Torpedobootsdivision kommandierte, an Bord des Flotillenfahrzeugs „Blitz" nach der Themse. D. Übers.

am Lago Maggiore hingebracht; im November wurde der schottische Arzt nach der Villa Zirio in San Remo gerufen und mußte zugeben, daß es Krebs zu sein scheine. Der Wiener Spezialist Schrötter bestätigte das Votum.

Die Tragik war, daß es jetzt für die einfachere Operation zu spät war. Nur zwei Wege waren den Ärzten bekannt: den Dingen ihren Lauf lassen und zur gegebenen Zeit den Luftröhrenschnitt vornehmen, um die Atmung zu erleichtern, oder zur Exstirpation des Kehlkopfes schreiten, einer Operation, die oft tödlich und meist am Ende doch nutzlos war, wenn auch von gelegentlichen Heilungen berichtet wurde. Die zweite Möglichkeit gab wenig Hoffnung, die erste konnte noch ein paar Lebensjahre gestatten. Sogar jetzt noch drückte Mackenzie sich zweideutig aus, und meinte, es sei schließlich vielleicht doch nicht Krebs[1]. Der Kronprinz lehnte die Operation ab.

Sein trauriges Schicksal einte nicht die ihn liebten, sondern trennte sie nur.

Von Anfang an hatte es manche gegeben, die angesichts des Gutachtens der deutschen Ärzte glaubten, das Leben des Kronprinzen hänge von einer sofortigen Operation ab; unter diesen waren seine Söhne. Die andere Partei vertraute dem schottischen Laryngologen, am festesten die Kronprinzessin. Warum sollte sie auch nicht, die Arme? Er hatte ihr Hoffnung gegeben, sie konnte sehen, daß seine Geschicklichkeit ihrem Gatten Schmerzen ersparte. Selbst ohne ihn hätte sie der Gewißheit nicht ins Gesicht zu sehen vermocht. Die furchtbare Wahrheit zu behaupten war „unsinnig und töricht"; sie wollte die Anwesenheit ihrer Söhne nur dulden, wenn sie den Gegenstand vermieden und aufhörten, ihr klar machen zu wollen, daß der Vater von tödlicher Krankheit ergriffen war und die Operation die einzige, wenn auch verzweifelte Hoffnung bedeutete. Königin Victoria gab in zarter Weise zu verstehen, daß Friedrich Wilhelm wenigstens die beiden Möglichkeiten kennen müsse. Wenn man ihm erlaubte, das Schlimmste zu denken, rief die jüngere Victoria aus, würden sie ihn „überhaupt nicht weiterbekommen"[2]. Über dieser Frage verzehrte sich die Liebe des Familienkreises in qualvollem Streit, und der Parteigeist entfesselte einen seiner schlimmsten und bösesten Stürme.

[1] Mackenzie, S. 97—98.

[2] Briefe der Kaiserin Friedrich, S. 261 (deutsche Ausgabe S. 277).

Die Gerüchte über die Uneinigkeit unter den Mitgliedern der kronprinzlichen Familie nahmen mit dem Fortschreiten der Krankheit die schrecklichsten Formen an. Ebenso die Erregung gegen die Kronprinzessin und alles Englische. Dem Sohne sagte man nach, er betreibe den Thronverzicht seines Vaters. Die Gattin beschuldigte man, sie opfere das Leben ihres Gemahls ihren englischen Vorurteilen, vielleicht auch ihrem Ehrgeiz. Die weitverbreitete Ansicht, daß niemand, der an tödlicher Krankheit leide, den preußischen Thron besteigen dürfe, beruhte auf einem Irrtum, aber viele mochten es für unzweckmäßig halten, daß ein todkranker Mann einen Thron besteigt. Bismarck wäre durchaus imstande gewesen, in dieser Richtung einen Druck auszuüben, und wenn Mackenzie, der doch schließlich etwas von Kehlkopfkrebs verstanden haben muß, tatsächlich nicht unfähig, sondern nur nicht willens war, sich deutlich auszusprechen, so könnte es in der berechtigten Absicht gewesen sein, seinen Patienten gegen ein solches Unterfangen zu schützen. Die konservative Presse erklärte jedoch, Mackenzie und die Kronprinzessin hätten sich verschworen, die Wahrheit zu unterdrücken, damit sie Krone und Apanage einer Kaiserin genießen könne. Die liberale Presse gab zurück, daß der Kronprinz wohl wünschen mochte, seine Gemahlin so gestellt zu wissen, daß sie nicht von dem guten Willen ihres Sohnes abhing. Inzwischen beschuldigten die Ärzte sich gegenseitig aller möglichen Irrtümer, Mißgriffe, Unhöflichkeiten und Ehrlosigkeiten. Es war wie ein Alp von Unschicklichkeit, ein wahrer Hexensabbat.

Fuhr Prinz Wilhelm nach San Remo, so wollte er auf seines Vaters Abdankung dringen. Fuhr er nicht, so vernachlässigte er seine Sohnespflichten. Blieb er bei seiner Brigade, so war er ein wilder Militarist. Er reiste nicht sehr oft dorthin, nachdem er am 9. November mit Dr. Schmidt entsandt worden war, um dem Kaiser zuverlässige Nachrichten über den Gesundheitszustand des Kronprinzen zu bringen. Vater und Sohn waren sich damals sehr nahe gekommen[1]. Aber die Mutter war über seine Mission empört und erklärte, es gehe seinem Vater gut; obwohl „der steinerne, gegen Baveno völlig veränderte Ausdruck ihres Gesichts — das Zeichen des harten Kampfes ihres eisernen Willens mit der

[1] Waldersee, 14. Nov. 1887, und Eulenburg, S. 147.

zunehmenden Sorge — keine Bestätigung dessen bot, was ihr Mund sprach"[1].

Die Pflichten, die den Sohn in zunehmendem Maße in Berlin festhielten, verschlimmerten die Sache noch für ihn. Als der Kaiser, der jetzt kränkelte, ihn ermächtigte, Orders „Auf Allerhöchsten Befehl" zu unterzeichnen, nahm der Kronprinz das sehr übel; um die Gefühle seines Sohnes zu schonen, wollte daher der alte Herr seinen Enkel nicht darüber hinaus mit Regierungsgeschäften betrauen, obgleich eine derartige Unterstützung notwendig wurde[2]. Prinz Wilhelms Beförderung zum Generalmajor, die im neuen Jahr an seinem Geburtstag vollzogen wurde, war, so nahm man allgemein an, aus demselben Grunde verzögert worden.

Die Wahrheit blieb, wie zart man sie auch vertuschte, daß eine andere Beförderung erschreckend nahe bevorstand.

Es ist traurig, einen Vater zu verlieren — Wilhelm selbst war eben erst der Vater eines vierten Sohnes, August Wilhelm, geworden. Noch trauriger ist es, daß in den meisten Fällen, wenn wir ehrlich sein wollen, der Verlust auch Entschädigungen bietet. Wann hätte Friedrich Wilhelm während der letzten zwanzig Jahre den Tod des alten Kaisers als ein ungemischtes Unglück ansehen können? Bedurfte nicht das Land seiner eigenen liberalen Ideen? Für seinen Sohn bedeuteten gerade diese Ideen den Untergang des Vaterlandes: wie, wenn der Himmel —? Es ist nicht, daß Söhne herzlos sind, aber das Leben ist kompliziert.

Ob der Kronprinz jemals auf den Thron kommen würde, war eine Frage, die der junge Wilhelm und das ganze Land sich jedenfalls jetzt vorlegen mußten. Der Prinz sagte zu Eulenburg, er sei auf das vorbereitet, was sich jeden Augenblick ereignen könne, und habe sich überlegt, was er tun würde; in der kritischen Stunde sei keine Zeit mehr zum Nachdenken. Es war ihm angedeutet worden, daß die Bundesfürsten, die keine allzu sicheren Verbündeten seien, sich vielleicht weigern könnten, dem jungen Manne nachzufolgen, der so plötzlich den Platz der beiden großen kaiserlichen Gestalten einnehmen würde[3]. Sein Plan war, einer Mißstimmung durch eine Proklamation vorzubeugen, in der er sie mit wohlbedachter Ehrerbietung als Gleichgestellte anreden, seine

[1] Wilhelm (b), S. 335.
[2] Bismarck, Bd. II, S. 300.
[3] Wilhelm (b), S. 337—338.

Politik in großen Zügen darlegen und ihre Unterstützung besonders bei der Sozialgesetzgebung erbitten wollte. Bismarck knickte diesen Gedanken als eine Unzartheit, vielleicht weil er nicht selbst sein Urheber war. Friedrich Wilhelms Proklamationen ruhten aber schon seit drei Jahren in seinem Schreibtisch[1]; die Unzartheit lag beim Schicksal, wenn nicht ein teures Leben, sondern zwei gleichzeitig zu Ende gingen.

Am 9. Februar wurde in San Remo der Luftröhrenschnitt mit Erfolg ausgeführt. Seit dem neuen Jahre hatte auch das Allgemeinbefinden des Patienten gelitten; jetzt trat eine rapide Verschlimmerung ein. Es war lange her, seit er gesprochen hatte.

Der alte Kaiser grämte sich tief um den Sohn und sehnte sich, ihn wiederzusehen; nachts wachte er auf und weinte um „seinen Sohn, seinen armen Fritz". Zweimal sandte er Boten hin, die in ihn dringen sollten, heimzukehren, schließlich sandte er seinen Enkel; aber es war bitterkaltes Wetter in Berlin und die Ärzte wollten die Reise nicht gestatten. Zwei Tage nach seiner Ankunft in San Remo wurde der junge Wilhelm durch die Nachricht von seines Großvaters Erkrankung nach Berlin zurückgerufen; er kam noch gerade rechtzeitig, um am Morgen des 9. März 1888 an seinem Totenbette zu stehen.

Seine eigene Photographie als Kind war eines der wenigen Bilder in dem einfachen Zimmer, wo sein Großvater auf seinem berühmten schmalen Feldbett lag. Es regnete und die Menschen standen im Regen auf der Straße.

Am 10. März verließ der neue Kaiser San Remo; in heftigem Schneesturm kam er in dem düsteren Charlottenburger Schlosse an, in dessen Park das Mausoleum steht. Er hielt sich noch aufrecht, war aber furchtbar verändert, schon ein Sterbender. Einmal fuhr er zum Dom, wo seines Vaters einbalsamierter Körper aufgebahrt lag, unter purpurroten Draperien, die beinahe festlich aussahen. Der Sarg war in der Nacht im Schnee feierlich dorthin überführt worden, beim Läuten der Domglocken, von dem Enkelsohn und berittenen Truppen mit verhülltem Zaumzeug geleitet. Am Tage der Beisetzung war es bitterkalt. Friedrich III. stand an einem Fenster des Charlottenburger Schlosses und grüßte, als der lange Trauerzug, der die ganze Entfernung von Berlin im Schritt zurückgelegt hatte, auf dem Wege zum Mausoleum vorüberkam.

[1] Philippson, S. 412.

Die Trauer um den alten Mann, der in der Fülle der Jahre und des Ruhmes dahingegangen war, schien eine paradiesiche Trauer gegenüber der Qual von Friedrichs vorzeitigem Sterben. Jeder wußte, daß bald ein anderer Trauerzug zu einer anderen Gruft ziehen würde. Aber unterdessen? Würde es eine Regentschaft geben? Würde eine Herrschaft des Liberalismus kommen? Würde der eiserne Kanzler gehen? In Wahrheit hatte Friedrich nicht die Kraft, dem dämonischen Kanzler Trotz zu bieten. Sein Mut, seine edle Sanftmut und Geduld, seine hingebende Pflichterfüllung erregten die Bewunderung der ganzen Welt; aber er litt, er konnte nicht sprechen und sehnte sich, zu sterben. Für seine liberalen Freunde war es schwer, Zutritt zu ihm zu bekommen. Die Presse, wahrscheinlich vom Kanzler dazu angespornt, der einen weiten Gebrauch von solchen Methoden machte[1], zog gegen das Durchsickern von Nachrichten nach England und die Treulosigkeit der Umgebung des Kaisers zu Felde. Hatte die neue Kaiserin sich nach der Regierung ihres Gemahls gesehnt, so war diese jetzt nur Wermut für sie.

Kummer, Demütigungen und Verdächtigungen waren in jenen Tagen auch das Los ihres Sohnes. Er sah seinen Vater selten. Er, der dem alten Kaiser ein Helfer gewesen war und dessen Liebe und Vertrauen genossen hatte, durfte unter dem neuen Regime nur die leersten formalen Pflichten erfüllen. Die liberale und ausländische Presse war eifrig beschäftigt, ihn als ein junges Ungeheuer hinzustellen, als hart und herzlos, „ohne Glauben, sogar ohne den Glauben an kindliche Liebe“[2]. Man sagte, er habe einen harten Gesichtsausdruck; wohl möglich, denn ehe er achtundzwanzig war, hatte die Notwendigkeit ihn gelehrt, hart und verschlossen auszusehen. Er hatte schon vieles empfunden, was man nicht öffentlich zeigt. Er war es schon gewohnt, den Kopf hoch zu tragen, wenn Verleumdungen um ihn her tönten, und besaß schon eine begreifliche, aber vorschnelle Verachtung für Angriffe der Presse.

Die Öffentlichkeit zitterte ehrlich, daß seine Thronbesteigung sofortigen Kriegsausbruch bedeuten könne. In seinem unsträflichen Wandel zwischen „Tees und dergleichen“ war er soweit gestrauchelt, daß er einer Sitzung beigewohnt hatte, deren Zweck

[1] Vgl. Busch, von Anfang bis Ende.

[2] De Bonnefon, S. 197.

es war, Mittel für die Berliner Stadtmission aufzubringen; was wegen des Charakters der Berliner Orthodoxie als eine reaktionäre politische Geste ausgelegt wurde. Im allgemeinen aber hatte seine politische Enthaltsamkeit dahin geführt, daß diejenigen, welche gern seine Stellung zu diesen Dingen gekannt hätten, sich kaum eine Meinung bilden konnten. „Manche behaupten, daß er ein junger Mann von Geist, Verstand und Herz ist, Leute, die eine Vorliebe für Parallelen haben, vergleichen ihn schon mit Friedrich dem Großen. Andere halten ihn für schwerfällig und beschränkt, einen Soldaten ohne Rasse und Bildung. Man sieht ihn niemals, außer in den Kasernen, in Offizierskasinos und bei Paraden[1]." Es war charakteristisch für Bismarck, daß sogar er Schrecken heuchelte. Ein Botschafter schrieb: „Vielleicht hatten die Generalstabsoffiziere in Berlin und Wien doch recht *(Wilhelm: Ja!)*, wenn sie im vorigen Herbst rieten, die russische Macht zu zertrümmern, noch ehe sie gefährlich wurde", aber „den Krieg heraufzubeschwören, könnte kein Staatsmann verantworten *(Wilhelm: Richtig!)*"[2]. Der Kanzler schrieb darauf an den Prinzen und schalt ihn wegen dieses Ja aus, wobei seine Ausdrucksweise sich zu wildem Sarkasmus steigerte: wenn Seine Königliche Hoheit auf Krieg aus wäre, warum dann nicht lieber Krieg gegen Frankreich führen? das würde einfacher sein und weniger Verwunderung hervorrufen; obwohl es dann für ehrliche Leute wie Bismarck schwer sein würde, bei einer solchen Politik die üblichen Friedensversicherungen abzugeben. Diese ganz abwegigen Beleidigungen zeigten die Stimmung des Kanzlers in seinen späteren Jahren, denn in der Tat gab es keine Entschuldigung dafür, daß er die zweite Randbemerkung des Prinzen ignorierte.

Dieser hatte den ihm zugeschriebenen Chauvinismus schon heftig in Abrede gestellt. „Auf meinen Ritten durch die Mark im Laufe der Manöver haben mich die blühenden Gefilde und die im vollen Betriebe befindlichen Gewerbe genugsam davon überzeugt, worin der wahre Grund des Volkswohlstandes und der fruchtbaren Arbeit zu finden sei. Ich weiß wohl, daß im großen Publikum und speziell im Auslande mir leichtsinnige, nach Ruhm lüsterne Kriegsgedanken imputiert werden: Gott bewahre mich

[1] De Bonnefon, S. 249.

[2] Große Politik, Nr. 1339.

vor solch verbrecherischem Leichtsinn! Ich weise solche Beschuldigungen mit Entrüstung zurück!"

Die fünf Reden, die er während der Regierungszeit seines Vaters gehalten hat, zeigten indessen alle einen deutlich militärischen Stil, der, so wohl er auch einem Generalmajor anstehen mochte, doch eine Unterschätzung der Panikmacherei bewies, die zu Hause und im Ausland sich in der Darstellung gefiel, als säße ihm das Schwert locker in der Scheide. Es war damals gerade die Zeit der militärischen Übungen; dieselben Organe zeterten nun, es sei nicht nötig, daß der Kronprinz nach dem Brigadeexerzieren auf dem Tempelhofer Felde mit seinen Leuten mit Musik über die Linden zurückmarschiere. Und „die letzte Freude, die der sterbende Kaiser erlebte, konnte ich ihm durch den Vorbeimarsch der von mir persönlich dem Vater vorgeführten 2. Garde-Infanterie-Brigade bereiten... Auf einem kleinen Zettel schrieb er seinem dadurch beglückten Sohne auf: Er sei dankbar für die Freude, diese Truppen zu sehen, und stolz darauf, sie die seinigen nennen zu können".

Friedrich III. starb am 15. Juni 1888 um halb zwölf Uhr vormittags. Der Tote lag aufgebahrt in der Jaspisgalerie des Schlosses Friedrichskron in Potsdam, neben ihm der blaue Marschallstab mit den goldenen Adlern. Von dort wurde er, mit denselben Zeremonien und auf demselben Wagen wie der alte Kaiser, nach der Kirche und der Gruft überführt. Als man den letzten Kaiser hinaustrug, hatte Schnee gelegen; jetzt war Sonnenschein und das Gras war grün.

„Als am 15. Juni die furchtbare Trauernachricht kam", schrieb Lady Paget, „ging es wie ein Aufatmen durch ganz Deutschland." Auch die nicht, welche Friedrich am meisten liebten, auch die nicht, welche seinem Nachfolger am meisten mißtrauten, hätten wünschen können, daß seine Todesqual länger dauere, daß Deutschlands trauriges Interregnum noch weiter gehe. Nach einem Winter und Frühling, die so unter dem Zeichen des Todes gestanden hatten, war der Jüngling auf dem Throne so willkommen wie die Rosen, die nun blühten.

4. Kapitel

Wilhelm II

Heil Dir im Siegerkranz!

Eine neue Regierung? Das Einhorn flammte allerdings in goldenem Schmucke, ein furchteinflößender Anblick für die ängstlich zuschauende Welt: aber vielen wollte es doch scheinen, als ob die Krone die Klauen des alten Löwen verriete, wenn dieser sie auch nicht wirklich auf seinem Haupte trug.

Kaum war Friedrich III. gestorben, als ein Truppenkordon um das Palais gezogen wurde. Die Proklamationen an Heer und Marine wurden zwei Tage früher veröffentlicht als die an das Volk gerichtete. Diese war zurückgehalten worden, weil man in den Papieren des verstorbenen Kaisers etwas suchte, etwas, von dem man glaubte, es könne Bismarck betreffen und eine Art „politisches Testament" oder eine Gegenproklamation darstellen[1]. Die Maßnahmen, von denen gesagt wurde, sie seien mit unschicklicher Eile getroffen worden, erwiesen sich als verspätet. Das kürzlich als ein politisches Dokument erster Ordnung bezeichnete Tagebuch Friedrichs war bereits in England hinterlegt worden. Vermutlich war seine Gemahlin für diesen Schritt verantwortlich gewesen, so daß wenig Anlaß vorhanden war, auf ihre Unterstützung der Interessen des neuen Regimes zu rechnen, falls ihre Parteigänger im Sinne hatten, noch anderes beiseite zu bringen.

Die Kaiserin Friedrich konnte, wenn sie wollte, ein politischer Faktor sein; sah sie sich aber Gegenmaßnahmen gegenüber, so war sie die beleidigte Mutter.

In der Qual ihrer Enttäuschung, vom Schicksal um die ruhmreiche Regierung ihres vergötterten Gemahls betrogen, konnte sie es kaum ertragen, ihren Sohn und seine Gattin dort zu sehen, wo sie nicht hätten sein dürfen, konnte sie es sogar kaum ertragen, daran zu denken, daß junge Stimmen und Lachen an dem Schau-

[1] Busch, Bd. III, S. 191.

platz ihrer Schmerzen ertönten[1], noch weniger sich damit abfinden, ein politisches Nichts zu sein und selbst bei Feierlichkeiten „die dritte hier am Hofe"! In ihrem Gram rief sie aus, daß nicht nur „William", sondern auch seine Frau, die so sanft und gütig war, sie unfreundlich behandelten. Weit davon entfernt zuzugeben, daß natürlich vieles sich ereignen mußte, was jemand, der einer anderen Schule angehörte, schmerzen mochte, daß Männer und Maßnahmen anders sein mußten als sie billigen konnte, erblickte sie in ihres Sohnes Anhängerschaft an diese eine eigensinnige Pietätlosigkeit, schlimmer als jemals, beinahe eine Entweihung des Grabes. Während sie, von solchen Anschauungen ausgehend, alle seine offiziellen Handlungen „äußerst und gänzlich mißbilligen" mußte, verurteilte sie sie nicht nur als Verirrung der Urteilskraft, sondern auch als Verderbtheit des Herzens, und war gleichzeitig tief erstaunt, daß er sich nicht zu ihr wandte mit „Dankbarkeit, Zuneigung, Vertrauen, Mitgefühl". Ihre Mutter, ihre Freunde, ihre Familie redeten zum Guten: „daß er gern zu seiner Mutter freundlich und nett sein möchte"[2]; sie selbst sagte in ihrer Antwort, sie glaube wohl, daß er sich für einen guten Sohn halte, und gab zu, daß er sich freundlich gefallen lasse, von ihr gescholten zu werden, obwohl er doch jetzt eine so hohe Persönlichkeit sei. Daß er Kaiser war, das war in der Tat in mehr als einer Hinsicht seine größte Missetat. Sie konnte sich kaum dazu bringen, sein Recht anzuerkennen, und er seinerseits war vielleicht nicht immer geschickt genug zu verbergen, daß er die Krone trug. Eben erst allmächtig geworden, rasch, sehr beschäftigt, umgeben von Leuten, die sie nicht liebten, konnte er ihr nur zu leicht unbewußt oder unbedachtsam wehe tun; seine Liebe selbst war noch wund von der langen Qual der Todeskrankheit seines Vaters und schrak zurück vor der Erinnerung an die damaligen Kämpfe. Sie begegneten einander höflich, und hatten sie sich getrennt, so war sie verletzt, weil kein ernstes oder zärtliches Gespräch aufgekommen war, und er erleichtert, wenn eine beharrliche Oberflächlichkeit es ihm erspart hatte, sie erzürnt zu sehen.

Das verlorengegangene Tagebuch tauchte bald auf, und zwar in der Deutschen Rundschau vom Oktober 1888, und rief Unruhe hervor. Es enthielt Äußerungen, die für Bismarck nachteilig

[1] Briefe der Kaiserin Friedrich, S. 371—372 (deutsche Ausgabe S. 392).
[2] Ebenda, S. 328 (deutsche Ausgabe S. 349).

waren; Dr. Geffcken, der es veröffentlicht hatte, wurde von der Regierung verfolgt, das liberale Geschrei von der Pietätlosigkeit des jungen Kaisers jedoch genährt durch Bismarcks Erwiderungen, die dem Andenken des toten Mannes schadeten, und durch einige geringfügige Dinge, wie die Wiederherstellung des historischen Namens des Neuen Palais, das, von Friedrich dem Großen nach seinen langen Kriegen erbaut, um zu zeigen, daß er sich noch ein Neues Palais leisten könne, von dem verstorbenen Kaiser in Friedrichskron umgetauft worden war. Man hatte für Friedrichs eigene Ruhestätte eine kleine Kirche gebaut, die der in Innichen in Tirol nachgebildet war, von der er einmal gesagt hatte, daß er dort gern begraben sein würde, und ein mächtiger Dom wurde nach seinen Plänen errichtet, später auch eine Kirche zu seinem Gedächtnis; aber für dergleichen interessierte die liberale Presse sich weniger.

Das erste öffentliche Auftreten des neuen Kaisers, Ersatz für eine Krönung, war ein feierlicher Einzug in Berlin am 24. Juni. Der erste Hohenzollernkaiser hatte sich selbst zum König gekrönt, der zweite war für Zeremonien zu krank gewesen, der dritte ließ den zweifelhaften Präzedenzfall unter dem Vorwand der Sparsamkeit ruhen. Am nächsten Tage folgte die feierliche Eröffnung des Reichstages, wozu sich alle deutschen Bundesfürsten oder ihre Thronfolger, die kaiserlichen Damen in tiefer Trauer, die hohen Reichs- und Staatsbeamten, die Ordensritter und die Abgeordneten im Weißen Saale versammelten. In der Anzahl der Fürsten spiegelten sich die Widersprüche und Uneinigkeiten, die die Geburt des Reiches begleitet hatten. Es war Sache des Deutschen Kaisers und Königs von Preußen, mit fünfundzwanzig Kollegen auszukommen, über die er keinerlei Gewalt hatte, die sich wie fremde Potentaten Gesandte an seinem Hofe hielten, deren Bevollmächtigte im Bundesrat diejenigen Preußens überstimmen konnten und auch oft überstimmten, die das Recht der direkten Besteuerung, der Unterhaltung eigener Truppen und des Betriebes eigener Eisenbahnen besaßen, die im Falle eines Krieges sich entscheiden konnten, ob sie ihm im Felde beistehen wollten oder nicht[1], und deren Untertanen sich zu Tausenden als preußenfeindlich bezeichneten.

Religiöse Differenzen erhöhten die Schwierigkeiten des Reiches.

[1] Haller, S. 61.

Bayern war katholisch, Bismarck aber hatte in dem langen Streit, der Kulturkampf genannt wurde, die Katholiken dauernd entfremdet. Die unglückliche Reichsregierung, die sich in ihrem heimatlichen Preußen auf die Konservativen stützte, war gleichzeitig genötigt, die Unterstützung der bayrischen Liberalen zu gewinnen, denn weder in Bayern noch überhaupt im Reiche konnte sie von der ultramontanen und, wie manche sagten, ausgesprochen antinationalen klerikalen Partei irgend etwas erwarten.

Solche Sorgen bildeten den Hintergrund der glänzenden Feier im Weißen Saale. Der Kaiser, der gewöhnlich jung für sein Alter aussah, hatte seine schmale Gestalt bei dieser Gelegenheit in dem Mantel der Ritter des Ordens vom Schwarzen Adler verborgen. Seine hellen Augen blickten dienstlich-hart, seine Haltung war straff und seine Stimme barsch, er war innerlich sehr erregt — aber auch das blieb verborgen.

Am 27. Juni eröffnete Seine Majestät den Landtag und gelobte in der Thronrede, die preußische Verfassung fest und unverbrüchlich zu halten und gemäß dieser Verfassung und den Gesetzen zu regieren[1].

Die Verfassung war zu einer Zeit, deren sich manche Lebende noch erinnern konnten, einem widerstrebenden Könige von Preußen, Friedrich Wilhelm IV., aufgezwungen worden, und dieser hatte auch in der Tat ein Schriftstück hinterlassen, in dem er seine Nachfolger beschwor, sie so bald wie möglich außer Kraft zu setzen. In der Besorgnis, daß diese Ermahnung eines Tages in die Hände eines unbedachten jungen Herrschers fallen könnte, hatte der neue König das Dokument gerade verbrannt[2]. Als er dieser einst scheel angesehenen Verfassungsurkunde Treue gelobte, sagte er in seiner Rede: „Ich werde treu und gewissenhaft die Gesetze und die Rechte der Volksvertretung achten und schützen und mit gleicher Gewissenhaftigkeit die verfassungsmäßigen Rechte

[1] Es ist Tatsache, daß der Kaiser niemals einen Eid auf die Reichsverfassung geleistet hat, weder in der Thronrede, mit der er den Reichstag eröffnete, noch sonst, und zwar ist dies auf den Rat des Fürsten Bismarck zurückzuführen. Die ganze Regierung des Kaisers beweist jedoch, daß dieser Umstand seine Handlungen nicht beeinflußt hat, da er sich durch seine Ehre verpflichtet fühlte, die Verfassung ebenso zu achten, als ob er sie beschworen hätte. D. Übers.

[2] Wilhelm (b), S. 359.

der Krone wahren und ausüben, um sie dereinst meinem Nachfolger auf dem Throne unverkümmert zu überliefern... Ich bin der Meinung, daß unsere Verfassung eine gerechte und nützliche Verteilung der Mitwirkung der verschiedenen Gewalten im Staatsleben enthält, und werde sie auch deshalb, nicht nur meines Gelöbnisses wegen, halten und schützen." *Suum quique:* der Wahlspruch der Hohenzollern. Die Verfassung sah keinen Parlamentarismus, keine Verantwortlichkeit der Minister gegenüber dem Parlamente vor; das Recht des Königs, seine Minister selbst zu ernennen, machte ihn in der Tat zum wahren Herrscher Preußens und des Reiches, obwohl die Zustimmung des Parlaments für die Gesetzgebung erforderlich war, und er hatte die Absicht, seine Rechte auszuüben.

Es war nicht wahrscheinlich, daß Preußen Widerspruch erheben würde. Reaktionär und agrarisch, mit einem veralteten Klassenwahlsystem, das den Landtag mit den Interessen der Junker, des kleinen Landadels, beschwerte, war es das Bollwerk des Konservativismus; das konservative Vorurteil gegen den Parlamentarismus war aber im ganzen Reiche äußerst heftig. Das absolutistische Preußen, mit einer starken Armee, die es sich der parlamentarischen Opposition zum Trotze geschaffen hatte, war Deutschlands Befreier aus jahrhundertelanger Erniedrigung gewesen; das Parlament verkörperte die ganze wortreiche Unfruchtbarkeit, die diese Jahrhunderte als den politischen Fehler des deutschen Volkes hinterlassen hatten. Liberale Denker mochten der Ansicht huldigen, daß die Verfassung modernisiert werden müsse. Der heroischen Generation, die eben in dem Glanz des Ruhmes, das Land stark und groß gemacht zu haben, dahingegangen war, konnte es aber wohl als leichtfertiger Verrat erscheinen, in einem Lande, das Selbstregierung so wenig verstand und wünschte, mit der Verfassung Fangball zu spielen. Selbst ein auswärtiger Beobachter konnte bemerken, daß in einem so lose gefügten Reiche „nur durch eine feste Hand auf der Exekutive die erforderliche Festigkeit in diplomatischen, militärischen und Marine-Angelegenheiten aufrecht erhalten werden kann". Und obgleich eine nicht auf der Volksvertretung basierte Regierung mit einer festen Hand auf der Exekutive schon anfing, wie ein Anachronismus zu wirken, war eine liberalisierende preußische Monarchie doch ein Widerspruch in sich selbst. Nur die Konservativen waren königstreu und Anhänger der Rechte der Krone, und zwar waren sie Anhänger der

Rechte der Krone nur solange, als die Krone konservativ und Anhängerin der Rechte der Krone war. Wie es im Liede hieß: Und der König absolut, wenn er unsern Willen tut[1]. Ein nicht-konservativer König hatte überhaupt keine Anhänger. Die Grundsätze der anderen Parteien bewegten sich zwischen einer Beschneidung der Rechte des Königs und vollständiger Abschaffung des Königtums: So wäre also ein Verlassen des Bodens der nicht-parlamentarischen Monarchie für den König dem Anfangsstadium eines Sprunges in den Abgrund gleichgekommen.

Doch mit diesen Dingen hatte der neue Herrscher noch nichts zu schaffen. Obwohl er „den Übergang zum Parlamentarismus für eine naturgegebene Entwicklung hielt, die früher oder später kommen mußte"[2], war er doch durchaus nicht der Meinung, daß die Zeit bereits gekommen sei. Die Befestigung des Errungenen: ehe dieser Strom nicht überschritten war, gab es kein Wechseln der Pferde. Politische Meinungsverschiedenheiten innerhalb des Reiches mußten einfach in dem Geiste erledigt werden, dem er am Schlusse seiner ersten Rede als König von Preußen in den Worten des großen Friedrich Ausdruck gab: „Der König ist der erste Diener des Staates."

Der allgemeine Eindruck war, daß dies in der Tat ein König sei. „Die feste Hand am Zügel machte sich sogleich fühlbar. Seine Reden an den Landtag und Bundesrat", schrieb Lady Paget, „hatten den klaren, schlichten und aufrichtigen Ton, an den man einst gewöhnt war." Die Konservativen jubelten überall im Lande. Bismarck versicherte Reichstagsabgeordneten mit Tränen in den Augen, er würde bis zum letzten Atemzuge zu einem Souverän stehen, der so begabt war und so arbeitsam, so pflichttreu, so eifrig tätig für den Frieden, die religiöse Einigkeit und das Wohl des Landes[3] — diese Floskeln allein zeigten schon, daß „der junge Herr" ein williger Diener war. Der kaiserliche Purpur hatte an der Naivität der Heldenverehrung des jungen Mannes nichts geändert. Als er sich einmal verspätete, war er überrascht, daß Bismarck gewartet hatte; zu Besuch in Friedrichsruh paßte er seine Tageseinteilung derjenigen seines Gastgebers an. Hohenlohe bemerkte, daß er sich scheute, ohne seinen großen Ratgeber eine

[1] Chamisso, Nachtwächterlied. D. Übers.
[2] Niemann (a), S. 93.
[3] Blum, Bd. VI, S. 319.

Entscheidung zu treffen. „Ich reise für die Firma Bismarck und Sohn", sagte er heiter, als er bei seinem ersten Flug vom Nest Europa durcheilte.

Die Firma hatte allerdings Anlaß sich unbehaglich zu fühlen bei dem feindseligen Ton, der allgemein im Ausland herrschte, und beobachtete deshalb mit Vergnügen den Glanz der Persönlichkeit ihres Reisenden. Petersburg, wo die Spannung nachließ; Stockholm, wo er seinem neugeborenen Sohne den Namen Oskar nach seinem Gastfreunde gab; dann kühn weiter nach Kopenhagen, wo die Hohenzollern noch wegen Schleswig-Holsteins gehaßt wurden und die Königin Louise nach seinem Blute dürstete. König und Volk „erlagen völlig seinem Charme", aber nichts konnte jemals die Königin Louise versöhnen — sie war ganz taub, was vielleicht ein Hindernis war. Danach die deutschen Fürsten, die sich, besonders die älteren, über die respektvollen Worte und die freimütige, zuvorkommende Art ihres jüngeren Kollegen freuten; Wien; Rom, wo die Menschen wild begeistert waren, aber irgend etwas den Papst verstimmt zu haben schien. Als der Kaiser im Vatikan seinen Besuch abstattete, hatte Herbert Bismarck, der für seine unglaublichen Manieren bekannt war, im Vorzimmer eine Szene gemacht und darauf bestanden, daß man den Prinzen Heinrich, der während der Unterredung eingetroffen war, dem Papste sofort meldete, ohne Rücksicht darauf, daß die Unterhaltung zwischen den beiden Souveränen unterbrochen wurde. Man erzählte, Seine Heiligkeit hätte sich danach ungünstig über nordische Barbaren im allgemeinen ausgesprochen, doch tat man ihm damit Unrecht: Leo X. war viel zu klug, um nicht Wilhelms Geist und Aufrichtigkeit zu erkennen und zu würdigen. Ihre Beziehungen waren von Anfang an harmonisch und ungetrübt. Freilich, als Seine Heiligkeit bei einer späteren Gelegenheit darauf anspielte, daß Deutschland immer „das Schwert der katholischen Kirche" gewesen sei, lehnte Seine Majestät es ab, der Erbe dieser Ehre zu sein[1].

Daß er es auch ablehnen müsse, der Erbe des Vorwurfes englischer Beeinflussung zu sein, war ein Punkt, auf den die Firma Wert legte.

Der Prinz von Wales, der zur Beisetzung Friedrichs III. gekommen war, hatte bei dem neuen Monarchen einen freundlichen

[1] Wilhelm (a), S. 177.

Empfang gefunden — „Nichts hätte netter sein können, als seine Art mir gegenüber" —, aber seine sonstige Vorsicht soweit außer acht gelassen, daß er durch irgendeine Äußerung über Friedrichs angebliche Absicht, Elsaß-Lothringen zurückzugeben, Herbert Bismarck einen Vorwand geliefert hatte, Anstoß zu nehmen. Bei der Enthüllung eines Denkmals für den Roten Prinzen rief Wilhelm unwillig aus: „Ich glaube, daß darüber nur eine Stimme sein kann, daß wir lieber unsere gesamten 18 Armeekorps und 42 Millionen Einwohner auf der Walstatt liegenlassen, als daß wir einen einzigen Stein von dem, was mein Vater und der Prinz Friedrich Karl errungen haben, abtreten!" — und beiseite sagte er: „Ich hoffe, mein Onkel wird das verstehen!" Die Verärgerung des Kaisers machte man sich zunutze, als der in Wien weilende Prinz von Wales durch Vorstellungen des deutschen Auswärtigen Amtes tatsächlich genötigt wurde fortzugehen, bis Wilhelms Besuch am dortigen Hofe vorüber war. Der Affront, der einer persönlichen Weigerung, dem Prinzen zu begegnen, zugeschrieben wurde, hätte unmöglich ohne den Kanzler begangen werden können, der ihn auch in der Tat mit politischen Rücksichten auf Rußland verteidigte[1]; Wilhelm selbst, von der Familie aufgefordert, sich zu entschuldigen, erklärte hitzig, daß die Geschichte von seiner Weigerung „eine Erfindung" sei[2]. Über die Notwendigkeit jedoch, jeder möglichen politischen Beeinflussung durch seine herrische kleine englische Großmutter Widerstand zu leisten, dachte er ebenso wie der Kanzler; erst 1889 erglänzte der Komet in Cowes.

Hier entdeckten die beiden verwandten Seelen, daß es für sie leichter war, einander zu mißtrauen, wenn sie nicht zusammen waren. Die alte Königin hatte viel Ungünstiges über ihren Enkel gehört — von seiner Mutter. Sie wußte, wie schlimm es ist, eigenwillige Kinder zu haben; da sie aber selbst Monarch war, so stand sie im Verdacht, mit Wilhelms Recht auf ein selbständiges Dasein in dieser Eigenschaft zu sympathisieren[3]. Daß sie selbst es höflich anerkannte, gewann ihr sein ganzes Herz. Seine impulsive Zuneigung vergalt ihren Verzicht auf die Ansprüche, die sie als Ahnin hatte, in schmeichelhafter Weise, indem sie die Schranken des Alters übersprang. Er liebte sie — wie ein Monarch den

[1] Queen Victoria's Letters, Third Series, Bd. I, S. 438—439.

[2] Ebenda, Bd. I, S. 488. Paget, S. 479—482.

[3] Reischach, S. 194.

andern, und „Wie Sie wissen", schrieb die jüngere Victoria, „liebt meine Mutter ihren Enkel sehr[1]." Er wurde zu seiner großen Freude zum Admiral der Flotte ernannt — diejenigen, welche Wilhelm einen Höflichkeitstitel verliehen, boten diese leere Ehre einer Natur, die jedes Vakuum verabscheute. Wie die Atmosphäre drang er ein und füllte jede Hülle, die sich ihm öffnete. „Es hat mir wirklich eine ungeheure Freude gemacht, daß ich mich jetzt Deiner Flotte zugehörig fühlen und Interesse für sie haben kann, als ob sie meine eigene wäre", schrieb er glücklich, und erklärte 1889 in uneigennütziger Weise, daß das Mittelmeer-Geschwader zwölf Schlachtschiffe statt fünf zählen sollte, und 1890, daß die Marine „nun verdreifacht werden müsse". Bis 1895 kam er jedes Jahr nach Cowes, sehr zum Ärger seines Onkels, der sich beklagte, daß ihm sein ganzes Vergnügen gestört werde.

Die Wiener Episode hatte mehr verursacht, als Bismarck geplant hatte. Der Neffe, der außerstande war, sich in andere hineinzuversetzen, und vergessen hatte, daß er im Verdachte der Arroganz stand, sah, daß ein bedauerlicher Gegensatz zwischen der Haltung des Onkels und der Haltung der Königin bestand. Den Onkel versetzten seine verletzten Gefühle, die einer besonderen Rücksichtnahme bedurft hätten, die ihnen nicht zuteil wurde, nicht in die Stimmung es freundlich aufzunehmen, wenn jüngere Leute, die Souveräne waren, sich Airs gaben. Ein Neffe, der obenauf ist, ist schon schlimm genug, wenn er sich auf einer niedrigeren Rangstufe befindet, aber ein Neffe, der obenauf ist und dabei Anspruch auf Vorrang hat, mit Marinegeschützen Bescheid weiß[2] und die Flotte des Onkels als seine eigene ansieht, das ist mehr als man ertragen kann. Der Onkel versteifte sich darauf, den Kaiser als vorlauten Neffen zu betrachten; der Kaiser revanchierte sich, indem er den Prinzen nicht als ehrfurchtgebietenden Onkel behandelte. Die beiden fanden bald allerlei, was sie aneinander nicht leiden mochten. Der Prinz, dessen wertvollere Eigenschaften damals noch unbekannt waren, war ein vollendeter Weltmann und hatte taktvolle Manieren, wie sie in Deutschland jedem leicht den Ruf eingetragen hätten, glatt wie ein geölter Aal zu sein; die lärmende Fröhlichkeit und knabenhafte Offenherzigkeit des Kaisers, seine ungestüme Freundschaftlichkeit und seine Unbedacht-

[1] Reischach, S. 196.
[2] Lee, Bd. I, S. 656.

samkeiten, alles das hatte etwas vom Potsdamer Leutnant an sich. Das beiderseitige Gefolge hatte eine glückliche Hand darin, die Dinge noch zu verschlimmern. „Wenn man ihn mit seinem lahmen Arm derartig hantieren sehe wie oben an Deck, so müsse einem doch Angst werden, daß er sich Schaden täte“, sagte der Prinz in der Kajüte zu Philipp Eulenburg. „Es sei erstaunlich, mit welcher Sicherheit... der Kaiser reite“, erwiderte Philipp mit glatter Miene, wohl wissend, daß der Prinz kein großer Reiter war, „wie er, ohne mit den Augen zu blinzeln, jedes Hindernis nehme.“

Diese kleine Familienangelegenheit erregte die ganz unangebrachte Aufmerksamkeit der Außenwelt. Manche taten dem Prinzen schweres Unrecht, indem sie sagten, sie habe später seine Außenpolitik bestimmt; andere tadelten den Kaiser und ließen es an Verständnis für ihn fehlen. Wenn alle verdammt sein sollen, die mit ihren Onkeln nicht gut auskommen — wer kann, Herr, vor dir bleiben?

Sie tat jedoch dem Wohlwollen Abbruch, dessen Deutschland und sein Herrscher bedurften, denn sein Weg war schwierig. Es stand im Jahre 1888 am Anfang eines Pfades, der hoch hinaufführte — zwischen Abgründen.

Spät in eine Staatengesellschaft eingetreten, die keinen neuen Wettbewerber wünschte, geboren aus drei erfolgreichen Kriegen und der Führung des militärischen Preußen, wodurch es dem Verdacht ausgesetzt war, ein ausgesprochener Raubstaat zu sein wie das Frankreich Napoleons I., belastet mit einer unversöhnlichen Fehde, die es mit einer Wolke von Kriegsgeschwätz und Unruhe umgab, während es gerade anfing, sich aus einem stagnierenden Agrarlande in einen Handelsstaat zu verwandeln, hatte es die Macht und den Trieb, sich zu entwickeln — wenn es den Mut dazu besaß. Dabei konnte es kaum auf viel Wohlwollen seitens seiner andrängenden Nachbarn rechnen. Doch was kann die Zukunft eines Landes sein, das nicht den Mut hat, sich zu entwickeln?

Für die Richtung, die es einschlug, hing viel, um nicht zu sagen alles, von dem Charakter seines Herrschers ab.

Der König von Preußen hatte beträchtliche Macht, der Kaiser verhältnismäßig wenig; der deutsche Charakter gewährte aber beiden ein reichliches Maß davon. Weder die öffentliche Meinung noch der Reichstag beanspruchten eine schwerere Aufgabe als bloße Kritik. Der Mann an der Spitze war Meister; ein nachgiebiger Kaiser bedeutete einfach einen allmächtigen Kanzler. Die liberalen Reformen, die Friedrich III. beabsichtigte, wurden einzig von seiner Initiative erwartet und durchaus nicht von der Energie der beiden liberalen Parteien, die in einem Zustande vollständiger Impotenz bereits bestanden. Als sein Sohn von der Verantwortung des Monarchen sprach, einer Verantwortung, von der kein Sterblicher, kein Minister, kein Abgeordnetenhaus, kein Volk den Fürsten lossprechen könne, so täuschte er sich nicht. Es war so.

Die Geschichte Wilhelms II. war die Geschichte des letzten der Könige: des letzten, den die Zeit gestattete. Kein Wunder, daß sein Charakter eine Frage von solcher Wichtigkeit war, daß Europa den Atem anhielt, um die Antwort zu hören.

Der volle Anblick der Persönlichkeit, die bis 1888 nirgends zu sehen gewesen und jetzt überall zu sehen war, hatte merkwürdigerweise das Rätsel noch vertieft. Kurz vor seinem Tode im Jahre 1892 sagte Renan, er bedauere, daß er nicht die Lösung erleben werde. Der portugiesische Essayist da Queiroz schrieb, die Menschen hätten Theorien über den Kaiser wie über den Magnetismus, die Influenza und den Planeten Mars. Eine erstaunliche Tatkraft, die lange in Subordination und engem Beruf eingedämmt gewesen war, brach jetzt hervor wie ein ungeheurer Strom und überflutete alles. Weit davon entfernt, auf die Anschauungen des Soldaten beschränkt zu sein, schien sein Geist keine Grenzen zu haben — sich keiner bewußt zu sein, lautete die weniger freundliche Lesart. Der Glanz des Phänomens war unbestreitbar, aber war es ein neuer Stern, ein vernichtender Brand oder ein vorübergehendes Strohfeuer? Krieg oder Frieden? Ein Staatsstreich oder eine große liberale Geste? Genie? Oder Wahnsinn? Größe? Oder Fanfaronnade? War es religiöser Wahnsinn? Litt er an Krebs des Gehörganges? War seine Tochter taubstumm?

Die düsteren Theorien beriefen sich auf die Geschichte: Die Mitglieder der deutschen Fürstenhäuser zerfielen regelmäßig in zwei Kategorien — die unbegabten und die wahnsinnigen. Hatte nicht der wahnsinnige Wittelsbacher den Thron als ein junger, glänzender, anziehender Mann bestiegen? War nicht kürzlich ein Hohenzoller, Friedrich Wilhelm IV., geisteskrank gestorben? Auf der Höhe des Thrones liegt Gefahr in allem, was einen Mangel an Gleichgewicht bedeutet. Wer konnte so frühzeitig sagen, ob nicht unter den wandelbaren Zügen eines so vielseitigen Charakters dann und wann Spuren des Blutes der Vorfahren auf einen Augenblick sichtbar wurden?

Außerdem — — —

O, gewiß, gewiß! Durchaus keine Verletzung. O nein! Angeboren. Die ganze linke Seite herauf. Sehr traurig! Kann man sich wundern? — erregbar — unausgeglichen — — —

Jedoch auch die pathologische Theorie hatte ihre Schwierigkeiten. Der glückliche, arbeitsame und ein sauberes Leben führende junge Mann, der beim Reiten[1] und Gehen[2] noch keine Ermüdung kannte, wenn seine Kritiker schon ganz erschöpft waren, der überhaupt niemals müde zu sein schien, der beinahe Abstinenzler geworden war, um dem Trinken in den Offizierskasinos Einhalt zu tun, der selbst die Schrecken des Zahnarztes verachtete — „die Damen lassen sich sicher gern schmerzstillende Einspritzungen machen“[3] —, der sein Vergnügen beim Sport und Tennis, auf der See und im Walde suchte und dessen Ehe sieben gesunde Kinder entsprossen waren, entsprach nicht recht der allgemeinen Vorstellung von einem Krüppel mit angeborener Lähmung und Neigung zur Geisteskrankheit. Bei soviel robuster puritanischer Mäßigkeit und primitiver Freude an der freien Natur konnte das Bild nicht überzeugend wirken. Waldersee hat den gesunden Tageslauf ihrer Nordlandreisen beschrieben: gymnastische Übungen vor dem ersten Frühstück, kräftige deutsche Mahlzeiten, Arbeit, Spazierengehen und friedliche Lektüre und Unterhaltungen im Sternenschein. Philipp Eulenburg pflegte seekrank zu sein, aber trotzdem verglich er das Leben an Bord, was Behaglichkeit und Annehmlichkeit anging, dem „idyllischen Dasein“ im Jagdhaus Prökelwitz, mit seinem frühen Aufstehen, seinen „offenen Türen“ und Butterbrot und Erdbeeren als Nachtessen, Liedern und Lachen — „es ist schwer, sich einen harmloseren, bequemeren Verkehr vorzustellen“.

„Er hat einen eigenen Zauber bei solchem vertrauten Verkehr“, meinte Eulenburg. „Der Offizierston schwindet, und mit der ganzen Lebhaftigkeit seines Verstandes geht er rückhaltlos auf jedwedes berührte Thema ein. Sein ganzes Wesen atmet Kraft und Verstand. Alle seine Äußerungen sind charakteristisch und unge-

[1] Russell, S. 59.

[2] Topham (a), S. 204.

[3] Davis, S. 23.

wöhnlich. Wenn ich einmal nicht mit seinen Ansichten übereinstimme, so muß ich doch das Bedeutungsvolle derselben anerkennen. Was aber seinem charaktervollen Wesen einen eigenen Reiz verleiht, ist ein weicher, mystischer Zug, der die Anschauung vieler Dinge bestimmt. Es ist ein Gottvertrauen nach Art des Kismet, ein Sichtreibenlassen unter dem Zwange des Schicksals mit einem leisen Beigeschmack von Tragik."

Tragik? und warum? wo der Strom so rasch und frei im Sonnenlicht dahinfloß? Selbst für Eulenburg war es leichter an ein verborgenes Unheil zu glauben als an die Möglichkeit, daß alles dies, was so hell erschien, nicht zu schön war, um wahr zu sein. Die Sprichwörter sprachen dagegen; es war verboten zu denken, daß das glitzernde Ding Gold sein könne, daß unter der bewegten Oberfläche die Wasser tief strömen könnten. — Seine Verteidiger waren dadurch behindert, daß sie die Eigenartigkeit des Phänomens nicht bestreiten konnten, wenn sie auch behaupteten, daß es ganz einfach sei. Ihn als *l'homme sensuel moyen* zu bezeichnen, war ein noch verzweifelterer Versuch, als ihn mit den Begriffen des Theaterbösewichtes zu bestimmen, denn schließlich war auch der Theaterbösewicht einfach und eigenartig, und außerdem war der Vorwurf des „Schauspielerns" jetzt manchmal zu hören.

Nicht daß dessen Kunst danach angetan ist, das Künstliche zu verbergen. Der Bösewicht hat noch niemals die Zuschauer getäuscht, Wilhelm aber verwirrte sie. Daß dieser impulsive Mann nicht groß darin war, sich zu maskieren, konnte nun weiter nicht überraschen, nur daß es so außerordentlich überraschend war, daß er es überhaupt versuchte, wobei er dauernd die sorgfältige Pose mit einer unbezwingbaren Ursprünglichkeit, einem überströmenden Er-Selbst-Sein zerstörte. Zugleich vollkommen einfach und heftig gekünstelt — offene, freie Stirn und Augen, ein Mund, der verzogen war durch die Anstrengung, einen fremden Ausdruck anzunehmen; welch eine Beute für den berufsmäßigen Psychologen! Und was machte er nicht daraus!

Und doch lag der Schlüssel dazu vor ihren Augen, in seinem klaren, unbewölkten Blick. Dies sollte ein widerspruchsvoller Charakter, eine zerrissene Natur sein? So widerspruchsvoll wie ein Granitblock — so gewunden wie der Angriff eines Stieres.

Die zweite Persönlichkeit war nicht eine Verkleidung, sondern eine Pflicht.

Der rein spontane Geist, der früh in die Zwangsjacke des Gewissens gepreßt worden war, würde sich geopfert haben — wenn er es gekonnt hätte. Mit rücksichtsloser Willensstärke zerlegte er sich in hundert willkürliche Formen: Geschmacksrichtungen, Meinungen, Vergnügungen, Gewohnheiten — nichts wurde verborgen — und nichts geändert. Er war stolz auf seinen Realismus, und mit Recht, denn es war eine glänzende *tour de force* des Intellekts; doch wurden die Menschen dadurch verhindert, die große Entdeckung, daß er ein geborener Romantiker war, vernünftig aufzufassen. Seiner gewissenhaften Modernität wurde Beifall gezollt, sie gab aber seiner Leidenschaft für die Vergangenheit den Anschein der Launenhaftigkeit. Er konnte über Wirtschaft, Technik, Völkerkunde, wissenschaftliche Theorien und Rassenlehre sprechen; man wunderte sich, daß er sich dazu herabließ, Bilder zu malen. Er hatte alles das erlernt, wie er das Reiten erlernt hatte, in einer Weise, die sich rächte. Der frühzeitige Druck auf einer Natur, die niemals, auch nicht in der Kindheit, die Freiheit gekannt hatte, sich in sorglosem Glück zu entfalten, hatte ihre schönen Impulse in einer nervösen Erregbarkeit fiebern lassen, die in dem Sicherheitsventil der Rede-Extravaganzen und vorübergehendem Überschäumen Erleichterung fand, tatsächlich eine Folge der geübten unnatürlich gewaltsamen Selbstbeherrschung, die dadurch konsequent Lügen gestraft wurde.

Um die Verwirrung vollständig zu machen, trat dazu noch der Kaiser. Niemand wird in Bummelmanier einen Grundstein legen, ein gewisses Etwas von Langerweile und Steifheit ist notwendig und wird auch in der Regel erfolgreich aufgebracht. Die meisten gehen darin aber nicht weiter, für sie ist ein Grundsteinleger nur die Negation eines menschlichen Wesens. Kaiser Wilhelm II. ging weiter. Imponierende Vorfahren, ein entmutigender Erzieher, ein unaufhörlicher Strom feindseliger Kritik hatten den jungen Mann zu der Ansicht gebracht, daß seine eigenen lebhaften Gesichtszüge und unruhigen Glieder für eine so gewichtige Rolle nicht angemessen seien. Das Ergebnis war charakteristisch — die plötzliche, von zahllosen Beobachtern mit Staunen bemerkte Verwandlung des Wesens von Quecksilber in ein kaltes, hartes, hochmütiges Holzschnitzwerk. Gerade das Unvermittelte des Wechsels verriet die vollkommene Unfähigkeit zur Verstellung, doch war durchaus keine Täuschung beabsichtigt. Die dritte Persönlichkeit war keine Verkleidung, sondern eine Dekoration. Der General erteilte sich den Befehl: Repräsentation! und gehorchte ihm wie bei der Parade.

Er schob die Unterlippe vor, während Vater Schulze ihm den Waffenrock zuknöpfte. Der steinerne Ausdruck wurde mit den Ordenssternen und Bändern angelegt.

Die Repräsentation verfehlte ihre Wirkung nicht, aber auch das mußte teuer bezahlt werden. Die gewöhnlichen Beweggründe der Gekünsteltheit sind schlecht, und schlimmer als das, was dahinter steckt ist gewöhnlich wertlos. Aufrichtige Menschen, sagte man, treiben keine Maskerade, solide Menschen dekorieren nicht das Schaufenster. Die Kritiker taten sich ungeheuer viel darauf zugute, daß sie soviel Scharfsinn besaßen, durch diese Glasscheibe hindurchzusehen. Wären sie selber ein wenig harmloser gewesen, so hätten sie merken können, daß sie durchsichtig war.

Der Mann auf der Straße war es zufrieden. Dieser natürliche Philosoph zerbrach sich nicht den Kopf darüber. Das Ding gefiel ihm gerade so wie es war: imponierend und amüsant, blinkend wie bloßer Stahl, prunkhaft wie der Aufzug des Lord Mayor — ungeschickt vergoldetes Feingold, eine schlecht geschminkte Lilie[1].

[1] Shakespeare. D. Übers.

5. Kapitel

Bismarck

„Als ich noch Prinz von Preußen war, habe ich oft gedacht: Hoffentlich lebt der große Kanzler noch recht lange, denn ich wäre geborgen, wenn ich mit ihm zusammen regieren könnte.“ Im Lande dachte man ebenso. Man würde keine gewalttätigen Entschlüsse eines hitzköpfigen jungen Kaisers zu befürchten haben, vorausgesetzt, daß er nicht, wie Rehabeam, sich von seines Großvaters grauhaarigem Ratgeber abwandte.

Als der Großvater sich ihm zuwandte, war der grauhaarige Ratgeber aber jünger gewesen als sein König.

Die übersprungene Generation war eine Tatsache, deren Bedeutung man noch nicht verstanden hatte. Wer konnte von dem alten Staatsmann verlangen, daß er die neue Regierung als etwas anderes ansehen sollte als nur die Fortsetzung seiner eigenen? Sein Auge war nicht so getrübt, daß er nicht noch seine Ziele erkennen, seine natürliche Kraft nicht so gemindert, daß er nicht noch über seine gewohnten Mittel gebieten konnte. Ach, nur noch für kurze Zeit. Vollendung, Folgen und Verantwortung würden dem Könige zufallen, wenn der Ratgeber schon lange Staub geworden war. Es war eine neue Regierung, und Pietät und Heldenverehrung, die ihr die Anerkennung versagten, waren ebenso gefährlich wie die Weigerung, den Tatsachen ins Auge zu sehen.

Ein Minister des Äußeren, der es vorzog, sein Land als feste Einheit in dem Spiel der Welt zu betrachten, Held einer Zeit, da innerer Fortschritt von geringerer Wichtigkeit war als äußere Kraft, Konservativer in Deutschland, wo Konservativismus eine starke und aktive Monarchie bedeutete, hatte der große Kanzler, unbeschadet seiner glänzenden und fruchtbaren Amtsführung, lange Zeit im Grunde eine Autokratie der Krone durchgeführt. Reformen wurden von der Regierung eines alten Herrschers nicht erwartet. Der Erfolg und Ruhm des Kaiserreiches und die industrielle Entwicklung erstickten die Unzufriedenheit derer, die an der politischen Stagnation Anstoß nahmen. So groß ist aber die Verquerheit der menschlichen Natur, daß keine Regierung mit Zustimmung der Regierten immer die gleiche Bahn verfolgen kann. Jede demokratische Regierung wird in bestimmten Zeitabständen gestürzt. Jede autoritäre Regierung sieht sich schließlich der Alternative gegenüber, entweder zu kapitulieren oder zu schießen.

Bismarcks auswärtige Kriege waren Triumphe gewesen, seine beiden bitteren inneren Kriege hatten Rebellion vorgefunden und zurückgelassen. Die Klerikalen waren unbesiegt und entfremdet mit den Ehren des Kampfes aus der alten Untertanentreue abmarschiert. Die Lage gegenüber den Sozialdemokraten war derartig, daß Bismarck 1889 von einer unmittelbar bevorstehenden Revolution sprach.

Die Sozialdemokratie wurde ungefähr zur gleichen Zeit wie der junge Wilhelm geboren und wuchs sehr viel schneller heran. Ihre Grundsätze waren unverhüllt antimonarchisch, international und kommunistisch; ihr offizielles Organ bekannte sich zur Anhängerschaft an friedliche Methoden, aber die einzelnen Mitglieder billigten die Taten der russischen Nihilisten und zollten den versuchten politischen Mordtaten Beifall. Im Jahre 1878 hatte Bismarck sie mit dem Sozialistengesetz angegriffen, das unter dem Eindruck des Nobilingschen Attentats auf den alten Kaiser angenommen wurde, ein Gesetz, das auf eine Verkündung des Standrechtes gegen die Anhänger sozialistischer Ideen hinauslief. Konfiskationen und Landesverweisungen wurden rücksichtslos angewandt und bei den Wahlen den sozialdemokratischen Wählern jedes nur mögliche Hindernis in den Weg gelegt. Die Antwort der Partei, die 1875 beschlossen hatte, „alle legalen Mittel" anzuwenden, war die berühmte Wyden-Resolution, „alle Mittel"[1] anzuwenden. Seit 1881 hatte der Kanzler Versöhnungsexperimente gemacht, indem er drei Arbeiterschutz-Gesetze vorlegte, die eine Versicherung gegen Krankheit und Unfall und eine Altersversicherung vorsahen. Da sie auf die andere Maßnahme folgten, die in Kraft geblieben war, wurden sie nicht mit Dankbarkeit aufgenommen; die Partei machte weiter solche Fortschritte und führte eine solche Sprache, daß Bismarck ihre Unterdrückung für eine rein militärische Frage erklärte.

[1] Mehring, Bd. IV, S. 184.

Der Kanzler war vollkommen im Ernst und vollkommen konsequent. Seit 1878 war er überzeugt, daß das allgemeine Wahlrecht ein Fehlgriff gewesen war, da es die Vertretung unheilvoller populärer Tendenzen gestattete, und er hatte beschlossen, es aufzuheben. Bei dem alten Kaiser war es ihm nicht gelungen, den nötigen Rückhalt zu finden, aber mit der Thronbesteigung seines feurigen Schülers, der empört war über die antinationalen Grundsätze der Partei — er sagte, er sähe Sozialdemokrat als gleichbedeutend mit Reichsfeind und Vaterlandsfeind an —, war der Augenblick gekommen.

Sein Plan war fertig. Die Taktik der Regierung mußte auf die Hervorrufung von Feindseligkeiten abzielen. Da es nicht wahrscheinlich war, daß der Reichstag das Wahlgesetz freiwillig abändern würde, so mußte eine Beunruhigung der Öffentlichkeit herbeigeführt werden (durch Gesetzesvorlagen an den Reichstag, die dieser nicht annehmen würde), bis die öffentliche Meinung die Krone bei der Ergreifung von Zwangsmaßnahmen unterstützte[1]. Dieser Zwang würde zunächst die Form wiederholter Auflösungen annehmen; wenn das nicht genügte, um den Reichstag zum Kuschen zu bringen, sollte er vom Ministerium boykottiert werden; als letztes Mittel konnten die Fürsten durch eine Sezession das Reich auflösen — dessen Mitglieder, nach Bismarcks Auslegung des Bundesvertrages, sie und nicht ihre Staaten waren; oder der König von Preußen konnte auf die Kaiserkrone verzichten[2]. Dann konnte das Reich in einer Weise wieder zusammengefügt werden, die den reaktionären Herzenswünschen besser entsprach, wobei den Sozialdemokraten das Wahlrecht genommen werden würde[3]. Bismarck war sich wohl bewußt, daß diese Wiedergeburt nicht ohne eine „Bluttaufe" vor sich gehen würde[4] — wahrhaftig eine unheilvolle Taufe für eine neue Regierung, aber sicherlich konnte er auf die Festigkeit des Jüngers zählen, der ihm bisher, wie der junge Mann sich ausdrückte, „wie ein Rekrut" gefolgt war.

Dem Jüngling auf dem Throne hatten Kopf und Herz inzwischen zu einer neuen Ära geraten, einer Ära, in der alte Klagen

[1] Zechlin, S. 48—49.
[2] Ebenda, S. 45, 41, 44.
[3] Ebenda, S. 20.
[4] Ebenda, S. 8.

abgestellt, alte Gewaltsamkeiten aufgegeben und alte Zwistigkeiten beigelegt werden sollten. Wie auch er wahrnahm, war die gebieterische Notwendigkeit der Stunde eine wirkliche Einmütigkeit des Volksempfindens, die Versöhnung moderner Volksbewegungen, neuer Volksbedürfnisse, des ganzen wirren und vorwärts strebenden Lebens in den Adern der Nation mit der willkürlichen Einheit, die ihre Dynasten geschaffen hatten. Ein *rocher de bronze* gegen Rebellion oder Radikalismus, gewiß; man konnte aber die Extremisten nur dann mit reinem Gewissen bekämpfen, wenn man das Gefühl hatte, daß gerechte und gemäßigte Ansprüche erfüllt waren[1]. Wenn Deutschland, wie es eine Französin von England gesagt hat, ein glückliches Land für *les petits* — die Wehrlosen — war, dann würde das Volk kein Interesse an umstürzlerischen Bewegungen mehr haben. Welch Glück, daß ihm für dieses herrliche Ziel das Genie eines Bismarck zur Verfügung stand!

Die beiden Männer beabsichtigten dasselbe, eine gefestigte Monarchie und Ruhe im Innern; ihre Vorstellungen von den zweckmäßigen Mitteln trennte ein Abgrund, dessen kalte Winde jetzt anfingen, die Nebel gegenseitiger Bewunderung leise zu zerteilen. Wilhelms Absicht, die Reihe seiner Wohltaten mit einem neuen Arbeiterschutz-Gesetz einzuleiten, stieß auf den heftigen Widerstand des Kanzlers. Bei einer Hoffestlichkeit in Braunschweig im Mai 1889 flüsterte Seine Majestät Eulenburg leise zu: „Ich habe furchtbare Schwierigkeiten mit dem Fürsten; Verfassungsänderung und anderes." Bismarck seinerseits war, als er ihn wegen Unterstützung für einen *coup de main* sondierte, unangenehm von der Entdeckung überrascht gewesen, daß der junge Mann seine Knabenträume noch nicht hinter sich gelassen hatte. „Ich zürne meinem jungen Herrn nicht; er ist feurig und lebhaft; er will alle Leute glücklich machen, das ist in seinem Alter natürlich." Man könne ihn immer mit einer neuen Idee für die Verbesserung des Loses seiner Untertanen antreffen und er könne es nicht abwarten, sie ungesäumt auszuführen. Sie wunderten sich übereinander, der junge Lebensgläubige und der alte Skeptiker: der eine, dessen Blut ein buchstäblicher Freudenquell war, der andere, der, wie er sagte, nur einmal Glück empfunden hatte, in den zehn Minuten, nachdem er seinen ersten Hasen geschossen hatte.

[1] W.s Anmerkungen, Gradenwitz, S. 135.

Beide waren verwundert, keiner entmutigt. Während des ganzen Jahres 1889 verfolgten sie entgegengesetzte Pläne.

Wenn der junge Mann sich nicht mit offenen Augen auf einen Staatsstreich einlassen wollte, so konnte man ihn doch mit geschlossenen Augen dazu bringen. Herbert Bismarck machte sich die Kaiserin dadurch zur Todfeindin, daß er vor anderen sagte, man müsse dem Kaiser eine Mätresse verschaffen, um seine Aufmerksamkeit von der Politik abzulenken. Als Bismarck ein neues Sozialistengesetz einbrachte, vermied er es, dessen wahren Zweck zu enthüllen. Er erwartete nicht, daß die Erneuerung des verhaßten Sozialistengesetzes als Dauereinrichtung mit allen Härten durchgehen würde, sondern beabsichtigte, sobald der Reichstag das Gesetz abgelehnt haben würde, neue Attentatswahlen auszuschreiben, wie nach dem Nobilingschen Attentat. Auch Wilhelm verhielt sich trügerisch ruhig. Im Glauben, daß Bismarcks Widerstand gegen seine sozialen Pläne, die ihm so sehr am Herzen lagen, nur daher rührte, daß er sie nicht ernst nahm, plante er den Vorwurf jugendlicher Begeisterung dadurch zu entwaffnen, daß er sich das Versprechen des Königs von Sachsen verschaffte, ähnliche Gesetze im Bundesrat einzubringen, und ferner plante er eine Reihe von bestimmten Vorschlägen über den Kanzler zu entladen. Ein schwerer Kohlenstreik im Winter, den er selbst in offenen Aussprachen mit beiden Seiten schlichtete, bekräftigte seinen Entschluß.

Bei einem Kronrat am 24. Januar 1890, zu dem Bismarck, der jetzt ständig in Friedrichsruh abwesend war, ohne vorherige Besprechung eingeladen worden war, legte Wilhelm demgemäß zwei eigenhändige Schriftstücke vor, wovon das eine bestimmte Vorschläge enthielt über Sonntags- und Frauenarbeit, gemeinschaftliche Ausschüsse der Unternehmer und Arbeitervertreter, sowie ein System, Arbeiter in die Kategorie von Beamten aufrücken zu lassen, das andere den Vorschlag, eine internationale Konferenz einzuberufen, die darüber beschließen solle, ob gewisse Reformen, wie der Normal-Achtstundentag, allgemein eingeführt werden könnten, ohne daß ein Land in seinem Wettbewerb im Weltverkehr beeinträchtigt würde. Die ganze Lage der Arbeiter, sagte er, sei schlecht, sie seien ausgebeutet, überanstrengt und schlecht versorgt; und was würde die Folge sein? Es würde weitere Streiks geben, die Streikenden würden Tätlichkeiten begehen und dann würden die Truppen sie niederschießen. Dergleichen dürfe nicht geschehen. Und könnte man sich wundern, daß sie leicht für antinationale Bewegungen gewonnen würden? Man müsse ihnen zeigen, daß „der König ein warmes Herz für sie habe, ihre wahren Bedürfnisse erkenne und auch gewillt sei, ihnen zu helfen".

Wenn die Regierung die Ordnung fest aufrecht erhielt, so glaubte er nicht, daß die Gefahr vorliegen würde, diese Schritte — das Mindestmaß des Notwendigen — könnten als Schwäche ausgelegt werden. Er sagte, daß „berechtigte Forderungen, wenn sie nicht berücksichtigt werden, sich in unberechtigte verwandeln ... Fast alle Revolutionen, von welchen die Geschichte spricht, lassen sich darauf zurückführen, daß rechtzeitige Reformen versäumt worden sind. ... Die Arbeiter haben aber Bedürfnisse, die befriedigt werden können und müssen"[1].

Dies sei der verkehrte Weg, die Arbeiterfrage zu behandeln, bemerkte grimmig der Kanzler. Solche Maßnahmen würden sie nur in ihren Ansprüchen ermutigen, den deutschen Handel schädigen und die bevorstehenden Wahlen ungünstig beeinflussen[2]. Der Kaiser stimmte bei, daß das Ministerium Zeit haben müsse, die Sache zu erwägen, und dann ließ er harmlos eine zweite Bombe platzen. Es lag ihm gar nichts an einem Sozialistengesetz: warum sollte man nicht lieber die Ausweisungsklausel fallen lassen, als sich mit einem ausgezeichneten Reichstag überwerfen?

Lieber als sich mit dem Reichstag überwerfen! Der Kanzler verlor gänzlich die Geduld. Mit vielen „lebhaften Ausführungen", darunter der Bemerkung, er sähe immer mehr, daß er nicht mehr an seinem Platze sei, erklärte er, es sei ein grundsätzlicher Fehler, wenn man beim Reichstag auch nur den Schein der Nachgiebigkeit erwecken wollte[3]. Der Kaiser nahm die Explosion höflich auf, ebenso die Unterstützung des Kanzlers durch die erschreckten Minister; es wurde aber erzählt, er habe hinterher zu seinem Onkel, dem Großherzog von Baden, gesagt: „Die Minister sind ja nicht meine Minister, sie sind die Minister des Fürsten Bismarck."

Die unglücklichen Minister waren zwischen zwei solchen mächtigen Gegnern übel genug daran. Bötticher war „zu Tränen gerührt", als Eulenburg ihm versicherte, der Kaiser sei nicht erzürnt

[1] W.s Anmerkungen, Eppstein, S. 153, 154.
[2] Protokoll des Kronrats, Eppstein, S. 161.
[3] Eppstein, S. 46.

auf sie. Die Vorlage wurde ohne Änderungen eingebracht und — planmäßig — abgelehnt.

Da der Fürst jedoch die Politik des Kaisers nicht gänzlich ignorieren konnte, entwarf er zwei Erlasse zur Arbeiterfrage, die er Seiner Majestät mit der Empfehlung unterbreitete, sie ins Feuer zu werfen[1]. Sie erschienen am 4. Februar; die vagen Ausdrücke jedoch, die alles waren, was er von Wilhelms bestimmten Sätzen übrig gelassen hatte[2], und das Fehlen seiner Gegenzeichnung gaben ihnen beim Publikum das Ansehen von wilden, unverdauten Plänen, für die der Kanzler die Verantwortung nicht zu übernehmen beabsichtigte. Auch hatte der Fürst die Frage nicht einem Sonderausschuß übertragen, wie Wilhelm es gewünscht hatte, sondern dem schwerfälligen Staatsrat von fünfundsiebzig Mitgliedern, ergänzt durch hinzugezogene Fachmänner. Bei seinen Verhandlungen mit fremden Vertretern hatte er die geplante internationale Konferenz lebhaft verwünscht und ihr soweit wie möglich Hindernisse bereitet[3]. Später schrieb er, er habe darauf gerechnet, daß beide Körperschaften unter dem Einfluß „der zwingenden Kraft der materiellen Interessen" im ungünstigen Sinne berichten würden[4]. Derjenige Teil der Presse, welcher seine Anweisungen von Bismarck bezog, erklärte ebenfalls, daß das Ding ein Fiasco sein würde, wofür der Kaiser die ganze Verantwortung trüge.

Alle, die von innen her die Entwicklung der Situation verfolgen konnten, fanden die Geduld des Kaisers erstaunlich[5]. Zwei starke Zügel waren seinem Temperamente angelegt. Seine Landsleute, die in politischen Dingen immer giftig persönlich werden, haben eines der stärksten Elemente seines Wesens niemals verstanden — seine Hingabe an die Sache, seine Objektivität. Wenn er nur seine Gesetze durchsetzen konnte, so war ihm im Augenblick alles andere gleich. Und zweitens war Bismarck alt und verehrt. Gegen einen solchen Mann durfte er nur mit einer Hand kämpfen, so wie er von Kindheit an seine physischen Kämpfe durchgefochten hatte. Die Fassung zu bewahren war seine Pflicht, seine Stärke und in Augenblicken der Erbitterung seine Angriffswaffe. Noch

[1] Bismarck, Bd. III, S. 66.
[2] Gradenwitz, S. 124.
[3] Ebenda (Marschall), S. 131.
[4] Bismarck, Bd. III, S. 69.
[5] Eulenburg, S. 228, 230; Gradenwitz (Marschall), S. 134.

wies er ständig auf die überlegene Weisheit des Kanzlers hin, sagte sich zum Essen bei ihm an und schob ihm Sessel zurecht. Nichtsdestoweniger war seine innere Erregung ungeheuer. Sein Temperament war nicht gelassen; Bismarck konnte höllisch aufreizend sein, wollte nicht verstehen, wollte nicht helfen und konnte nicht gehen, er versperrte nicht nur den Pfad des Fortschrittes, sondern auch den der Rettung — sein Wesen erweckte Enttäuschung und Niedergeschlagenheit. Ein Minister, der sich bemühte, die Politik, deren Durchführung er übernommen hatte, zum Scheitern zu bringen und zu verleugnen, war ein Problem, das neu war. Sein Ruhm berechtigte ihn zu aller Ehrerbietung, man kann aber nicht aus Höflichkeit ein paar hundert Untertanen erschießen lassen. Wohin trieben die Dinge?

Wilhelm fehlte der Schlüssel zu dem gereizten Widerstand des Kanzlers. „Ich verlange nichts anderes", sagte er zu Eulenburg, „als daß er diejenigen Wünsche, die ich für berechtigt halten muß, prüfe." Er wußte nicht, daß Bismarck Gegenpläne hatte, denen von den seinigen zum mindesten Verzögerung drohte — und mit fünfundsiebzig Jahren mag man seine Pläne nicht aufschieben.

Am 20. Februar gaben die Wähler den Sozialdemokraten vierundzwanzig neue Sitze, im ganzen fünfunddreißig; keine andere Partei hatte eine so große Gesamtzahl von Stimmen auf sich vereinigt. Gut. Der neue Reichstag würde gewiß durch Ablehnung des Sozialistengesetzes dem Kanzler in die Hände spielen. Die Öffentlichkeit war in der richtigen Erregung. Alles war für den Staatsstreich bereit — außer dem Kaiser. Es war für Bismarck dringend notwendig, entweder seine echte Zustimmung zur Einleitung des Feldzuges gegen den Reichstag zu erlangen oder etwas, das einer Zustimmung ähnlich genug war, um es ihm zu ermöglichen, damit vor das Ministerium zu treten.

Die Theorie des jungen Herrn über die Rechte der Monarchie unterschied sich, wie der Kanzler wußte, kaum von seiner eigenen. Er wußte, daß Wilhelm die Lehre gelten ließ, nur die Fürsten seien die Mitglieder des Bundes[1]. Es war bekannt, daß er von der Schädlichkeit der Sozialdemokratie so überzeugt war, wie man nur wünschen konnte. Das Ergebnis der Wahlen, so bald nach seinen Arbeiter-Erlassen, mußte ihn anwidern und beunruhigen; er war hitzig und ungestüm; er konnte gerade in

[1] Zechlin, S. 41.

der richtigen Stimmung für starke Maßnahmen sein. Der Kanzler verwies auf das Gefahrenzeichen, das die Wahlen darstellten, und versprach, seinen Widerstand gegen Wilhelms soziale Pläne aufzugeben, wenn Seine Majestät sich verpflichten wollte, Gewalt anzuwenden, falls sie unheilvolle Folgen haben sollten. Wilhelm versprach bereitwillig, daß er nicht „ein Friedrich Wilhelm IV." sein wolle — der der Revolution erlegen war.

Hatte Bismarck sich mit Absicht zweideutig ausgedrückt oder hatten sie einander wirklich mißverstanden? Als am 2. März der Kanzler endlich dem Ministerium seinen Operationsplan klar auseinandersetzte, war die Verwirrung da. „Der Kaiser wird kämpfen." Aber der Kaiser, der bereit war, Unruhen zu bekämpfen, war entsetzt bei dem Gedanken sie zu provozieren. Daß es beabsichtigt war, ihm einen nicht frisierten Bericht über die Sitzung vorzulegen, kann bezweifelt werden; Bismarck, der in der Urschrift des Protokolls den aufschlußreichen Satz durchgestrichen hatte[1], beklagte sich von der Zeit an über die Verräterei seiner Untergebenen. Am 4. März verweigerte Wilhelm dem Kanzler in einer Audienz die Erlaubnis zur Einbringung des Sozialistengesetzes im Reichstag, da er die provokatorische Absicht jetzt erkannte.

Heftig genug muß nunmehr in beiden Herzen der gegenseitige Groll gewesen sein, im Herzen des alten Staatsmannes zu heftig für die vollendete Urteilskraft seiner früheren Jahre. In derselben Woche hatte der Staatsrat, der zusammenberufen worden war, um die Sozialpolitik des Kaisers zu beraten (und abzulehnen), sich guten Mutes dazu entschlossen sie zu billigen. Das Endergebnis für einen Kanzler, der weder die Unterstützung der Krone noch die des Staatsrates, noch auch die der Kammern fand, lag auf der Hand. Bismarck selbst sagte, daß er dem alten Kaiser niemals entgegen gewesen sei, wenn er ihn entschlossen wußte — zweifellos hatte er noch viel weniger versucht ihn zu überlisten oder zu besiegen. Diejenigen, welche nicht zugeben wollten, daß Bismarck alt werden könne, vergaßen, daß er in diesen letzten Tagen einen Konflikt erzwang, der sich als selbstmörderisch herausstellen mußte. Er war auch zu erfahren, um seinen Rücktritt über einer so unpopulären Frage wie es die wirkliche war, auch nur anzudrohen, wozu der Kaiser ihn gezwungen hätte, wäre er ein Taktiker gewesen und hätte er ihn los sein wollen. Aber

[1] Zechlin, S. 43.

sowohl seine guten Eigenschaften wie seine Fehler machten Wilhelm von Hohenzollern unfähig zu Manövern gegen einen Mitarbeiter.

Unter diesen Umständen kam Bismarck mit einer ungeheuren und kostspieligen Militärvorlage heraus, als einem beinahe ebenso wirksamen Mittel den Reichstag zu sprengen. Der Kaiser wünschte, daß mit Ausnahme der Bestimmungen über die Artillerie alles aufgeschoben werden solle — er könne keinen Kampf mit dem Reichstag über einer militärischen Frage brauchen, solange diese sozialen Pläne durchzuführen wären. Der Kanzler, der seine Front nicht durchbrechen konnte, machte sich nun daran, ihm seine Verbindungen abzuschneiden, indem er eine vergessene Kabinettsorder aus dem Jahre 1852 wieder aufleben ließ. Diese verbot es den Ministern (1.) selbst über gewöhnliche Ressortfragen dem König Vortrag zu halten, ohne erst den Ministerpräsidenten davon in Kenntnis zu setzen, der das Recht hatte anwesend zu sein, und (2.) dem König überhaupt über einen wichtigen Gegenstand Vortrag zu halten ohne Erlaubnis des Ministerpräsidenten, der, wenn er wollte, den Vortrag verhindern konnte.

Bismarck behauptete, daß er ohne diese Order nicht die notwendige Einigkeit im Kabinett aufrecht erhalten könne; der König wußte, daß er mit ihr hilflos in der Hand seines Premierministers war. Taktvoll angewandt, sagte Bismarck, könne die Order nicht schaden; aber auch das Recht des Königs, seine eigenen Minister zu sprechen, konnte — taktvoll angewandt — nicht schaden. Was der Fürst unter der Aufrechterhaltung der notwendigen Einigkeit im Ministerium verstand, ergab sich nur zu deutlich aus den Umständen der Hervorholung der Order. Wäre sie in Kraft gewesen, so würde Wilhelm nichts von der wahren inneren Politik des Kanzlers erfahren haben; es war anscheinend der Vortrag Böttichers gewesen, der diese Pläne enthüllt hatte. Nichts war ohne Kenntnis des Kanzlers geschehen; worüber er sich beklagte, war, daß etwas nicht ohne Kenntnis des Königs geschehen war. Sein Zurückgreifen auf das verstaubte Dokument kam dem Verlangen bedingungsloser Unterwerfung der Krone gleich.

Mit was für Erwartungen trieb Bismarck in einem solchen Augenblicke den Kaiser zum Äußersten? Konnte er glauben, daß der junge Mann die Waffen strecken würde, wenn ein solcher Streit zwischen ihnen bestand, wie es die soziale Frage geworden war? Das verzweifelte Mittel offenbarte wiederum, daß er nur noch auf den Rat des Zornes hörte. Von diesem Augenblicke an kämpften der Löwe und das Einhorn um die Krone.

Der alte Kämpfer war noch nicht am Ende seiner Mittel.

Kaum hatte er die Kabinettsorder ausgegraben, als der Bankier Bleichröder bat, ihn aufsuchen zu dürfen, um einen Besuch des Zentrumsführers Windthorst in die Wege zu leiten. Die Vorsicht ließ auf eine wichtige Verhandlung schließen. Es handelte sich um irgendein Manöver; gegen Konzessionen des Kanzlers bot der Katholik zweifellos seine Unterstützung an — worin? Unterstützung in dem „Kampf gegen den Kaiser"? — das war Bismarcks Wort, ein merkwürdiges Wort im Munde eines Ministers. Dieser Schachzug gab dem Kaiser eine Gelegenheit, die nicht ohne Humor war. Er schickte den Chef des Zivilkabinetts, Lucanus, um mitzuteilen, er müsse Einspruch dagegen erheben, daß Parteiführer ohne seine Kenntnis empfangen würden.

Lucanus erlitt eine heftige Abfuhr, und am anderen Morgen, Sonnabend, den 13. März, kam es in der Dienstwohnung des Staatssekretärs des Äußeren zu einer verhängnisvollen Auseinandersetzung zwischen Kaiser und Kanzler. Niemand sonst war zugegen, und so wurde das, was vor sich ging, nur aus den Berichten der Streitenden selbst bekannt. Der Kaiser sprach von seinem Einspruch gegen die Windthorst-Angelegenheit; als er auf Widerstand stieß, deutete er an, daß es ein Befehl werden könne. Der Kanzler erwiderte, daß die Befehlsgewalt des Königs an der Schwelle des Salons seiner Frau aufhöre. Der Kaiser, der sich gewiß sagte, daß er seine Minister im Salon seiner Frau hätte empfangen können, antwortete, indem er eine gleiche Freiheit für sich selbst forderte, nämlich die Zurücknahme der Kabinettsorder von 1852. Bismarck verteidigte sie, und dann wandte er sich Wilhelms beabsichtigtem Besuche in Rußland zu und zeigte ihm einige persönlich beleidigende Berichte aus einer russischen Quelle. Er erreichte nicht, was er wollte, sondern der Kaiser sprang auf und verabschiedete sich, kam aber noch einmal die Stufen herauf, um Bismarck warm die Hand zu schütteln, zu Nutz und Frommen des Publikums.

Die Unterredung war hitzig gewesen. Der Kaiser sagte, daß Bismarck ihm fast das Tintenfaß an den Kopf geworfen hätte; Herbert hörte im Nebenzimmer, daß sein Vater ein Aktenstück hinschmiß. Wilhelm nahm für sich in Anspruch, daß er ostentativ ruhig geblieben sei, obwohl es in etwas malitiöser Weise geschah;

er mußte aber nachgerade das Gefühl haben, daß das Schicksal ihn etwas zu freigebig mit Leuten umgeben hatte, die älter waren und alles besser verstanden.

Nachdem er bis zum Abend des folgenden Tages gewartet hatte, sandte er General von Hahnke, den Chef des Militärkabinetts, um auf die Versicherung zu dringen, daß die Order zurückgezogen werden würde. Bismarck lehnte ab und drohte wie gewöhnlich mit seinem Rücktritt, doch ging der General mit den Worten fort, daß die Sache sich wahrscheinlich beilegen lassen würde. Ein Zwischenfall, der in keinem Zusammenhang damit stand, beschleunigte die Krisis.

Am Tage von Hahnkes Besuch erhielt Wilhelm vom Kanzler ein Bündel alarmierender Berichte über russische Truppenbewegungen, die ein sechs Wochen altes Datum trugen, wie er mit Schrecken entdeckte. Seit er herausgefunden hatte, daß der Kanzler imstande war ihn zu täuschen, war er wegen der schon beunruhigenden Haltung Rußlands mehr denn je besorgt gewesen. Er schickte die Berichte mit einer heftigen Bemerkung zurück — eigentlich war es eine Randbemerkung, aber aus Höflichkeit gegen Bismarck war sie auf ein besonderes Blatt geschrieben —, worin er sagte, daß man ihn früher auf die Gefahr hätte aufmerksam machen sollen und daß es hohe Zeit sei, Österreich zu warnen und Gegenmaßregeln zu ergreifen. Am anderen Morgen ließ ihn sein Onkel, der Großherzog von Baden, wissen, daß Bismarck im Begriff sei, auf Grund von Meinungsverschiedenheiten in der auswärtigen Politik sein Abschiedsgesuch einzureichen.

Hahnke riet, als er befragt wurde, zu einem Ultimatum wegen der Order. Die auswärtige Politik, die vom Volk beinahe als ein Reservat Bismarcks angesehen wurde, war nicht der Grund des Streites; wenn Bismarck zurücktrat, so mußte die eigentliche Streitfrage als Grund erkennbar sein — nämlich ob dem Kaiser die Möglichkeit genommen werden solle, sich seiner inneren Politik zu widersetzen. Hahnke wurde entsandt, um zu sagen, daß Seine Majestät auf der Zurücknahme bestände und, falls er richtig verstanden habe, daß diese verweigert worden sei, den Fürsten um zwei Uhr zur Übergabe seines Abschiedsgesuches erwarte.

Noch mochte jeder von ihnen gedacht haben, daß der andere nur bluffen wolle. Der Kanzler war niemals einem Willen begegnet, der ebenso stark war wie der seine. Der Kaiser konnte Bismarcks Rücktrittsdrohungen schon nicht mehr zählen. Jedenfalls konnte es nichts Schlimmeres geben als die augenblickliche unmögliche Lage. Die abschließende Unterredung? — gewiß eine abschließende Versöhnung?

Bismarck erwiderte, daß er sein Abschiedsgesuch niederschreiben und einsenden werde; er berief die Minister und machte Mitteilung von seinem Entschluß. Sie saßen schweigend und verlegen da. Bald danach erschien Lucanus, bleich und erregt, um auf die Übergabe des versprochenen Abschiedsgesuches zu dringen. Er bekam es nicht. Es vergingen noch einige gespannte Stunden voller Besorgnis, der Fürst könne irgendeinen verzweifelten offenen Schritt unternehmen. Nun wolle er aber an etwas anderes denken, sagte Wilhelm an diesem Abend und schob die Sorge mit charakteristischer Energie von sich, indem er Philipp Eulenburg der Kaiserin und einem Koburger Verwandten Wikinglieder vorsingen ließ. Von seinem Lager konnte er die Sorge nicht vertreiben. Am anderen Morgen war er blaß und nervös, „aber seine Erregung äußerte sich durch kein Wort des Unmuts oder der Bitterkeit"[1]. An diesem Tage, dem 18. März 1890, trat Bismarck zurück.

Die krönende Weisheit, so meinten die Leute, einer großen Laufbahn. Es verursachte keine Erregung an der Börse; der alte Mann hatte lang genug regiert und die Welt war gewillt, ihn in Frieden und Ehre ziehen zu lassen. „Gesundheitsrücksichten" — seine ganze Umgebung hatte gezittert, er könnte einen Schlaganfall bekommen oder ein Blutgefäß könnte ihm platzen. Durch einen kaiserlichen Erlaß wurde ihm der Marschallstab verliehen, durch einen anderen der Titel eines Herzogs von Lauenburg, nicht, so hieß es darin, als eine Belohnung für Dienste, für die es keine angemessene Belohnung gab, sondern als Ausdruck der Dankbarkeit des Monarchen und der Nation. Am 28. hatten sich zahllose Menschen, unter ihnen der Vertreter des Kaisers und die Botschafter, am Bahnhof eingefunden, als er Berlin verließ: „ein Begräbnis erster Klasse", bemerkte er grimmig; während die berühmteste Zeichnung, die je im „Punch" erschienen ist[2], als taktvollste von allen Zeitglossen Bewunderung fand.

Finster genug hingen diese Girlanden um die grimmige Wange und die in wildem Feuer glühenden Augen des alten Berserkers.

[1] Eulenburg, S. 237.

[2] Der alte Lotse verläßt das Schiff. D. Übers.

Auch dem Sieger pochte das Herz nach den Aufregungen des Streites, inmitten aller Huld und Sanftmut. Dazu gehörten auch die Kränze, die er bei diesem Begräbnis erster Klasse niederlegte. „Mir ist so weh ums Herz“, telegraphierte er dem Großherzog von Sachsen-Weimar, der ihm seine Teilnahme bezeugt hatte, „als hätte ich meinen Großvater noch einmal verloren“. Die meisten Begräbnisse haben ihre zwei Seiten. „Das Amt des wachhabenden Offiziers auf dem Staatsschiff ist mir zugefallen. Der Kurs bleibt der alte, Volldampf voraus!“

6. Kapitel

Panorama (I) Zu Hause

„Der Kurs bleibt der alte."

Wie konnte er der alte bleiben? Es war eine neue Ära, von der die einen Fortschritt, die anderen unverantwortliche Torheit erwarteten, nun der Kaiser, wie man annahm, gleich Alexander allein herrschte.

Der Neue Kurs, wie seine Gegner ihn höhnisch nannten, hatte zugestandenermaßen nichts für Blut und Eisen übrig. Unzufriedene Arbeiter, Polen, Juden und Katholiken sollten durch Freundlichkeit versöhnt, der Reichstag respektiert werden, alle Klassen, nachdem ihre Beschwerden abgestellt waren, für das allgemeine Wohl zusammenwirken. Alles das sollte in einem Lande geschehen, das von Parteigeist und Partikularismus jeder Art geradezu verzehrt wurde. Der Kaiser hatte fortschrittliche Maßnahmen vor, trotzdem beabsichtigte er mit Hilfe der Konservativen zu regieren, wie es ein König von Preußen muß. Es war ein ebenso utopischer Plan wie die Arbeiterschutz-Konferenz, die vom 15. bis 28. März 1890 tagte. In Deutschland wurden ihre Empfehlungen betreffend gemeinsame Ausschüsse, Frauen-, Kinder- und Sonntagsarbeit in diesem Jahre Gesetz, ebenso auch ein Lieblingsplan des Kaisers, die Ausdehnung der Alters- und Invaliditätsversicherung auf alle Arbeitenden. Wilhelms Vertrauen in internationale Konferenzen war jedoch erschüttert. Von dem, was er besonders wünschte, einer Art internationaler industrieller Zusammenarbeit, wollte niemand etwas wissen. Seine Idee, die wirtschaftliche Rivalität durch „eine Art von Kontingentierung" zu mildern, war vielleicht nicht die vom Schicksal beschlossene Lösung; obgleich vierzig Jahre später der englische Schatzkanzler sich einlegte für „eine internationale Organisation zur Aufstellung von Statistiken über die Welt-Produktionsfähigkeit, so daß eine Methode erdacht werden könne, durch welche das Gleichgewicht zwischen Erzeugung und Verbrauch hergestellt werden kann".

Der junge König sagte: „Ich hab den Weg gefunden,
Die Starken helfen den Müden, den Schwachen die Gesunden,
Im Gleichschritt der Soldaten, daß keiner dahinten bleibt,
Marschiert Ihr zu Frieden und Fülle als Brüder — nun unterschreibt!"

Im letzten Augenblicke jedoch, unglücklicherweise,

Hörte ein jeder sie lachen, als jeder sie konnte sehn —
Saidie, Mimi und Olga, Gretchen und Mary Jane,

und rief aus: „Zum Teufel die Schwachen und Lahmen!" So gab Mr. Kipling „der zwingenden Kraft der materiellen Interessen" poetischen Ausdruck.

Der neue Kanzler wird doch sicher — Waldersee sein! meinten viele — und im Geheimen vielleicht auch Seine Exzellenz selbst —, die den Ehrgeiz des Generalquartiermeisters kannten und die Gunst, in der er bei Wilhelm zu stehen glaubte[1]. Die Wahl des Kaisers fiel jedoch auf den ältlichen General Leo von Caprivi, den Bismarck früher einmal als seinen Nachfolger empfohlen hatte.

Die Wahl war keine ganz glückliche zu nennen. Weder der Kaiser, dem diese Dinge seiner Natur nach fremd waren, noch der General mit seiner militärischen Ausbildung hatten eine Vorstellung von den Künsten, Mitteln und Auswegen, die nötig sind, wenn man mit Parteien regieren muß. Auf dem einfachen Wege, daß er bei jedem, mit dem er zusammenkam, die gleichen Ideale voraussetzte, die er selber besaß, gelangte Wilhelm zu der Überzeugung, die Wissenschaft des Regierens bestehe darin, daß man Maßnahmen für das Wohl des Volkes ersinnt, sie einem Ausschuß ernster Patrioten zur Billigung vorlegt und dann ausführt. Als allgemeine Maxime ließ er wohl eine realistischere Ansicht über die Menschheit gelten, aber niemand kann sich wirklich in Gedankengänge hineinversetzen, die von den eigenen vollkommen verschieden sind. Seine und des Kanzlers politische Unerfahrenheit verlangte einen Ausgleich durch ein fähiges Ministerium und tüchtige Ressorts. Bismarcks lange währende Gewalt hatte aber aus seinen Untergebenen Sklaven gemacht, die jetzt alle Merkmale des Knechtes, der zum Herrn wird, an den Tag legten. „Der große

[1] Das Vertrauensverhältnis des Kaisers zum Grafen Waldersee war durch einen Vorfall aus dem Jahre 1888 getrübt worden, der ihn über den Charakter des Grafen aufgeklärt hatte, wenn auch dessen hohe soldatische Fähigkeiten weiter seine Anerkennung fanden. D. Übers.

Kanzler", schrieb Wilhelm rückschauend, „lagerte wie ein mächtiger Granitfindling auf einer Wiese; wälzt man ihn fort, so findet man hauptsächlich Gewürm und abgestorbene Wurzeln darunter." Eine Regierung von Gewürm ist schlimm genug, selbst wenn es nicht versucht zu stechen. Unter denen, die stachen, war natürlich Caprivis enttäuschter Konkurrent um die Kanzlerschaft.

Waldersee gehörte zu einer Art von Menschen, die Wilhelm immer gern um sich sah: tüchtig in seinem Beruf, ein Weltmann, ein guter Gesellschafter und amüsant. Der Kaiser sagte später, er habe gedacht, daß Waldersee vollkommen zuverlässig und ihm wirklich ergeben sei. Zweifellos machte der Generalquartiermeister kein Geheimnis aus der aufrichtigen Meinung, die er sich von seinem jungen Freunde gebildet hatte. Wilhelm habe, bemerkte der General in seinem Tagebuch, ein ausgesprochenes Führertalent, das sich sowohl beim Kriegsspiel wie im Manöverfelde zeige. Jeden Herbst wurden in verschiedenen Gegenden des Reiches Kaisermanöver abgehalten, die mehrere Wochen dauerten, wobei der Kaiser an den letzten zwei oder drei Tagen ein Kommando übernahm, und zwar nach allgemeiner Ansicht mit beträchtlichem Geschick, besonders in der Führung der Kavallerie, obgleich er vielfach, zu Nutz und Frommen des großen Publikums, ins Schauspielhafte verfiel. Im Gespräch mit Oberst Swayne bezeichnete er selbst einen Kavallerieangriff, den er eben gemacht hatte, als „unmöglich" — „aber es war trotzdem ein großartiges Schauspiel, achtundvierzig Schwadronen von je achtzig Pferden über die weite Ebene angreifen zu sehen, und von dem Donner der Hufe wurde man ganz taub". Viele Leute, die sich überlegener Intelligenz bewußt waren, vermuteten, daß der Kaiser nicht imstande sei, hier richtig zu unterscheiden, und entsetzten sich in der Annahme, daß der nächste Krieg von Seiner Majestät in Person mittelst unmöglicher Kavallerieangriffe geführt werden würde. Aber etwas war an diesen frohen Tagen, wovon Wilhelm in der Tat nichts wußte. Waldersee gab zu — so sagte Holstein vom Auswärtigen Amt zu Eulenburg —, daß er bei dem Manöver von 1889 gegnerische Generale verhindert hatte, Bewegungen zu machen, die für den Kaiser unbequem sein konnten. Das von Eulenburg vorgeschlagene Mittel war nicht, den Versuch zu machen, solchen Praktiken ein Ende zu bereiten, sondern an den Kaiser zu appellieren, er möchte einen der härtesten Verzichte seines Lebens vollbringen und seine Manövertage aufgeben.

Bisher hatte niemand das getan; aber im Frühjahr 1890 hatte sich ein kleiner Zwischenfall ereignet[1]. Wilhelm hatte unvorsichtigerweise die von Waldersee aufgestellten Prüfungsaufgaben als zu schwer für die jungen Offiziere bezeichnet, er hätte das selbst gefunden; Waldersee sagte, daß er dadurch tief verletzt sei, und erklärte, zurücktreten zu wollen, da er nicht das Vertrauen Seiner Majestät genieße. Der Kaiser, so notierte er, „war im höchsten Maße erstaunt und meinte, es wäre ihm nicht im Traume eingefallen, mich zu kritisieren, er habe nur die Ansicht der Herren, die schlecht gearbeitet hätten, zur Geltung bringen wollen, weil er wisse, wie betrübt diese seien", und gab dem General Erlaubnis, dies seinen militärischen Mitarbeitern zu erklären. „Heute nach dem Diner", schrieb Waldersee weiter, „kam der Kaiser zu mir heran, bot mir die Hand und sagte: ‚Sie sind doch nicht mehr böse?' Danach muß ich die Sache wohl als beendet ansehen." Tatsächlich, wenn er nicht Seine Majestät kassieren wollte, so schienen im Augenblick die Satisfaktionsmöglichkeiten erschöpft.

Dieser furchtbaren Kränkung folgte Caprivis Ernennung zum Kanzler auf dem Fuße.

Waldersee war bei den Zivilbehörden nicht beliebt, er war imstande, seine Aktivität bis in das Reich der Presse zu tragen, und nun, da ihn feindselige Gefühle gegen Caprivi bewegten, wurde er diesem bald unerträglich, der denn auch auf seiner Entfernung aus Berlin bestand. Sein kaiserlicher Freund bemühte sich, ihn sanft fallen zu lassen, sprach von den wichtigen Aufgaben, die in der Provinz auf ihn warteten, bot an, in Süddeutschland eine Generalinspektion für ihn zu errichten. Der General wollte durchaus nicht verstehen, daß er gehen mußte, wenn der Kanzler ihn fort haben wollte. Er verfiel in den deutschen Fehler, Güte mit Schwäche zu verwechseln. „Sie sind mir doch nicht mehr böse?"

Bei den Herbstmanövern mahnte ihn Caprivi zum letzten Male, daß er besser täte, ruhig zu gehen. Der General war aber nicht in nachgiebiger Stimmung. Wilhelm wurde merkwürdigerweise auf dem Manöverfeld besiegt — wo waren *les petits soins* vom vergangenen Jahre? — und in Waldersees Schlußkritik streng getadelt, und zwar vor zahllosen Generalen, fremden Militär-Attachés und Fürstlichkeiten, die mit großen Augen zusahen. Obwohl

[1] Die folgende Schilderung von Waldersees Angelegenheiten ist seinem eigenen Tagebuche entnommen.

er etwas befremdet aussah, hörte er es sich doch gutwillig an und stimmte zu. Am nächsten Tage begab sich ungefähr dasselbe; obgleich nun der Kaiser gerade die Anregungen Waldersees vom Tag vorher ausgeführt hatte, ließ er es geschehen und dankte nachher dem General ernsthaft für seine Bemühungen und die prachtvollen Manöver. Jedoch beim Diner am ersten Tage, schrieb Waldersee, „merkte ich seine Verstimmung", und die üblichen bösen Zungen klatschten eifrig, es sei sogar noch schlimmer. Es verdirbt eben ein wenig den Appetit, wenn man vor der Öffentlichkeit nicht gut abgeschnitten hat und vor einer glänzenden Versammlung von Notabilitäten dafür getadelt wird. Der Trost kommt vielleicht später, wenn man sich sagen kann, daß man sich wie ein Engel dabei benommen hat.

Umsonst. Der General, der zu Neujahr mit größten Ehren versetzt wurde, machte seinem Freunde eine Szene und die Welt bekam bald zu verstehen, daß Waldersee nach Altona gekommen sei, weil er Seine Majestät bei den Manövern kritisiert habe.

Waldersee wußte, daß das nicht zutraf[1], meinte aber wahrscheinlich, daß es hätte zutreffen müssen; er selbst, den eine rasche kaiserliche Bemerkung so rachgierig stimmte, würde einen Untergebenen, der ihn tadelte, sehr viel weiter weggeschickt haben als nur nach Altona. Es war das deutsche politische Laster und wurde als selbstverständlich vorausgesetzt. Die niedrige Beschuldigung persönlichen Grolles wurzelt in der niedrigen Erwartung persönlicher Gunst. Mit keinem anderen Gefühl als dem der Gekränktheit hörte der General, wie Seine Majestät „elegisch wurde" und an seine Freundschaft appellierte; nur als er sich über „Intrigen" beklagte, wies ihn Wilhelm scharf zurecht. Die ganze Luft war voll von Intrigen, aber es war zwecklos, „Ihm" davon zu sprechen. Waldersee ging nach Altona; Wilhelm, dessen Freundlichkeit unverändert blieb, hatte keine Vorstellung davon, daß diese vergessene Kleinigkeit ihn mit einem Vorwurf gebrandmarkt hatte, den er von allen am wenigsten verdiente. Er hatte nicht verstanden, er verstand es niemals, was für eine Art von Freundschaft ehrgeizige Höflinge Königen anbieten. Es würde ihn über seine Lage aufgeklärt haben, hätte er das in hohem Grade bezeichnende Tagebuch von Waldersees Zuneigung sehen können:

a) Erwartung der Kanzlerschaft. „Ganz vortrefflich machte er

[1] Waldersee, 2. Febr. 1891.

sich als Führer zweier vereinigter Kavalleriedivisionen... Eine wahre Freude ist es, mit ihm in naher Berührung zu sein und seine Passion, Lebendigkeit, Entschlossenheit und körperliche Rüstigkeit zu sehen. Er reitet flott, dreist und ausdauernd, so daß es manchem jetzt etwas wunderbar vorkommt... Mir gegenüber zeigt er sich ... in der Sache niemals anderer Ansicht." (9. Oktober 1888 und 13. November 1889.)

b) Ein anderer Kanzler: „Gewiß kann man den Kaiser nicht auf besondere Vorliebe für eine bestimmte Partei festlegen... Der Kaiser hat noch auf keinem Gebiete eine eigentliche Ansicht und weiß nicht, worauf er hinaus will... von den eigenen Fähigkeiten sehr eingenommen... (was leider auf arger Täuschung beruht)." (11. August 1890.)

c) Der große Manöver-Zwischenfall. „Er stimmte mir auch bei, als ich die Zuverlässigkeit des Kaisers in Abrede stellte... Ich bin jetzt so weit, alles für möglich zu halten." (17. und 4. Oktober 1890.)

d) Versetzung nach Altona. „Ach, wollte Gott, daß ich imstande wäre, ab und zu etwas Gutes über den Kaiser zu notieren!" (27. Februar 1894.)

e) Beförderung. „Er überragt aber die allermeisten Fürsten weit, und wir könnten ihn doch wahrlich nicht ohne größte Besorgnis entbehren." (22. Juni 1899.)

f) Schön Wetter in den Angelegenheiten des Generals. „Dabei wäre es aber unbillig, nicht anerkennen zu wollen, daß der Kaiser im großen und ganzen eine populäre Gestalt ist... daß er für Deutschlands glückliche Entwicklung und für seine Machtstellung das wärmste Interesse hat und dafür lebt, wird allgemein anerkannt; daß er viele Gebiete betritt — anscheinend auch sie beherrscht — macht Eindruck, und man erkennt seine mehr als gewöhnlichen Fähigkeiten an." (20. Januar 1900.)

Doch es gab ein Insekt unter dem Stein, das noch gefährlicher war als Waldersee.

Erst viele Jahre später wurde der Geheimrat Fritz von Holstein eingebettet in der deutschen Geschichte entdeckt, wie eine Kröte in den aufgedeckten Fundamenten der Wilhelmstraße sitzend. Einsam, mißtrauisch bis zur Manie — er wollte sich keinen Bedienten halten, weil der Kerl doch bestochen sein könnte, ihn zu ermorden —, machtgierig, aber die Verantwortung scheuend, Ämter und Orden zurückweisend und vor allem seinem aufrechten

Souverän aus dem Wege gehend, so saß der Vortragende Rat, den Eingeweihte den Reichsjesuiten und die Graue Eminenz nannten, in der Dunkelheit und zog nicht nur die geheimen Drähte der deutschen auswärtigen Politik, sondern hatte es als selbsternannter ungesehener Nachfolger Bismarcks auch unternommen, dem Kaiser das Rückgrat zu brechen. Es war nicht der übliche Versuch eines ältlichen Ratgebers, den jungen Monarchen zu beherrschen, sondern eine vollkommen überlegte bürokratische Offensive gegen die Macht der Krone, und zwar unter vielversprechenden Umständen. Der Zeitgeist, der der monarchischen Gewalt feindlich und derjenigen der Minister und Bürokraten günstig gesinnt war, wurde unterstützt durch das Maß, in dem die persönliche Autorität Wilhelms II. durch die Angriffe älterer Leute unterminiert worden war. Einem Manne wie Holstein mußte solch ein junger Tor wie Friedrichs Sohn und Bismarcks Schüler als leichte und ihm zukommende Beute erscheinen. Mit der vorgefaßten Meinung, daß Wilhelms sämtliche Handlungen, auch diejenigen, welche von wohlbedachtem Entschluß Zeugnis ablegten, nur Ausbrüche leidenschaftlicher Unbesonnenheit seien, rechtfertigte Holsteins Gewissen seinen Ehrgeiz. Das Einhorn war ein großes trampelndes Füllen, das über die von ihm gesponnenen feinen Fäden herüberstolperte, also konnten diese Fäden zu Recht in ein Netz gewoben werden.

Der Plan war für das Land ebenso nützlich wie die Wirksamkeit des Holzwurmes für die Balken eines Gebäudes. Die Verfassung der Regierung wurde nicht von außen her angegriffen, um in der Richtung der Demokratie ausgebaut zu werden; sie wurde von innen durch die Übergriffe von Beamten ausgehöhlt, die ebensowenig durch Wahl ernannt waren wie der Monarch selbst. Das Ziel war unmoralisch, die Mittel waren verräterisch, weil weder Holstein noch sonst jemand den Mut hatte offene zu ersinnen. Die Ressorts waren in der Hand einer gleichzeitig furchtsamen und empfindlichen Gesellschaft, die Angst hatte, dem Kaiser entgegenzutreten, aber nicht damit zufrieden war, sein Werkzeug zu sein.

Marschall von Bieberstein, der Staatssekretär des Äußeren, und Kiderlen-Wächter vom Auswärtigen Amt waren ein Herz und eine Seele mit Holstein.

Eine feste Opposition fand die Clique nur bei Wilhelms Busenfreund Philipp Eulenburg, dem sie dies mit dem Vorwurf vergalt, er bestärke Seine Majestät in extravaganten Vorstellungen von der Unabhängigkeit der Krone. Eulenburg hatte insofern Einfluß beim Kaiser, als ihm dessen Freundschaft um der zwölf Jahre willen, die er älter war, nach Belieben zu schelten und zu mahnen gestattete. Er machte davon Gebrauch, um die Sache der Minister zu vertreten; als er aber den Feldzug gegen die Krone erkannte, wandte er sich von dieser Gruppe ab. In dem Bewußtsein, daß die Schwächung der Monarchie die Gewalt nicht in die Hand des Volkes, sondern einfach in die Holsteins legen würde, und in der Überzeugung, daß Leute, die das Regierungssystem mißbilligen, in den hohen Staatsämtern nichts zu suchen haben — eine Ansicht, mit der er offenbar unter seinen deutschen Kollegen allein stand —, sah Eulenburg nicht ein, weshalb er die verfassungsmäßigen Rechte seines Freundes beschneiden lassen sollte, damit sie in die Klauen der „Drachenbrut" übergingen. In diesem Maße war er der Königstreue schuldig. Weit davon entfernt, den König zu einer Überschreitung seiner Rechte zu treiben, war er jedoch ängstlich besorgt, daß dieser nichts derartiges tun solle, denn das war ja gerade das Netz, das die Drachenbrut ausgelegt hatte, um Seine Majestät sich darin verstricken zu lassen.

Wenn irgend etwas Holsteins Verachtung für seines Herrn jugendliche Torheit noch steigern konnte, so war es der helle Blick der blauen Augen, der über ihre Maulwurfsarbeit unbewußt hinwegglitt. „Der arme Kaiser" — wie ihn Eulenburg in dieser hohen Zeit seiner Jugend und Hoffnungen gewohnheitsmäßig nannte, beinahe zu Tränen bewegt von den ungesehenen Gefahren seiner Lage — gab sich, unbelehrt durch einige unerfreuliche Erfahrungen, der glücklichen Überzeugung von der Aufrechtheit seiner Bürokraten, den Talenten seiner Minister und dem Korpsgeist aller seiner Beamten hin. „Ausgezeichnet! ... Vortrefflich! ... Bravo! ... Gut gemacht! ... Telegraphieren Sie ihm meinen Dank!" das strömte aus seiner Feder, wenn er die Berichte seiner Botschafter las; bei jeder denkbaren Gelegenheit hieß es: „Gratuliere Kiderlen und Marschall und dem Auswärtigen Amt zu diesem schönen Erfolg." Sein lächerliches Vertrauen zu der menschlichen Natur reizte den gelehrten Professor Liman, der meinte, er müßte nachgerade wissen, daß „die Triebfedern fast allen Handelns" Egoismus, Haß und Neid sind. Darauf würde Seine Majestät aber ungehalten geantwortet haben, er wisse sehr wohl, daß das Leben, jedenfalls das öffentliche Leben, voll von Lug, Trug und Egoismus ist — Männer des öffentlichen Lebens, in die er unbedingtes Vertrauen setze, hätten ihm das oft genug gesagt.

Die Wegelagerer verfolgten seine sorglose Bahn mit grimmiger Befriedigung, die sich hinter patriotischer Besorgtheit versteckte. Die zum Ausdruck gebrachte Besorgnis war aber nicht überall unecht, die Angst, die man empfand, war nicht künstlich. Die Geheimräte und Bürokraten,

die niemals noch vorher
Geritten worden so wie jetzt,
Sie wunderten sich' mehr und mehr,
Welch Ding sich da heraufgesetzt.

Die Bemerkungen, die er ebenso wie die Minister auf den Rand der amtlichen Schriftstücke machte, wurden in der Wilhelmstraße, wie der Brauch es wollte, feierlich aufbewahrt, aber was waren es für Bemerkungen! Nachahmungen Friedrichs des Großen, sagte die Drachenbrut höhnisch, obgleich sie in der Tat sehr viel mehr Originale Wilhelms II. waren. Er las alles, und zwar mit abscheulich genauer Aufmerksamkeit, sein Geist war aber überall in der Welt. Und dann, seine Reden!

Seine Reden waren das, was die Welt besonders mit der Vorstellung von „*the Kaiser*" verband. Bis 1897 füllten sie vier Bände, danach waren sie nicht mehr zu zählen. „Niemand, der viel spricht", sagt der amerikanische Philosoph, „sagt nicht auch unweise Dinge, Dinge, die er nicht sagen wollte... Besser ist, so meine ich, die warme Hingabe an die Eingebungen des Augenblicks, bei Gefahr einer gelegentlichen Entgleisung... als der königliche Ruhm niemals etwas Törichtes zu sagen." Ob es nun „besser" war oder nicht, Wilhelm hatte nicht den Ruf Karls II. Manchmal war es deutlich, daß er sich den Eingebungen des Augenblicks hingab, und da er es vorzog, die Reden auswendig zu lernen, wenn er solche hielt, die seine Leute für ihn gemacht hatten — „Ich lese die Sachen nicht gern ab" —, so schrieb ihm das Publikum und sogar seine Umgebung Worte zu, die bei näherer Betrachtung „die mannigfachsten Schattierungen"[1] der Zusammenarbeit verraten hätten, und man hielt seine Beredsamkeit für einen Sturzbach, den ministerielle Warnungen weder ablenken noch eindämmen konnten.

[1] Lamprecht, S. 50.

Wenn irgend etwas gesagt worden war, was nicht mit ihren Ansichten übereinstimmte, so waren die Minister selbst geneigt, diesen Standpunkt einzunehmen, jedenfalls waren sie immer bereit, daraus Nutzen zu ziehen. Als Redner war er zu gebrauchen, das wußten sie wohl. Er sollte nun ein Grammophon sein, das blechern die sorgfältigen Plattheiten der Beamten wiederholte. Er blieb jedoch eine lebende Stimme, die menschliche Worte sprach, um so vielleicht in dem ruhigen professoralen Geiste eines Lamprecht „ein entschiedenes Gefühl der Liebe und der Verehrung für die Person der Redners“ zu hinterlassen, aber auch in manchem öffentlichen Gebäude, wo eine eigene Persönlichkeit etwas Seltenes und die Wahrheit unbekannt ist, ein Echo aufzuschrecken.

Und was waren schließlich geschriebene Briefe und veröffentlichte Reden neben seinen sichtbaren Stimmungen und tönenden Worten? Die Zuschauer wichen in echtem Schrecken vor dem scharfen Horn und den flüchtigen Hufen zurück, wenn das Einhorn ausschlug und schnaubte, sich bäumte und stieg, in einer Weise, die selbst die sehr wenigen beunruhigte, die überzeugt waren, daß es keine Untugenden hatte. Amtspersonen dürfen nicht angetrieben, wollen ernst genommen werden, sein Verfahren aber bestand in „den überraschendsten Sprüngen nach allen Seiten“[1]. Die Deutschen nehmen alles vollkommen wörtlich; die Erklärung, daß das Überschäumen des Kaisers häufig gar nichts Ernsthaftes bedeuten sollte, schien ihnen schlimmer als das anfängliche Mißverständnis. Jedenfalls taten die überraschenden Sprünge bösen Schaden, nur dann bereut, weil nur dann erkannt, wenn gelegentlich ein Gekränkter seinen Schuh auszog und sein getretenes Hühnerauge zeigte. Seine Majestät las die Berichte schnell durch: wie oberflächlich! Er liebte ein frisches Tempo bei den Vorträgen: wie arbeitsscheu! Er meinte, wenn ihm während der Geschäfte eine komische Geschichte einfiel, so sei kein Grund, sie zu unterdrücken: wie frivol! Er sagte in der einen Woche, Herr Schmidt sei ein Halunke, den man die Treppe hinunterwerfen müsse, wenn er sich zeige, und in der nächsten, daß der arme, gute Herr Schmidt einen Unfall erlitten habe und daß man sich sofort nach seinem Befinden erkundigen müsse; wie sollte man da nun wissen, wie man sich zu Herrn Schmidt benehmen mußte?

[1] Waldersee, 11. Aug. 1890.

Die prachtvollen Erfolge der Regierung, die so uneinheitlich zusammengesetzt war, wurden nur unter starker innerer Reibung erreicht.

In ihren mehr äußerlichen Beziehungen aber brachten die Freuden des Regierens Wilhelm bald zu der gequälten Äußerung, soviel er sähe, verdienten die Parteien ziemlich alle, gehängt zu werden.

Weit davon entfernt, von der Volksvertretung Schwierigkeiten zu erwarten, hatte er ihr einen Sieg erstritten, der ihm teuer zu stehen kommen sollte. Wenn er jetzt in Streit mit ihr geriet, so würden die Leute sagen, Bismarck habe recht gehabt, und allerdings, so war es auch; aber, „soviel ich sehe", legte sie es darauf an zu zeigen, daß nur ihre völlige Ausschaltung die Regierung in den Stand versetzen würde, ihre Arbeit zu tun.

Caprivi teilte nicht nur des Kaisers Vorliebe für Versöhnlichkeit, sondern war natürlich bereit, lieber irgend etwas zu tun, als die Methoden seines Vorgängers und jetzigen heftigen Tadlers zu befolgen. Aber als der Reichstag die Artillerie-Klauseln ablehnte, auf die man die Heeresforderungen absichtlich zurückgeschraubt hatte, um Streitigkeiten zu vermeiden, — und als er versucht hatte, ihn durch Herabsetzung der dreijährigen Militärdienstpflicht der Infanterie auf zwei Jahre zu gewinnen — und als der Reichstag trotzdem die bettelhafte Vorlage ablehnte —, da sah sogar Caprivi keinen anderen Ausweg als Auflösung. Die französischen Rüstungen und die französisch-russische Annäherung machten eine schließliche Vermehrung bei allen Waffen unbedingt notwendig. Falls nun der neue Reichstag sich als intransigent erwiese, fragte Caprivi die Bundesfürsten, würden sie dann zum Kaiser stehen, wenn er das Gesetz einfach durch kaiserlichen Erlaß verkündete?

Die Fürsten gegen das Parlament! Sie näherten sich schon stark dem Bismarckianismus, ohne Bismarck.

Zum Glück nahm der neue Reichstag das Gesetz an — und versuchte sich bei der Zollreform dafür bezahlt zu machen. Die neuen Handelsverträge von 1893—1894, die notwendig waren, um für Deutschlands zunehmende Industrie neue Märkte zu gewinnen, waren für die Landwirtschaft weniger günstig; der konservative Bund der Landwirte, unter Graf Kanitz, schwor, daß er eine Flottenvorlage nicht annehmen würde, es sei denn, daß man seinen Ansichten entgegenkäme — „kein Kanitz, keine Kähne!" Dann war da noch die längst überfällige Schulvorlage, die von den Klerikalen als zu liberal abgelehnt wurde. Eine zweite Auflage war dem Publikum und auch dem Kaiser zu reaktionär; dieser schlug vor, man solle sie angesichts der Stimmung im Lande abändern. Der betreffende Minister trat zurück und die Empörung seiner reaktionären Anhänger machte Caprivis Stellung beinahe unhaltbar. Ein Kompromiß wurde erreicht durch seinen Rücktritt als preußischer Ministerpräsident; sein Nachfolger als solcher war sein Todfeind Graf Botho Eulenburg; er blieb aber Kanzler — ein Dualismus, der in hohem Maße zu den Schwierigkeiten der Regierung beitrug.

Zwei andere große preußische Reformen — Selbstverwaltung und Steuern betreffend, letztere nannte Massow eine der wichtigsten gesetzgeberischen Reformen der preußischen Geschichte — waren beinahe gleich starkem Widerstand im Landtag begegnet.

Inzwischen waren sowohl der Kaiser wie das Land einigermaßen in Hitze geraten. Seltsamerweise schien eine wohlwollende Regierung nicht besser voran zu kommen als Blut und Eisen. Die Polen wurden freundlicher behandelt, als es seit Jahren der Fall gewesen war; jedoch ihr Führer Koscielski, der den Kaiser ganz von seiner Loyalität überzeugt hatte, betrank sich bei einem polnischen Festessen und verriet Gefühle, die das gerade Gegenteil von loyal waren. War es möglich, daß die Polen, Deutschlands Irländer, nicht freundlich behandelt, sondern von dem Erobervolk frei sein wollten? Dann die Katholiken — Wilhelm verabscheute Intoleranz; er hatte die Maigesetze aufgehoben (nur der Jesuitenorden war noch verboten) und versuchte die letzten Spuren des Kulturkampfes zu beseitigen. Trotzdem war das Zentrum so schlimm wie je. Konnte es sein, daß Intransigenz, die hartnäckige Behauptung, daß sie eine verfolgte Kirche verträten, das hauptsächliche Band war, das die heterogene katholische parlamentarische Partei zusammenkettete? Daß die eine Hälfte des Volkes ihm zürnte, weil er Juden zu seinen Freunden zählte und Juden geadelt hatte, und die andere, weil er der stark antisemitischen Armee keine Juden aufzwang, war ein weiteres Beispiel für die augenscheinliche Unmöglichkeit, es allen recht zu machen. Die Liberalen hatten in vielen Dingen ihren Willen durchgesetzt und waren töricht genug, an nichts anderes zu denken, als wie sie ihre Triumphe auf Kosten der Konservativen ausschlachten konnten, die — königstreu fürwahr! — sich ebensowenig um das Wohl des Landes kümmerten wie sie selbst.

Der Kaiser grübelte darüber nach, erregte sich, und dann und wann redete er sich die Sache vom Herzen. „Es ist leider jetzt Sitte geworden", sagte er unwillig vor dem Brandenburgischen Provinziallandtag im Februar 1892, „an allem, was seitens der Regierung geschieht, herumzumäkeln. Unter den nichtigsten Gründen wird den Leuten ihre Ruhe gestört und ihre Freude am Dasein und am Leben und Gedeihen unseres gesamten großen deutschen Vaterlandes vergällt. Aus diesem Nörgeln und dieser Verhetzung entsteht schließlich der Gedanke bei manchen Leuten, als sei unser Land das unglücklichste und schlechtest regierte in der Welt, und sei es eine Qual, in demselben zu leben. Daß dem nicht so ist, wissen wir alle selbstverständlich besser. Doch wäre es dann nicht besser, daß die mißvergnügten Nörgler lieber den deutschen Staub von ihren Pantoffeln schüttelten und sich unsern elenden und jammervollen Zuständen auf das schleunigste entzögen? Ihnen wäre ja dann geholfen, und uns täten sie einen großen Gefallen damit." Diese Sarkasmen reizten, weil sie Reizbarkeit verrieten, und wurden natürlich wörtlich genommen, als eine ernsthafte Aufforderung an die oppositionellen Wähler, das Land zu verlassen.

In gewissem Umfang ist solcher Ärger das normale Schicksal junger Regierungen. *(Wilhelm über die schwindende Popularität eines neuen Zaren: „Das ist immer bei Regierungswechseln. Bei mir ist es genau so!"*[1]) Das Unmögliche wird erwartet, und dann kommt der Partei-Nörgler. Eine reformierende preußische Regierung war außerdem immer in Schwierigkeiten. Alle Reformen finden natürlich Widerstand, nicht jede Regierung aber ist genötigt, sie ihren eigenen Anhängern zum Trotz durchzuführen. Wo der König nicht herrscht, wird es als selbstverständlich angenommen, daß er zu keiner Partei gehört; in Deutschland war das eine weitere entsetzliche Neuerung. „Geschlossen für den Handelsvertrag stimmen Sozialdemokraten, Volkspartei, Freisinn und Polen!" notierte Waldersee bitter. „Das sind also jetzt die Regierungsparteien." Die Erhöhung der Zivilliste im Jahre 1888, die Folge ihrer Belastung nicht nur mit den Ausgaben für eine große Familie, sondern auch mit den Apanagen für zwei verwitwete Kaiserinnen,

[1] Große Politik, Nr. 2310.

hatte Anlaß gegeben zu Andeutungen über persönliche Verschwendung und — in Verbindung mit seiner Freundlichkeit gegen die Juden — zu der Legende, daß er sich tief mit Geldverleihern eingelassen habe. Darüber hinaus aber bestand noch ein ganz außerordentlicher gegnerischer Einfluß, einzigartig in seinem Haß, seiner Macht und seinen Vorrechten, mit dem das so wenig einheitliche Regierungsgespann zu kämpfen hatte.

Wilhelm solle sich vorsehen, Bismarck sei rachsüchtig — mit dergleichen Worten hatte der alte und weise König von Sachsen sich über Bismarcks Sturz geäußert.

Dieses Ereignis hatte das Land nicht beunruhigt. Der Kaiser wurde überall „mit Begeisterung" begrüßt[1]; Bill Bismarck und sein Schwager Rantzau blieben in ihren hohen Staatsämtern. Herbert war gebeten worden, Staatssekretär des Äußeren zu bleiben; ihm würde, so hatte Wilhelm harmlos gedacht, der Rat seines Vaters bei der Geschäftsführung zu Gebote stehen. Man muß zugeben, daß die Stellung, die er ablehnte, ihre Schwierigkeiten gehabt hätte. Dieser trügerische Frieden wurde jedoch zunichte, als der Fürst in Friedrichsruh eintraf.

Seine Bewunderer waren zuerst überrascht zu bemerken, daß er sich bei seinen Bemühungen, das Vertrauen zu der Regierung zu zerstören, nicht nur ungenau, sondern mit „bewußter Unwahrheit"[2] äußerte; der Zweck aber, um dessentwillen die Unwahrheit notwendig war — persönliche Rache in öffentlichen Angelegenheiten — paßte zu gut zu den deutschen politischen Gewohnheiten, um irgend jemand zu überraschen. Der bisherige Reichskanzler sagte, es hätte überhaupt kein Grund zu seiner Entlassung vorgelegen, außer daß seine Selbstaufopferung die Krone stark genug gemacht habe, ihn mit Undankbarkeit zu behandeln — „man braucht nach keinen anderen Erklärungen des Abgangs eines Kanzlers zu suchen, der populär war und Erfolg gehabt hatte". Er sprach von dem allmählichen Zerbröckeln des festen Gebäudes des Reiches, von dem verwaisten Deutschland, von der ungewissen Zukunft, die unter neuen Männern herannahe. Die Ärzte verboten ihm Reisen und Aufregungen; aber *„le roi me reverra"*. Seine Achtung vor dem Parlament war plötzlich wiedererwacht, er wünschte „ein starkes Parlament", einen Reichstag, der dazu imstande ist, daß er „kriti-

[1] Waldersee, 24. Sept. 1890.
[2] Busch, S. 340.

siert, kontrolliert, unter Umständen sogar führt"[1]. Auf eine Andeutung in der „Norddeutschen Allgemeinen Zeitung", dem Regierungsblatt, daß die Öffentlichkeit nicht die Wahrheit kenne, gab das Bismarckische „Deutsche Wochenblatt" zurück, daß, wenn Enthüllungen gemacht würden, die Demonstrationen für Bismarck das werden könnten, was sie noch nicht seien, nämlich Demonstrationen gegen die Dynastie, und fügte mit großer Offenherzigkeit hinzu, daß Bismarck nur noch erzürnter werden würde, wenn man ihm drohte, „und das Vaterland bezahlt die Zeche".

Es zahlte sie mit der rührenden, sklavischen deutschen Lenksamkeit. „Punch" brachte eine Zeichnung des Fürsten als Coriolan, wie er sein Schwert gegen das Vaterland wendet: „Ich wollt', er wär dem Vaterland geblieben Was er ihm war, statt selbst den edlen Knoten Zu lösen, den er schlang." Seine eigenen Landsleute halfen ihm blind bei seinen Bemühungen um ihren Untergang. Das deutsche Gemüt war nicht biegsam genug, um mit zärtlichem Lachen oder Zornestränen zu verehren. Bismarck, so wie er war — das dynamische, dämonische Genie, am Werke das Deutsche Reich zu schaffen, solange es seinem Ehrgeiz so paßte, ebenso bereit es in Stücke zu schlagen, wenn es seiner Rache im Wege stand —, war ein gleich herrliches Naturphänomen wie ein Strom geschmolzener Lava; aber nein, die Deutschen mußten ihn auch mit allen Tugenden eines behaglichen häuslichen Herdfeuers bekleiden — und versuchen, sich daran zu wärmen. Ebenso wie viele von ihnen, wenn sie einen gewissen Mangel an Dauerhaftigkeit an dem Schaum des Hohenzollern-welfischen Champagners wahrnahmen, diesen anregenden Trank eigensinnig ablehnten. Sie hätten Wilhelm von Hohenzollern lieben und über ihn lachen, Otto von Bismarck verehren und über ihn weinen sollen.

Wie? Lieben, wo Bismarck haßte?

Das Reich stand in Flammen von Uneinigkeit. Die Caprivi-Presse beantwortete die gehässigen Angriffe ebenso gehässig. Bayern war zum großen Teile bismarckisch; das war bezeichnend, denn es war in hohem Grade separatistisch. Die Regierung schwieg; viele ihrer Mitglieder schrieben eifrig in der anonymen Presse. Kaum jemand in Deutschland, der nicht Partei ergriff; Eulenburg stand sich eine Zeitlang mit beiden Seiten gut, bis die Art, wie man in Friedrichsruh über den Kaiser sprach, ihn forttrieb. Der

[1] Zechlin, S. 83.

Hof und die Ministerien waren voll von Leuten, die unter Bismarcks Herrschaft gelitten hatten und jetzt hofften, daß starke Maßnahmen gegen ihn ergriffen werden würden. Die Bismarckianer ihrerseits bejammerten als „eine reine Tragödie", daß das anbetende Volk nicht von dem Mitgefühl mit dem Märtyrer zu einer politischen Fronde überging[1]; das lag aber nicht im deutschen Charakter. Das große Beispiel, ein Feuerofen im Treibhause des Reiches, ließ nur den Nationalfehler zu tropischer Üppigkeit aufschießen, den Fehler nämlich, sich hinzustellen und den Arbeitern zu sagen, wie schauderhaft schlecht sie ihre Arbeit machten — vom Kriegführen bis zum Hundeflöhen, wie Bismarck selbst sagte.

Unter all dem Wust von „Egoismus, Haß und Neid" erreichte Bismarck jedoch seinen Zweck, insofern als er imstande war, wie ein frohlockender Parteigänger schrieb, den jungen Herrn so teuflisch zu verletzen[2].

So wie früher von den liberalen Fortschrittsleuten, so ertönte jetzt von den konservativen „*Die-hards*", den Unentwegten, derselbe Zorn über erfüllte Wünsche. Friedrich Wilhelm hatte gebetet, daß ihm ein Sohn mit eigener Gesinnung gegeben werde, und hatte ihn bekommen. Bismarck hatte auf einen *rocher de bronze* gehofft, und hatte den bekommen. Wenn sie so wütend behaupteten, daß er in Wirklichkeit aus Pappe sei, übersahen die Bismarckianer, daß sie damit ihrem Führer ein etwas dürftiges Kompliment machten: war es etwas so Geringes, das den Eisernen Kanzler bezwungen hatte? Jegliche Schwäche, Gemeinheit und Torheit sollte dazu beigetragen haben: Eitelkeit und wahnsinniger Egoismus, unbesonnener Ungestüm und Widerstreben gegen jeden Zügel; kurz es war eine Art böser Schmetterling, der jetzt das bremsenlose Reich in den Untergang jagte.

Hätte Wilhelm den Feldzug gegen seine Person und seine Regierung damit beantwortet, daß er die Tatsachen über den Streit veröffentlichte, Bismarck als einen Zerstörer des Volkes anklagte und ihn wegen Hochverrates verfolgen ließ, so würde sein Volk ihn ebenso gern gehabt haben wie vorher und ihn sehr viel besser verstanden haben. Die englische Sonderbarkeit, sein Land vor seinen Ruf zu setzen, war der Nationalgewohnheit zu fremd, um ge-

[1] Gradenwitz, S. 246.
[2] Ebenda, S. 202.

würdigt zu werden. Die Minister und das Publikum, die Herbert Bismarcks Ansicht teilten, daß man nur mit Fußtritten regieren könne, nahmen an, daß der Kaiser Bismarck Fußtritte gegeben haben würde, wenn er nicht heimlich daran dächte ihn zurückzurufen; die Hoffnung oder Befürchtung, daß ein rachedurstiger Bismarck zurückkehren könnte, erregte die Büros und die Biergärten. Daß man wenigstens Bismarcks Parteigänger unbesorgt und vorteilhaft hätte mit Fußtritten behandeln können, war für jeden Menschen mit gesundem Verstande offenbar. Diese Parteigänger selbst, die sich einem so unerklärlichen Mangel an wahnsinnigem Egoismus und unbesonnenem Ungestüm gegenüber sahen, konnten dem Kaiser nur eine zweite Reihe von unvereinbaren schlechten Eigenschaften beilegen. Ungestüm, wahnsinnige Torheit, Heftigkeit und Halsstarrigkeit in einem Augenblick, Ängstlichkeit, Verschlagenheit, machiavellistische Geduld, wenn dies besser für ihre Zwecke paßte. Daß das Ergebnis eine Monstrosität war, erwies sich als bequem, denn war nun sein Charakter einmal als völlig widerspruchsvoll hingestellt, so war es nicht mehr nötig, sich wegen des psychologischen Zusammenhangs Gedanken zu machen. Der Arm wurde zu einem bloßen Symbol: viel Schlimmeres ist verborgen! „Physisch und moralisch degeneriert." — „Ein Wesen, das seiner inneren Natur nach boshaft und gemein war; alle seine Handlungen, alle seine Gedanken drehten sich um ihn selbst; dabei hatte die Verderbtheit diesem Körper den Stempel der Mißbildung und des Verfalls aufgeprägt." Dies war keineswegs schlimmer als das, was Bismarck über den Kaiser sagte; geschrieben war es aber über Mr. Hyde, der kein wirkliches menschliches Wesen war[1].

Harden, der Herausgeber der „Zukunft", erkannte, daß die offizielle Politik Schweigen war, und bot seine Feder an, um Bismarck unter der Hand anzugreifen. Wilhelm ließ ihn durch einen Flügeladjutanten kurz wissen, daß er mit solchen Methoden nichts zu tun haben wolle[2]; von da an führte Harden eine besonders giftige Feder für Bismarcks Sache. Wilhelm erfuhr durch eifrige Zuträger von der Art, wie in Friedrichsruh alle über ihn schimpften, aber er erwiderte, für ihn existiere nichts, was Bismarcks jetzt sagten — „Ich will nicht", sagte er zu Eulenburg, „daß der

[1] R. L. Stevenson, Dr. Jekyll and Mr. Hyde. D. Übers.

[2] Haller, S. 315.

Name Bismarck in Deutschland diskreditiert werde. Darum darf nicht ein Wort der Rechtfertigung für meine Handlungsweise gesprochen oder geschrieben werden. Die Erregung gegen mich wird sich legen, wie jede andere auch. Im übrigen gibt es nur einen Menschen, der den Fürsten Bismarck zugrunde richten konnte: das ist er selbst."

Wenn auch im nationalen Interesse nach Wilhelms Auffassung eine Selbstverteidigung im Inland zwecklos und nicht angezeigt war, so schien sie doch anderwärts erforderlich. Er hatte kein Recht, benachbarte Herrscher in dem Glauben zu lassen, seine Handlungsweise sei nicht vorwurfsfrei gewesen, denn das konnte dahin führen, daß sie seiner Regierung mißtrauten, und Deutschlands Beziehungen zu ihnen schwer schädigen. Nach Bismarcks Rücktritt hatte er sofort in persönlichen Briefen an Franz Joseph und die Königin von England eine Darstellung des Sachverhaltes gegeben, öffentlich aber war nichts geschehen.

Im April 1890 sprach Bismarck zu ausländischen Pressevertretern über innere deutsche Angelegenheiten — Blutvergießen sei manchmal die größte Wohltat — und ohne Zurückhaltung und in recht mißbilligenden Worten über die auswärtige Politik.

Das Normale wäre gewesen, den früheren Minister zu desavouieren. Der Kaiser verbot alle öffentlichen Schritte; im Mai wurden die Botschafter angewiesen, den betreffenden Auswärtigen Ämtern eine ruhig gehaltene Erklärung zu übermitteln. „Wenn die Regierung Seiner Majestät in vollster Anerkennung der unsterblichen Verdienste dieses großen Staatsmannes hierzu unbedenklich schweigen konnte, so lange jene Äußerungen sich auf persönliche Verhältnisse und innere Politik beschränkten, muß sie sich, seit auch die auswärtige Politik davon berührt wird, die Frage vorlegen, ob solche Zurückhaltung auch ferner zu rechtfertigen sei, ob sie nicht im Auslande schädlichen Mißdeutungen unterliegen könnte." Dieser Satz ließ den logischen Schluß zu, daß damit irgendein Vorgehen angekündigt werden sollte; was folgte, wurde von einem Kommentator[1] Wilhelms Einspruch zugeschrieben. „Seine Majestät der Kaiser sind indeß der Überzeugung, daß entweder von selbst eine ruhigere Stimmung eintreten oder aber der tatsächliche Wert des von der Presse Wiedergegebenen mit der Zeit auch im Auslande immer richtiger werde ge-

[1] Gradenwitz, S. 102.

würdigt werden... Seine Majestät unterscheiden zwischen dem Fürsten Bismarck früher und jetzt und wollen seitens Allerhöchstihrer Regierung alles vermieden sehen, was dazu beitragen könnte, der deutschen Nation das Bild ihres größten Staatsmannes zu trüben. Indem ich Euer... hiervon mit der Ermächtigung, erforderlichen Falles demgemäß sich zu äußern, in Kenntnis setze, füge ich ergebenst hinzu, daß ich mich der Hoffnung hingebe, es werde auch seitens der Regierung, bei welcher Sie akkreditiert sind, den Äußerungen der Fürsten Bismarck ein aktueller Wert nicht beigelegt werden."

Während der ganzen folgenden beiden Jahre wurden die Minister immer besorgter, daß der Kaiser sich mit Bismarck aussöhnen könnte; bis es dem Feinde schließlich durch ein Manöver auf fremdem Boden gelang, ihn zum Zuschlagen zu zwingen.

Im Sommer 1892 stand Herbert Bismarck im Begriff, sich mit einer Dame aus Fiume zu verheiraten. Wilhelm telegraphierte dem Bräutigam seine Glückwünsche; als aber Wien mit Willen zum Ort der Hochzeit gewählt wurde, witterte das Auswärtige Amt die Absicht, Franz Josephs Höflichkeit und Sympathie für die Fronde auszunutzen. Der Fürst reiste durch Berlin, ohne seinem eigenen Souverän seine Aufwartung zu machen, und nun wurde der Botschafter in Wien angewiesen, dieses offenkundige Schneiden damit zu beantworten, daß er sich in Wien auf förmliche Beziehungen zu dem Fürsten beschränkte; außerdem schrieb Wilhelm auf Grund einer Vereinbarung zwischen den beiderseitigen Diplomaten widerstrebend[1] an Franz Joseph einen Brief, der die Bitte enthielt, ihn nicht zu empfangen. Jedes Eingreifen zu einer persönlichen Erwiderung und Abwehr widersprach Wilhelms Auffassungen; die Hochzeit war eine Art Grenzfall, auswärtige Politik im Familienkleide.

Alles spielte Holstein in die Hände. Der zornige Fürst gestattete sich in einer Unterredung mit einem Dr. Benedikt in Kissingen die ungezügeltsten Unvorsichtigkeiten, wobei er erklärte, die Regierung habe Deutschlands Verhältnis zu Rußland zugrunde gerichtet. Ferner sagte er, er habe die Krone ungebührlich gestärkt, die sich nunmehr unverhohlenem Absolutismus zuneige, und brachte die freie Erfindung vor, sie beabsichtige die Vereinheit-

[1] Haller, S. 105.

lichung der Form des Reiches — das heißt, die Abschaffung der Einzelstaaten[1].

Die Regierung schritt darauf zu ihrer ersten und letzten öffentlichen Erwiderung, indem sie ihr Rundschreiben, das Bismarcks Äußerungen zurückwies, sowie ihre Depesche anläßlich der Hochzeit veröffentlichte. Diesmal erhob der Kaiser keinen Widerspruch: ein Versuch, das Reich mit Rußland und die Bundesstaaten untereinander zu entzweien, kam ihm wie das Werk eines bösen Feindes vor. Man würde bald erkennen, schrieb er dem Zaren, daß er Grund gehabt habe, diesen widerspenstigen Mann mit seinem schlechten Charakter zu entlassen. Viele sagten, es läge reichlich Material für eine Strafverfolgung vor, aber das bezeichnete der Kaiser einfach als „unmöglich"[2].

Wien war Bismarcks Waterloo. Die Vorstellung, daß Befürchtungen oder Schwäche an hoher Stelle eine Wiederkehr des Einflusses des Fürsten möglich machen könnten, war nun endlich mit einem Schlage zerstört. Bisher würde es ebenso gefährlich wie zwecklos gewesen sein, ihm mit Angeboten einer Aussöhnung zu kommen; im folgenden Winter aber machte Wilhelm sich seinen Sieg zunutze, um eine Reihe von Ölzweigen auszusenden — das Angebot eines königlichen Schlosses für einen Erholungsaufenthalt, kostbaren alten Wein aus seinem Keller als Geschenk; und am 26. Januar 1894 kam der Fürst nach Berlin.

War es ein Triumph für den alten Frondeur, der nach all seinen Widerspenstigkeiten mit Ehren empfangen wurde, oder ein Triumph für den Kaiser, der im Schloß allein wartete, während er den auf Heinrichs Arm gestützten Mann, „der ihm so bitter weh getan und dem er so großmütig verziehen, umtost von der Begeisterung Tausender, an der Front seiner Garden dahinschreiten sah"? Moltke, der Flügeladjutant, hatte seine eigene Meinung darüber. Bismarck ging allein hinein, man sah aber, wie der Kaiser ihm mit ausgestreckter Hand rasch entgegenkam, man sah, daß Bismarck sie mit seinen beiden Händen ergriff und daß der Kaiser ihn küßte. Das Volk drängte sich um Wilhelms Pferd, als er später ausritt, schob alle zur Seite, die den Weg freihalten wollten, jauchzte und jubelte. Es fühlte in diesem Augenblick, wie tief die Wunde der vierjährigen Trennung gewesen war, und wem

[1] Haller, S. 105, Anm.

[2] Große Politik, Nr. 3399.

es Dank für das schuldete, was deren Heilung zu bedeuten schien.

Auch er war bewegt gewesen, aber zerbrochene Götzen[1] lassen sich auch „mit Mann und Roß und Wagen" nicht wieder zusammenflicken und er hatte es nicht mit jemand zu tun, der in der Gemütsbewegung einer Stunde vergaß oder vergab. Die Ovationen für Bismarck waren ihres Sinnes als Demonstrationen gegen die Regierung entkleidet worden; das war aber auch alles. „Jetzt können sie ihm Ehrenpforten in Wien und München bauen, ich bin ihnen immer um eine Pferdelänge voraus."

Ein paar Wochen darauf fuhr er nach Friedrichsruh und die Aussöhnung war äußerlich vollkommen.

Dem alten Löwen waren die Zähne gezogen und der Kaiser, der ihm so kühn entgegengetreten war, schien nun ebenso entschlossen ihn zu streicheln. Die Weigerung des Reichstages im Jahre 1895, den achtzigsten Geburtstag Bismarcks zu ehren, berichtigte er energisch; drei Tage später überreichte er ihm bei einer militärischen Feier in Friedrichsruh einen Ehrensäbel, der das Wappen des Fürsten und die Wappen von Elsaß-Lothringen trug. Bismarck war nicht der Mann dazu, die Dinge zu erleichtern; nachher im Hause fing er an, eine Unterhaltung zu erzählen, die er mit Napoleon III. gehabt hatte: jemand, der nicht auf seine Ratgeber hören wollte; er, Bismarck, hätte ihm gesagt, er könnte ganz gut ohne seine Minister zurechtkommen, solange er seine Garden für sich hätte. — Niemand wagte aufzusehen, Moltke, der neben Waldersee saß, murmelte: „Das ist furchtbar!" Wilhelm, plötzlich schwer von Begriff, fragte, wer denn damals die Garde kommandiert habe.

Dies war ein charakteristisches Manöver in dem langen Feldzuge, den er mit unerschrockener Entschlossenheit geführt hatte, wenn er eine Schlacht lieferte, und mit einer des Fabius würdigen Geduld, wenn er sie verweigerte. Daß er niemals Anerkennung fand für seine bewundernswerte Handhabung einer der schwierigsten Situationen in der Geschichte, lag an der heiklen Wahl, vor die seine Landsleute sich gestellt sahen. Um Tatsachen, die eine solche Deutung nicht ertrugen, unrühmliche persönliche Beweggründe aufzuzwingen, waren sie genötigt, ihn als untermenschlich hinzustellen. In Deutschland, wo nicht nur Bismarcks

[1] Wilhelm (a), S. 3.

eigene Geschichte, sondern auch die fast aller anderen Männer des öffentlichen Lebens die überall vorhandene Vorherrschaft der persönlichen Motive bewies, kam die Vermutung, jemand könne frei davon sein, einem Heiligenscheine gleich, mit dem man ihn umgeben wollte. Deutschland war keineswegs bereit, einem solchen flammenden, klirrenden, paradierenden, aufreizenden jungen Feuerkopf von einem Heiligen gemalte Kirchenfenster oder Kerzen zu weihen. Selbst seine Freunde fanden ihn dafür zu menschlich; es sind die Heiligenscheine aus ähnlichen Gründen ja auch in der Regel posthum. Es war schon lange vergessen, daß der heilige Georg, als er den Drachen tötete, mit seinem aufopferungsvollen Mute eine gewisse Streitsucht, eine Abneigung gegen wegversperrende Drachen und schließlich auch eine rein menschliche Sorge um seine eigene Haut verbunden hatte. Die Leute von damals saßen in ihren Häusern, deren Sicherheit sie ihm zu verdanken hatten, und unterhielten sich mit Gesprächen über Georgs kleine Schwächen. Es blieb einer späteren Zeit vorbehalten, den wahren Mann zu erkennen: irrend, kämpfend, sich mühend, fluchend, aber in der heroischen Einfalt, mit der er einem echten Ideale folgte, Sieger sowohl über äußere Drachen wie über die Drachenbrut in der eigenen Brust.

7. *Kapitel*

Panorama: 1890—1895: (II) Das Ausland — und Caprivis Ende

„Der Kurs bleibt der alte."

In den auswärtigen Angelegenheiten war dies, von gewissen Entwicklungen abgesehen, in der Tat der Fall.

Im Jahre 1890 sahen die Berater des Kaisers, wenn sie die europäische Landkarte betrachteten, neben erfreulicheren Farben einen schwarzen unbeweglichen Punkt und drei dunkelgefärbte häßliche Flecken. Der Kaiser sah dasselbe, nur vielleicht noch greller beleuchtet und lebhafter gefärbt.

Frankreich war der schwarze unbewegliche Punkt.

Frankreichs Haltung in der elsaß-lothringischen Frage war von einer Unlogik, die nur bei gründlich logischen Völkern zu finden ist. Es behauptete erstens, ebenso wie sein Nachbar, daß es freilich kein Lamm, sondern ein Löwe mit der Gesinnung eines Lammes sei, von welchem dem Frieden Europas keine Gefahr drohe; und zweitens, daß es sich niemals, niemals mit dem Verlust der Provinzen abfinden werde. Um sie wiederzuerobern, blieb in diesem Falle nur der Weg freundschaftlicher Verhandlungen und zu diesem Zweck ein möglichst enges Verhältnis mit Deutschland; dies aber lehnte Frankreich durchaus ab. Ministerien, die den Versuch wagten, wurden gestürzt. Konnte dann nun jemand erklären, was wohl die eigentlichen Absichten der Dame *La France* waren? Es war kaum zum Verwundern, wenn der große schwerfällige Nachbar daraus den Schluß zog, daß sie, wenn nicht einen Angriff, dann doch die Aufrechterhaltung eines Zustandes wollte, in dem ein Krieg ihr früher oder später die von ihr gewünschte Gelegenheit verschaffen würde. Dies war in der Tat der aufrecht erhaltene Zustand.

Wilhelm sympathisierte eigentlich mit dem Irredentismus, aber hier lag die Sache so, daß die Länder, die Frankreich wiedergewinnen wollte, von Rechts wegen zu Deutschland gehörten[1].

[1] Wilhelm (a), S. 263.

Deutschland hatte 1871, mit einer von militärischen Rücksichten diktierten Grenzberichtigung, das zurückgenommen, was nach deutscher Auffassung ein Teil des entrissenen Landes war. Es gab Leute, die vorschlugen, man solle Frankreich die Provinzen schenken, sie vermochten aber keine andere Begründung dafür vorzubringen als nur die Furcht. Der Gedanke, dem Helmbusch der Nation eine weiße Feder[1] hinzuzufügen, hätte damals in keinem Lande Beifall gefunden. Der Tag wird kommen, da wir alle in Weiß einhergehen werden, nachdem wir genug in Blut gebadet haben; in einem Zeitalter der Rüstungen aber riet nicht nur der Stolz sondern auch die Vorsicht, der Fahne treu zu bleiben.

Soviel über diesen sehr unbeweglichen Punkt.

Als der Kaiser und seine Räte auf die Frage „Österreich oder Rußland?" mit „Österreich!" antworteten, setzten sie in die Tat um, was Bismarck gepredigt hatte. Des Eisernen Kanzlers eigene Handschrift war ein Beweis dafür. „Mit den beiden östlichen Kaiserreichen gleich fest verbündet zu sein, ist ein Wunsch, dessen Verwirklichung bei der Verstimmung zwischen beiden nicht immer möglich ist. ... Gelingt es uns nicht, beide ... vertragsmäßig und dauernd zu Freunden zu haben, so müssen wir wenigstens festhalten, was wir haben. Die Beziehungen zu Österreich sind sicherer, als die zu Rußland werden können, und bequemer ... Das österreichische Bündnis besitzen wir, das russische aber nicht, und wenn wir uns um dasselbe bewerben wollten, so wäre es fraglich, ob wir es erreichten, zweifelhaft, ob das Zusammengehen mit Rußland bei den hochfahrenden Neigungen und dem gänzlichen Mangel an Verständnis für Gleichberechtigung eines Bundesgenossen nicht sehr bald unmöglich werden würde. Aus diesen Erwägungen schließe ich, daß unser Verhalten Rußland gegenüber in erster Linie der Notwendigkeit untergeordnet sein muß, unser Bündnis mit Österreich nicht zu schädigen[2]."

Für Österreich bestand der Wert des deutschen Bündnisses, obgleich seine Bestimmungen nur defensiver Art waren, fast ausschließlich in der Unterstützung, die es von seinem Verbündeten gegen eine dreiste russische Balkanpolitik erwarten konnte, während die deutschen und österreichischen Verträge mit Italien, aus

[1] Zeichen der Feigheit. D. Übers.

[2] Große Politik, Nr. 1343.

denen im Jahre 1882 der Dreibund hervorging, und der deutsche Vertrag mit Rumänien die Balkan-Interessen auch dieser Nationen begünstigten. Die Frage, ob Deutschland sich mit Österreich oder Rußland verbünden solle, war im Grunde die Frage, welche Gruppe von Balkan-Interessen es unterstützen wollte.

Während diese Verträge bestanden, schloß Bismarck 1887 einen Geheimvertrag mit Rußland (den sogenannten Rückversicherungs-Vertrag), der genau den gleichen Gegenstand behandelte.

Es ist offenbar, daß es etwas von Doppelzüngigkeit an sich hat, wenn man in einem Streite auf beiden Seiten die Hoffnung auf Unterstützung erweckt, und schlimmer als das, es muß beiden Parteien, wenn es durchsickert, in einem höchst verdächtigen Lichte erscheinen. Wenn das Gewissen von Holstein und Marschall diese Situation auch geschluckt hätte, so erstickte doch ihre Vorsicht daran. Der Kaiser war bereit gewesen, den Vertrag im Vertrauen auf Bismarck von diesem zu übernehmen; bei näherer Prüfung stimmte er aber seinen Ratgebern bei, daß er offenbar, und besonders ohne Leitfaden zu Bismarcks Absichten, mit dem anderwärts gegebenen Wort unvereinbar sei. Es könne dann nicht so weitergehen, sagte er, so leid es ihm tue.

Es ging nicht weiter — der Draht nach Petersburg war abgerissen, wie die Kritiker seiner Regierung später klagten.

Von manchen Kommentatoren wurde die Doppelzüngigkeit der Rückversicherung nicht als ein Bedenken empfunden; sie meinten, daß sich beide um Deutschlands Gunst beworben hätten, wenn es weder Rußland noch Österreich die Gewißheit seiner Treue gab. Die richtige Art dieses Spiel zu spielen wäre aber gewesen, mit keinem von beiden positive Abkommen zu treffen, keinem von ihnen das Recht zu geben, sich über Treulosigkeit zu beschweren, statt es ihnen beiden zu geben. Wahrscheinlich war es ein bloßes Manöver von seiten Bismarcks, dem es mit diesen beiden Bindungen niemals Ernst gewesen sein konnte und der auf die Rückversicherung einen Versuch folgen ließ, ein damit vollkommen unvereinbares Abkommen mit England zu schließen[1]. Die Heimlichkeit des Vertrages, die widersprechende Erwartungen gestattete, war das verhängnisvolle Element; die deutsche Regierung wollte sagen können, daß, wenn dergleichen in irgendeiner Form bestanden habe, es jedenfalls nun nicht mehr der Fall sei.

[1] Hammann (d), S. 191—193.

Daß Bismarcks Nachfolger, anstatt bei der Lösung jeden nur möglichen, von ihm beabsichtigten Vorteil herauszuschlagen, den Vertrag nur durch eine beleidigende Absage an Rußland, die Verweigerung der Erneuerung, zu beenden wußten, war kaum ihre Schuld, erbten sie doch Bismarcks verwickelte Anordnungen ohne seine besonderen Gaben zu besitzen.

Die Alternative war, Österreich aufzugeben und sich Rußland zuzuwenden.

Diese hatte, wenigstens rückschauend, viele Anhänger.

Die Wahrscheinlichkeit, durch den gewählten Verbündeten in einen Balkankrieg hineingezogen zu werden, bestand beiderseits; daher war es notwendig, zu erwägen, welches Bündnis der Krieg, wenn er schon unvermeidlich war, in der besten Verfassung hinterlassen würde. Österreich war der schwächere von den beiden und deshalb war die Gefahr der Niederlage größer, wenn Deutschland gezwungen war, an seiner Seite zu kämpfen; anderseits aber war ein russischer Sieg für ein verbündetes Deutschland wenig angenehmer als für ein besiegtes. „Der Fortbestand Österreichs, als einer starken und unabhängigen Großmacht", hatte Bismarck gesagt, sei „für das europäische Gleichgewicht unentbehrlich[1]." Der österreichischen Zuwaage beraubt, würde Deutschland mit seiner langen Ostgrenze den zahllosen russischen Horden ausgesetzt, der Gnade eines Verbündeten preisgegeben gewesen sein, dessen Gier nach Preußens polnischen Provinzen kaum geringer war als die seines westlichen Nachbarn nach Elsaß-Lothringen. Es war nicht schwer, den nächsten Krieg vorauszusehen. Diejenigen, welche Deutschland wegdrängen wollten, brauchten sich nur untereinander zu verständigen — und zu jenem Zeitpunkt, im Jahre 1890, war die Verständigung schon weit fortgeschritten.

Bismarcks Haltung auf dem Berliner Kongreß und seine spätere Finanzpolitik hatten der Jahrhunderte alten panslawistischen Feindseligkeit gegen die Mittelmächte einen neuen Antrieb gegeben. 1890 war Rußland mit Frankreich bereits durch die festesten aller Bande, nämlich finanzielle Bande, verbunden und die Annäherung war eine Tatsache. Daß dafür die Nicht-Erneuerung einen Ruck vorwärts bedeutete, lag auf der Hand. 1891 besuchte die französische Flotte Kronstadt und die Offiziere wurden in Petersburg wie die Könige gefeiert, in Paris aber rief die Volksmenge:

[1] Große Politik, Nr. 1357.

„*Vive la France, vive la Russie, vive Alsace-Lorraine!*" 1893 besuchte die russische Flotte Toulon, wobei sich Szenen wahnsinniger Begeisterung abspielten. Die Nicht-Erneuerung mochte die Schuld an den Demonstrationen tragen, nicht aber an einer Richtung der russischen Politik, die zu verhindern der bestehende Vertrag nicht ausgereicht hatte.

Da es damals wahrscheinlich war, daß ein Bündnis mit Rußland die Gegnerschaft Englands hervorrufen würde, und Deutschland außerdem nicht die Möglichkeit einer zukünftigen Vereinigung mit Deutsch-Österreich aufgeben wollte, so scheint es, daß der Kaiser und seine Berater, soweit menschliche Vernunft voraussehen konnte, den weisesten Weg einschlugen. Die Lage, die sich tatsächlich daraus ergab, war ein ausgezeichnetes europäisches Gleichgewicht.

Die österreichisch-russische Gegnerschaft machte den Balkan zum zweiten häßlichen Flecken auf Deutschlands Karte. Bismarcks und zu Anfang auch Wilhelms II. Standpunkt war, daß Deutschland hier keine eigenen politischen Interessen habe. Das deutsche *désintéressement* wurde aber durch den Anspruch des Verbündeten auf Unterstützung behindert und schließlich dadurch unmöglich gemacht, daß Deutschland sich eine österreichische Niederlage in einem Balkankriege nicht leisten konnte. Etwas später faßte Hohenlohe das in Worte, was von Anfang an klar war: Wenn der Bestand der befreundeten österreichisch-ungarischen Monarchie gefährdet sei, selbst durch Unternehmungen, die Deutschland mißbillige, so m ü s s e es ihr zur Hilfe kommen. Das ist bei Bündnissen gewöhnlich der Fall. Also war das Vermeiden eines Balkankrieges für Deutschland besonders erwünscht und ebenso, wegen der Gewißheit, daß eine friedliche Teilung unmöglich sei, die Unversehrtheit der Türkei — die Deutschland übrigens aus kommerziellen Gründen bald um ihrer selbst willen wünschen sollte.

Der dritte dunkle Fleck betraf Italien, das mit seiner ungeheuer langen Seeküste der Gefahr eines französischen Angriffes zur See ausgesetzt war, wo Deutschland ihm überhaupt nicht und Österreich nur sehr wenig helfen konnte. Seine Treue zum Dreibund hing tatsächlich davon ab, ob dieser ihm Englands Hilfe sichern konnte.

Jedoch England! — das perfide, das egoistische England!

Zu jener Zeit konnte England, das mit Rußland immer auf

schlechtem Fuße stand, als lose mit dem Dreibund gruppiert betrachtet werden. Lord Cromer sagte, daß „es ohne Deutschlands Unterstützung gegenüber französischer und russischer Opposition unmöglich sein würde, seine Aufgabe in Ägypten durchzuführen". Englands Beitritt zu dem Bunde wurde von deutschen Staatsmännern gewünscht; war das aber nicht erreichbar, dann ein Abkommen mit Österreich über gemeinsames Vorgehen zur Verteidigung der Dardanellen oder ein paar Zeilen, in denen ein gemeinsames Interesse mit Italien in Nordafrika zum Ausdruck gebracht wurde. Das war aber gerade das, was niemand von uns erlangen konnte. Die Wurzel unseres fürchterlichen Rufes im Auslande war unser Mißtrauen gegen Verträge und Bündnisse. Wenn die Kontinentalmächte uns egoistisch schalten, so meinten sie damit nicht, daß ihre eigene Politik altruistisch sei, sie würden den Gedanken entsetzt von sich gewiesen haben. Er sei ein ebensolcher Egoist, bemerkte Wilhelm, und kümmere sich nur um seine eigenen Interessen. In der Tat war jedoch eine Kontinentalmacht oft gezwungen, ihre unmittelbaren Wünsche denen ihrer Verbündeten unterzuordnen, und ihre Bündnisse gaben ihren Neigungen eine gewisse Beständigkeit. Uns allein stand es frei, unseren eigenen schwankenden Weg zu gehen; dabei sieht nichts verdächtiger aus als eine unbestimmte und opportunistische Politik, wenn sie erfolgreich ist. Niemand war geneigt zu glauben, daß wir nur in arglosem Erstaunen ungefähr die halbe Welt erworben hätten. Gleich den Wundern der Natur wurde unser bemerkenswertes Weltreich als Beweis einer Absicht angesehen; auf dem Festlande herrschte der Glaube, daß England seine Nachbarn gegeneinander ausspielen und ihre Unterstützung annehmen, aber das nie vergelten und nie jemand etwas nütze sein würde als nur sich allein.

So sah für Deutschland die Welt aus der Vogelperspektive aus. Und was wollte es für sich selbst? In Europa Sicherheit, anderswo Handel und Kolonien.

Das diplomatische Auge fand nicht, daß an diesem Anblick etwas nicht in Ordnung sei, wohl aber das Auge des neuen Besens. „Der europäische Friede", schrieb der Kaiser 1891 gedankenvoll nieder, „ist wie ein Herzleidender. Er kann lange, sehr lange leben. Aber er kann plötzlich auf das Unerwartetste tot sein[1]." Die beiden halbfeindlichen Gruppen von Verbündeten enthielten offen-

[1] Große Politik, Nr. 1505, M. 4.

bar die Keime möglicher Kriege. Verbündete waren notwendig, um das Gleichgewicht aufrecht zu erhalten. War aber das Gleich=gewicht notwendig?

Der Gedanke eines geeinten Europa war ein Teil von dem, was Wilhelms Geist am meisten erstrebte. Die deutsche Einheit hatte seine Kindheit wie eine Art Blitz von oben herab erleuchtet, die Einheit, die seitdem das große Vorrecht und die erste Pflicht eines jeden Deutschen war. Der Blitz hatte tief in sein Wesen eingeschlagen, das nicht zur Selbst=Isolierung geschaffen war. Der feste Glaube, der die heterogenen Erscheinungen seines Univer=sums miteinander in Übereinstimmung brachte, der engverknüpfte Mikrokosmos seines Familienlebens, das beharrliche Predigen eines Korpsgeistes unter seinen Mitarbeitern, der nicht im gering=sten existierte, und die Gewohnheit, aus den Mitarbeitern persön=liche Freunde zu machen, waren alles Manifestationen desselben auf Integration gerichteten Wunsches. Die erste Tat seiner aus=wärtigen Politik war ein Ausstrecken der Hand nach einer neuen internationalen Einheit, einer Industrie=Genossenschaft, gewesen. Ihr Fehlschlagen hatte die geistige Bemühung um Realismus ver=stärkt, die mit dem natürlichen Optimismus seines Temperamen=tes im Streite lag; noch aber hatte er die jugendliche Illusion von der Brüderlichkeit der Welt nicht verloren.

Seine Anstrengungen in der Rolle des Charmeurs trieben seine empfindlichen französischen Feinde beinahe zur Verzweiflung und verursachten den Unentwegten der Revanche eine Zeitlang ernst=hafte Besorgnis. Daß die Provinzen, die Frankreich durch Raub erworben hatte, in ehrlichem Kampfe verlorengegangen waren, war eine Wunde, von der man befürchtete, Frankreich könne sich schließlich davon erholen, wenn sie nicht offen gehalten würde. Der Besuch der Kaiserin Friedrich in Paris war kaum glücklich zu nennen, aber die militärischen Ehren, die General Carnots in die Heimat zurückkehrenden Gebeinen erwiesen wurden, der Kranz am Sarge des Marschalls Mac Mahon, des tapferen Ver=lierers der Schlacht von Sedan, das Beileid beim Tode des Mar=schalls Canrobert, der bei St. Privat in die preußische Garde hieb, das Kondolenztelegramm an die Witwe des ermordeten Präsiden=ten Carnot, eines Enkels des Generals, und am Tage seiner Beerdi=gung die Begnadigung zweier französischer Offiziere, die in Glatz als Spione gefangengehalten wurden, die Stiftung einer Summe für die Hinterbliebenen der Unglücklichen, die in dem brennen=

den Bazar in der Rue Jean-Goujon ihr Leben verloren hatten — das waren gerade solch schöne und großherzige Handlungen, wie sie die Franzosen zu schätzen sich rühmen und selbst niemals vollbringen. Eine französische Zeitung fragte in neugieriger Überlegung, ob das für die Opfer des Bazars gesandte Geld „eine Abschlagszahlung auf die fünf Milliarden" sei. Von der Nation als Ganzes wurden diese *„nobles actes de courtoisie"* bewundert — aber mit Argwohn, ihrem Urheber traute man dunkle Absichten zu. „Da er so sehr auf Gott vertraut", schrieb der Figaro, „hofft er vielleicht, daß ein Wunder gewährt wird, um eine Freundschaft möglich zu machen, die niemals sein kann."

Und hätte sie sein können, so wäre sie den übrigen Mächten äußerst unwillkommen gewesen, genau wie jede andere Annäherung Deutschlands seinen Verbündeten Österreich beunruhigte, wie englisch-deutsche Höflichkeiten Rußland störten und wie Deutschland selbst wegen der französisch-russischen Entente besorgt war. Wilhelm selbst empfand ganz natürlich, daß das bestehende Gleichgewicht erheblich besser war als ein Übergewicht zu Deutschlands Ungunsten. Auf Berichte über irgendwelche Verstimmungen zwischen England und Frankreich schrieb er häufig „gut!" oder „möge es so bleiben!". Er war immer bemüht, unsere Missetaten und Fehler zu unterstreichen, wenn er an den Zaren schrieb. Seine Verwandten in England sahen sich ebenfalls genötigt, dafür zu sorgen, daß die Wahrheit über ihn bekannt wurde[1]. Diese klassische Methode, seine Liebe nicht merken zu lassen, war indessen auf beiden Seiten nicht unvereinbar mit dem gegenseitigen Wunsche nach einer Annäherung. In politischen Sphären geht die Liebe nicht soweit, der Geliebten in die Arme eines Nebenbuhlers zu helfen, wie es manchmal von der Liebe in der persönlichen Sphäre gefabelt wird. Wo aber war inmitten dieser Eifersüchteleien eine Hoffnung auf Verbündung?

Nur in dem Druck der äußeren Gefahr.

Der Plan des geeinten Europa — ein Plan, der so deutlich erkennbar war, daß die Feinde des jungen Kaisers ihn als Plan eines „unter deutscher Hegemonie geeinten Europa" in Verruf brachten — war der Vater seines Glaubens an die gelbe Gefahr. Immer drang er darauf, daß Rußland sich als das östliche Bollwerk der weißen Rassen betrachten müsse. Als 1894 Deutschland, zusam-

[1] Lee, Bd. I, S. 682.

men mit Frankreich und Rußland, Japan nach dessen Krieg mit China daran verhinderte, auf dem Festland festen Fuß zu fassen, schrieb Wilhelm erfreut, die Sache beweise das Bestehen einer Grundlage gemeinsamer Interessen, auf der alle europäischen Völker für das Wohl aller zusammenarbeiten könnten. Deutschland besaß keine Seemacht, um seine Stimme in den chinesischen Gewässern hören zu lassen, und der allgemeine Eindruck war, daß sich die Sache hauptsächlich zum Wohle Frankreichs und Rußlands auswirkte. 1895 sandte Wilhelm dem Zaren ein Bild, das nach seiner Skizze angefertigt war und die Unterschrift trug: Völker Europas, wahret eure heiligsten Güter! Es zeige, schrieb er, die europäischen Mächte, dargestellt durch allegorische Gestalten, die der vom Himmel gesandte Erzengel Michael zusammenruft, damit sie sich im Widerstand gegen den Einfall von Buddhismus, Heidentum und Barbarei zur Verteidigung des Kreuzes vereinigen. In einem etwas irdischeren Augenblicke bezeichnete er die gelbe Gefahr als eine zum Teil wirtschaftliche.

Ein anderes Mal erweckte die amerikanische Zollpolitik seine Hoffnung auf ein gemeinsames europäisches Vorgehen[1].

Die Völker Europas lachten über ihn und seine gelbe Gefahr, ohne die Nutzanwendung zu verstehen.

Allerdings müßte es merkwürdig sein, von einer Kiste mit Sprengstoff über die Kohäsion belehrt zu werden! Man hatte Europa seit seiner Knabenzeit gesagt, daß er kriegerisch sei. Das Bismarck-Abenteuer wurde mit Recht als ein Beweis dafür angesehen, daß er jedenfalls kämpfen konnte, wenn er wollte, und da niemand wußte, weshalb er gewollt hatte, so nahm man an, daß er jeden Augenblick wieder wollen könnte. Die Hysterie der Bismarcklaner, die sich zu einem National-Selbstmord-Klub zur Zerstörung von Deutschlands Ansehen zusammengetan zu haben schienen, gab allen seinen Worten und Taten stets die schlimmste Deutung, besonders jenen Lebhaftigkeiten, von denen die Diplomaten jammerten, daß sie die allgemeine Nervosität wach hielten, die oft aber Günstiges im Gefolge hatten.

Besänftigend war das berühmte Temperament nicht, eher aufrührend und beunruhigend, und doch ist Offenheit ein großer Aktivposten. „Ich fühle", klagte jemand, der ihn widerstrebend und skeptisch hörte, „daß dieser Mann die Wahrheit sprechen

[1] Große Politik, Nr. 2861.

muß[1].“ Daß impulsive Offenheit es mit sich bringt, daß Dinge gesagt werden, die besser ungesagt bleiben, leuchtete dem Mann auf der Straße vollkommen ein; in der Tat müßte es sonst eine recht zweifelhafte Offenheit sein. Die Ansicht der Diplomaten, daß jemand wahrscheinlich desto gefährlicher sei, je unvorsichtiger er redet, wurde auch von der Öffentlichkeit im Ausland durchaus nicht geteilt. Sie war nicht geneigt, „*the Kaiser*“ einen Vorwurf daraus zu machen, daß er, wie Eulenburg klagte, kein Liebhaber von Nuancen war. Sein freundschaftlicher Händedruck ließ schmerzende Finger zurück. Eine rivalisierende Politik machte er in deutlichen Worten herunter, statt Verleumdungen gegen sie zu insinuieren. Seine diplomatischen Täuschungsversuche wären einem George Washington knabenhaft erschienen. Die rasche, offene Stimme erfüllte die Sprachkundigen mit Unmut — aber sie wurde gehört und man mochte sie gern.

Wenige leugnen die Anziehung, die Wilhelm in seinen Dreißigerjahren ausübte. Es wurde gesagt, daß Staatsmänner, die eine antideutsche Voreingenommenheit nicht einbüßen wollten, es vorzogen, nicht in seine Nähe zu kommen. Es war jedoch nicht leicht, ihm zu entgehen. *Nihil humani a me alienum puto!* war sein Grundsatz. Die Menschen konnten nirgends ertrinken oder in die Luft gesprengt werden oder in Bergwerken umkommen, ohne eines dieser kaiserlichen Beileidstelegramme, deren Häufigkeit die Menschen lächeln ließ, deren Worte aber trotzdem rührten. „Wir trauern um ihn, als ob er einer der Unsrigen gewesen wäre“ — dergleichen gesagt zu bekommen, mußte der Witwe des Admirals Tryon in ihrem Schmerz wohltun. Viele fingen an zu glauben, daß das Schlimmste an ihm nicht schlimmer war, als daß man es mit erfreulichen Eigenschaften und deren verzeihlichen Zugaben gern in Kauf nehmen konnte: mit dem *esprit primesautier*, der ein so mächtiges Zaubermittel ist, „stürmisch wie der März, doch frisch wie der Mai“, mit dem schnellen eigenen Denken, dem Sprachtalent, dem edlen Eifer, der angeborenen Offenheit und dem „was ihm am meisten Schaden brachte, der schönen Kühnheit des Vertrauens zum Hörer“, mit Humor und Satire, raschem Temperament und Ungeduld, nervengequälten Stimmungen und aufgeräumten Reaktionen, mit dem Aufbäumen und Ausschlagen des feurigen, durch Geschrei und Steinwürfe gereizten Wesens. Das

[1] Davis, S. 65.

sei alles sehr schön, über sein Reden zu spotten, sagte er mit halb lachendem Ärger zu Eulenburg, ob man denn lieber wolle, daß er anfinge, etwas zu tun? Er hatte recht, wie er es überhaupt in geradezu unwahrscheinlicher Weise an sich hatte, recht zu haben. Die Erdteile werden durch ein malerisches Vokabularium nicht in Stücke geschlagen. Die Erdteile waren zu vernünftig dazu, auch die Diplomaten waren zu vernünftig, wenn sie es auch ableugnen mochten; kannten sie doch sehr wohl den Unterschied zwischen einem Stoß mit der Degenspitze und einem Berühren mit dem Knopf. Was der Sache ein anderes Ansehen gegeben hätte, wären Taten gewesen, einschließlich jener Art von politischen Worten, die tatsächlich politische Taten sind. Was die unvorsichtige Zunge zu einer Gefahr gemacht hätte, wäre eine allgemeine Überzeugung gewesen, daß ein leichtfertiger Charakter dahinter stecke. Die glänzende Persönlichkeit war ein politischer Aktivposten, so lange die Welt guten Grund zu der Annahme haben konnte, daß der scheinbare Wirbelwind gleich einem jener rekordbrechenden Wagen fest in der Hand des Fahrers war.

Noch aber fuhr Deutschlands auswärtige Politik stetig ihres Weges.

Zu Hause jedoch war der Wagen in jenes beunruhigende Schleudern geraten, durch das der erfahrene Chauffeur Bismarck abgeworfen worden war. Zu Hause waren jene sehr beunruhigenden Theorien aufgebracht worden, die das Blut in den Adern der ausländischen Neugier erstarren ließen. Zu Hause, wo ein wahrer Wust von Empfindlichkeiten und ein Arsenal von Tadel zu finden war, legte der Kaiser es darauf an, sich in Unvorsichtigkeiten zu ergehen, das heißt, oft und hitzig und wie in der Familie seine Meinung zu sagen. Zu Hause war die systematische Agitation der Bismarck-Anhänger mit voller Überlegung darauf abgestellt, die Treue des Volkes zur Krone in Groll, Mißtrauen und Spott zu verwandeln; während im Schutze eines Ministeriums ein Mann, der nicht einmal den Versuch machte, ehrlich mit dem Kaiser zu arbeiten, eifrig predigte, daß der Kaiser nicht gewillt sei, mit seinen Beratern zu arbeiten.

Der Vorwurf der Autokratie, den man der unaufgeklärt gebliebenen „Entlassung“ Bismarcks so besonders leicht anhängen konnte, wurde durch Wilhelms energische Art recht plausibel gemacht. Seine persönliche Lage nach dem Sturz des Kanzlers hätte an die Klugheit der Schlange und die Sanftmut der Taube die größten Ansprüche gestellt; wenn es aber irgendein Geschöpf gab, das Wilhelm weniger ähnelte als die Taube, so war es die Schlange. Er konnte sich zu wenig in andere Leute und ihre Anschauungen hineinversetzen, um einen Grund einzusehen, weshalb er seine Anschauungen verbergen sollte, und hatte durchaus nicht den Wunsch, daß seine Auffassung von den Rechten des Königs von Preußen ein Geheimnis bliebe. Die Monarchie, sagte er mit Bestimmtheit und völlig zutreffend, sei keine Wahlmonarchie; sie werde übertragen durch das Ungefähr der Geburt — sei „von Gottes Gnaden". Der König, setzte er hinzu, ist nur Gott allein verantwortlich. In der Tat war er verfassungsmäßig niemand anderem verantwortlich, und die moralische Verantwortung Gott gegenüber schloß keineswegs die Aufgeschlossenheit für den Rat der Minister oder die Wünsche des Volkes aus. Dem Publikum versicherte man das Gegenteil. Man sagte von Wilhelm II., er glaube, ebenso wie es Friedrich Wilhelm IV. getan haben sollte, daß mit der Thronbesteigung ein neues und direktes Verhältnis zwischen dem Herrscher und einer allzu persönlich vorgestellten Gottheit begänne, das alles rechtfertige, was dem inspirierten Monarchen zu tun gefiele. Hier und da protestierte eine Stimme wie die des Grafen Reventlow, daß es „lächerlich und abgeschmackt" sei, dem Kaiser zu sagen, die Verfassung habe die Stelle des lieben Gottes ihm gegenüber eingenommen. „Jeder Mensch, mag er in einer noch so abhängigen Stellung arbeiten, kann mit vollem Recht sagen, er habe nur seinem Gott Rechenschaft abzulegen[1]." Das Publikum aber faßte die Bemerkungen des Kaisers so auf, wie die Menschen nach Matthew Arnolds klagenden Worten die Sprache der Bibel auffassen — als Wissenschaft, nicht als Poesie. Daß er der Vorstellung vom göttlichen Recht noch solche rein menschlichen Redeblüten hinzufügte wie „diejenigen jedoch, welche sich mir bei dieser Arbeit entgegenstellen, zerschmettere ich" oder „mein Kurs ist der richtige und er wird weitergesteuert", führte zu dem „selbstgemachten Schreckbild" — wie Reventlow sagte — eines Königs, dem es jeden Augenblick einfallen könnte, sich über die Verfassung zu stellen.

Jedes Wort, das ungünstig ausgelegt werden konnte, wurde von illoyaler Unheilstiftung oder deren Sprößling, der echten Beunruhigung, begierig aufgegriffen. Als Wilhelm im September 1891

[1] Reventlow, S. 46

in das Goldene Buch der Stadt München schrieb: *Regis voluntas suprema lex,* stieg ein Aufschrei des Unwillens empor. Da *rex* in Bayern auch mit Gewalt nicht als König von Preußen ausgelegt werden konnte und der König von Bayern geisteskrank war, so war der Satz wahrscheinlich eine ritterliche Verbeugung vor dem Partikularismus: *Regis voluntas* (der souveräne Wille Bayerns) *suprema lex* (ist dem Kaiser nicht unterworfen). Wilhelm nahm immer als selbstverständlich an, daß jeder wußte, was er meinte, und die Albernheit manchen Geschreis brachte ihn nur zu der Überzeugung, daß es nicht ernst sei. Welche Sprache war deutlich genug, wenn eine Wendung, deren Sinn einem neugeborenen Kinde offenbar sein mußte — die an die Rekruten der Garde gerichtete Bemerkung, daß nur ein guter Christ ein guter Soldat sein könne —, dem Einwand begegnete, daß die Heiden häufig gute Soldaten seien?

Es war nicht so sehr die Ungerechtigkeit, aus der er sich etwas machte, als die Dummheit und Hinderlichkeit der nationalen Fehdesucht. Daß Presse und Volk, Professoren und Beamte, die — selbstverständlich — alle dasselbe wünschten, nämlich das Wohl Deutschlands, ihre Tatkraft darauf verschwendeten, untereinander und mit ihm zu kämpfen, war eine verwirrende und ärgerliche Angelegenheit. „Ich will Ruhe im Schiff haben!" rief er bei Gelegenheit eines Streites zwischen Beamten aus, sonst könne überhaupt keine ordentliche Arbeit geleistet werden. Enttäuschungen und vereitelte Hoffnungen, Reibereien und Ärger, daraus besteht zweifellos für die meisten jungen Herrscher nach der anfänglichen Popularität und den ersten Ausbrüchen von Eifer die zweite Phase; die Hindernisse waren aber hier mehr als normal, was Wilhelm mit Unbehagen bemerkte und nicht begreifen konnte.

„Wir können nicht dankbar genug sein, daß wir einen solchen Herrn haben, der mich immer an die heldenhaften Salier- und Hohenstaufenkaiser unseres Mittelalters gemahnt", schrieb Bülow 1890. „Wenn er treue und kluge Diener findet, wird er auch einmal in der Weltgeschichte einen großen Platz einnehmen." Der Vorbehalt war für einen modernen Fürsten ein notwendiger, auch war Bülows stillschweigende Andeutung, daß nicht nur Klugheit, sondern auch das bescheidene Desiderat der Treue keineswegs sicher sei, vollkommen berechtigt. Holstein und nur zu viele seiner Jünger beabsichtigten weder ehrliche Mitarbeit noch ehrliche Opposition. Der Beamte, der sagen konnte, daß er „mit Seiner

Majestät seines Wissens nie eine Meinungsverschiedenheit gehabt habe", brachte hinter dem Rücken Seiner Majestät die Beschwerde über das „persönliche Regiment" auf. Er war es, der die Fiktion erfand, Eulenburgs „Einfluß" sei notwendig, um das Reich zwei- bis dreimal in der Woche zu retten. Seine Majestät hatte irgend etwas Unvorsichtiges zu Oberst Swayne gesagt, alles war verloren, das Reich ging seiner Auflösung entgegen. Seine Majestät war nach Hubertusstock gegangen, es war genau wie unter Ludwig XIV. — dem Seine Majestät in Wirklichkeit weniger ähnelte als irgendeiner anderen geschichtlichen Gestalt. Seine Majestät hatte die Bekämpfung des Reichstages ins Auge gefaßt. Seine Majestät plante, sich einen „Auflösungskanzler" und dann einen „Staatsstreichkanzler" zu nehmen — und dann die Sintflut! Wie konnte es anders sein, wo Seine Majestät doch mit seiner raschen Zunge und seinen unmöglichen Idealen und seiner religiös-romantischen Begeisterung, wie die Bismarckianer so richtig sagten, unausgeglichen und wirklich verrückt war?

Die Fragen, mit denen Eulenburg hierauf zuversichtlich antworten konnte, widerlegten Holsteins Wahnsinnsausbrüche mit Leichtigkeit. „Macht Wilhelm II. Tollheiten? Vollführt er Regierungshandlungen, welche über den Rahmen seiner Rechte hinausgehen? Würde der Vorwurf einer zeitweisen Oberflächlichkeit in der Führung der Geschäfte schwerwiegend genug sein, um eine Anklage wegen Störung des Geschäftsganges erheben zu können? Haben die Regierungsgeschäfte jemals wegen Mangels an Fleiß oder Unfähigkeit des Kaisers und Königs gestockt? Von alldem ist keine Rede[1]." Und zu Bülow — der bemerkt hatte, daß die Erregung um Swayne unnötig sei — „Der Ausgangspunkt von Holsteins Aufregung ist... berechtigt, wenn man prinzipiell das Eingreifen des Kaisers in das Räderwerk der Politik als eine Gefahr bezeichnet. Unleugbar kann unter Umständen daraus etwas Bedenkliches entstehen. Aber der konkrete Fall?"

Ja, das war es. Es wurde viel geredet von den Fehlern, die man von Wilhelm erwarten könnte. Aber — der konkrete Fall?

Dem Grafen Philipp Eulenburg, als dem Intimus der Majestät, wurde eine Rolle zugeschrieben, die er nicht ausfüllte und auch nicht ausfüllen konnte. Der historische Favorit, dessen Schmeicheleien die Urteilskraft des Monarchen besiegen, der über die

[1] Haller, S. 171.

liebevolle Schwäche seines Herren die Macht einer Mätresse ausübt, war an der Seite Wilhelms II. wenig wahrscheinlich. Eulenburg überzeugte durch Gründe, die seine Auftraggeber, wenn sie es schon für nötig hielten, selbst hätten vorbringen müssen, und zwar tat er es in einer Sprache, die so offen war, daß die meisten von uns es sich nicht hätten gefallen lassen. „Die letzte Rede Ew. Majestät hat wesentlich dazu beigetragen, die Situation hier zu verschlimmern... das philiströse Deutschland ist die unruhige Lebensweise Ew. Majestät schwer zu begreifen imstande... alle Parteien ohne Ausnahme haben sich durch das Wort Ew. Majestät verletzt gefühlt... Ew. Majestät persönliche Stellung hat sich im Reich durch die scharfe Akzentuierung des persönlichen Regiments bei verschiedenen Gelegenheiten nicht gebessert... ich würde glücklich sein, wenn Ew. Majestät politisch und *civiliter* auf solche ganz seltenen Programmreden kämen... es besteht eine große Verstimmung gegen Ew. Majestät im Lande...“ Er selbst schrieb mit vollem Recht: „Ich habe häufig dem Kaiser *unerhörte Wahrheiten* gesagt, und muß es festnageln, daß er solche Äußerungen mir niemals verdachte.“

Eulenburg stieß jedoch auf Holsteins Veranlassung seine Warnungsrufe etwas zu oft aus. Der Kaiser wurde zwar selten dadurch gereizt, antwortete aber häufig mit einem Ausdruck des Erstaunens darüber, daß man ihm so merkwürdige Absichten zutraute. „Ganz überflüssige Aufregung bei Dir“, telegraphierte er dann. „Also nur ruhig und nicht immer schwarz sehen“, und „Philipp, fallen Sie nicht auf jeden Unsinn herein“[1]. Von Jugend auf von Parteibosheit geschmäht, von unversöhnlicher Feindschaft öffentlich verfolgt, von überflüssiger Besorgnis privat wie von einer Glucke umflattert, war es nicht zum Verwundern, daß er sich aus Kritik nicht viel machte. Er versprach Eulenburg wohl bei einer besonderen Gelegenheit lachend, daß er den Mund halten und ihn nur noch zum Essen, Trinken und Rauchen gebrauchen wolle, aber in Wirklichkeit hatte er ihn für andere Zwecke nötig und sah nicht ein, wieso es die gegnerischen Gewalten besänftigen würde, wenn er ihn opferte.

Inzwischen war die durch eine doppelte Agitation absichtlich erregte öffentliche Meinung, wie Eulenburg gesagt hatte, unruhig geworden und das Gespenst des Aufruhrs war keineswegs ge-

[1] Haller, S. 152 und 119.

bannt. Auch Europa war beunruhigt. Diese ersten verworrenen Jahre, diese hoffnungsvollen, reizbaren, kämpferischen Jahre hörten im Untergrunde all ihrer Zweifel und Besorgnisse den Zweifel an der Festigkeit des Reiches, die Furcht vor einer Revolution dumpf grollen, und auf der anderen Seite die Furcht, daß die Regierung Gewaltmaßregeln beabsichtige.

Die Beunruhigung erreichte ihren Höhepunkt, als in den Jahren 1893 und 1894 Europa durch eine Reihe von anarchistischen Verbrechen, darunter auch die Ermordung des Präsidenten Carnot, in Schrecken versetzt wurde. Frankreich und Italien erließen Ausnahmegesetze. In Deutschland rief die Presse aller nationalen Parteien nach einem scharfen antisozialistischen Gesetz, während Bismarck, als Folge davon, daß man nicht früh genug geschossen habe, eine blutige Sintflut prophezeite. Caprivi zögerte und schlug eine milde Vorlage nur für Preußen vor; Botho Eulenburg, der preußische Ministerpräsident, forderte jedoch in beinahe öffentlicher Opposition starke Maßnahmen für das Reich und, falls der Reichstag nicht bei der Verteidigung des Staates mitwirken wollte, die Zerschmetterung des Reichstages.

Das furchtbare Hydra-Problem, Unterdrückung oder Versöhnung, hatte wieder sein Haupt erhoben. Wilhelm hatte als streitbarer Pazifist für die Sache der Geduld gekämpft und geblutet, und nach vier Jahren hatte es den Anschein, als habe er sich damit geirrt.

Trotz dieser Welle von anarchistischen Anschlägen in Europa ging er, nur von ein paar Adjutanten begleitet, ungezwungen umher[1]. Auf dem überfüllten Potsdamer Marktplatz bewegte er sich „automatisch in den Rinnstein und wieder heraus auf die schmutzigen Kopfsteine", dabei lachte er und stampfte mit dem Fuß auf das Gitter eines Straßengullys, als Bigelow sagte, der Zar würde wahrscheinlich eine Bombe darunter vermuten. Was aber in seinen Reden seit einiger Zeit immer wiederkehrte, war eine Ermahnung an seine Zuhörer, der Zentralgewalt gegenüber ihre Pflicht zu tun, wenn auch der Himmel einstürzen sollte. 1891 hatte er bei einer Rekrutenvereidigung eine Ansprache gehalten, wobei er gesagt hatte — so schrieb einer, der dabei war —, unter den Versuchungen des Großstadtlebens „sollten wir e i n Hausmittel nicht vergessen, das wir sicher von klein auf kennten,

[1] Bigelow (b), Bd. II, S. 110.

nämlich das Vaterunser — das helfe darüber hinweg, das könne er aus eigener Erfahrung sagen. Der Eid aber, den wir eben schwören ..., verpflichte uns in allen Stürmen, äußeren und inneren, für das Vaterland, und der Gedanke daran solle uns auch in den schwersten Stunden, wenn, was Gott verhüten wolle, Väter und Brüder uns gegenüberstehen, aufrecht erhalten, getreu der Pflicht. Das war der Inhalt der Kaiserrede in der Weihestunde. Sie erlebt zu haben, gehört zu den Erinnerungen, die einen bis zum Ergrauen nicht verlassen; in jener Stunde dachte niemand an Politik und Straßenkämpfe, sondern nur an die sittliche Hoheit der Verpflichtung"[1]. Die Rede verursachte großes Aufsehen, obwohl zu jener Zeit weniger Menschen als heute gegen die Verwendung von Truppen zur Aufrechterhaltung der Ordnung grundsätzlich etwas einzuwenden gehabt haben würden. Anderseits hatte Wilhelms Umgebung ihn im Verdacht einer gewissen humanitären Schwäche. „Glauben Sie mir", sagte ein ungenannter Pessimist zu Waldersee, „er mag noch so entschieden sprechen, wenn es wirklich Ernst wird mit den Sozialdemokraten läßt er niemals schießen."

Er mußte schießen lassen! oder wenigstens zuschlagen. Das Geschrei nach ganzer Arbeit wurde zu einem regelrechten Angriff auf Caprivi. Mit solch einem Kampfruf wie die Gefahr des Vaterlandes würde sein Feind Botho, so glaubte man, stark genug sein, um sein Nebenbuhler zu werden. Die Öffentlichkeit, Botho, selbst Caprivi dachten, daß Wilhelm sich überlege, ob er seine Seele liberalen Maßnahmen und Caprivi oder der Reaktion und Botho verschreiben solle.

Sie befanden sich im Irrtum. Wilhelm dachte nicht daran, Minister, so sehr ihre Ansichten auch voneinander abweichen mochten, als Rivalen und Feinde untereinander zu betrachten, sie waren — selbstverständlich — in erster Linie Patrioten. Sein einfacher Wunsch war, daß Bothos Vorlage von Caprivi eingebracht werden solle. Seine Haltung war genau ebenso, wie sie zu Bismarcks Zeit gewesen war. Er war noch immer bereit wirkliche Unruhen zu unterdrücken. Er hatte noch immer grundsätzlich nichts gegen eine antisozialistische Gesetzgebung einzuwenden. Er vertrat noch immer Bismarcks Theorie von der Legalität eines Staatsstreiches durch die Fürsten. Aber noch immer lag es ihm vor allem daran, solche Notwendigkeiten zu vermeiden. Er wollte

[1] Stein, S. 70.

ein Reichsgesetz — „einen Gesetzentwurf ... der sich dem französischen und italienischen Entwurfe *mutatis mutandis* anschließe"[1], aber er wollte ihn keinesfalls von einem Minister eingebracht haben, der mit einer Politik der Gewalt identifiziert war[2]. Trotzdem war Botho vollkommen unentbehrlich als Führer der Konservativen, deren schon ohnedies wilde Opposition gegen Caprivi die Stellung des Kanzlers unmöglich machen würde, falls man Eulenburg opferte. Die beiden Männer waren also nicht sowohl Rivalen als vielmehr Kletterer, die am Rande des Abgrundes zusammengeseilt waren und von denen keiner stürzen konnte, ohne den anderen mit sich zu reißen.

Maßnahmen, nicht Männer: Politik, nicht Parteien. Es war nicht zum Verwundern, daß Holstein glaubte, der junge Kaiser sei verrückt. Niemand konnte dergleichen verstehen. In jeder abweichenden Ansicht des Kaisers wollte der Kanzler — oder eigentlich sein Berater Holstein, der außerstande war irgend jemand zu trauen — einen beabsichtigten Affront, den Wunsch ihn los zu werden, erblicken; besonders in jeder Höflichkeit gegenüber Konservativen. In jeder derartigen kaiserlichen Höflichkeit sah Bothos Partei selbst unsinnigerweise ein Anzeichen des Schicksals, das dem General drohte. Die Unterjochung des gemäßigten Elementes durch die Extremisten würde die ganze Partei verderben, meinte Wilhelm im Gespräch mit Eulenburg verzweifelt, und sie würden sich nur bei sich selbst dafür zu bedanken haben. Aber würde er irgend etwas damit verbessern, wenn er sich auch sie noch zu Feinden machte? „Ich will Caprivi h e l f e n, ... aber diese Auffassung bringe ich ihm nicht bei!"[3]

Der Kanzler fühlte sich sehr beleidigt, als Wilhelm ihm aus dem Manöver in Sachsen telegraphierte, der König sei bereit, eine Regierungsvorlage zu unterstützen, selbst wenn das bedeute, daß der Reichstag „einmal oder sogar zweimal" aufgelöst werden müsse. Seine Majestät von Sachsen stehe auf dem Standpunkt der Bismarckschen Theorie von dem Recht der Fürsten, das Reich aufzulösen, und er selbst habe nur sagen können, daß er ganz derselben Meinung mit ihm sei. Caprivi reichte seinen Abschied ein, begnügte sich dann aber, vielleicht in der Erwägung,

[1] Zechlin, S. 102.
[2] Ebenda, S. 213.
[3] Haller, S. 156.

daß man gar nicht von ihm verlangt hatte nach dieser Theorie zu handeln, mit einer Audienz, bei der er *sans façons* ankündigte, daß er nichts mit einem Plan zu tun haben wolle, der mit mehr als einer Ablehnung durch den Reichstag rechnete. Es war jetzt die Reihe an Wilhelm, sich über ein Ultimatum zu ärgern, das ohne jeden Versuch eines Ausgleiches gestellt wurde. „Se. Majestät hat den Eindruck", schrieb Philipp Eulenburg, „daß der Reichskanzler nicht mehr mitspielen will... Ich habe den Eindruck, daß Caprivi wieder einmal Se. Majestät recht falsch genommen und viel verdorben hat!...' Se. Majestät sagte mir: ‚Der Kanzler hatte wahrscheinlich die Absicht, mich einzuschüchtern.' Sie können sich denken, wie dieser Eindruck wirken muß! Es ist darum sehr anzuerkennen, daß Se. Majestät trotzdem objektiv blieb." Letzterer hatte sich gnädig an die stillschweigende Konzession gehalten, daß der General eine Reichstagsvorlage wenigstens einmal einbringen wollte. Caprivi ging befriedigt fort, um eine Vorlage nach seinen eigenen Ideen auszuarbeiten, und Wilhelm sprach mit Botho und sagte ihm, daß sie auf dieser Basis sich einigen müßten. Botho versprach Nachgiebigkeit, war aber nicht so nachgiebig, daß Caprivi, der aufs neue über irgendeine Differenz mit dem Kaiser in einer Heeresangelegenheit aufgebracht war, nicht plötzlich sein Entlassungsgesuch „wie eine Granate" hineinschmettern konnte, und zwar aus verschiedenen Gründen: Wilhelms Aussöhnung mit Bismarck, der Empfang einer Junker-Abordnung durch ihn und „unüberbrückbare" Meinungsverschiedenheiten mit Botho. „Sodann kam Se. Majestät selber", schrieb Holstein, „und hielt dem Reichskanzler einen meisterhaften Vortrag über alles Unglück, was dessen Abgang nach sich ziehen würde", indem er so freundlich jeden Vertrauensbeweis anbot, daß Holstein, unter dem Eindruck von diesem allen, nur nicht den Ermahnungen zur Einigkeit, sich über eine versäumte Gelegenheit aufregte. Bothos Haupt auf einer Schüssel! Er machte sich an einen Zeitungsartikel, der es endgültig abschlagen sollte.

Nach diesen Anstrengungen fuhr der Kaiser zur Jagd nach Liebenberg, wo er Philipp Eulenburg fröhlich „die glückliche Beendigung der neunten Krise" verkündete. Leider wurde am nächsten Mittag sein Jagdfrühstück durch das Erscheinen Bothos verdorben, der über Caprivis „unüberbrückbare Kluft" gekränkt war und durchaus zurücktreten wollte; er ließ sich dazu bewegen, unter gewissen Bedingungen zu bleiben, aber erst nachdem Seine Majestät „lebhaft gestikulierend“ eine Stunde lang auf ihn eingeredet hatte. Der Kaiser kam schließlich zu der Gesellschaft zurück, mit dem „blassen, gekniffenen Gesicht“, das er in kritischen Augenblicken hatte. Es waren trotzdem zwei vergnügte Tage, „es ging ganz lustig her, da das Temperament Seiner Majestät ein glückliches ‚Vergessen‘ in sich trägt“[1].

Die zehnte Krise war endgültig. In einem abschließenden Wirrwarr von Empfindlichkeiten — Botho, empört über den Zeitungsartikel, bestand auf einer Art von Ehrenerklärung durch Caprivi und Caprivi weigerte sich, irgend etwas zu seiner Besänftigung zu sagen — wurden die beiden Rücktritte Tatsache. Selbst böse über den Presseangriff auf Botho und angewidert von Streitigkeiten, die seine Vorstellung von Zusammenarbeit verletzten[2], hatte Wilhelm nicht die Absicht, irgend jemandem abgeschlagene Häupter darzubringen. Er sei kein solcher Tor, sagte er mit trotzigem, gesundem Menschenverstand, sich die Gegnerschaft aller Konservativen und Ultramontanen in Deutschland dadurch zuzuziehen, daß er Botho Eulenburg allein den Abschied gäbe; während, wenn Caprivi ginge und Botho bliebe, „man überall in Deutschland sagen würde, jetzt macht Eulenburg mit dem wilden jungen Kaiser einen Staatsstreich“[3]. Diese beiden hervorragenden, von ihren Anhängern geschickt unterstützten Berater hatten sich selbst das Grab gegraben, indem sie sich gegenseitig zu stürzen versuchten.

Wenn der Kaiser sich von einem Kanzler oder Minister oder einem Botschafter oder General trennte, so sagte man, er habe ihn „im Stich gelassen“ oder „geopfert“ oder „verraten“, so daß Caprivi, obgleich er damals verhaßt war, von der Zeit an so etwas wie ein Märtyrer wurde.

Er hinterließ die Umsturzvorlage als Erbteil seinem Nachfolger, „Onkel Chlodwig“, einem Oheim der Kaiserin, der weder ein Auflösungs- noch ein Staatsstreichkanzler, sondern auch einer jener betagten Ratgeber war und vermutlich, wie der „junge“ Kaiser hoffte, nicht dem Vorwurf ausgesetzt, dem er mit fünfunddreißig Jahren noch immer begegnete. Fürst Chlodwig Hohenlohe-Schil-

[1] Haller, S. 153—155.

[2] Zechlin, S. 211.

[3] Ebenda, S. 213, 219.

lingsfürst übernahm das Amt etwas widerstrebend im Alter von fünfundsiebzig Jahren. Die von ihm eingebrachte milde Umsturzvorlage — eine einfache Verschärfung des Strafgesetzbuches, ohne Ausnahmebestimmungen gegen bestimmte politische Meinungen — wurde von den Konservativen zu Fall gebracht, die es sich angelegen sein ließen, der Regierung Unannehmlichkeiten zu bereiten. Dem Umsturz wurde es daher wohl oder übel überlassen, es darauf zu wagen; der Kaiser ging auf seine Nordlandreise, die sein „einziges wirkliches Vergnügen“ war, wie er wehmütig und ein wenig verärgert sagte; und schon ein paar Monate später trat ein Ereignis ein, das ihn zum ersten Male zu Hause vollkommen populär machte — die Krüger-Depesche, nichts Geringeres.

8. Kapitel

Verhältnis zu England und die Krüger-Depesche: 1896

Das Verhältnis zwischen England und Deutschland war nicht so sehr das Verhältnis zwischen Licht und Finsternis oder, wie Sir Eyre Crowe behauptete, zwischen Würde und Unverschämtheit, als vielmehr das zwischen einer festgegründeten und einer aufstrebenden Macht.

Deutschlands Verlangen nach Kolonien und nach gleichen Möglichkeiten auf neuen Weltmärkten bedurfte angesichts der Tendenzen der anderen Mächte keiner Entschuldigung; der tiefste Beweggrund, der es zur Kolonisation und zur Ausdehnung seines Handels trieb, nämlich die Zunahme seiner Bevölkerung, konnte noch weniger beanstandet werden. Wohl mochte die Vernunft den älteren Mächten sagen, daß es ratsam sei, sich mit diesen Tatsachen abzufinden; das Gefühl, das ein überzeugenderer Ratgeber ist, nahm doch an ihnen Anstoß. Während der drei Kriege, die zu Deutschlands Einigung führten, war die englische öffentliche Meinung vorwiegend feindlich gewesen. Die Fühler, die Deutschland nach Land in Afrika und Australasien ausstreckte, begegneten dem Widerstand der britischen Regierung, der wohl, wie Königin Victoria an Lord Granville schrieb, dem Mißfallen daran, daß „irgendein anderes Land als wir selbst Kolonien habe", entsprungen war. Diese Differenzen und andere wurden beigelegt; in dem immer weltpolitischer empfindenden deutschen Geiste blieb aber die Kränkung über das zurück, was Gooch „das Schauspiel Großbritanniens, das zwar Gebiete in jedem Weltteil besaß, aber einer Großmacht mit wachsender Bevölkerung ein bescheidenes Kolonialreich in den noch nicht vergebenen Tropen mißgönnte, während es gleichzeitig Deutschlands getreue Unterstützung in Ägypten annahm", genannt hat.

Vieles ist geschrieben worden über die tadelnswerte Veränderung des deutschen Charakters seit 1870. Man hat übertrieben. Was sich vollzog, war eine Veränderung der Verhältnisse, nicht des Gemütes. Die Deutschen hatten irdische Wohlfahrt immer ebenso geschätzt, wie wir anderen, nur hatten sie bisher nicht ebensoviel davon besessen.

Der im Jahre 1894 von Dr. Carl Peters, dem Erwerber Deutsch-Ostafrikas, begründete Alldeutsche Verband hatte ein Programm, das ungefähr die ganze zivilisierte Welt zu verstimmen geeignet war. Nicht nur die Einverleibung von Deutsch-Österreich und der deutschen Schweiz wurde gepredigt, sondern auch die Annektion Polens und der flämischen Teile Belgiens und die Begründung eines deutschen Herrschaftsgebietes in Südamerika. Die Regierung unterstützte zwar den Verband nicht, gebot ihm aber auch nicht Einhalt, in der Erwägung, daß sein allgemeiner, das Nationalgefühl anregender Einfluß gar nicht schlecht sei[1], wobei sie nicht genügend bedachte, welche Wirkungen seine Extravaganzen durch die Beunruhigung des Auslandes hervorrufen konnten.

Politisch war Deutschlands Aufstieg vor allem Rußland unangenehm, das gewohnt war, in Preußen seinen getreuen Vasallen zu sehen. Wirtschaftlich wurden wir davon berührt, und in der Zeit des deutschen Kampfes um neue Absatzgebiete war es unser Unbehagen darüber, das von Deutschland als besonders unheilverkündend empfunden wurde. Als die „Saturday Review" erklärte, jeder einzelne Engländer würde durch Deutschlands Vernichtung bereichert werden, entsprach die dadurch hervorgerufene Empörung und Besorgnis der furchtbaren Wahrheit, daß es zur Vernichtung Deutschlands eigentlich nur eines Winkes mit Englands Finger bedurfte, denn die deutsche Flotte war, wie der Kaiser bemerkte, „England gegenüber einer Hand voll Erbsen gleich zu erachten"[2]. Man konnte auch nicht geltend machen, daß wir nichts dergleichen beabsichtigten. Nur irgendein unglücklicher internationaler Zwischenfall war nötig, damit eine deutsche Hölle mit Englands guten Vorsätzen gepflastert wurde.

Der Kaiser, obwohl gleich seinen Landsleuten für Besorgnis und Ärger zugänglich, zog doch eine andere Nutzanwendung aus der Sache. Bei seinen Besuchen in England „versäumte der Kaiser keine Gelegenheit", so sagt Sir Sidney Lee in geheimnisvoll-düsterem Tone, „unter dem Deckmantel der Nichtamtlichkeit seine politischen Pläne zu fördern", deren finsteres Ziel eine Verständi-

[1] Niemann (b), S. 48—49.

[2] Große Politik, Nr. 3396.

gung mit England war[1]. Wie Lee sagt, fand er „keine wesentliche Unterstützung".

In englischen politischen Kreisen gab es Gruppen, die einem französischen, andere, die einem deutschen Bündnis zuneigten, im ganzen aber fühlte England keine Veranlassung, seine Vorliebe für volle Handlungsfreiheit aufzugeben. Besonders Lord Salisbury stand auswärtigen Verpflichtungen außerordentlich ablehnend gegenüber. Der einzige Faktor, der andere Minister vielleicht gelockt hätte, war gerade derjenige, welcher sowohl die französischen wie die deutschen Politiker abschreckte — Rußland. Unsere auswärtige Politik war stark von den Differenzen mit Rußland — Indien, China, Dardanellen — und wiederum diejenige Deutschlands ebenso stark von dessen Befürchtungen für seine lange russische Grenze beherrscht. Eine Annäherung von seiner Seite war für uns nur dann von Wert, wenn es bereit war, uns seine politische Unterstützung gegen Rußland zu gewähren; Deutschland aber besorgte, um unseretwillen in Unfreundlichkeiten gegen Rußland hineingezogen zu werden, ohne seinerseits irgendeinen bestimmten Vorteil davon zu haben.

Im Jahre 1895 erwog die englische Regierung eine etwaige Teilung der europäischen Türkei ohne Hinzuziehung Rußlands. Lord Salisbury erwähnte dies in Osborne dem Kaiser gegenüber, der jedoch in Übereinstimmung mit der Meinung seines Auswärtigen Amtes[2] es ablehnte, darauf einzugehen. Nicht, wie man munkelte, der angeblich hitzige Ton dieser Unterredung, sondern der Umstand, daß Lord Salisbury sich zu entschuldigen vergaß, als er zu einer zweiten Zusammenkunft am folgenden Tage an Bord der „Hohenzollern" nicht erschien[3], verschaffte Holstein das Vergnügen, dies in einer „langen Korrespondenz" übelzunehmen, wobei er natürlich, aber gänzlich zu Unrecht, behauptete, der Kaiser sei wütend. Solch dauerndes Verärgertsein war ganz Holsteins Art. In Deutschland war man der festen Überzeugung, die vermutlich unter anderem auch auf dieser angeblichen kleinen Reiberei beruhte, daß man dem Kaiser in dem Heimatlande seiner Mutter nicht in angemessener Weise begegnete; er selbst aber fand bei seinen Besuchen immer mehr Gefallen an diesem Lande und gab

[1] Lee, Bd. I, S. 668, 667.

[2] Große Politik, Nr. 2377, 2385.

[3] Ebenda, Nr. 2386.

sich also einem gelegentlichen Ärger, wenn solcher einmal vorkam, nicht lange hin.

In der Unterredung mit Salisbury hatte er mehr die Ansicht seiner Regierung vertreten als seine eigene. Er war der Meinung, daß Deutschland endgültig zwischen der englischen und der russischen Freundschaft zu wählen haben würde und daß ein englisches Bündnis — „wenn es zu haben ist"[1] — das begehrenswertere sei. Von Holstein war es daher eigenartig zynisch, daß er den Versuch machte, aus dem Vorfall wieder etwas für das Märchen vom „persönlichen Regiment" herauszuholen. Ein oder zwei Monate später, als er inzwischen irgendeinen anderen politischen Pfad eingeschlagen hatte, beklagte er sich, wieso der Kaiser dazu gekommen wäre, Salisburys Vorschlag abzulehnen. „Holstein verstieg sich sogar so weit", schrieb Eulenburg an Bülow, „zu behaupten, daß das selbständige Politisieren des Kaisers uns wieder einmal in eine schwierige Lage gebracht habe. Dabei weißt Du so gut wie ich, daß Seine Majestät in seiner Unterhaltung mit Salisbury die Gesichtspunkte vertreten hatte, die ihm damals von Holstein zugeführt worden waren[2]."

Jedoch man hatte gut reden über eine Wahl zwischen Englands und Rußlands Hilfe — „wenn sie zu haben ist". Die Anzeichen dafür waren nicht so ermutigend, daß sie selbst für Wilhelms sanguinische Auffassung die Notwendigkeit der Selbsthilfe verschleiert hätten. Für Deutschlands Macht zu Lande war stets gesorgt worden. Seine Macht zur See existierte nicht.

Als Wilhelm im Jahre 1888 den Thron bestieg, hatte seit fünfzehn Jahren keine zahlenmäßige Vergrößerung der Flotte stattgefunden. Überdies war sie nur im Sommer vorhanden, denn im Winter wurden die Schiffe außer Dienst gestellt, mit Ausnahme der Kreuzer auf den ausländischen Stationen. Was Wilhelms Gedanken zur See zog, war nicht allein die Stimme des Blutes seiner Mutter. Er kannte Mahans *„Influence of Sea-Power on History"* beinahe auswendig, ein Buch, dessen Quintessenz ist, daß Seemacht über das Schicksal der Nationen entscheidet. Selbst in europäischen Angelegenheiten, bei den gemeinsamen Unternehmungen der Mächte im Mittelmeer, hatte Deutschlands Schiffslosigkeit eine klägliche Wirkung. Weiter entfernt war die Sache noch

[1] Vgl. S. 137.
[2] Haller, S. 179.

schlimmer, und was Weltpolitik — Kolonialpolitik — anging, so war sie offenbar ohne eine Flotte unmöglich. Jedoch nicht einmal alldeutsche Steuerzahler stellten sich freundlich zu dem Gedanken, für koloniale Ausbreitung zahlen zu müssen. Im Januar 1895 sprach Wilhelm darüber im Neuen Palais unter Vorführung von Bildern vor einer Anzahl von Männern des öffentlichen Lebens, in der Hoffnung sie zu bekehren, und im Februar hielt er in der Militärischen Gesellschaft zu Berlin einen Vortrag über das Verhältnis zwischen Armee und Marine.

Der Juni des Jahres 1895 brachte eine noch glänzendere Propaganda in Gestalt der feierlichen Eröffnung des Kaiser-Wilhelm-Kanals in Gegenwart von Schiffen aller Marinen, unter denen sich auch ein widerstrebendes, mürrisches französisches Geschwader befand. Dieses großartige Schauspiel von Seemacht war ganz danach angetan, Interesse und Wetteifer hervorzurufen, obwohl der Kaiser die zivile Nützlichkeit des Kanals immer wieder betonte. „Meere trennen nicht, Meere verbinden .... Der großen Kulturaufgabe des deutschen Volkes entsprechend, öffnen wir dem friedlichen Verkehr der Völker untereinander die Schleusen des Kanals zur Hebung der Wohlfahrt der Völker." Ohne Zweifel dachten manche, daß er dies nicht wirklich meinte. Das Interessante an der Situation war aber, daß er es meinte und zugleich die Gelegenheit als Hebel für die Erbauung einer Schlachtflotte — gleich jenen friedfertigen Geschwadern, die er um sich her erblickte — benutzen wollte. So sah der Frieden zu unserer Zeit aus.

Als liebenswürdiger Kommentar zu diesen friedlichen Gefühlen wurde von der „ernsthaften und vernünftigen" französischen Presse, im Gegensatz zu den „chauvinistischen und berufsmäßigen Patrioten", nur bemerkt, daß die Höflichkeit der Marine kein „Verzichten oder Vergessen" bedeute, während M. Hanotaux, der Minister des Auswärtigen, im Senat ganz ruhig sagte, daß sie nichts ändere für eine Nation, die „an ihren Erinnerungen festhält und auf ihre Zukunft vertraut".

Kein Wunder, daß Deutschlands symbolischer Einzug auf dem Weltmeer von Wolken begleitet war. „Als sich die ‚Hohenzollern' der Einmündung des Kaiser-Wilhelm-Kanals näherte, war die Nacht im Verschwinden. Ein schweres Gewitter stand über uns und Blitz und Donner wechselten rasch miteinander ab — ein gewaltiges Schauspiel! Es schien die Natur in großer Aufregung zu sein. Da ein solches Gewitter die Eröffnung, ja die ganze Feier in Frage stellen konnte, regte sich die Besorgnis in meinem Herzen, ob uns auch dies wohl gelingen möge. Denn es war das große Werk, welches mein Herr Großvater angefangen hatte, welches unter den Augen der ganzen Welt der Vollendung entgegenging, und eine angsterfüllte Bitte rang sich aus meinem Herzen, ob der Himmel uns wohl ein gnadenreiches Zeichen geben würde, den schönen Tag zu erleben. Das Schiff schwenkte in die Schleuse ein, lief durch, und auf der anderen Seite, wo der Kanal begann, waren zwei mächtige Türme aufgestellt von Holz, wie sie in der alten Zeit die Kreuzfahrer bauten und errichteten, um die Mauern von Burgen und Städten zu brechen. Von den beiden Türmen hingen deutsche Fahnen herab, und ein gewaltiges Seil spannte sich über den Kanal und langsam, in tiefer Totenstille, bewegte sich das gewaltige Schiff vorwärts. Hinter uns rollten die letzten Donner und zuckten die letzten Blitze und vor uns war ein dämmernd düsteres Gewölk, aus dem bereits ein goldener Glorienschein anfing aufzugehen. Das Schiff erreichte das Tau; es spannte sich; der Widerstand schien unüberwindlich; die Türme krachten — doch das Seil riß, und das Schiff lief in den Kanal. In demselben Augenblicke stiegen die ersten Strahlen der leuchtenden Sonne durch das Gewölk empor, dasselbe zerteilend, und eine kurze Stunde darauf leuchtete die volle Sonne. Auf das hehre Zeichen aber eröffnete sich der Kanal und es erschien das Schiff mit der Landesflagge des neugeeinten Reichs, begrüßt von dem Donner der Schiffe der ganzen Welt."

Seit König Davids Zeiten hatte kein Monarch zielbewußter die Harfe geschlagen. Alles, was der Kaiser in Gleichnissen und poetischen Worten von der See sagte, wirkte dahin, daß diese für Deutschland zu dem wurde, wozu Jahre glanzvoller Geschichte sie für uns gemacht hatten, zu einer romantischen Wirklichkeit. Deutschland fing an, die Vision einer neuen Welt mit seinen Augen zu sehen. Es wurde in Deutschland manchmal die Ansicht ausgesprochen, daß der Verlust Bismarcks unendlich viel niederdrückender gewesen sein würde, wenn er in den Sielen gestorben wäre[1]. Er war durch eine jüngere Kraft ersetzt worden: durch das legitime Leben eines neuen Zeitalters. Man sagte, Wilhelm II. sei der erste wirkliche deutsche Kaiser; Friedrich III. sei mit Plänen für einen neuen Wein beschäftigt gewesen, der vielleicht

[1] Massow, S. 30.

den Schlauch gesprengt hätte, Wilhelm I. nach Gefühl und Gewohnheit König von Preußen. Der jüngere Wilhelm war in der Tat unter den dreien der erste, der von dem Wunsch beherrscht war, ein einiges Deutschland zu schaffen, dessen Wesenheit tiefer als das politische Bündnis der Staaten und stärker als der Lokalpatriotismus sein sollte, so den verhängnisvollsten aller deutschen politischen Fehler bannend. Sein leidenschaftlichster Wunsch war Einigkeit in Deutschland. Es war vor allem als Verkünder dieses Evangeliums, daß Wilhelm trotz des Spottes der Zeitungen und mancher Mahnungen Eulenburgs es ablehnte, sich Schweigen aufzuerlegen. Er war durchaus imstande, den Mund zu halten, wenn er es für angezeigt hielt, und hat es in mancher Sache zu seinem eigenen Schaden getan. Aber er hatte etwas zu sagen, was niemand sonst in Deutschland sagen konnte, und die meisten seiner Reden galten diesem Zwecke:

„Fürst und Volk zusammenarbeitend... Zusammenarbeit hat das Reich geschaffen... nur durch Zusammenhalten... nur durch Zusammenstehen... nur durch Zusammenarbeiten... glücklich und groß durch gemeinsame Arbeit... mit deutschem Glauben dem Gemeinwohl zu dienen... fest und einig, die Spaltungen in Parteien meidend... entschlossen und einig... einig und stark... einig und treu."

Nicht nur in seinen Reden legte er Nachdruck darauf. Um der Einigkeit willen betonte er das Band und Symbol der Einheit, die Kaiserkrone; um der Einigkeit, der vom Allgemeinwohl geförderten Einigkeit willen drang er unaufhörlich auf soziale und industrielle Fortschritte jeder Art, um der Einigkeit, der Einigkeit des Stolzes auf das Ansehen der Nation willen wollte er diese dahin bringen, über die kleinlichen Mißhelligkeiten innerhalb der Grenzen hinauszusehen und ihren Platz im Rate der Völker einzunehmen. Deshalb feierte er erhebende Gedenktage, deshalb veranstaltete er das Gepränge, auf das gesetztere Nationen herabsahen wie etwa respektable Gerettete auf die Heilsarmee. Während er öffentlich mit der kaiserlichen Würde prunkte, opferte er diesem Ziele im Geheimen sich selbst und seine Wünsche, Freude und Genuß, Stolz und Empfindlichkeit, persönliche Rechte und private Interessen. Flüchtig wie die Luft, veränderlich wie ein Chamäleon, einer Mischung des Blutes zweier Völker entsprossen, trug das Einhorn doch kraft einer Eigenschaft seiner eigenen Natur das Zeichen der Einheit auf seiner Stirn.

In den Augen der Welt war er noch immer ein Problem. Noch immer wurden die alten Geschichten aus seiner militärischen Jugend erzählt. Die meisten seiner Reden waren an seine Regimenter gerichtet und bezogen sich also auf das Kämpfen. In seinem ganzen Leben hat er nichts Kriegerisches gesagt, als daß Deutschland sich verteidigen würde, wenn man es angriffe; das aber hat er allerdings gesagt. Deutschlands so oft angerufene ruhmvolle Vergangenheit bestand aus drei Kriegen, die noch nicht lang vergangen waren. Das gab der Darstellung Wahrscheinlichkeit, als sei er eine Bombe in Menschengestalt oder auch, so tröstete man sich, eine lächerliche Maschine zur Ausströmung von Geräusch und Wut. Wäre letzteres der Fall gewesen, so würde nicht die Begleitnote furchterfüllter Feindseligkeit gewesen sein. Die Erkenntnis, daß sein Deutschland eine Macht sein würde, mit der zu rechnen wäre, erhöhte das Interesse, mit dem über seinen Charakter gestritten wurde — nicht zum wenigsten im Heimatlande seiner Mutter, das selbst zu mächtig war, um nicht auch seinerseits Mißtrauen zu begegnen.

In den letzten Stunden des Jahres 1895 empörte der Jameson-Einfall die öffentliche Meinung Europas. Besonders heftig war der Unwille darüber in Deutschland, wo neben finanziellen, in den Burenrepubliken festgelegten Interessen eine auf Gemeinsamkeit der Rasse begründete Sympathie mit den Buren bestand. Die deutsche Regierung protestierte gegen Veränderungen des bestehenden Zustandes der Republiken in einer Note, die nach dem Eintreffen der Nachricht von dem Mißerfolg des Einfalls uneröffnet wieder in ihre Hände gelangte. Marschall war jedoch der Ansicht, daß irgend etwas geschehen müsse, um die Übereinstimmung der Regierung mit der Volksstimmung zu bekunden, vielleicht auch um einem England, das gern auf deutsche Unterstützung rechnete, einmal klar zu machen, daß Deutschland auch anders konnte. Am 3. Januar 1896 wurde die berühmte Depesche an Krüger gesandt.

„Ich spreche Ihnen meinen aufrichtigen Glückwunsch aus, daß es Ihnen, ohne an die Hilfe befreundeter Nationen zu appellieren, mit Ihrem Volke gelungen ist, in eigener Tatkraft gegenüber den bewaffneten Banden, die als Friedensstörer in Ihr Land eingefallen sind, den Frieden wiederherzustellen und die Unabhängigkeit des Landes gegen außen zu wahren.“ Dieses ungeschickte, unwilhelminische Schriftstück wurde vom Kaiser unterzeichnet:

Aber erst zwölf Jahre später wurde bekannt, daß es ein Erzeugnis der Wilhelmstraße war. Das Telegramm, das wahrscheinlich von Holstein angestiftet, zugestandenermaßen von Marschall vorgelegt und von einem Geheimrat namens Kayser entworfen worden war, wurde in einer Unterredung zwischen dem Kaiser, dem Kanzler, Marschall und Admiral Hollmann, dem Staatssekretär des Reichsmarineamtes, besprochen. Hollmann hat Eckardstein gesagt, daß der Kaiser die Notwendigkeit einer solchen Demonstration bezweifelt und, als er überstimmt wurde, auf der Auslassung eines herausfordernden Satzes bestanden habe; die Archive haben später die Bestätigung geliefert, daß er jedenfalls nicht der Urheber war. Wilhelm, der seine offiziellen Rechte mit Festigkeit vertrat, übernahm jedoch folgerichtig auch seine offiziellen Verantwortungen. „Indem ich einem Vorschlage zustimmte, wenn ich auch gegen meine eigene Überzeugung zustimmte, fiel die Verantwortung für die Entscheidung und ihre Auswirkung selbstverständlich auf mich“, sagte er in bezug auf diese Affäre[1]. Wäre nur diese Verantwortung ihm zugeschrieben worden, so wäre kein Unrecht geschehen. Womit ihm Unrecht geschah, das war vor allem, daß die Sache als ein Temperamentsausbruch hingestellt wurde, als eine von seinen Beratern nicht gebilligte voreilige Handlung. Damit geschah ihm bitteres, geschah ihm beinahe tödliches Unrecht.

Für sein Volk war das „persönliche Regiment“ von nun an eine bewiesene Tatsache. Für fremde Nationen hatte sich das vielbesprochene, anziehende und amüsante Rätsel jetzt endgültig in eine Beleidigung und Drohung aufgelöst.

Es war der konkrete Fall.

Der Umstand, daß der Schaden mit seiner Zustimmung geschehen konnte, ist bezeichnend für seine Sorglosigkeit, wo es sich um seine eigenen Interessen handelte und für die mehr als sorglose Handlungsweise seiner Mitarbeiter. Die Lage war jedoch kritisch. Da wir ja selbst den Einfall verurteilt hatten, so hatten die Minister geglaubt, das Telegramm könne nicht offen so ausgelegt werden, als sei es gegen England gerichtet. Sogar Bismarck, der selten mit ihnen derselben Ansicht war, meinte, die britische Regierung selbst hätte die Depesche schicken können. Als sie von unserer Seite mit einem Wutausbruch begrüßt wurde, begriffen die Minister, daß sie einen Mißgriff begangen hatten, und gingen den Kon-

[1] Niemann (b), S. 32.

sequenzen aus dem Wege, indem sie die ganze Schuld auf den Kaiser abwälzten. Marschall allerdings sagte anfangs dem Times-Korrespondenten, Chirol, daß das Telegramm auf Verantwortung der Regierung abgesandt worden sei, und diese Nachricht wurde von der „Times" veröffentlicht. Innerhalb einer Woche schrieb aber die Königin Victoria an den Prinzen von Wales: „Ich habe jetzt erfahren, daß die Regierung [Wilhelms] mit der Beleidigung, die solches Aufsehen gemacht hat, nichts zu tun gehabt hat." Mindestens drei ganz verschiedene umständliche Berichte über Wilhelms impulsives Entwerfen der Depesche auf der Eisenbahn oder auf See liefen in wohlunterrichteten englischen Kreisen um[1]; das englische Kabinett betrachtete das Telegramm als ein „nichtamtliches Schriftstück"[2]. Wäre es anders aufgefaßt worden, so hätte es zum Kriege kommen können; England hatte schon ein Fliegendes Geschwader in Dienst gestellt und Deutschland zog eine Truppenbewegung von Deutsch-Ostafrika über Delagoa-Bai nach Pretoria in Erwägung, konnte aber Portugals Genehmigung zu dem Durchzug nicht erlangen.

Während einerseits der Kaiser in der englischen Presse „in jeder Weise beschimpft" wurde[3] und aus England eine Flut beleidigender Briefe erhielt „sogar von Damen der Gesellschaft, die ich nicht kannte", machte ihn das Telegramm anderseits „in ganz Deutschland populär"[4]. Sein Vorurteil gegen England aus der Zeit, da er noch Prinz war, war von vielen gebilligt worden, die sonst nichts an ihm billigten; seitdem aber hatten ihm seine Besuche in England, sein augenscheinliches Vergnügen an diesen und seine wachsende Sympathie für die ganze Art des Heimatlandes seiner Mutter den Ruf eines Abtrünnigen, ja sogar eines „Anglomanen" eingetragen. Das Telegramm wurde als ein Zeichen dafür angesehen, daß er in dieser Sache endlich eins mit seinem Volke war. So sehr der Vorfall später ausgenutzt wurde, wenn man ihn des persönlichen Regimentes beschuldigte, damals jedenfalls rief er deshalb keinen Sturm hervor. Niemand außerhalb der Ministerien bekümmerte sich im geringsten darum, wer das Land regierte, solange die Handlungen der Regierung gefielen. Die öffentliche

[1] Eckardstein, S. 82; Swayne; Eardley-Wilmot.

[2] Lee, Bd. I, S. 727—728.

[3] Ebenda, S. 723.

[4] Waldersee, 21. Januar 1896.

Meinung würde sich nur dann erregt haben, wenn sie unpopuläre Maßnahmen auf persönliche Initiative zurückgeführt hätte.

Es war das erste Mal, daß Wilhelms „Temperament" in auswärtigen Angelegenheiten mit Bedacht ausgenutzt wurde. Die Erfordernisse des Augenblickes entschuldigten den Gebrauch, den Hohenlohe davon machte, aber er paßte nur allzu schön zu dem System der Wilhelmstraße. Wenn künftig in der auswärtigen Politik ein gefährlicher Vorstoß gemacht werden mußte, so mochte das der Kaiser in einer Rede tun, die, wenn nötig, als eine weitere unverantwortliche, impulsive Äußerung Seiner Majestät verleugnet werden konnte. Die amtlichen Kreise waren weit davon entfernt, sich um die Einbuße des Souveräns an Prestige zu grämen, und er war nicht der Mann, dieses gegen amtliche Interessen zu verteidigen. Wenn eine Rede des Kaisers ein besserer Weg schien als eine Note oder das Vorschicken eines Botschafters, so hielt der Kaiser die Rede. Die Minister waren jedoch kurzsichtig, und er wäre weiser gewesen, hätte er etwas mehr Egoismus bewiesen. Das Vertrauen in die Verfassungstreue des Kaisers — das Vertrauen in die Kontrollgewalt der Minister — das Vertrauen in eine verantwortliche auswärtige Politik — das alles ging mit dem Donnerschlag der Krüger-Depesche zusammen in die Brüche. Der Kaiser war Deutschland, es blutete, wenn er verwundet wurde.

„Die Engländer haben sich sehr ungehörig zu mir benommen, aber das läßt mich unberührt, während das Mobilisieren ihres berühmten Fliegenden Geschwaders gegen uns, die wir kaum etwas haben, das der Rede wert ist, sie im höchsten Grade lächerlich macht", schrieb er am 20. Februar an den Zaren. Das waren kühne Worte, er hatte den Zwischenfall aber schmerzlicher empfunden als er zugeben wollte. In Verbindung mit seiner körperlichen Abspannung infolge von Sorgen und Überarbeitung machte sich das Ohrenleiden, das ihn zehn Jahre vorher befallen hatte, im Herbst wieder bemerkbar. „Wilhelm muß wirklich mehr Schlaf haben", hatte seine Frau schon mehr als einmal zu Waldersee gesagt, „er ist ganz herunter."

9. Kapitel

Freunde und Feinde: 1896—1899

Einer wenigstens hatte sich in seinem Vertrauen zu Wilhelm durch die Krüger-Depesche nicht erschüttern lassen: das war sein österreichischer Verbündeter.

Der junge Kaiser hatte ihn beizeiten von dem Bestehen des Rückversicherungs-Vertrages und von dessen Beendigung in Kenntnis gesetzt; das war es wahrscheinlich, was nach Marguttis Worten in Franz Josephs Gedächtnis den letzten Groll vom Jahre 1866 auslöschte. „Wilhelm II. zeigte sofort und ganz eindeutig, daß er die Vergangenheit begraben und eine Zukunft lediglich in innigstem Anschlusse an Österreich-Ungarn angebahnt wissen wollte. Diese Geradheit imponierte dem Kaiser Franz Joseph; er schlug in die dargereichte Freundeshand ein und hielt sie fest bis zu seinem Lebensende"[1].

Er hielt sich fest, mit persönlicher Wärme und offizieller Höflichkeit. Für seinen ungestümen Nachbarn war der steife alte Habsburger ein „väterlicher Freund", dessen weiße Haare geweiht waren durch Leid, das er zu Lebzeiten des jüngeren Mannes erfahren hatte, durch die Tragödie des Sohnes, der für den ernsthaften preußischen Prinzen ein zu wilder Gefährte gewesen, durch den Tod der Gemahlin, deren Schönheit Wilhelms kindliche Augen begeistert hatte. Die lebhafte persönliche Zuneigung des jungen Mannes, den die Umstände seiner Jugend alten Leuten besonders geneigt machten, erfreute den einsamen, in seiner Art begrenzten Herrn. Wäre Rudolf doch am Leben geblieben und ebenso fest und freundlich wie dieser junge Mann gewesen, dessen Liebe zu den Seinen, dessen Gottvertrauen und Treue die Eigenschaften waren, die ihn Franz Joseph wert machten! Wenngleich es bei dem zurückhaltenden Habsburger „nicht auf den ersten Blick zum Ausdruck gelangte, welch warme Gesinnungen er für Wilhelm II.

[1] Margutti, S. 283.

hegte, so offenbarte sich, bei längerem Verweilen in des Herrschers Nähe, um so deutlicher die Tiefe der Gefühle unverbrüchlichen Vertrauens und freundschaftlichster Sympathie", die er für einen der wenigen Männer auf Erden empfand, denen er rückhaltlos traute[1].

Als daher Bismarck, wie „Punch" es in der Zeichnung *„The Old Pilot Turned Wrecker"*[2] darstellte, im Jahre 1896 das Segelschiff „Dreibund" mit dem Torpedo „Hamburger Nachrichten" (das seine Enthüllung über den Geheimvertrag mit Rußland enthielt) in die Luft zu sprengen versuchte, da erlitt es keinen Schaden; im Jahre 1898 aber — um ein wenig vorzugreifen — holte der Klabautermann den alten Seeräuber, wie er sich selbst einmal genannt hatte. Seinen letzten Schlag führte er vom anderen Ufer, durch die von seinem Verehrer Busch besorgte sofortige Veröffentlichung des Textes seines Abschiedsgesuches, eines langen, polemischen Schriftstückes. Wilhelms Herz wäre nicht hart geblieben, selbst wenn der Kaiser sich nicht seiner öffentlichen Pflicht bewußt gewesen wäre. Er bot Beisetzung in der Gruft seiner Vorfahren an, trat inmitten der schauerlichen Kälte der Familie an die Bahre in Friedrichsruh — wo er mit dem einen Arm in mühsamer Sorgfalt den schweren Kranz auf den Sarg niederlegte —, erließ einen Armeebefehl mit einem glänzenden Nachruf und ordnete einen Gedächtnis-Gottesdienst an. Die Familie wurde eingeladen, dem Gottesdienste in der kaiserlichen Loge beizuwohnen; niemand kam. Ihr Wunsch, des Königs Majestät zu beleidigen, verhöhnte mit eigensinniger Kleinlichkeit die Majestät des Todes. Ebensowenig verstand Waldersee den Geist der beiden Souveräne, als er sagte, es müsse für den Kaiser sehr schwer gewesen sein, Herbert Bismarck am Sarge seines Vaters zu küssen.

Nicht lange darauf erschienen die beiden ersten Bände der Denkwürdigkeiten des Fürsten, die von seinen Bewunderern wie eine zweite Bibel hingenommen wurden. Während sie entstanden, hatte sein verzweifelnder Sekretär, Bucher, geschrieben, es sei nicht nur, daß sein Gedächtnis unzuverlässig sei, er fange auch an, sogar einfache und feststehende Tatsachen absichtlich zu verdrehen; in vier wichtigen Fällen habe er ihn durch Berichtigung seiner Zeitangaben gezwungen zuzugeben, daß die betreffende Sache

[1] Margutti, S. 285.

[2] Vgl. S. 71. D. Übers.

durchaus nicht so gewesen sein konnte wie er diktiert hatte[1]. Gedächtnisfehler und sogar bestimmte falsche Eindrücke sind in einem solchen Werke unvermeidlich; dann wäre es aber besser, dieses nicht als Evangelium zu behandeln. Der Kaiser wurde gedrängt, eine Erwiderung veröffentlichen zu lassen, und lehnte ab. In einer Reihe von leidenschaftlichen Ehrungen des Gedächtnisses Wilhelms I. — den er mit dem offiziellen Beinamen „der Große" auszeichnete und als einen Heiligen hinstellte — beantwortete er jedoch Bismarcks Verunglimpfungen seines Großvaters auf seine eigene Weise. Die großen Ratgeber, sagte er, seien Werkzeuge des Willens des Souveräns gewesen; die Bismarckianer erklärten, er habe eigentlich Handlanger gesagt; selber Meister in der Herausforderung, fühlten sie sich schwer beleidigt durch einen wohl nur legendären Ausdruck; war er aber tatsächlich gefallen, so war er zurückgenommen worden. Mit der Heiligsprechung des alten Kaisers konnte der Enkel jedoch seinen Zweck nicht erreichen. Die Menschen stellten sich, als sähen sie darin nur einen neuen Einfall, eine Art wiedererweckten Ahnenkult, und liebten die Ahnen darum nicht mehr, daß sie ihnen so nachdrücklich zu Gemüte geführt wurden. Die Gegen-Vergötterung Bismarcks wurde als ein Unzufriedenheitskult fortgesetzt — und der Unheilstifter Holstein war weiter eifrig bei der Arbeit, das Ansehen der Hohenzollern zu untergraben.

Hohenlohes Kanzlerschaft hatte mit einem großen Streite einen schlechten Anfang gehabt. Die Minister hatten sich mit ihrem Kollegen von Köller veruneinigt, den Wilhelm zu behalten wünschte, und erklärten, daß sie mit ihm nicht arbeiten wollten. Was der Kaiser dabei schwer nahm, war nicht die geschäftliche Differenz, sondern die Art und Weise ihrer Lösung, die einem Streik des Ministeriums gleichkam. Wilhelm stellte seinen Ministern keine Ultimata; warum sollte er sich erst von Caprivi und jetzt von diesen Leuten wie eine feindliche Macht behandeln lassen? Er war der Ansicht, man habe ihm eine Gewalttat entgegengestellt, und fürchtete, weiter nachgegeben zu haben als ein preußischer König durfte. Holstein freilich erspähte seinen Vorteil schnell und nutzte ihn aus. Einen neuen Kanzler so bald zu entlassen war offenbar beinahe unmöglich; Seine Majestät hatte nachgegeben und würde wieder nachgeben müssen. Sie brauchten

[1] Busch, 1. Sept. 1891.

dann nur eine Kanzlerkrise heraufzubeschwören und der Kaiser würde besiegt, vielleicht für immer lahmgelegt sein[1].

Der Kanzler mußte mehr Festigkeit zeigen! — Eulenburg mußte sich mit ihm zusammentun, um den Kaiser zur Rede zu stellen. Daß Holstein dauernd Graf Philipp zu ganz überflüssigen Ermahnungen wegen völlig eingebildeter Krisen drängte, hatte vermutlich darin seinen Grund, daß er ihn mit seinem kaiserlichen Freunde zu entzweien hoffte. War das der Fall, so wurde der Plan durch das Fehlen jeder Empfindlichkeit bei dem Ermahnten vereitelt. Holsteins nächster Leitsatz war, daß Eulenburg gut daran tun würde, sich ruhig zu verhalten und den Kaiser in die „Wolfsgrube" fallen zu lassen — eine recht unverblümte Äußerung! —, was er je eher desto lieber tun sollte. Es würde ein „politisches Jena" für Seine Majestät geben und „der Kaiser wird nach der Niederlage kaum in der Lage und Laune sein, Sie zu halten"[2]. Das Merkwürdige war, daß so viele Menschen wußten, was vor sich ging, ohne den Versuch zu machen, eine Persönlichkeit zu beseitigen, die es so deutlich darauf anlegte Unheil anzurichten. „Von einem an die Wanddrücken und energischen Auftreten will ich nichts wissen", schrieb der Kanzler. „... Die Gefahr liegt nur darin, daß ich mich, ohne es zu ahnen, in eine falsche Bahn hineintreiben lassen könnte[3]." Und Eulenburg schrieb an Bülow: „Die Ausnutzung schwieriger Lagen, um dem Kaiser die Kehle zusammenzuschnüren, ist System und übelste Absicht geworden... Über Holsteins und Marschalls System war sich Hohenlohe bereits klar. Es ist unzweifelhaft, daß diese Gruppe sogar Schwierigkeiten provoziert, um Hohenlohe in Gegensatz zum Kaiser zu bringen, wodurch die Solidarität Hohenlohes mit den anderen zutage tritt und der Kaiser genötigt wird, nachzugeben."

Eine vielversprechende Gelegenheit bot sich 1897 in der Frage der Heeresreform. Einige Heeresreformen war Wilhelm durchaus bereit zu fördern; er hatte im Februar 1890 einen Befehl erlassen, der sich scharf gegen Soldatenmißhandlungen richtete, und 1894 hatte er versucht, die Generale dafür zu interessieren[4]; 1897 erließ

[1] Haller, Kap. III und IV.

[2] Ebenda, S. 196, 193, 213.

[3] Ebenda, S. 197.

[4] Waldersee, 2. Jan. 1894.

er eine Kabinettsorder gegen die Duelle, worin er auf die Pflicht hinwies, wenn möglich zu einer friedlichen Einigung zu kommen, was keineswegs der Ansicht der vornehmen Gesellschaft entsprach[1]. Als aber der Kriegsminister Bronsart Öffentlichkeit des Verfahrens vor den Kriegsgerichten vorschlug, widersetzte er sich mit Herz und Seele und mit Händen und Füßen. Mit der Armee habe er es wegen der zweijährigen Dienstzeit schon halb verdorben, sagte er, und niemand solle ihn jetzt dazu bringen, es ganz mit ihr zu verderben, und zu Eulenburg meinte er, während Tränen in seinen Augen schweigend seinen Ernst bezeugten, nach einem Nachgeben in dieser Sache würde er nicht vor seine Ahnen treten können, wenn er als Unwürdiger in den Himmel käme. Unglücklicherweise hatte Holstein dafür gesorgt, daß Hohenlohe sich öffentlich auf diesen Gedanken festgelegt hatte und die Sache dem Ministerium und der Öffentlichkeit als eine Kraftprobe zwischen den verantwortlichen Ministern und dem Militärkabinett des Kaisers erscheinen mußte. Durch Eulenburgs Vermittlung wurde die Entscheidung jedoch hinausgeschoben; 1898, als die Angelegenheit den Charakter eines Konfliktes verloren hatte, war es der Kaiser, der nachgab. Das Gesetz enthielt eine Bestimmung, die ein großer Fortschritt für den nationalen Gedanken war: die Errichtung eines Reichsmilitärgerichts, das Wilhelms persönlicher Einfluß beim Prinzregenten trotz dem bayrischen Partikularismus durchgesetzt hatte.

Wenn Eulenburg nicht notwendig war, um das Reich vor der Unbesonnenheit des Kaisers zu retten, so war er jedenfalls nützlich, um den Kaiser, der von solchen Dingen wie das Reich und die Armee in Anspruch genommen war, vor den Feinden in seinem eigenen Lager zu retten.

Als Marschall einmal gegen die Vorstellung des Kaisers von amtlicher Geschlossenheit verstieß, indem er „die Flucht in die Öffentlichkeit" ergriff und gegen einen Polizeibeamten Verleumdungsklage erheben ließ, trieb ihn Holstein an, seinen Abschied zu nehmen, indem er ihm versprach, das Ministerium würde ihn stützen, wenn Wilhelm ihn deshalb angriffe — was nicht geschah. Bald darauf drangen so furchtbare Gerüchte von einem kommenden Staatsstreich in Verbindung mit der Flottenvorlage zu Eulenburg, daß er eiligst an den Kaiser schrieb, um ihm

[1] Reischach, S. 76.

Vorwürfe zu machen, worauf dieser antwortete, daß die Nachricht sehr interessant, aber alles erlogen sei. Als sie sich kurze Zeit darauf in Wien sahen, bestritt Wilhelm unwillig, daß er die Verfassung je anders als akademisch, wie andere Leute auch, erörtert habe. „Ich zweifele keinen Augenblick an der Aufrichtigkeit des Kaisers und seiner Ehrlichkeit mir gegenüber", schrieb Eulenburg. „Ich bin vollständig überzeugt, daß man böswillig Äußerungen von Ihm verdreht hat." Es sollte noch besser kommen. Das Ergebnis aller dieser unbegründeten Gerüchte und der Marschallschen Pressetätigkeit war ein Angriff Eugen Richters auf den Kaiser im Reichstag, den Bötticher, der Vizepräsident des Preußischen Staatsministeriums, unerwidert ließ. Er hatte schon die Köller-Angelegenheit verpfuscht und wäre schon früher gestürzt, wenn nicht ein besonders giftiger Angriff Bismarcks auf ihn den Kaiser an seine Seite gebracht hätte. Nach diesem neuen Fall von Abtrünnigkeit forderte Wilhelm sein Portefeuille.

Jetzt, Minister, Schulter an Schulter! Anstatt beim Kaiser wegen Böttichers vorstellig zu werden, reichte Hohenlohe, auf dessen flüchtige Empfindlichkeit Holstein Einfluß hatte, sein Abschiedsgesuch ein.

Wieder ein Ultimatum! Es war nur gut, daß diese Feuerfresser von Ministern es nur mit einem solchen Hitzkopf wie Wilhelm zu tun hatten. Er schlug durch Eulenburg vor, man solle Bötticher auf Urlaub schicken und dann sanft verschwinden lassen. Aber als Eulenburg Holstein mit dieser Konzession aufsuchte — die ganze Angelegenheit ging Holstein gar nichts an —, fand er die Clique triumphierend. „Alexander Hohenlohe[1] war bei ihm, und nach Wein riechend und lallend erschien Kiderlen von einem Saufgelage. Ich sagte, daß bei gutem Willen des Fürsten eine Lösung zu finden sein würde. Seine Majestät zeige Entgegenkommen ... Hierauf erfolgte ein ganz bösartiger konzentrischer Angriff dieses giftgeschwollenen Triumvirates auf Seine Majestät und mich. Holstein sagte ‚... Seine Majestät müsse als das Kind oder der Narr behandelt werden, der er sei'. Alexander sekundierte, und Kiderlen spritzte Gift wie das Stinktier aus der Drüse seines lallenden Mundes — ekelhaft! Der Kaiser hätte zu wählen zwischen völliger Unterwerfung oder der *belle sortie* des

[1] Der Sohn des Kanzlers.

Kanzlers, *welcher die Kabinettspolitik* Seiner Majestät nicht akzeptiert habe, von der es im Volke bereits verlaute und deren sich *die Presse wohl bald in einem Tone bemächtigen werde, daß Seine Majestät zum Bewußtsein* Seiner wahnsinnigen Torheit kommen werde. (!!!) Ich habe selten ein solches Gefühl *tief verletzter* Treue und Liebe für den edlen, guten Herrn empfunden, der sich vor meinem geistigen Auge wie ein Siegfried erhob!" Eulenburg, der in seiner zurückhaltenden Art der Drachenbrut einiges versetzt hatte, verließ die erfreuliche Szene und ging zu Marschall. Daß Marschall, ein sehr fähiger Mann, als Staatssekretär des Äußeren versagt hatte, war, wie er selbst zu erkennen anfing, die Folge seiner Abhängigkeit von seinem exzentrischen Untergegebenen gewesen; geistig und körperlich erschöpft und froh, mit der Aussicht auf einen Botschafterposten gehen zu können, war er gewillt, sein Ansehen beim Kaiser wiederherzustellen, und so gebrauchte er seinen Einfluß auf Hohenlohe zur Abwendung der Krise, um dann, mit Bötticher, still zu entschwinden.

Wie stark auch immer die deutsche Empfindsamkeit in Eulenburgs Sprache sein mag, ein solcher Vergleich wie der mit Siegfried, dem Urbilde argloser Offenheit, der vom Verrat nachgestellt wird, mußte sich jedem Beobachter aufdrängen. Der Kaiser konnte sich nicht nur solche Ränke gar nicht vorstellen, sondern konnte auch nicht aufgeklärt werden, da alles, was wie ein Angriff eines Staatsbeamten auf den anderen aussah, sofort eine Gegenwirkung bei ihm hervorgerufen haben würde[1]. Ein Versuch, einen seiner „Mitarbeiter in der Verwaltung" bei ihm zu diskreditieren, würde die schon so geschützte Stellung des Intriganten noch mehr befestigt haben. „Wohin ein konzentrischer Angriff auf einen Mann, den Seine Majestät nicht einmal als Kapazität schätzt, sondern dem er glaubt Dank schuldig zu sein, führt, sehen wir an dem berühmten Senden", schrieb Eulenburg. Der Kaiser wußte von Holstein nur, daß er ein ungesunder, weil unverantwortlicher Einfluß hinter dem Staatssekretär des Äußeren war, er nannte ihn einen „alten Mann, für den ich viele, viele Lanzen brach" (mit Bismarck?) „voller Geist — und Halluzination, der bisweilen die Wilhelmstraße noch verrückter macht, als sie bereits ist". Der Vortragende Rat blieb geschützt, obwohl uner-

[1] Haller, S. 227.

träglich, teils wegen der Siegfried-Veranlagung, teils wegen seines unheimlichen Einflusses auf seine Kollegen. Er schrieb erstaunlich kluge Depeschen, er konnte die ganze Arbeit im Amt an den Fingern hersagen und — man fürchtete ihn.

Die sonderbare Lage hatte sich beinahe zu einem Duell zwischen ihm und Eulenburg entwickelt. Letzterer war zu sehr Weltmann, um nicht die Wahrheit von Holsteins dunkler Andeutung zu erkennen, daß die zu große Zahl seiner Vettern in hohen Ämtern ihm bei der Öffentlichkeit schaden würde. Es fehlte auch nicht an Versuchen, ihm bei dem Kaiser, der seine geistige Unabhängigkeit zu wahren entschlossen war, zu schaden, indem man ihn als „Einfluß" hinstellte. Als aber Graf Philipp, nach einer Unterhaltung in Prökelwitz, den Kaiser bat, ja nichts zu bald darauf zu unternehmen, war die Antwort: „Liebster Philipp, ob die Entscheidung drei oder zwölf Tage oder etwas länger nach Prökelwitz eintritt: Prökelwitz wird d o c h die Schuld tragen!" Eine solche Freundschaft hatte innerlich nichts von politischen Intrigen zu fürchten; Eulenburg wußte sehr gut, daß sie äußerlich von Kräften angegriffen werden konnte, gegen die das Herz machtlos war. Er täusche sich nicht darüber, meinte er, daß der Kreis seiner Feinde und Neider immer größer werde, und hoffe, dem „armen Kaiser" werde der Schmerz erspart bleiben, daß er g e z w u n g e n sei ihn zu opfern, denn er würde sehr dabei leiden.

Als Bülow auf Marschall gefolgt war, machte Eulenburg seinerseits einen kleinen Versuch Holstein zu vertreiben. Bülow aber, der neu im Amte war, konnte die Erfahrung der Grauen Eminenz nicht entbehren, während Eulenburg dem Kaiser gegenüber dadurch behindert war, daß er nicht wagte sich offen auszusprechen. Mit Holstein ginge es ganz gut, meinte Wilhelm, wenn man ihm nicht erlaubte die Politik nach seinem Willen zu lenken. Nun Bülow das Amt leitete, hörte man gar nichts mehr von ihm.

Süßer Frieden hatte sich auf die Beziehungen zwischen Schloß und Wilhelmstraße herniedergesenkt. Alles was zur Harmonie gefehlt hatte, war ein Staatssekretär des Äußeren gewesen, der bereit war, den Kaiser anständig zu behandeln, und damals war Bülow ein begeisterter Bewunderer. „Er ist so bedeutend!! Er ist mit dem großen König und dem großen Kurfürsten weitaus der bedeutendste Hohenzoller, der je gelebt hat. Er verbindet in einer Weise, wie ich es noch nie gesehen habe, Genialität, echteste und ursprünglichste Genialität mit dem klarsten *bon sens.* Er besitzt eine Phantasie, die mich mit Adlerschwingen über alle Kleinigkeiten emporhebt und dabei den nüchternsten Blick für das Mögliche und Erreichbare. Und dabei welche Tatkraft! Welches Gedächtnis! Welche Schnelligkeit und Sicherheit der Auffassung!"[1]. Ein Widerhall dieses Ergusses sollte wahrscheinlich das Ohr dieses Wunders erreichen, aber Bülow war nicht nur schlau, sondern auch empfindsam, er hatte wirklich einen Anfall von Begeisterung, und jedenfalls war es vollkommene Wahrheit. Diese Haltung versprach wenigstens mehr für eine loyale Zusammenarbeit als diejenige, welche von zwei Seiten eifrig genährt wurde.

Der Geist der Intrige und Verleumdung in der Bürokratie sickerte zur Presse und zum Publikum durch, wie die Drachenbrut vorhergesagt hatte — niemand war zum Prophezeien besser in der Lage als diese — und verband sich dort mit dem Geist der Rache für Bismarck. Da nun außerdem Wilhelms ketzerische Unparteilichkeit — sein „fortschreitender Konservativismus", wie er ihn geistreich nannte — die einzigen Freunde der Krone stets in Wut versetzte, so befand sich seine Regierung häufig in der Lage, daß sie niemand hatte, der sie liebte. Das neue, unter Bismarck begonnene Bürgerliche Gesetzbuch, das zum erstenmal ein einheitliches Recht in Deutschland schuf, ging ganz glatt durch. Jedoch das harmlos klingende Projekt eines Mittelland-Kanals, das man im Verdacht hatte, die Kornpreise zu gefährden, wurde unter starker Aufregung bei den Junkern abgelehnt. Die verärgerte Regierung wandte eine Bismarcksche Kabinettsorder an — diese alten Kabinettsorders waren ganz verteufelt — und stellte diejenigen preußischen Verwaltungsbeamten, welche gegen die Vorlage gestimmt hatten, zur Disposition, bereute es aber bald und stellte sie wieder ein. Das Einsetzen für die Kanalvorlage war eine jener „scharfen Akzentuierungen des persönlichen Regiments", die Eulenburg an Seiner Majestät so unvorsichtig fand; aber persönliche Vorsicht war nicht Wilhelms Stärke[2]. Es wäre ihm niemals eingefallen, seine Regierung in einer bösen Lage im Stiche zu lassen, wenn eine Regierungsmaßnahme unpopulär war; er machte sich keine Sorgen darum, daß seine ragende Gestalt das feind-

[1] Haller, S. 240—241.

[2] Der Minister von Miquel hatte dringend geraten, den Kanalbau unter allen Umständen durchzusetzen. D. Übers.

liche Feuer zu stark auf sich zog. Bei all diesen Schwierigkeiten und Ärgernissen war jedoch die Blüte des Landes eine tröstliche Tatsache. Allerdings sagte der Kaiser in einer Ansprache in Cadinen, wo er eine Musterwirtschaft besaß, daß der Kuhstall im Vergleich mit manchen Arbeiterwohnungen ein Palast sei, daß noch viel für den allgemeinen Lebensstandard zu tun übrig bleibe. Die Verbrechen und unehelichen Kinder nahmen aber im Verhältnis zur Bevölkerung ab, der Handel blühte, Deutschland näherte sich einem Grade der Wohlfahrt, der — gefährlich war.

Im Jahre 1897 fing der Bau der Flotte wirklich an.

Admiral Hollmann war es nicht gelungen, die Steuerscheu des Reichstages zu besiegen, obwohl er, wie Wilhelm sagte, alles Erdenkliche getan hatte — „einer der treuesten meiner Getreuen". Er trat 1897 zurück und wurde durch Admiral Tirpitz ersetzt, einen Mann von hervorragender Fähigkeit, Persönlichkeit und Triebkraft, der mit seinem merkwürdigen zweispitzigen Bart wie der Vater Neptun selbst aussah. Wenn der Admiral nicht irrte, so hat Wilhelm ihn niemals sehr gut leiden mögen, trotzdem hat er aber zwanzig Jahre mit ihm gearbeitet. Hohenlohe war bereit, die neue Ära gelten zu lassen. „Ich bin für eine Schlachtflotte", schrieb der alte Fürst an einen Freund, „es geht wirklich nicht ohne eine solche". Und formeller im Reichstag: „Es handelt sich da nicht allein um den Schutz einzelner Schiffe oder um den Nachdruck, mit dem Forderungen in fremden Ländern zu unterstützen sind, sondern es handelt sich darum, unsere Existenz als handeltreibende Weltmacht zu sichern." Bülow sekundierte ihm mit dem berühmten Satz: „Wir wollen niemand in den Schatten stellen, aber wir verlangen auch unseren Platz an der Sonne."

Die Flottenvorlage von 1897, die 12 Schlachtschiffe, 8 gepanzerte Schiffe zur Küstenverteidigung, 10 große und 23 kleine Kreuzer vorsah, änderte den ganzen Charakter der deutschen Marine, indem sie an Stelle einer kleinen Flotte zur Küstenverteidigung und einiger schneller Kreuzer für fremde Gewässer eine Hochseeflotte schuf. Das Programm sollte bis 1904 fertiggestellt werden, wieder eine Neuerung für den eifersüchtig über der Geldbörse wachenden Reichstag, der ein System von jährlichen Krediten vorzog, das jede Kontinuität im Bauen unmöglich machte. Der Entwurf wurde Anfang 1898 angenommen. Ein paar Monate darauf wurde der Flottenverein gegründet, um das öffentliche Interesse an der Sache anzuregen. Im selben Jahre gebrauchte der Kaiser den Ausdruck „Unsere Zukunft liegt auf dem Wasser“.

Diese Anfänge riefen nirgends Beunruhigung hervor. Besonders England, das in Ägypten und Südafrika allerhand Nöte hatte und in Faschoda mit Frankreich zusammengestoßen war, befand sich in einer freundlichen Stimmung. Und mehr als das. Salisburys nachgiebige Politik gegenüber Rußland und das unredliche Verhalten dieser Macht in der Port Arthur-Angelegenheit reizte Chamberlain, den Staatssekretär für die Kolonien, so daß er einen Fühler für eine Verbindung mit Deutschland ausstreckte, der zugestandenermaßen gegen russischen Ehrgeiz im Fernen Osten gerichtet war[1].

Die Überraschung der deutschen Staatsmänner war ungeheuer, denn Chamberlain war für sogar noch weniger entgegenkommend als Salisbury angesehen worden. Und da unser Vermögen, Deutschland auf dem Festland beizustehen, noch immer gleich Null war, so machte das antirussische Motiv der Annäherung Deutschland noch besorgter wegen eines umfassenden *quid pro quo.*

„Die englische Panzerflotte kann nicht ein Dorf an Deutschlands langgezogener russischer Grenze beschützen“, sagte der Kaiser sehr richtig zu Lascelles, unserem Botschafter. — „Soviel ich herausfinden kann, versuchen die Engländer eifrig, eine kontinentale Armee zu finden, um für ihre Interessen zu kämpfen! Ich denke aber, sie werden so leicht keine finden, wenigstens nicht meine!“ schrieb er an den Zaren, nachdem diese Verhandlungen zu nichts geführt hatten. Überdies hatte Deutschland nicht den Wunsch, Rußlands Ausdehnung nach Osten zu hemmen, weil dieses sonst zu seiner traditionellen Politik in Europa zurückkehren würde. Diese Befürchtungen veranlaßten die Wilhelmstraße, hinsichtlich der Ernsthaftigkeit englischer Angebote sehr vorsichtig zu sein. Sie wünschten einerseits eine Zusicherung, daß der Plan auf einer breiten Basis der Zustimmung unter den englischen Staatsmännern ruhte, anderseits anscheinend ein fest umrissenes Angebot. Was man brauchte, war natürlich Sicherheit vor einem Angriff Frankreichs während eines Krieges mit Rußland. Lascelles sagte dem Kaiser, Chamberlain habe auf einem Frühstück ein Defensivbündnis erwähnt, durch das die beiden Mächte sich gegenseitige Hilfe für den Fall versprechen sollten, daß eine von

[1] Große Politik, Nr. 4979 ff.; Wilhelm (a), S. 88.

ihnen von zwei Seiten angegriffen würde. Wilhelm erwiderte „daß dies eine völlig neue Wendung in die Verhandlung zu bringen geeignet sei und jedenfalls eine ganz akzeptable Basis für weitere eingehende Verhandlungen bilde“[1]. Es scheint aber, daß nichts mehr davon verlautete. Das Ganze, was schließlich beschlossen wurde, war, daß man warten und gute Beziehungen miteinander pflegen wollte, bis die öffentliche Meinung in beiden Ländern ein besseres Verständnis für die natürliche Notwendigkeit haben würde, die sie aneinander band.

Freiherr von Eckardstein, Sekretär an der Deutschen Botschaft in London, hatte unbekümmert den noch nicht ausgereiften Plan — über den in unserem *Foreign Office* keine Papiere vorhanden sind — beim Kaiser eifrig betrieben, glaubte ihn schon gewonnen und murrte, als er erkennen mußte, daß Wilhelms Politik nicht der Standpunkt des zuletzt Gekommenen war. Die Menschen folgerten immer aus Wilhelms leicht erweckbarem Enthusiasmus, daß sie ihn in der Tasche hätten, und waren dann enttäuscht, wenn er sich als weniger impulsiv herausstellte als sie gehofft hatten. Es war aber durchaus zutreffend, daß er einem Bündnis weit geneigter war als seine Minister. „Wenn England *bona fide* w ä r e“, schrieb er 1898 in einem Memorandum, „dann wäre die Vereinigung für die Z u k u n f t ausgezeichnet und unser k o l o s s a l e r H a n d e l g e s i c h e r t. Wie lange Rußland—Gallien vor solcher Kombination aus Angst Frieden halten werden, ist immerhin fraglich, doch nicht unmöglich. Anderseits weisen wir England ab und gelingt eine f e s t e V e r b i n d u n g mit Rußland — was Vorbedingung für Abweisung ist — so kann England Gallien eventuell absprengen und uns mit ihm zusammen erdrücken, vor allem unseren ganzen Handel total zerstören, da er jetzt noch schutzlos und Rußland ihn nicht schützen helfen kann. Dagegen auf dem Land würden wir unsere ganze Heeresmacht, eventuell von Rußland verstärkt, vernichtend auf Gallien werfen können und unser Reich retten[2].“

Ob dieses feste Bündnis mit Rußland zu haben war, das versuchte der Kaiser bald darauf in einem Briefe an den Zaren festzustellen, in dem er, so geradezu wie es seine Gewohnheit war, diesem mitteilte, daß ein Bündnisangebot von England eingegan-

[1] Große Politik, Nr. 3865.

[2] Ebenda, Nr. 3799.

gen sei, und ihn bat „mir zu sagen, was Du mir anbieten kannst und tun wirst, wenn ich ablehne". Der Zar, der wahrscheinlich wußte, daß die Verhandlungen, soweit von solchen die Rede sein konnte, bereits in sich zusammengefallen waren, bemerkte, daß England ihm gerade ein weitgehendes und unerwartetes Abkommen angeboten habe, und blieb freundlich, ohne sich festzulegen.

Obgleich die Beziehungen zu England durch das Mißlingen einer Übereinkunft nicht gelitten hatten, wenn man von einem Mißlingen sprechen konnte, wo man kaum wußte, was versucht worden war, so war doch ein neues Element in ihnen zu erkennen. Vor 1897 war die Lage derartig gewesen, daß sie immer so hätte bleiben können. Die von den Versuchen, zu einer Übereinkunft zu gelangen, beherrschte neue Situation konnte gut oder schlecht enden, aber enden mußte sie, entweder gut — oder schlecht. Die Moral davon war, daß junge Diplomaten sich sehr in acht nehmen müssen, solche Dinge in Gang zu setzen, ohne allerbesten Grund zu der Gewißheit zu haben, daß sie gut enden werden. Die alten Leute vom Fach auf beiden Seiten hatten einige Veranlassung, die alten Zustände vorzuziehen, die in geringer Gefahr gewesen waren sich zum Schaden eines der beiden Staaten zu verändern. England war Bündnissen niemals geneigt; Deutschland, obgleich bemüht Rußland nicht zu kränken, besaß ein starkes Hindernis für ein Abkommen mit diesem in seiner Verbindung mit Österreich, die denjenigen Teil der deutschen Politik diktierte, welcher Rußland am wenigsten angenehm war, seine türkische Politik.

Immer gab es mindestens eine europäische Macht, die lieber die Türkei begünstigen als Rußland an den Dardanellen sehen wollte. In der letzten Zeit hatte Österreich uns diese Mühe abgenommen und sein Verbündeter, obwohl sein *désintéressement* verkündend, war durch die Lage gezwungen, auf die Seite der türkischen Unversehrtheit zu neigen.

Die türkische Frage verdroß Wilhelm in allen ihren Aspekten.

Die blutige Mißregierung des Sultans war für alle, die seine Freunde sein wollten, eine arge Verlegenheit und wurde wenig von den guten Ratschlägen beeinflußt, die Deutschland, wie zugegeben werden muß, der Türkei verschwenderisch erteilte. Eine noch größere Verlegenheit waren die auf ein Eingreifen gerichteten Forderungen, zu denen sich die europäische öffentliche Meinung von Zeit zu Zeit bewogen fühlte. Die Wurzel des Übels war — wie Marschall, jetzt dort Botschafter, in glänzenden und witzigen Depeschen schrieb, die den Kaiser entzückten — überhaupt nicht die Mißregierung, so vorherrschend diese auch war, sondern der Rassenhaß. Es sei denn, daß es völlige Autonomie brachte, konnte ein Eingreifen, wie die Regierungen wußten, den unglücklichen und unruhigen Untertanen des Türken nichts als Schaden tun; wenn es aber ganz oder teilweise Befreiung brachte, so brachte es auch die Türkei um einen Schritt ihrem Ende näher. Tatsächlich schwächte jedes europäische Eingreifen, wenn es nicht deutlich nutzlos war, ganz offenbar die türkische Autorität; daher war es auch in der Tat meistens bloße Spiegelfechterei.

Nichts brachte Wilhelm mehr auf als das Schauspiel der „*Six Impuissances*“, die eine Reform der Türkei herbeizuführen versuchten und immer wieder sahen, daß man ihnen auswich. Die Gemetzel von 1894 hatten zur Folge, daß er sich von der Politik des *désintéressement* entschieden abwandte. „Da muß man nun als Christ und Europäer ruhig zusehen und auch dem Sultan noch gute Worte geben! Pfui! über uns alle[1]!“ Salisbury hatte recht gehabt, sagte er, die Auslöschung der Türkei vorzuschlagen. „Jetzt muß Effendimis klar gemacht werden, daß er grade so verschwinden werde wie Abdul Aziz, das zieht vielleicht besser.“ Auf einen Bericht über einen Protest, der erhoben werden sollte, notierte er: „Das, fürchte ich, dürfte wenig Eindruck machen und hilft den Tausenden von Ermordeten nicht! Der Sultan muß abgesetzt werden!“ Und dann: „*Too late*, die armen Kerls sind tot, und das wollte Abdul Hamid! Man setze ihn ab[2]!“ Die Ministerien hatten aber keine solchen phantastischen Gefühle, und Deutschland verband sich mit den anderen Mächten nur, um auf Reformen zu dringen. England und Österreich war es Ernst damit, Rußland jedoch wünschte einerseits keine sofortige Aufteilung der Türkei und anderseits keine Reform, die geeignet war ihr neue Lebenskraft zu geben; nach einigen Monaten der Beratung ging die ganze Angelegenheit in dem höheren Interesse an dem Aufstand in Kreta unter, dessen Bewohner sich unter griechischem Einfluß gegen die Türkenherrschaft empört hatten.

Das einzige, was an Kreta von Bedeutung war, war nach Wil-

[1] Große Politik, Nr. 2457.

[2] Ebenda, Nr. 2898, M. 1; 2901, Schlußbem.

helms Ansicht — er meinte, es könnte uns ziemlich gleich sein, unter welcher Mißherrschaft die Kreter lebten —, daß die *Impuissances* „entweder wirksam eingreifen oder aber sich zur einfachen Zuschauerrolle ... resignieren sollten“[1]. Sein Unwille, als eine griechische Torpedoboots-Flottille 1500 Mann auf einer Insel landete, die von sechsundzwanzig europäischen Kriegsschiffen bewacht war, bestärkte ihn in seiner bleibenden Abneigung gegen jeden Bluff, besonders in Gestalt von Flottendemonstrationen. Noch nach Jahren erhob er den Einwand, eine solche könne nur die Mächte lächerlich machen, wie damals in Kreta. Seine Kriegsflagge sei ihm zu gut dazu: „Entweder im bitteren Ernst eingesetzt oder gar nicht gezeigt!“

Sein abschließendes Urteil über die Kreta-Angelegenheit war, daß sie „Beraubung *pur et simple*“ gewesen sei. Die unverhohlene Griechenfreundlichkeit, die der geheuchelten Neutralität des europäischen Konzertes zugrunde lag, bewog Deutschland schließlich, seine Flöte niederzulegen. In der Politik jedoch löst man sich nicht von einem Unternehmen, nur weil es offenbar Raub ist. Das deutsche Verhalten fiel mit einer bestimmteren türkenfreundlichen Politik zusammen, die das Ergebnis eines aufdämmernden Interesses an türkischen Eisenbahnen war.

Die Anatolische Eisenbahn, die in den Jahren 1888 bis 1891 von einer deutschen Gesellschaft bis Angora gebaut worden war, sollte auf den dringenden Wunsch des Sultans bis Bagdad und von da bis zum Persischen Golf verlängert werden, um dadurch eine Strecke, die sonst finanziell unfruchtbar war, gewinnbringend zu gestalten. Wilhelm liebte Eisenbahnen, und von dieser wurde erwartet, daß sie Licht und Wohlstand in einige der dunkelsten Gegenden Kleinasiens bringen werde, sie sollte ein Stolz der deutschen Wirtschaft und ein Missionsunternehmen der deutschen Kultur werden. Kurz, es war gerade das, was er besonders liebte. So war er also, als er von der Beraubung schrieb, zum Erstaunen der Welt an Bord S. M. Y. „Hohenzollern“ auf einer Pilgerfahrt nach Jerusalem begriffen.

Diese dunkle Mittelalterlichkeit hatte man im Verdacht, ein Anzeichen von Deutschlands neuester Orientpolitik zu sein, was sie auch war. „Es ist sehr entmutigend“, rief der Pilger unwillig aus, „festzustellen, daß die Empfindung wirklichen Glaubens, die

[1] Große Politik, Nr. 3138.

einen Christen antreibt, das Land aufzusuchen, wo unser Heiland lebte und litt, in den sogenannten besseren Klassen des XIX. Jahrhunderts beinahe ganz erloschen ist, so daß sie die Pilgerfahrt gewaltsam mit politischen Beweggründen erklären müssen! Was für Tausende sogar deiner niedrigsten Bauern richtig ist, ist auch für mich richtig[1]!" Sie konnte aber nicht anders erklärt werden. Gewiß wollte er nach dem Heiligen Lande fahren, und zwar feierlich, ein König wie jene von einst, die den König der Könige suchten; auch war es nicht nötig nach Palästina zu fahren, um die Türkei zu besuchen. Wäre es aber nicht politisch wünschenswert gewesen, so hätte er nicht hinfahren können. Er wollte auch nach Ägypten, wir hielten es aber nicht für zweckmäßig. So sind die Reisen der Könige: durch das Leben wie durch Länder und Meere. Es ist ihnen nicht gestattet, der Welt zu entsagen. Die lange Lebensreise ist beschwert mit ihren Königreichen und deren Herrlichkeit, mit Gold und Waffen und Besitztiteln: eine Pilgerfahrt ist sie nur für das glühende Herz.

Die Beweggründe, die Christen nach Palästina treiben, sind nicht veralterter als die Beweggründe, die sie sagen lassen „laß Gepränge sprechen"; die Welt verbarg ihre Beunruhigung, indem sie die Sache als ein weiteres Beispiel der Vorliebe des Kaisers für Prunk behandelte. Die österreichische klerikale Presse sah darin einen Fall von Wilddieberei in den Revieren des österreichischen Kaisers, der den „König von Jerusalem" zu seinen offiziellen Titeln zählte; von ihrem Standpunkt aus gesehen war es bedauerlich, daß Franz Joseph niemals Lust bezeigt hatte, eine Pilgerfahrt anzutreten. Man sagte auch, es sei völlig unschicklich, nach dem armenischen Blutbade „des Sultans blutbefleckte Hand zu ergreifen"; oder — da im Augenblicke die Beziehungen der Türkei zu sämtlichen Mächten ausgezeichnet waren — man solle die schmutzige Arbeit den Botschaftern überlassen. Sicherlich konnte diese Aussicht nicht angenehm sein für jemand, der seinen Gastfreund kürzlich einen „ekelhaften Menschen" genannt und nicht einen persönlichen Besuch gewünscht hatte, sondern „Kanonenkugeln nach Jildis hinein"[2]. Europa aber war anderer Ansicht gewesen; ein System, wonach die Volksstimmung sich laut zu einer Politik bekannte und die materiellen

[1] Briefe an den Zaren, Nr. 16.

[2] Große Politik, Nr. 2482, M. 1; 2484.

Interessen der Völker schweigend eine andere befolgten, hatte jedoch keine Anziehungskraft für einen Geist, der keine Nuancen kannte.

Der Unmut Europas war gerechtfertigt; der Besuch war ein blendender Erfolg. Auch das Wetter war blendend; der Kaiser zog in Jerusalem ein an einem glühenden 29. eines besonders heißen Oktobers, der dort der heißeste Monat ist, so daß jeder — außer ihm selbst, der ohne Zweifel durch seine physische Degeneriertheit geschützt war — halbtot vor Hitze war. Natürlich war er von dem Orte degoutiert, besonders mißfiel ihm die „Ausstellung von Kirchenmodellen", das Ergebnis der Konkurrenz der verschiedenen christlichen Sekten, und er empörte sich über die Uneinigkeit und die „Anbetung von Stein und Holz... So wie man die Religion in Jerusalem versteht, wird sie niemals zur Bekehrung eines einzigen Muselmans oder zum Pflanzen eines einzigen Baumes oder zum Graben eines einzigen neuen Brunnens führen... Ich kehre nach Hause zurück mit dem Gefühl einer großen Enttäuschung und mit der festen Überzeugung, daß das Grab unseres Heilands ganz sicher n i c h t u n t e r dieser Kirche vom Heiligen Grabe ist"[1]. Er kehrte mit anderen Dingen nach Hause zurück, nämlich „einer Konzession zum Bau eines Hafens in Haidar Pascha, der Konzession eines deutschen Kabels zwischen Konstanza und Konstantinopel, der Befestigung der zwischen der türkischen Regierung und großen deutschen Firmen bestehenden geschäftlichen Beziehungen... dem Plan einer Weiterführung der Anatolischen Bahn nach Bagdad"[2].

Um sich für seinen Erfolg zu trösten, stürzten sich seine Kritiker zu Hause auf eine Rede in Damaskus — „Möge der Sultan und mögen die 300 Millionen Mohammedaner, welche auf der Erde in ihm ihren Kalifen verehren, dessen versichert sein, daß zu allen Zeiten der Deutsche Kaiser ihr Freund sein wird" — und wann immer einem mohammedanischen Menschen oder Staate etwas zustieß, riefen sie aus: Also! was werden jetzt die dreihundert Millionen Mohammedaner von den Versprechungen des Deutschen Kaisers halten? Hoffnungsvolle Mohammedaner appellierten manchmal an die Freundschaft des Kaisers und fanden, daß sie platonisch war. Es stand nicht in Deutschlands Macht,

[1] Briefe an den Zaren, Nr. 18.
[2] Große Politik, Nr. 3347, Fußnote 2.

viel für sie zu tun, außer durch seinen wirtschaftlichen Unternehmungsgeist und ein mattes politisches „Wohlwollen“.

Das Abenteuer gefiel zu Hause und trotz der Kritiker kehrte der Pilgrim im Triumph heim.

Das erste Jahrzehnt seiner Regierung war über seinem Haupte dahingegangen und hatte es zwar blutend aber ungebeugt hinterlassen. Seine offenen Feinde hatten ihm grausame Wunden zugefügt. Seine geheimen Feinde hatten die Brunnen vergiftet. Seine eigenen Gefährten waren untereinander die bittersten Feinde und von einem Geiste beseelt, der ehrliche Zusammenarbeit unmöglich machte, wenn er ihn auch nicht als das erkannte, was er wirklich war, sondern nur mit Verwunderung in einer Reihe von Krisen seine Wirkungen sah. Arglos und nicht auf seiner Hut, hatte er durch reine Gewisseneinfalt und Mut die Bemühungen zunichte gemacht, ihn entweder zum Erzwingen einer Krise zu provozieren oder bis zur Aufgabe seiner Rechte zu ermatten. Der König von Preußen war derjenige, welchem das letzte Wort in der Regierung verfassungsmäßig zustand, auch konnte er nicht mit Kain mürrisch sagen: Soll ich meines Bruders Hüter sein? wenn sein Land unter den Taten seiner Minister litt. Gleichzeitig konnte er nicht blind sein für die öffentliche Eifersucht auf ein Eingreifen der Krone. Sonderbare und traurige Anomalie! — ein moderner König.

Eulenburg meinte, er sei seit seiner Thronbesteigung „äußerlich sehr viel ruhiger“ geworden; aber die Behauptung, daß er in seinem vierzigsten Lebensjahre stand, würde man immer noch als merkwürdig irreführend empfunden haben. Äußerlich älter, ernsthafter, gesetzter! Wie mußte er mit dreißig gewesen sein?

Als die ersten zehn Jahre vollendet waren, schaute er mit unbewegtem Herzen zurück, um „dem Allmächtigen zu danken für den väterlichen Beistand, den er mir in aller meiner Arbeit zuteil werden ließ“[1].

[1] Große Politik, Nr. 3520.

10. Kapitel

Erste Friedenskonferenz und einige Kriege: 1899—1900

Im zweiten Jahrzehnt der Regierung Wilhelms II. stand Deutschland vor der Entscheidung über seine internationalen Probleme, die vielleicht tatsächlich unlösbar waren.

Der Aufstieg Deutschlands vermehrte die nervöse Unrast der modernen Staatengesellschaft. In gewissem Sinne hatte man lange Zeit England, als zu groß, scheel angesehen, jedoch seine Flotte hatte „keine Räder". Rußland war die gefürchtetste der kontinentalen Mächte, aber schwerfällig und untüchtig. Der Aufstieg einer Festlandmacht zu Stärke plus Tüchtigkeit war eine Quelle berechtigten, ja unvermeidlichen Unbehagens bei den übrigen. In einer Gesellschaft bewaffneter Banditen war Eifersucht wohl ein Instinkt der Selbsterhaltung; besonders da moderne Verbesserungen an den Waffen, moderne Transportmittel tagtäglich die Möglichkeit einer Überraschung unterstrichen. Kriege waren so alt wie die Geschichte. Niemals aber war die Kriegsfurcht so tätig und so gefährlich gewesen.

In diese waffenstarrende Gesellschaft warf der Zar im August 1898 ein Manifest, das eine Konferenz zur Beendigung dieser unaufhörlichen Rüstungen vorschlug.

Wilhelms bekannter Idealismus — der ihn dazu verleitete, an manche Dinge etwas zu zuversichtlich zu glauben, so an die menschliche Natur, an Staatssozialismus, an General Stössel und an Gott — führte viele zu der Annahme, daß er irgendwie dahinterstecken müsse. Manche sagten, er habe 1890 etwas Derartiges versucht, andere, daß er gerade im Begriff gewesen sei, von Jerusalem aus die Welt damit zu erschrecken. Es war jedoch Wilhelm, der erschreckt worden war, weil er Deutschlands spät gewonnene Sicherheit dabei zu verspielen fürchtete. Was er 1890 versucht hatte, war eine Milderung der wirtschaftlichen Rivalitäten, die die Wurzel der bewaffneten Uneinigkeit der Mächte waren; der Gedanke einer Abrüstung ohne Einigkeit mußte ihm widersinnig erscheinen, wenn er aufrichtig, und als eine Falle, wenn er unaufrichtig war.

„Die Sache ist verdammt ernst und kann leicht zu schweren Komplikationen, ja zum Krieg führen“, vermerkte er auf einem Bericht über Österreichs „wohlwollende Heiterkeit“. Die anderen Mächte waren höflich-skeptisch gegenüber einem Vorschlag, der von dem, mit Schwierigkeiten kämpfenden russischen Finanzminister Witte ausging, als einer „List, durch die wir Österreich dahin bringen konnten, seine Hand anzuhalten und die Abrüstung zu erörtern, statt Geld in dem verbesserten Gewehr anzulegen“[1]. oder, wie Wilhelm andeutete, um dafür zu sorgen, daß die Panzerplatten nur gerade so dick waren, daß russische Granaten sie durchschlagen konnten. Die deutsche Opposition, die auf der Ansicht von der Gefährlichkeit unnützer Erörterung beruhte, war ungeschickt offenherzig und stärkte im Ausland den Verdacht, der Kaiser sei ein Mann, der leichtfertig einen Krieg anfangen würde — „ein Condottiere“[2], wie er unwillig sagte.

Die *Abrüstung* wurde von allen mit Ausnahme des russischen Antragstellers einstimmig abgelehnt, und zwar auf Antrag des deutschen Delegierten. Ein *schiedsgerichtliches Verfahren* als dekorative Einrichtung für Streitigkeiten, die nicht die nationale Ehre oder Lebensinteressen berührten, war für alle außer Deutschland annehmbar, obwohl jedes Land aus der Liste dafür geeigneter Fälle diejenigen herausstrich, welche es wirklich interessierten. Die Konferenz (Mai—Juli 1899) brachte einige Vorschriften für die Kriegführung zustande sowie die Errichtung eines ständigen Gerichtshofes im Haag, dessen Anrufung wahlfrei sein sollte. „Ich habe in Wiesbaden versprochen, dem Zaren zu einer befriedigenden Lösung meine Hilfe angedeihen zu lassen! Damit *er* sich nicht vor Europa blamiere, stimme *ich* dem Unsinn zu! Aber ich werde in meiner Praxis auch für später mich nur auf Gott und mein scharfes Schwert verlassen und berufen! Und — die ganzen Beschlüsse!“[3] bemerkte Wilhelm zornig. Diese energischen Äußerungen ähnelten jenen des Sohnes in der Parabel, der sagte, er würde nicht gehen, und ging, während sein Bruder

[1] Dillon, S. 274.

[2] Große Politik, Nr. 1739.

[3] Ebenda, Nr. 4320, Schlußbem.

sagte, er würde gehen, und nicht ging. Kaum ein Jahr später sollte der Kaiser die Anrufung des Schiedsgerichtes anbieten; innerhalb zweier Jahre sollten sowohl England wie Rußland Kriege führen, die durchaus keinem Schiedsverfahren unterlegen hatten.

Zwei Monate nach der Haager Konferenz brach der Burenkrieg aus — ohne Schiedsspruch, weil wir die Burenrepubliken nicht als unabhängige Staaten betrachteten. Ein versuchsweise gemachter Vorschlag des Präsidenten Krüger, den Streit dem Schiedsspruch der Mächte zu unterbreiten, wurde vom Kaiser mit der Begründung abgelehnt, die Haager Friedenskonferenz könnte dazwischenfahren. Sie fuhr nicht dazwischen und im Oktober 1899 befanden sich die Streitenden im Krieg miteinander.

Im Grunde waren die persönlichen Gefühle des Kaisers die eines englischen Liberalen: moralische Mißbilligung des Krieges und Sympathie des Blutes für England. Erstere kam in seinen Marginalien zutage, letztere in seinen Gesprächen. Der Kaiser war für strenge Neutralität; der Deutsche wünschte dem skrupellosen England eine ordentliche Abfuhr; der Mann war betrübt, seine Großmama unglücklich und seine Freunde erschlagen zu wissen. Er quälte sich immer mehr, je länger der Krieg dauerte, besonders um der Königin willen[1] und sehr zum Erstaunen seiner Umgebung. Gegenüber den Rufen nach Intervention verhielt er sich ablehnend, indem er sagte, England sei zu mächtig um es zu reizen. Nun, wenn es so unbequem mächtig ist, dachte der logische Waldersee, warum freut er sich dann immer so, von seinen Siegen zu hören? Seine Leute nahmen ihm ganz unnötig übel, daß er Gefühle verriet, die freundlich und für den Sohn seiner Mutter nur natürlich waren. Er blieb in seiner Politik während seiner ganzen Laufbahn so unbeirrbar deutsch, daß er in England oft als englandfeindlich gehaßt wurde, während sein Volk ihn englandfreundlich schalt.

Sein Volk würde es gern gesehen haben, wenn die Regierung eine anti-englische Haltung eingenommen hätte, blind für die Tatsache, daß das Deutschland nichts als Schaden tun konnte. Eine Störung unserer Kreise in Südafrika, selbst wenn sie möglich gewesen wäre, würde nicht unseren Lebensnerv getroffen haben; so stark wie je und dazu auch noch rachgierig, hätten wir Deutsch-

[1] Waldersee, 17. Dez. 1899.

lands Kolonien und Überseehandel weiter in unserer Gewalt gehabt.

„Mir machte diese heftige Erregung", sagte der Kaiser, indem er über 1896 schrieb, was ebenso auf 1899 paßte, „die auch die höheren Kreise der Gesellschaft ergriff, wegen etwaiger Verwicklungen mit England große Sorge. Ich war der Ansicht, daß man England, wenn es die Burenstaaten erobern wollte, daran nicht hindern könnte, obwohl auch ich der Überzeugung war, daß diese Eroberung zu Unrecht geschehe. Aber ich vermochte gegen diese Stimmung nicht aufzukommen und wurde sogar in meinem näheren Bekanntenkreise wegen meiner Stellungnahme recht ablehnend beurteilt."

Es erregte also großes Mißfallen, daß er auf dem Besuche in England bestand, der für den November 1899 verabredet worden war. Waldersee meinte, er hätte den Wunsch dorthin zu gehen, weil er inmitten des englischen Luxus immer eine so angenehme Zeit verlebte. Seit dem Ausbruche des Krieges lag der englischen Regierung viel daran, daß der Besuch stattfinden solle. Unsere *splendid isolation* war eine weniger herrliche Unbeliebtheit geworden: „Mit kaum einer Ausnahme sympathisierte die europäische Presse mit den Buren[1]." Nicht jedes Staatsoberhaupt war damals geneigt, uns einen Besuch abzustatten. Bülow begleitete das Kaiserpaar; dem Staatssekretär fielen die Reichtümer des Landes und die Harmlosigkeit der britischen Staatsmänner auf.

Einem kurzen Aufenthalte in Windsor folgte einer in Sandringham[2], der eitel Frieden war. Wilhelms echtes persönliches Mitgefühl, ganz abgesehen von seinem politischen Entgegenkommen, war in solcher Zeit wohltuend — sogar seine erstaunliche Kenntnis der Truppen und ihrer Bewegungen hatte eine aufmunternde Wirkung, ebenso sein Interesse für die Schicksale „seines" Dragonerregiments, der Royals, zu deren Chef er im Jahre 1894 ernannt worden war. Es schien ihm gar nicht wie ein Verwandtenbesuch: „Die Krüger-Depesche ist in der ganzen Zeit... nicht einmal zur Erwähnung gekommen[3]." Die Königin war freundlich und voll Vertrauen, die Staatsmänner waren bezaubert. Balfour gab seiner Begeisterung Hatzfeldt gegenüber Ausdruck. „Ich habe

[1] Gooch, S. 309.

[2] Besitzung des Prinzen von Wales. D. Übers.

[3] Wilhelm (a), S. 309.

zwei lange Unterredungen mit dem Kaiser gehabt", schrieb Chamberlain an Eckardstein, „die meinen früheren Eindruck von seiner außerordentlichen Befähigung und seinem Verständnis für die europäische Politik bestätigten." Chamberlain war ganz eifrige Hoffnung, seinen Plan für ein Bündnis oder eine Verständigung zu verwirklichen, über den sich sowohl der Kaiser wie auch Bülow günstig aussprachen.

Wilhelm war entschieden einer Art von Abkommen geneigt. Es war ziemlich klar, daß das, was er die Vorbedingung für die Ablehnung eines englischen Anerbietens nannte, nämlich ein festes Bündnis mit Rußland, nicht zu haben war. Holstein konnte nicht nur England nicht leiden, sondern er erkannte auch nicht, daß die Wahl getroffen werden mußte. Macht mir eine englische Omelette (wenn es sein muß), war seine Parole, aber zerbrecht mir keine russischen Eier dabei. Die meiste Verantwortung für gerade diese versäumte Gelegenheit, wenn es eine war, trugen jedoch die öffentliche Meinung und die Mißgriffe bei der Einfädelung. In einer Rede am 29. November sprach Chamberlain geradezu von einem deutschen Bündnis, während Bülow nicht mehr als einen sehr vorsichtigen Fühler zu sanktionieren beabsichtigt hatte, denn England roch damals für deutsche Nasen durchaus unlieblich. Die Rede wurde auf beiden Seiten schlecht aufgenommen und Bülow antwortete am 11. Dezember im Reichstag, indem er den Plan ableugnete. Seine Bemühungen, diese Rede bei Chamberlain damit zu entschuldigen, daß sie im Hinblick auf die Anschauungen seiner Anhänger nötig gewesen sei, waren fruchtlos. England war gereizt durch Verleumdungen der deutschen Presse über das Verhalten unserer Truppen und gab sie zurück mit der Behauptung, die Buren würden von aktiven deutschen Offizieren angeführt. „Wir müssen alle weiteren Verhandlungen in dieser Sache aufgeben", war Chamberlains letztes Wort. „Ob es möglich sein wird, sie nach Beendigung des südafrikanischen Krieges wieder aufzunehmen, der soviel Staub aufgewirbelt hat, — muß späterer Überlegung vorbehalten bleiben."

Dem Fehlschlag folgte ein Zwischenfall auf dem Fuße — die Anhaltung und Durchsuchung des deutschen Postdampfers „Bundesrath" wegen (nicht vorhandener) Konterbande —, der uns von Holstein, wenn man Eckardstein Glauben schenken darf, nichtamtlich die Drohung mit einem sofortigen kontinentalen Zusammenschluß gegen England einbrachte. Am gleichen Tage jedoch, am 7. Januar 1900, trat der Kaiser mit dem Vorschlag dazwischen, den Streit dem Haag zu unterbreiten[1]. Obgleich England eine Erledigung des Hauptstreitpunktes durch Schiedsspruch ablehnte, wurde die Angelegenheit doch schließlich unter gegenseitigen Höflichkeiten beigelegt. Holstein hatte aber nicht gefabelt, als er von einer möglichen anti-englischen Koalition sprach.

Am 3. März 1900 überreichte Graf Osten-Sacken, der greise russische Botschafter, einen Vorschlag des russischen Auswärtigen Amtes zu einem „freundschaftlichen Druck" auf England zwecks Verhinderung der Einverleibung der südafrikanischen Republiken. Offenbar hätte ein wirksamer Druck nicht wirklich „freundschaftlich" sein können. Der Kaiser und das Auswärtige Amt verwarfen sofort den Gedanken, sich mit England zu entzweien, es sei denn, die Kontinentalmächte garantierten den territorialen *status quo* — d. h. den deutschen Besitz von Elsaß-Lothringen —, was natürlich von allergrößter Unwahrscheinlichkeit war. Auf Muraviews Antwort, daß nach dem, was er aus Berlin gehört, der Vorschlag ganz nach des Kaisers Sinn gewesen sein müßte, bemerkte Seine Majestät: „Faule Fische, ich habe nie was ähnliches verlautbaren lassen." Aber bei der wiederholten Behauptung, die Anregung sei „durchaus als eine Folge von dem, was Seine Majestät der Kaiser und König dem russischen Botschafter in Berlin gesagt habe" ergangen, wurde er böse: „So eine unverschämte Lüge! Osten-Sacken muß seinen eigenen Minister rektifizieren!"[2]

Der zuversichtliche Appell war ein Beweis, daß Wilhelm sich nicht bewußt war, irgend etwas gesagt zu haben, das eine solche Deutung zuließ: in seiner einzigen Unterhaltung mit Osten-Sacken, die kürzlich stattgefunden hatte, und zwar am russischen Neujahrstage, 13. Januar, und wie sowohl er selbst als auch der Botschafter sie darstellten, hatte er einfach sein häufig gegebenes Versprechen wiederholt, im Falle von Streitigkeiten in Asien „Rußland den Rücken zu decken"[3]. Er nahm daher an, daß die freche Behauptung die Absicht verriet, ihm das Odium des Interventionsvorschlages zuzuschieben, und beeilte sich dem zuvorzukommen, indem er die Königin von den Tatsachen in Kenntnis

[1] Große Politik, Nr. 4427.

[2] Ebenda, Nr. 4476, M. 2; 4486, M. 3.

[3] Lee, Bd. I, S. 763.

setzte[1]. Er kam gerade noch zur Zeit, denn bald darauf machte Rußland die Mitteilung, die er vorausgesehen hatte.

Es ist jedoch nicht wahrscheinlich, daß russische Staatsmänner den Vorschlag gewagt haben würden, hätten sie nicht einigen Anlaß zu der Annahme gehabt, daß er annehmbar sein könnte. Nach Muraview hatte Osten-Sacken „mehrere geheime Briefe" geschrieben: was enthielten diese? Holstein bedrohte uns damals mit einer Koalition. Hatte er in einem Kommentar zu seines Herrn Freundschaftsversicherungen für Rußland Material zu Osten-Sackens geheimen Briefen geliefert, so verklagten Wilhelm und Muraview einander bei uns in aller Aufrichtigkeit; nur mit dem Unterschiede, daß Muraview es unterlassen hatte anzugeben, welcher von ihnen wirklich für eine Einmischung gewesen war.

Tatsache war schließlich, daß Rußland einen Interventionsvorschlag gemacht und daß Deutschland ihn zurückgewiesen hatte. Der Kaiser und seine Regierung waren fest entschlossen, strenge Neutralität zu üben. Sie wichen einem Vermittlungsgesuch der Burenregierung aus wie auch einer Anregung der Königin von Holland, die eine Kollektiv-Vermittlung der Mächte bezweckte. „Du hast keine Vorstellung davon, mein lieber Wilhelm", schrieb der Prinz von Wales am 7. März 1900, „wie sehr wir alle in England die loyale Freundschaft zu schätzen wissen, die Du bei jeder möglichen Gelegenheit uns gegenüber an den Tag legst[2]."

Eine enge Verbindung mit England o d e r eine mächtige Flotte, die es respektieren müßte, das war immer die gesunde Alternative des Kaisers gewesen. Bisher hatte ihn sein Volk in keiner dieser beiden Richtungen unterstützt. Man hatte immer den Löwen am Schwanze ziehen wollen, ohne für eine Verteidigung gegen seine Klauen zu sorgen. Die Bundesrath-Affäre, sagt Gooch, „ließ die deutsche Nation ihre Machtlosigkeit zur See empfinden". Die zweite Flottenvorlage wurde am 12. Juni 1900 mit großer Mehrheit angenommen, sie sollte bis 1917 die Stärke der Flotte verdoppeln, wodurch die Gesamtzahl der Schlachtschiffe auf 38

[1] Die Berechtigung dieser Warnung wird in vollem Umfange bestätigt durch einen kürzlich veröffentlichten Brief des Zaren an die Großfürstin Xenia aus dieser Zeit („ich beabsichtige, den Kaiser auf jede Weise gegen die Engländer in Harnisch zu bringen"), vgl. Berliner Monatshefte, Dezember 1934. D. Übers.

[2] Lee, Bd. I, S. 770.

gebracht wurde. Die Bedrohung durch den stärksten Gegner zur See wurde in der Einleitung zu der Vorlage angedeutet, um, so schrieb Tirpitz, eine so große Forderung zu begründen. Anderseits berücksichtigte der gleichfalls geltend gemachte „Risikogedanke" — der Grundsatz, daß die Flotte stark genug sein muß, um einem unbesiegbaren Feinde Furcht vor einem Pyrrhus-Siege einzuflößen — nur den Verteidigungszweck. „Die Industrien und der Handel und nicht zum wenigsten der Seehandel Deutschlands", schrieb Mahan, „... hängen von der freien Benutzung der See ab", und seine Flotte müsse groß genug sein, um sogar England „zögern" zu lassen, seine überseeischen Interessen zu durchkreuzen.

Der beabsichtigte Ausbau rief bei der britischen Regierung keine Beunruhigung hervor, da diese sich einer überwältigenden Überlegenheit zur See bewußt war; bald darauf vereinigten der Boxeraufstand und die Ermordung des deutschen Gesandten in Peking, des Freiherrn von Ketteler, die Mächte wieder — mehr oder weniger — in jener Harmonie, die dem Kaiser so am Herzen lag. Europa gegen die gelbe Rasse! — „Alles andere kommt später! Es ist gemeinschaftliches Blut schon geflossen, und das ist die beste Basis!" Es war, wie gewöhnlich, eine etwas idealisierte Auffassung von einem gemeinsamen europäischen Unternehmen, und er selbst wurde, wie gewöhnlich, mit tiefstem Verdacht als möglicher Zersprenger dieser Harmonie angesehen. Die Eifersüchteleien der anderen Mächte bewogen Japan, Deutschland vorzuschlagen, daß letzteres den Oberbefehlshaber für die gemeinsame Rettungsexpedition nach Peking stellen solle[1]; und in der Erwägung, daß es ein deutscher Gesandter war, der getötet worden war, betrachtete der Kaiser den vorgeschlagenen Oberbefehl als erstrebenswert, billig und gerechtfertigt. Auf seine beiläufig vorgebrachte, von Bülow angeregte Anfrage, ob der Zar es gern sehen würde, wenn ein russischer General genannt würde, oder ob ihm vielleicht Walderseee recht wäre, antwortete der Zar ganz begeistert: Waldersee[2]. Als jedoch Wilhelm die Ernennung der „Anregung" des Zaren zuschrieb, wurde dies sofort von der russischen Regierung in Abrede gestellt, wahrscheinlich wegen sehr möglicher französischer Empfindlichkeiten. Wenn „Anregung" gerade genügend ungenau war, um ein Dementi zu ermöglichen,

[1] Große Politik, Nr. 4561.

[2] Ebenda, Nr. 4601.

so war eine vollständige Ableugnung ganz ebenso impressionistisch. Es entstand daraus die gewöhnliche Legende — der Kaiser hätte Himmel und Hölle in Bewegung gesetzt, um die Ernennung eines deutschen Generals durchzusetzen, der Zar hätte nichts damit zu tun gehabt, rastloser Ehrgeiz hätte sich lächerlich gemacht. Die Angelegenheit verursachte keine Reibung zwischen Rußland und Deutschland am Anfang der gemeinsamen Unternehmung, wie man hätte erwarten können, — aber alles andere kam ja später, wie Wilhelm sagte.

Diese Sensation war nichts im Vergleich mit der, die durch eine feurige Rede hervorgerufen wurde, worin er seine Truppen, als er am 27. Juli 1900 in Bremerhaven von ihnen Abschied nahm, beschworen haben sollte, keinen Pardon zu geben. Die erste Lesart seiner Rede, die im Reichsanzeiger, so wie sie das Wolff-Büro übermittelt hatte, erschien, war auch die einzige, die die sensationelle Stelle wörtlich enthielt. „Ihr wißt es wohl, ihr sollt fechten gegen einen verschlagenen, tapferen, gut bewaffneten, grausamen Feind. Kommt ihr an ihn, so wißt: Pardon wird nicht gegeben, Gefangene werden nicht gemacht. Führt eure Waffen so, daß auf tausend Jahre hinaus kein Chinese mehr wagt, einen Deutschen scheel anzusehen." Das war heftig genug und wurde heftig gesprochen, aber gedruckt schien es zu bedeuten, daß die Chinesen nicht die Gewohnheit hätten, Pardon zu geben. Der Kaiser, der unter dem Eindruck gestanden hatte, daß die Chinesen nicht kriegerisch seien, hatte Nachrichten erhalten, die ihn dazu bewogen, seine Meinung zu ändern[1]; mehrere seiner Bemerkungen aus jener Zeit über die Chinesen als Kämpfer sollten deutlich die Truppen vor einer Unterschätzung dessen warnen, was sie vor sich hatten. Es war jedoch möglich, die Stelle anders zu verstehen, und da niemand jemals Wilhelm ruhig anhörte, so fiel die halbe Zuhörerschaft sofort vom Stengel.

Natürlich war eine solche Auslegung vollkommen unberechtigt, wenn nicht Anzeichen dafür vorlagen, daß dies tatsächlich die Auffassung des Kaisers war. Kaum drei Wochen vorher hatte er gegen das von den Botschaftern vorgeschlagene Auskunftsmittel, mit der Zerstörung der Ahnengräber der chinesischen Dynastie zu drohen, Einspruch erhoben: „Vorläufig lieber die anderen abmahnen, da es mir widerstrebt!" und wieder, er verspräche sich

[1] Große Politik, Nr. 3697, M. 1.

nichts davon[1]. Als er 1894 Mannschaften der Schutztruppe nach Deutsch-Südwestafrika aussandte, ermahnte er sie besonders, die Eingeborenen freundlich zu behandeln und daran zu denken, daß die Leute „wenn sie auch andere Hautfarbe haben, gleichfalls ein Herz besitzen, das ebenfalls Ehrgefühl aufweist". In der Tat nahm niemals jemand an, daß er wirklich gewollt hätte, seine Truppen sollten nicht Pardon geben. Was aber die Frage betrifft, ob er imstande war, in der Hitze der Rede etwas Derartiges zu sagen, so war die allgemeine Verwirrung über ihn so groß, daß niemand die geringste Vorstellung davon hatte, wo seine Fähigkeiten anfingen oder endeten.

Waldersee erreichte China nur noch rechtzeitig, um bei den Friedensverhandlungen dabeizustehen und von den Streitigkeiten Englands und Rußlands um die Shanhaikwan-Eisenbahn geplagt zu werden. Das war die Einigkeit der Mächte. Nur wurde China mit allgemeiner Zustimmung gezwungen, eine außerordentliche Gesandtschaft unter einem kaiserlichen Prinzen Tschun zu entsenden, um Bedauern über den Gesandtenmord auszusprechen: dies geschah im Muschelsaal des Neuen Palais mit einer *mise en scène*, die mit Überlegung orientalischen Vorstellungen angepaßt war und von der europäischen Presse als Beispiel der üblichen Vorliebe des Kaisers für das Theatralische sehr verspottet wurde.

In Europa, wo die Einigkeit der Mächte keinen Daseinsvorwand besaß, trübte die Dreyfus-Affäre die französisch-deutschen Beziehungen. Wilhelm, der in St. Privat ein Denkmal für die deutschen Gefallenen enthüllen wollte, hatte den Wunsch, auch am nächsten französischen Denkmal einen Kranz niederlegen zu lassen, die herrschende Aufregung war aber so heftig, daß das französische Kriegsministerium es nicht zu gestatten wagte[2]. Es war in Frankreich davon die Rede gewesen, daß der Kaiser die Pariser Weltausstellung von 1900 besuchen würde; die Wut der extremeren französischen Presse veranlaßte einen Franzosen zu folgender Satire: „Wir empfangen seine Telegramme, wir freuen uns sogar auf sie, weil wir im voraus gewiß sind, daß sie etwas Originelles und Spontanes enthalten werden, das wir in anderen nicht finden. Wir nehmen seine Kränze, wir stecken seine Spenden ein; und dann, wenn nach soviel ohne Murren angenommenen Gaben Arta-

[1] Große Politik, Nr. 4539, M. 5; 4550.

[2] Ebenda, Nr. 3571.

xerxes andeutet, daß er in Person erscheinen werde — Protestgeschrei, lieber den Tod!"

Er ließ die Ausstellung beschicken. Wenigstens für die Polizei war es ohne Zweifel eine Beruhigung, daß er nicht die Absicht hatte, Paris zu besuchen. König Humbert von Italien wurde gerade in jenem Jahre ermordet. „Ich denke oft mit Besorgnis an unseren Kaiser", schauderte Moltke, „über dessen Haupt doch auch immer der Mordstahl schwebt, und der so außerordentlich unvorsichtig ist."

Mit dem Jahrhundert trat Hohenlohe von der Bühne ab, müde von der Last des Amtes — schon wenige Monate darauf sollte er sterben. Der Kaiser trennte sich bewegten Herzens von einem (angeheirateten) Onkel und „treuen Mitarbeiter", der seinem Souverän und seinem Vaterlande in einem Alter, das ihn zum Ausruhen berechtigt hätte, ein wahrhaft ergebener Diener gewesen war. Auch der alte Fürst war bewegt; seine altmodische Ergebenheit war so groß, daß seine Hand zitterte — die Menschen lasen es amüsiert in seinen Denkwürdigkeiten —, als der Kaiser bei der Tafel seine Gesundheit trank. Sie hatten ihre Reibereien gehabt — andere Leute hatten dafür gesorgt —, doch waren diese von streng dienstlicher Art gewesen. Hohenlohe war manchmal etwas verdrossen wegen der „kleinen Rücksichtslosigkeiten" Seiner Majestät — wenn dieser es unterließ, ihn zu befragen oder ausreichend zu unterrichten —, die er geneigt war, als absichtlich anzusehen, bis ein persönliches Zusammensein den Schaden wieder gut machte — „dann spreche ich ihn wieder und sehe, daß ich mich geirrt habe"[1].

Sein Nachfolger war Bülow, von dem der Kaiser sagte, er solle sein Bismarck sein.

[1] Hohenlohe, 17. Okt. 1896.

11. Kapitel

Bülow: (I) 1900—1904: Das Ausland

Über Bülow gingen in Deutschland die Meinungen auseinander, Manche betrachteten ihn als einen vom Himmel gesandten Staatsmann, andere als einen fähigen Opportunisten. Er war angenehm, heiter und witzig, immer verbindlich und geschmeidig, gewandt im Reden, Debattieren und Manövrieren. Der Kaiser, der immer bereit war, an seine Mitmenschen zu glauben, außer in Augenblicken der Erregung, wo er sie für jeder Abscheulichkeit fähig hielt, liebte und bewunderte diesen gewinnenden Kanzler herzlich. Wenn er jemals gedacht haben sollte, diesen Posten selbst ausfüllen zu können, so war er jetzt durch harte Erfahrungen von der Notwendigkeit der weisen und loyalen Diener überzeugt worden, die Bülow selbst für unentbehrlich erklärte. Nach drei Kanzlern, die alt genug waren, um seine Großväter zu sein, bedeutete auch ein nur zehn Jahre älterer Kanzler Erleichterung; in der Tat hatte Bülow eine gewisse Art an sich, die Dinge leichter zu machen und graziös über Schwierigkeiten hinwegzugleiten, mit denen seine Vorgänger nicht fertig geworden waren.

Daß Wilhelm diesen Mann als Ergänzung seiner selbst gewählt hatte, zeigte ein feines Gefühl für das, was ihm fehlte. Bülow war allerdings nicht ganz das, wofür er ihn hielt. Aber das, wofür er ihn hielt, war ganz das, was zu einer vollkommenen Verbindung nötig war. Der Anfang war äußerstes Vertrauen auf seiten des jüngeren Mannes. „Bernhard lasse ich ruhig schalten. Seit ich ihn habe, kann ich ruhig schlafen. Ich lasse ihn gewähren und weiß, daß alles gut geht." — „Ja, das wäre recht schön, wenn der Gute es so machte!" war Eulenburgs lachende Bemerkung dazu, zu Bülows Belehrung, — recht bezeichnend.

Eulenburg hatte längst keine Bedenken mehr gegen die Freundschaft von Fürsten. Der sanguinischere Wilhelm hatte niemals irgendwelche Bedenken gegen die Freundschaft von Untertanen, die tatsächlich noch größere Schwierigkeiten bot. Überlegenheit eines Freundes, sei es im Range, in den Gaben oder im Erfolg, ist etwas, das sehr schwer vergeben wird. Wilhelm von Hohenzollern — mit unerreichbarem Range, unleugbarer glänzender Begabung und fleckenloser Tugend — würde für seine Intimen einfach unerträglich gewesen sein, hätte er nicht glücklicherweise noch andere Züge aufgewiesen, die ihre Weisheit verachten konnte. Die Jahre, die ihnen Besonnenheit brachten, hatten längst die Erwartung Lügen gestraft, er werde jemals aus seinen jugendlichen Besonderheiten herauswachsen. Sie hatten ihn um seiner Jugend willen entschuldigt, aber er war immer noch so jung! Mit all seiner glänzenden Begabung, mit all dem gereiften Urteil, das diese immer mehr unterstützte, bewegte er sich unter diesen Erwachsenen noch wie eine Art Wunderkind. Alle seine Freunde waren unermüdlich darin, über ihn zu diskutieren, aber es war selten Freundschaft, die die Feder führte; sie suchten damit ihre Empfindlichkeiten loszuwerden und nur so wurde die Freundschaft möglich.

Eine Spur weniger deutschen Seziereifers, ein Anflug angelsächsischer Fähigkeit, die Dinge zu nehmen wie sie sind, selbst solche Dinge wie die Flecken auf der hellen, strahlenden Sonne, würde indessen für das Tagewerk nützlicher gewesen sein. Wieviel einfacher, wenn dieser Mann wirklich Uns seine Arbeit tun ließe! Das ist die Folge, wenn man Höherstehende patronisiert. Für Bülow, dessen besänftigende Manieren bemerkenswert waren, war Eulenburgs Einblasen gar nicht vonnöten; er war ohnedies überzeugt, daß er sehr gut vorankommen würde, wenn sein leicht aufwallender kaiserlicher Partner sich ruhig verhalten wollte.

Der Kanzler, ein bisheriger Staatssekretär des Äußeren, war sehr natürlich besonders in auswärtigen Angelegenheiten dieser Ansicht — und irrte sich darin außerordentlich. Nicht Bülow, sondern Wilhelm war der eigentliche Befürworter und wahrscheinlichste Vollbringer der Verständigung mit England, falls sie überhaupt möglich war; und dieses, wenn damals auch niemand es ganz klar erkannte, war das eine, was zu Deutschlands Rettung notwendig war.

Die Lage war in mehr als einer Hinsicht ungewöhnlich günstig, als im Januar 1901 Chamberlain in Chatsworth[1] zu Eckardstein sagte, die Zeit für *splendid isolation* sei vorbei und England

[1] Sitz des Herzogs von Devonshire. D. Übers.

müsse sich entweder mit Deutschland oder mit Frankreich verbünden.

Im Frühling und Sommer des Jahres, in dem dieser neue Versuch spielte, fand eine Familien-Annäherung statt. Infolge schlechter Nachrichten über das Befinden seiner Großmutter brach Wilhelm im Januar 1901 die Zweihundertjahr-Feier des preußischen Königreiches ab und eilte geraden Weges über Holland und mit dem holländischen Postdampfer nach England — „seine Tanten hätten ihn zwar aus Osborne während seiner ganzen Reise mit Telegrammen bombardiert, um ihn zu bewegen, umzukehren“[1] — und zwei Tage darauf starb die Königin in seinen Armen. Er würde es sich niemals verziehen haben, sagte er zu Eckardstein, wenn er zu spät gekommen wäre. Diesmal machte sein durch das Ereignis gerechtfertigter Ungestüm ihn allen wert, in Stunden der Trauer war er unwiderstehlich. Sein langer Aufenthalt verlief in völliger Harmonie. „Was mir an ihm gefällt, ist, daß er so schnell gekommen ist“, sagte eine alte Frau auf der Straße, und ein Arbeiter trat aus der Menge hervor und sagte: „Dank Dir, Kaiser!“

Man hätte annehmen können, daß dieser Besuch für Wilhelm eine von Gott gesandte Gelegenheit sein würde, um den Bündnisplan festzunageln; auch Holstein nahm es an, denn er legte Eckardstein auf das Dringendste ans Herz „dafür zu sorgen, daß der Kaiser die Bündnisfrage... nicht berühre, um sich nicht in der einen oder anderen Form festzulegen“ — damit er nicht tatsächlich irgendein „bindendes Versprechen“ gäbe[2]. Als Wilhelm sie ihm gegenüber mit Begeisterung erwähnte, sagte also Eckardstein, einfacher Botschaftssekretär und Geschäftsträger, der er war, „dem Kaiser, es erscheine noch verfrüht, wenn er selbst die Bündnisfrage... anschneide, und es sei vielleicht am ratsamsten, wenn er so täte, als wisse er noch gar nichts“. (Laß Uns nur machen!) „Er erwiderte, daß er dies vollständig einsehe und gegebenenfalls nur ganz allgemein über deutsch-englische Beziehungen sprechen werde[3].“

Beim Abschiedsfrühstück in Marlborough House erlaubte er sich aber sozusagen extempore den Vorschlag vorzubringen, daß die beiden Nationen sich verbünden sollten; dies wurde jedoch

[1] Eckardstein, S. 188.
[2] Ebenda, S. 194.
[3] Ebenda, S. 189.

in der Presse unterdrückt, sicherlich wegen der schlechten Wirkung der früheren Indiskretion Chamberlains[1]. Als er nach Hause zurückkehrte, wurden im Reichstag hinsichtlich des Besuches Fragen gestellt, aber Bülow entschuldigte ihn mit dem Hinweis auf das Familiengefühl.

Ohne Zweifel vergalten Wilhelms englische Verwandte seine Teilnahme, als am 6. März 1901 ein schwachsinniger junger Mensch namens Weiland ein Stück Eisen nach ihm warf, das ihn im Gesicht gerade unter dem rechten Auge verletzte, nicht gefährlich zwar, doch blieb eine dauernde Narbe zurück. Die üblichen Legenden, die wie üblich ihm zu Ohren kamen, bewogen ihn dazu, dem Vizepräsidenten des Herrenhauses zu sagen, er sei weder elegisch noch melancholisch geworden. Im Sommer ließ der Zustand der kranken Kaiserin Friedrich erkennen, daß ihr Tod nahe bevorstand; sie starb im August, an einem Krebsleiden, das in seinen Anfängen, drei Jahre vorher, durch einen Sturz vom Pferd verschlimmert worden war. Sie hatte furchtbar gelitten und es war, wie man sagt, eine Erlösung. Ihrem Sohne hatte sie die Unfreundlichkeit des Schicksals niemals vergeben, doch war sie schon lange mehr oder weniger versöhnt gewesen und hatte an seinen Bau- und Restaurierungsplänen teilgenommen. Wenn er aber in späteren Jahren von ihr sprach, „immer mit Worten liebevollen Stolzes und großer Verehrung", so war es meistens in Erinnerung an die früheren Jahre[2] — die Jahre, da er noch nicht aufgehört hatte, sich am mütterlichen Schürzenband festzuhalten, und sie noch einen „*culte*" für ihren ältesten Sohn gehabt hatte.

Das Familiengefühl war also sehr warm und das politische Bedürfnis hatte auf die allgemeine englische Atmosphäre günstig eingewirkt, während das neue Bündnisprojekt im Laufe des Jahres 1901 zur Erörterung stand. Dieses Projekt war aber unter Umständen entstanden, die es der Ernsthaftigkeit beraubten.

Es lag anscheinend eine grobe Ungeschicklichkeit des sich ewig einmischenden Eckardstein vor. Er stiftete Lansdowne — der mit den eigentlichen Betreibern des englisch-deutschen Bündnisses, nämlich Chamberlain und Herzog und Herzogin von Devonshire, in Verbindung stand — dazu an, neue Bündnisverhandlungen einzuleiten, indem er seinen direkten Anweisungen entgegen

[1] Waters (a), S. 98; Wilhelm (a), S. 87.
[2] Topham (b), S. 289.

zu verstehen gab, daß seine Regierung hinter diesem Winke stände[1], und dann nach Hause darüber berichtete, als sei es Lansdownes eigene Anregung, während Lansdowne seinen Kollegen die Sache als eine Annäherung von seiten Deutschlands mitteilte. Da keine der beiden Seiten die Absicht hatte, die Frage aufzuwerfen, so kann es kaum überraschen, daß jeder das Verhalten der anderen, nämlich die Weigerung, als erster mit bestimmten Vorschlägen hervorzutreten, recht sonderbar, wenn nicht verdächtig, vorkam. Lansdowne wünschte eine „schriftliche Darstellung" der ins Auge gefaßten Art von Vertrag, und Hatzfeldt begehrte ein „*document antérieur*" von Lansdowne[2]. Salisbury war immer noch gegen auswärtige Bindungen und Bertie schrieb ein Memorandum, in dem er sich scharf gegen ein Bündnis mit Deutschland aussprach, und zwar mit der Begründung, daß es für uns niemals von irgendwelchem Nutzen Rußland gegenüber sein würde. Bülow seinerseits schlug vor, daß England sich nicht mit Deutschland, sondern mit dem Dreibund verbünden solle, worauf dann vielleicht Japan der neuen Gruppe beitreten würde. Die Einwendungen hiergegen, meinte Lansdowne, würden „unendlich viel mehr Gewicht" haben, aber anscheinend wurden schon die gegen ein einfaches Bündnis mit Deutschland für zu groß gehalten. Lansdowne schlug vor, eine „sehr viel begrenztere Verständigung" anzubieten, die auf eine Unterstützung mehr der Interessen Englands als derjenigen Deutschlands und seiner Verbündeten im Mittelmeer, im Adriatischen, Ägäischen und Schwarzen Meer und vielleicht im Persischen Golf abzielte; denn, weil es nicht wahrscheinlich war, daß die Deutschen dies annehmen würden, „werden wir ihnen dadurch die Möglichkeit nehmen, uns zu beschuldigen, wir hätten sie fallen lassen"[3].

Keines der Schriftstücke, die diese Sache betrafen, wurde dem Kaiser vorgelegt, jedoch wurde ihm eine Depesche gezeigt, wonach Balfour jemanden gefragt hatte, „ob er es für möglich halte, daß der Kaiser ganz plötzlich zur russischen Seite übergegangen und gegen England sei". — „Hölle und Teufel!" wetterte der Kaiser auf dem Rande der Depesche, „mir solches zuzutrauen! Ich begreife die Briten nicht! Eine solche Charakterlosigkeit ist

[1] Eckardstein, S. 203; 207; British Documents, Bd. II, Kap. X.

[2] Ebenda, Bd. II, Nr. 92, 88.

[3] Ebenda, Bd. II, Nr. 90.

ja geradezu ungeheuerlich. Diese Leute sind unverbesserlich[1]." Er sagte mit großer „Energie" zu Lascelles, daß Leute, die solchen leichtfertigen Argwohn hegten, *„unmitigated noodles"* (vollkommene Dummköpfe) seien. Dieser wilhelminische Ausdruck wurde ziemlich übel genommen. Wie die Herausgeber der Archive der Wilhelmstraße festgestellt haben, irrte sich Eckardstein aber in der Annahme, der Kaiser habe ihn in einem Briefe an König Eduard wiederholt, besonders da er eine freundliche Antwort erhielt: „Du weißt, mein lieber William, daß ich vollstes Vertrauen habe in die Lauterkeit Deiner Gesinnung und Deine loyale Freundschaft für mich und mein Land und die Schwierigkeiten, mit denen Du in Deinem eigenen Lande zu tun hast — weil Du als zu ‚anglophil' angesehen wirst." Beim Empfang einer Mitteilung des englischen Ministeriums, die etwas erfreulicher war als jener Bericht, der ihn geärgert hatte, antwortete Wilhelm kurze Zeit darauf „in einer Weise", so schrieb Lascelles heiter, der ihn verstand, „daß ich genötigt war ihn zu fragen, ob er wünschte, daß ich eine solche Bestellung an die Regierung Seiner Majestät ausrichten solle. ‚Nein', sagte Seine Majestät, ‚Sie kennen mich doch sicher gut genug, um das, was ich sage, in diplomatische Sprache zu übersetzen.' ‚In diesem Falle', sagte ich, ‚schlage ich vor, daß ich berichte, Euer Majestät hätten die Mitteilung mit Befriedigung erhalten.' ‚Ja', erwiderte Seine Majestät, ‚Sie können sagen, mit großem Interesse und großer Befriedigung'", — eine Bedeutung, die aus seiner ursprünglichen Bemerkung herauszulesen vielleicht selbst denen, die mit Seiner Majestät genau bekannt waren, nicht gelungen wäre — die Bemerkung war: „Die *noodles* scheinen einen lichten Augenblick gehabt zu haben."

Als man Wilhelm, der im Begriff stand, sich mit König Eduard in Homburg zu treffen, nicht länger in vollständiger Unkenntnis über die Verhandlungen hatte lassen können, sagte er zu Lascelles, wie der Botschafter am 29. Juni an Eckardstein schrieb, er wünsche, daß die Sache durchgeführt werde. Als aber Eckardstein später den Vorschlag, Japan hinzuzuziehen, erwähnte, hatte Wilhelm nichts davon gehört und verlangte Aufklärung. Der geschmeidige Kanzler brachte es wie gewöhnlich fertig, sich herauszureden, aber später sagte er verdrießlich, man hätte Seiner Majestät nichts davon sagen sollen[2]. „Frank Lascelles", schrieb die

[1] Große Politik, Nr. 4999, M. 2, und Schlußbem.

[2] Eckardstein, S. 231—232.

Herzogin von Devonshire an Eckardstein, „hat dem Herzog erzählt, Bülow hätte ihn von Anfang an gebeten, zu dem Kaiser nichts darüber zu sagen, und also hat er es auch nicht getan. Was bedeutet das alles? Es ist wirklich zu lächerlich. Der Herzog meint, es könne nur bedeuten, daß Bülow von vornherein nicht im Ernst gewesen ist."

Oder daß Wilhelms Minister sich, wie gewöhnlich, in dem Wahn befanden, sie könnten das alles viel besser machen als er. Sie neigten dazu, uns ganz überflüssig in dem Verdacht zu haben, wir stellten Fallen für Seiner Majestät englandfreundliche Harmlosigkeit. „Die meisten [britischen] Minister und britischen Politiker sind viel unwissender und ungenauer, viel dilettantenhafter, als wir meinen", setzte zu jener Zeit ein österreichischer Diplomat der Wilhelmstraße freundlich auseinander.

Hatzfeldt starb im Winter und wurde durch Metternich ersetzt, der bereits in einem meisterhaften Memorandum auf den Abschluß eines England-Dreibund-Bündnisses gedrängt hatte, weil dieses einen Anschluß Englands an andere Mächte verhindern und Italien fester an die Gruppe fesseln würde — eine Erwägung, von der man zur Entwaffnung des Widerstandes der deutschen öffentlichen Meinung Gebrauch machen könnte. Daß England für Deutschland von direktem Nutzen sein könnte, bezweifelte er. „Ich habe die englischen Truppen im vergangenen Winter auf der langen Strecke von Victoria-Station bis Paddington-Station Spalier bilden sehen. Es war ein trauriger Anblick... Als zu Land fechtender Bundesgenosse ist England nichts wert. Seine Flotte soll ja gut sein. Aber was soll sie Deutschland... viel nützen können, außer etwa, wenn wir mit den Vereinigten Staaten zusammenprallen." Komischerweise fand jede Seite, daß der andere auch als Verbündeter in der Zusammenarbeit äußerst unbequem sein würde[1]. Jedoch auch so wie wir waren, mit unseren unwissenden Staatsmännern und unserer jämmerlichen Armee, sollten wir nicht Deutschlands Verbündete sein, denn Lansdowne hatte in einem Gespräch mit Metternich im Dezember das Bündnis nur aufs Tapet gebracht, um es zurückzuweisen, wenigstens fürs erste[2], und Metternich hatte ebenso bedenkenlos die weniger umfassende Abmachung abgelehnt.

[1] British Documents, Bd. II, Nr. 91; Große Politik, Nr. 5018.

[2] Ebenda, Bd. II, Nr. 94.

Uns schien es, daß Deutschland, nachdem es die Verhandlungen eröffnet hatte, einen unannehmbaren Plan nicht sehr deutlich angeboten habe. Ihnen schien es, daß wir, nachdem wir die Verhandlungen eröffnet hatten, es ganz und gar unterlassen hätten, überhaupt einen Bündnisplan vorzulegen.

In dieser Weise, matt, unter Mißverständnissen, unter Beteiligung unfähiger Mitwirkender und mit ängstlicher Betonung ihres akademischen Charakters, mit einem widerstrebenden Regierungschef auf der einen und einem betrogenen Staatsoberhaupt auf der anderen Seite, wurde über eine Sache, bei der es auf Tod und Leben ging, von den Herren unserer Geschicke verhandelt.

Die Wahrheit war, daß sie auf keiner Seite als eine Sache auf Tod und Leben erkannt wurde. Es waren ernsthafte Hindernisse vorhanden, aber keine unmittelbare Gefahr, die die Parteien angespornt hätte, die Hindernisse zu nehmen. Es lag uns nicht wirklich an einem festen und straffen Bündnis mit irgend jemand. Deutschland fürchtete sich vor vagen Bindungen und wünschte ein festes und straffes Bündnis oder nichts. Es hatte noch nicht erkannt, daß eine Lage entstehen könnte, wo selbst das loseste Band mit uns besser gewesen wäre als nichts.

Die Entstehung dieser Lage war auf Chamberlains Empfindlichkeit oder Enttäuschung beim Fehlschlag seiner Bemühungen um ein englisch-deutsches Bündnis zurückzuführen, Bemühungen, die gut gemeint aber dilettantenhaft waren und bei denen zuletzt ein jüngerer Herr der deutschen Botschaft Beistand geleistet hatte, der in keiner Weise zu einem solchen Unternehmen befähigt war. Eckardsteins Torheit ist nicht dafür verantwortlich, daß keine Verständigung erreicht wurde, sie war aber verantwortlich für die Einleitung von Verhandlungen unter ungünstigen Bedingungen, so daß ihr Mißlingen einen falschen Eindruck von der beiderseitigen Haltung erwecken mußte.

Es ist unsere Gewohnheit, Deutschland für das Mißlingen der drei ungeschickten Bündnisversuche vor 1904 zu tadeln. Wir gehen dabei vielleicht ein wenig zu sehr von der Annahme aus, daß jeder Ausländer über eine Verbindung mit uns unter jeder Bedingung hocherfreut sein müßte; denn es ergibt sich nirgends, daß wir Deutschland jemals irgend etwas Bestimmtes angeboten hätten. Die deutschen Minister waren skeptisch und nur mit halbem Herzen bei der Sache, wir selber indessen waren wie immer vage — unsere späteren Vereinbarungen mit Frankreich waren vage bis zum Äußersten und hätten niemals zustande kommen können, wenn Frankreich genötigt gewesen wäre, um ihretwillen etwas aufs Spiel zu setzen, wie Deutschland sein Verhältnis mit Rußland aufs Spiel gesetzt haben würde. Wenn man jedoch die Sache so ansehen will, als habe Deutschland unsere ausgestreckte Hand nicht beachtet, so ist es klar, daß keinerlei Bedenken unsererseits gegen sein Flottenprogramm das Bündnis verhindert haben. In der Tat entstanden in diesem Punkte keine Schwierigkeiten. Selbst bei der letzten der drei Verhandlungen waren die einzigen Hinweise auf Heer oder Marine erstens ein Vorbehalt in einem (nicht mitgeteilten) englischen Entwurf, daß, wenn ein Vertrag zustande käme, „keine der Parteien das Recht haben solle, von der anderen eine Vermehrung ihrer Rüstungen zu fordern"! und zweitens die von einem englischen Kommentator ausgesprochene Befürchtung, Deutschland, das eine Seemacht zu werden beabsichtige, könnte uns dadurch Unannehmlichkeiten zuziehen, daß es bei seinen Bemühungen um Kohlenstationen mit anderen Ländern in Streit geriete[1]. Es war also nicht eine Folge der deutschen Flottenpolitik, daß wir jetzt am Scheidewege angekommen waren.

Schon vor dem Ende des Burenkrieges im Mai 1902 war alles vorüber. Die Burengenerale wurden in Europa wie Märtyrer aufgenommen, aber Wilhelm — obwohl Bülow geneigt war, darauf zu bestehen — wollte sie nur empfangen „vorausgesetzt, daß Seine Majestät König Eduard VII. nichts dawider hat, da es seine Untertanen sind", und als er sah, daß König Eduard etwas dawider hatte, lehnte er es ganz ab. „Unter diesen Umständen unterbleibt die Audienz, denn ich bin der einzige, der die Engländer noch hält, sonst brechen sie vorzeitig los und meine Flotte ist nicht fertig[2]."

Wenn dies auch eine etwas alarmistische Vorstellung von unserer Stimmung war, so war doch der Wert von Wilhelms Persönlichkeit, wo England in Frage kam, keine ihm eigentümliche Auffassung, sondern ein Axiom bei den Staatsmännern des Kontinents und im ganzen durchaus zutreffend. Er war beim englischen Publikum in der Tat beliebt. Seine Besuche bewirkten immer eine merkliche Entspannung, wenn die Beziehungen mit der Öffentlichkeit oder mit der Familie gespannt gewesen waren. Im November

[1] British Documents, Bd. II, Nr. 85, 91.

[2] Große Politik, Nr. 5101.

1902, als Anzeichen einer heftig deutschfeindlichen Stimmung vorlagen, wurde diese Ansicht durch einen persönlich erfolgreichen Besuch in Sandringham bestätigt. „Unter diesen Umständen ist es von dringender Notwendigkeit", schrieb er nach Hause, „erstens unsere Presse fest im Zaume zu halten — denn viel mehr ertragen sie hier nicht —, zweitens in der äußeren Politik nichts weiter zu tun, was uns unnötig in Reibungen und Zwistigkeiten mit England bringen könnte, ... viel Geduld, Takt — auch im Auswärtigen Amt — und ‚Maul halten' unserer Presse... Also Vorsicht!" — „Solange ich England kenne", schrieb Metternich, „habe ich noch niemals hier eine solche Erbitterung gegen eine andere Nation wahrgenommen, wie jetzt gegen uns." 1903 wurde ein Zusammengehen der beiden Regierungen in Venezuela von beiden Völkern schlecht aufgenommen. Im selben Jahre wurde die Beteiligung englischen Kapitals an der geplanten Verlängerung der von Deutschland gebauten Anatolischen Eisenbahn bis Bagdad und weiter zum Persischen Golf von der Opposition der englischen Presse totgeschlagen „da London infolge der Zeitungs-Campagne wirklich ganz verrückt geworden ist", schrieb Sir Clinton Dawkins, der an der Spitze der finanziell interessierten Gruppe stand, „die zu vereiteln oder zu beeinflussen ganz unmöglich gewesen wäre"[1]. Die Erbitterung, die trotz der freundschaftlichen Haltung der deutschen Regierung bestand, war die Antwort auf die Gefühle, die das deutsche Volk während des Burenkrieges zur Schau getragen hatte.

Niemals hat Wilhelm auf seine Popularität weniger Rücksicht genommen als in seiner englischen Politik. Als sein Volk sechs Jahre später alles darüber erfuhr, war es bereit, ihn in Stücke zu reißen. Was es aber davon sah, wurde äußerst übel aufgenommen, und selbst seine Minister folgten seinen Gedanken nicht ganz. Ein späterer Staatssekretär des Äußeren sagte, allgemein sprechend, der Kaiser sei manchmal sehr entschlossen und manchmal zaudernd gewesen[2]. Tatsache war, daß er und seine Minister nach verschiedenen Grundsätzen vorsichtig waren. Die Minister ließen sich in ernsten Fragen einschüchtern, sie waren aber bei Prestigefragen immer bereit sich zu versteifen. Die Methoden des Kaisers waren gegenüber einer Drohung oder in der Verfolgung der berechtigten Interessen seines Landes kühner und stolzer als die

[1] Große Politik, Nr. 5262, Anlage.

[2] Schoen, S. 127.

ihren; wenn aber durch selbstbewußtes oder unfreundliches Auftreten nichts zu gewinnen war, so war er bereit die Hand zu reichen. Er fand es völlig verkehrt, über unangebrachten Rücksichten „gegen vermeintliche Dritte, die eventuell pikiert sein könnten“[1], wirkliche Vorteile zu versäumen. „Wir müssen unsere Interessen unbekümmert um anderer Launen vertreten!“[2] Aber er wurde sehr deutlich gegen Pastor von Bodelschwingh, von dem ihm berichtet wurde, er sammle Unterschriften für eine burenfreundliche Riesenpetition, worin der Kaiser angefleht werden sollte, mit dem Schwert über England herzufallen. Er befahl, man solle ihm so unsanft Bescheid sagen, „daß er fürs erste ein Eingreifen in meine Privilegien durch Volksabstimmungen in Form eines von Pastoren, Junkern und alten Komtessen geleiteten Konvents gefälligst unterläßt“[3]. Was hatte dergleichen für Zweck, da er doch nicht mit dem Schwert über England herfallen konnte, selbst wenn er es gewollt hätte? „Die Presse ist furchtbar auf beiden Seiten“, hatte er an König Eduard geschrieben, „aber hier hat sie nichts zu sagen, denn ich bin der alleinige Herr und Meister der deutschen auswärtigen Politik, und Regierung und Volk müssen mir folgen, wenn ich die Sache auszubaden habe!“ Hätte sein Volk von den Verhandlungen gewußt, wie würde es sich über ihr Fehlschlagen gefreut haben!

Und doch war die Rettung Deutschlands ein Fehlschlag. Die Tragödie war noch nicht sogleich erkennbar; die Kanzleien

> arbeiteten fort und wußten nicht, daß sie geschieden.

Die englisch-französischen Liebenswürdigkeiten vom Jahre 1903, als König Eduard Paris besuchte und Präsident Loubet den Besuch erwiderte, verursachten den deutschen Ministern keine Besorgnis. Sie hielten es nicht für wahrscheinlich, daß wir uns mit einer Kontinentalmacht verbinden würden, und noch weniger, daß eine solche Verbindung Rußland einschließen könnte. Als Eckardstein 1903 meinte, daß dies möglich wäre, gaben weder der Kanzler noch Holstein eine solche Möglichkeit zu, während Metternich ganz vernünftig schrieb, aus den Tatsachen und unter den vorliegenden Umständen könne man nicht auf eine solche Wahrscheinlichkeit schlie-

[1] Große Politik, Nr. 11.728.

[2] Ebenda, Nr. 10.485.

[3] Ebenda, Nr. 5067.

ßen. Wilhelm stimmte Metternichs Gedankengang bei, kam aber innerhalb einiger Monate auf die Idee als „nicht unmöglich"[1] zurück.

Danach verließ sie ihn nicht mehr; ein tiefes instinktives Erkennen der Gefahr, in der sein Land schwebte, gab seinen Bemerkungen über die Weltlage einen Ton wachsender Besorgnis. Ob mit oder ohne Bindungen, England hatte eine Neuorientierung seiner Politik vorgenommen. Im Jahre 1904 gab der deutsche Militär-Attaché in London, Graf Schulenburg, eine außerordentlich kluge Darstellung der neuen Lage. „Sein [des Königs] weiteres Programm geht dahin, eine Verständigung und Aussöhnung mit Rußland herbeizuführen ... Gelingt dieser Plan, so ist Deutschland isoliert. Ich glaube nicht, daß der König, ebensowenig wie die englische Regierung, sich mit der Absicht trägt, Deutschland anzugreifen ... Ich kann nicht genug hervorheben, daß keine eigentliche Kriegsgefahr besteht ... Trotzdem muß Deutschland die Möglichkeit eines Krieges ins Auge fassen ... Ich muß es unbedingt verneinen, daß irgendeine Aussicht besteht, daß ... in absehbarer Zeit ... freundschaftliche Beziehungen zwischen Deutschland und England wiederhergestellt werden können[2]."

Die Thronbesteigung des Franzosenfreundes Eduard VII. fiel mit dieser Orientierung zusammen und hatte vielleicht, wie man allgemein annahm, sie verursacht. Er und sein Neffe wurden in zunehmendem Maße als die Hauptakteure in einem tödlichen Zweikampf betrachtet.

Mit der Thronbesteigung des Königs begann eine lange Reihe von etwas komischen und überflüssigen Vergleichungen. Für jedes Land, das den Wunsch hatte, sein Herrscher möge in dem nachviktorianischen Europa eine gute Figur machen, stellte der Kaiser eine Art Rekord dar, der gebrochen werden müsse. Im Augenblicke der Thronbesteigung des Königs waren seine Untertanen vielleicht in diesem Punkte ein wenig besorgt, da man noch nicht ganz erkannt hatte, daß er vielleicht der einzige Mann in Europa war, der zum Beweise der Unmöglichkeit der Vergleichung ein wirklich starkes Gegenunternehmen wagen konnte. Niemand hätte hoffen können, den Kaiser auf seiner eigenen Linie zu übertreffen — noch m e h r wie ein Märchenkönig auszusehen, m e h r Aufregung hervorzurufen, m e h r pittoreske Reden zu halten,

[1] Große Politik, Nr. 5918.

[2] Ebenda, Nr. 6154.

mehr wegen Exzentrizität getadelt und mehr wegen glänzender Gaben umschmeichelt zu werden. Das einzige war, es mit weniger zu versuchen. Es traf sich so, daß der König eine gleich stark ausgeprägte Persönlichkeit entgegengesetzter Art besaß und durch den Gegensatz glänzte. Dies hätte es ihnen eigentlich ermöglichen sollen, auf derselben Halbkugel zu leben, ohne daß ihnen überall Parteigänger mit Maßstäben in der Hand folgten; im Gegenteil erbitterte es aber den Streit, weil das, was an dem einen gefiel, dem anderen so auffällig fehlte. Da der König viel gewandter und anpassungsfähiger und viel weniger impulsiv und ungewöhnlich war als der Kaiser, so bot der Neffe eine viel leichter zu treffende Zielscheibe; die Erfolge seiner Kritiker verloren aber an Wert durch das eine ganz große Kompliment, das sie ihm machen mußten, nämlich daß sie nicht imstande waren, ihn in Ruhe zu lassen.

Das persönliche Verhältnis zwischen den beiden Männern war zu Zeiten sehr schlecht, wenn es sich auch äußerlich im Laufe der Zeit stark besserte; Wilhelms ältester Sohn hatte bloß einen Argwohn, daß sie „unter ihrer äußerlichen Herzlichkeit" nicht kongenial waren. Der Kaiser mit seinen wandelbaren Stimmungen wechselte zwischen der Ansicht, daß sein Onkel ein Satan sei, und Anfällen von ungestümer Liebenswürdigkeit, während die beständigeren Gefühle des Königs unveränderlich bei einer wirklichen Abneigung verblieben. Beide waren ganz naiv überzeugt, daß der andere die Schuld habe. Bei Wilhelm und überhaupt auf der deutschen Seite bestand eine feste Überzeugung, daß der Onkel die zwischen gekrönten Häuptern üblichen Höflichkeiten, Besuche und dergleichen mit Überlegung vernachlässigte; beim König und seinen Freunden stand es fest, daß es nur an Wilhelms schlechter Laune lag, wenn eine Spannung bestand, daß es an ein „häßliches italienisches Sprichwort" von Leuten, die plötzlich netter als gewöhnlich sind, erinnere, wenn er eifrig einen entgegengestreckten Ölzweig ergriff; bei seiner Abreise sagten sie hörbar „Gott sei Dank, er ist fort"[1]. Wie sehr tun sich unsere Herrscher gegenseitig unrecht, wenn sie einander als Machiavellis oder Montonis hinstellen! — Kinder, nichts weiter.

Meistenteils glaubte der Kaiser fest an „König Eduards Einkreisungspolitik", wenn es auch nur bei Gereiztheit geschah, daß

[1] Lee, Bd. II, S. 153, 531—532.

er von ihm als persönlich dafür verantwortlich sprach. Der Streit zwischen den Memoirenschreibern beider Nationen, ob König Eduard eine Einkreisungspolitik betrieben habe oder nicht, war mehr ein Streit um ein Motiv und einen Namen als um eine Tatsache. Wenn die Deutschen den König beschuldigten, er suche einen Ring von Rüstungen um Deutschland zu schmieden, um es mit Absicht zu zerdrücken, so waren sie natürlich sehr ungerecht. Aber die tatsächliche Wirkung von Englands Anschluß an eine Gruppe, die als Deutschland feindlich bekannt war, in dem Sinne, daß ein wesentlicher Teil derselben es ablehnte, sich freundschaftlich zu verhalten, konnte nur die sein, daß Deutschland sich überall auf der Welt, wo es seine politischen oder auch nur Handelsinteressen[1] zu fördern wünschte, einem geschlossenen Block gegenüber sah; und wie Mahan sagt, steht hinter solcher Opposition immer das schweigende Gewicht der Waffen. Frankreich und Rußland waren sich dessen durchaus bewußt; wenn wir dieses Bewußtsein in Abrede stellten, so fand der Kontinent das — ganz charakteristisch.

Die in Frage stehende Politik wurde mehr durch eine berechtigte Wahrnehmung der englischen Interessen als durch Feindseligkeit gegen Deutschland diktiert; da aber in der Praxis der Unterschied verschwand, so würde es nur ein fast übermenschlicher Aufwand von Vertrauen und christlicher Liebe den Eingepreßten ermöglicht haben, die Sache freundlich aufzunehmen. Niemand bezweifelt, daß Deutschland an dem Tage verloren war, da es unterließ sich mit England zu verständigen. Also gut, es war keine Einkreisungspolitik, aber sie kreiste ein.

Im Auslande wurde sie stets dem König selbst zugeschrieben. Es ist nicht klar, ob es für einen konstitutionellen Monarchen ein Kompliment oder eine Beleidigung bedeutet, wenn man ihm eine eigene Politik zuschreibt; jedenfalls ist man sich allgemein darüber einig, daß das Verdienst der Durchführung großenteils ihm zukommt. Rückschauend entschied Wilhelm, daß der König ein Engländer war, der die Absichten seiner Regierung ausführte. Ohne Zweifel verhielt es sich so. Wir können nicht mit Eckardstein und Sir Sidney Lee glauben, daß Abneigung gegen seinen Neffen und jene einstigen Reibereien in Cowes seine Haltung in einer so verhängnisvollen Frage bestimmt haben. Wir wollen sagen, daß sie ihm seine Aufgabe erleichterten.

[1] Vgl. S. 258, 259.

12. Kapitel

Bülow: (II) 1900—1904: Zu Hause

Zu Hause fand Bülows besänftigende Art weiten Spielraum.

Für die deutsche Reichsregierung waren zwischenstaatliche Schwierigkeiten jederzeit vorhanden. Die Verwaltung der Reichsfinanzen insbesondere wurde sehr erschwert durch das veraltete System, nach dem die Beiträge der Bundesstaaten zum Einkommen des Reiches geregelt waren; eine 1893 abgelehnte Reform wurde zehn Jahre später durchgesetzt, wobei der Reichstag gleichzeitig die Quellen der Reichseinnahmen derartig beschnitt, daß die Reform eigentlich nur auf dem Papier stand. Diese Schwierigkeiten ergaben sich jedoch hauptsächlich aus der Verschiedenheit des Standpunktes der Parteien in den verschiedenen Staaten. Der Partikularismus der Staaten als Einheiten nahm stetig ab: dies hatte zum großen Teile Wilhelms Persönlichkeit bewirkt, wenn auch viele auf Grund von ein oder zwei „Zwischenfällen" — in dreißig Jahren — das Gegenteil glaubten.

Der lippische Erbfolgestreit war einer dieser Zwischenfälle. Prinz Adolf von Schaumburg-Lippe, der Gemahl von Wilhelms Schwester Viktoria, wurde, nachdem er die Regentschaft des kleinen Fürstentums Lippe-Detmold zugleich mit der Aussicht auf die Thronfolge schon tatsächlich übernommen hatte, von einem anderen Prätendenten, dem Grafen Ernst von Lippe-Biesterfeld, hinausgedrängt. Als Ernst 1905 starb, wurde die Angelegenheit nochmals aufgerollt und Wilhelm lehnte es ab, die Truppen auf Leopold, den Sohn des Grafen, vereidigen zu lassen, ehe der Thronstreit entschieden war — was bald darauf zugunsten der Biesterfelder Linie geschah. Die Beschuldigung der „Einmischung" ließ Wilhelm wahrscheinlich kalt; er hatte eine romantisch ernste Auffassung vom Fahneneid und muß seinen Mangel an Voraussicht sehr bedauert haben, der es zugelassen hatte, daß der Eid schon einmal dem Falschen geschworen worden war. Dann gab es etwas in München. Mit seiner gewohnten Expansionsfähigkeit betrachtete Wilhelm sich auch als einen Bayern. Graf Schack in München hatte ihm seine Gemäldegalerie vermacht; der Kaiser hatte das Haus des Grafen angekauft, damit sie dort bleiben konnte — er sagte mit einer glücklich gewählten Wendung, er freue sich, ein Bürger Münchens zu sein und ein Haus dort zu haben, in dem Kunstfreunde ihm stets willkommen sein würden. Als es den bayrischen Katholiken mißlungen war, die Zustimmung ihrer Regierung zu ihren obskurantistischen Forderungen hinsichtlich Erziehung und Unterricht zu erzwingen, und sie sich dafür rächten, indem sie den Etatsposten für Kunst und Wissenschaft aus dem Budget herausstrichen, telegraphierte ihr Mitbürger unwillig aus Swinemünde und stellte den ausgefallenen Betrag zur Verfügung des Prinzregenten, als Protest gegen die parteiische Behandlung dieser Dinge, was diejenigen, welche wider Höheres gesündigt hatten, zeternd eine Einmischung in die inneren Verhältnisse Bayerns nannten.

Wer kümmerte sich darum, daß durch Wilhelms ausgezeichnete persönliche Beziehungen zu den Bundesfürsten immer wieder Reichsangelegenheiten erleichtert, zwischenstaatliche Schwierigkeiten gelöst worden waren?[1] Was ein vorsichtigerer Präsident durch Wunder von Takt erreicht haben könnte, vollbrachte Wilhelm als einfache Wirkung seines guten Willens. Er nahm ohne Murren die unbequeme Bundesform des Reiches hin, aus dem Grundsatz heraus, daß es nicht gedeihlich ist, eine organische Form durch eine willkürliche zu ersetzen[2]. Er liebte die Verschiedenheiten seines merkwürdigen Reiches, wenn er auch daran arbeitete, die Uneinigkeiten zu heilen: er war begeistert für Einheit, liebte aber die Mannigfaltigkeit. Warum sollten die Leute in Straßburg nicht Katholiken sein? — gebt ihnen eine katholische theologische Fakultät an der Universität! Cumberland, der vertriebene Erbe von Hannover, noch unversöhnt? Wie begreiflich! — könnte nicht seine Tochter meinen Sohn heiraten? Cumberland entfloh Wilhelms gefährlich faszinierendem Wesen und der ausgestreckten Hand, als der Kaiser ihn in Kopenhagen zu treffen versuchte. Die Dänen aber, die sich die Unzufriedenheit ihrer Stammesbrüder in Schleswig-Holstein aufzustacheln bemühten, fanden soviel Gefallen an ihm, daß einer von ihnen sagte, nur

[1] Vgl. S. 131; Gradenwitz, S. 171.

[2] Niemann (b), S. 74.

noch ein weiterer Tag und sie würden ihm die Pferde ausspannen. Die Kritiker freilich behaupteten, daß mit persönlicher Liebenswürdigkeit nichts wirklich Gutes zu erreichen sei — obwohl natürlich durch persönliche Unliebenswürdigkeiten der größte Schaden angerichtet werden könne.

Bald nach der Rückkehr des Kaisers aus Dänemark gingen die — vom Regierungsstandpunkt aus gesehen — katastrophalen Wahlen des Jahres 1903 vor sich. Bei dieser Gelegenheit gewannen die Sozialdemokraten 82 Sitze und vereinigten drei Millionen Stimmen auf sich.

Bülow hatte sich als Kanzler vorgenommen, die Konservativen soweit wie möglich zu besänftigen. Er sagte, man möge ihm auf seinen Grabstein schreiben, er sei ein agrarischer Kanzler gewesen. Es traf sich gut für ihn, daß es ihm zufiel, den neuen Zolltarif vorzulegen, den man seit den Handelsverträgen von 1892 bis 1894, die für die Interessen der Landwirtschaft etwas schädigend waren, ausgearbeitet hatte. Der gewandte Kanzler machte sich die günstige Situation zunutze und schmuggelte auch die beiden Enden des Mittelland-Kanals durch das Parlament, so daß das Mittelstück nun nur noch eine Frage der Zeit blieb. Diese Maßnahmen erklärten jedoch nicht den Umschwung zugunsten der Sozialisten; indessen hatte es viel Mühe gekostet, sie durchzusetzen.

Es war Wilhelms harmlose Absicht gewesen, mit dem Reichstag zusammenzuarbeiten. In parlamentarischen Ländern, wo das Recht zu regieren die Belohnung einer unnachgiebigen Haltung der Partei ist, muß man eine unnachgiebige Haltung der Partei erwarten. In Deutschland, wo die Parteien nicht die Ministerien bildeten und auch einzelne Abgeordnete grundsätzlich niemals zu Ministern ernannt wurden, bestand keine taktische Notwendigkeit der Intransigenz. Die Sozialdemokratie war natürlich eine Ausnahme, da ihre *raison d'être* der Umsturz des Regimes war; obgleich Wilhelm manchmal dem Wunsche nach nicht-sozialistischen Arbeiter-Abgeordneten Ausdruck gab — mit solchen Vertretern der Arbeiterklasse, wie viele es auch seien, könne man zum Wohle des Volkes und des Landes gern zusammenarbeiten. Die Gemäßigten aller Parteien, so hatte er sich vorgestellt, würden sich miteinander und mit der Regierung zusammenfinden, um die wichtigen inneren Probleme im öffentlichen Interesse zu lösen; in dieser Überzeugung hatte er nicht gezögert, sich seine eigenen extremistischen Anhänger zu entfremden. Er war enttäuscht worden. Nicht nur hatten sich die Parteien, wie Parteien nun einmal sind, hauptsächlich damit beschäftigt, ihre Unterstützung so teuer wie möglich zu verkaufen, sondern er glaubte auch eine gewisse Zurückhaltung und ein Verkennen seiner Ziele wahrzunehmen.

Mit Recht. Die Aufgabe, gerade die Deutschen dahin zu bringen, daß sie zusammenhielten, erforderte einen Glauben an seine Ziele, der mit Absicht vergiftet worden war. Sein Volk betrachtete seine Appelle zur Zusammenarbeit wie das Einschmeicheln eines Autokraten, wie eine Einladung der Katze an die Maus. Wenn er Vertrauen und Unterstützung verlangte, gab es einen Aufschrei der Empörung, als hätte er bedingungslose Übergabe gefordert. Schon das Evangelium der Einigkeit war den Deutschen verdächtig und noch mehr der hitzige Evangelist. „Einig“ — im Gehorsam, natürlich! — „und treu“ — dem Könige!

Hätte irgendein tatsächlicher Mißstand vorgelegen, der imstande gewesen wäre, das Volk zu einigen, so hätte sich daraus wenigstens eine alternative Loyalität entwickeln können. Aber Reform und Revolution hatten ihre Anziehungskraft verloren. Die einzige Frucht der Agitation war eine ziellose sogenannte „Reichsverdrossenheit“, und obwohl der Reichstag getadelt wurde, daß er nicht die Rolle einer großen tyrannenfeindlichen Volksvertretung spiele, konnte er nur die Unfruchtbarkeit der Gesinnungen seiner Wähler und ihre Verlegenheit um Auskunftsmittel widerspiegeln. Nichts anderes hinderte Parteien und Personen daran, eigene Gesetzentwürfe einzubringen; nichts anderes hielt jene staatsmännischen Genies, die Wilhelm — dem man die Ernennung von Mittelmäßigkeiten vorwarf — vermutlich übergangen hatte, davon ab, auf den Bänken des Reichstages zu erscheinen. Aber geistig bedeutenden Deutschen war es „zuwider, ja verhaßt“, bei gemeinsamen Dingen Hand anzulegen und persönliche Verantwortung auf sich zu nehmen[1].

So hatte also auch der Reichstag keine Freunde. Agrarischer Egoismus, papistischer Machtdünkel und verschwommener Liberalismus waren das, was die Kritiker der Regierung den Wählern anzubieten hatten. Wilhelms Zusammenfassen der Gemäßigten hätte tatsächlich, ebensogut wie irgendein anderes mögliches System, etwas zustande gebracht, was eine Regierung durch das ganze Volk bedeutet haben würde, indem es als Vertretung der

[1] Max von Baden, S. 77.

am weitesten verbreiteten Ansichten mehr Anhänger zusammenbringen konnte als die Regierungsparteien. Man meinte indessen, was not tue, sei nicht: Mehr Zusammenarbeit! oder: Mehr aufbauende Opposition! sondern: Mehr Obstruktion! Ein anonymer Schwarzseher sagte: „Wenn Männer, deren Loyalität über jeden Zweifel erhaben ist, denen nationale Gesinnung auch von der höchsten Stelle nicht abgesprochen werden kann, dem Budgetrecht des Parlaments, das heute ein leerer Buchstabe geworden zu sein scheint[1], den Gehalt wiedergeben, den er ursprünglich umschloß, so wird man am Hofe ja wohl nachdenklich werden." Ein finanzieller Druck durch die Volksvertretung zur Erzwingung der Forderungen des Volkes mag in der Ordnung sein, aber ein finanzieller Druck zu dem alleinigen Zwecke, in Verlegenheit zu setzen oder zu reizen? Die Historiker sind später übereingekommen, daß ein derartiges Motiv 1903 den sozialistischen Stimmengewinn verursacht hat. Die Menschen „versanken vollends in dem Bedürfnis ziellosen Protestes gegen das, was jetzt ist, und das Ergebnis war der sozialdemokratische Stimmzettel"[2]. Das waren Menschen, die „dann an der Wahlurne weniger ihrer politischen Überzeugung, als der durch die [anarchistische — und Bismarckische] Presse systematisch gezüchteten Verdrossenheit über das gegenwärtige System und alle möglichen bestehenden oder eingebildeten Mängel, vor allem ... über das persönliche Regiment des Kaisers Ausdruck gaben"[3].

Daß diese eingebildeten Beschwerden sich in letzter Zeit verstärkt hatten, lag gerade an jenen Manieren, die so besänftigend hatten wirken sollen. Ein Kanzler, der sich andere Hosen anzog, wenn Seine Majestät beim Segeln sagte: „Sie verderben mit Ihren hellen Hosen noch die besten Wetteraussichten"[4], stand im Verdacht, in seinen Überzeugungen ebenso entgegenkommend zu sein wie in seinem Anzug. Für einen Teil der falschen Vorstellungen in der Öffentlichkeit hatte Wilhelm sich selbst zu danken. Immer bereit, die Bedeutung der Monarchie zu betonen, ließ er es ruhig geschehen, daß sie autokratischer erschien als sie war, ganz abgesehen davon, daß er bei den verschiedenen Gelegenheiten, wo sie

[1] Vgl. jedoch S. 83, 136, 170, 220.
[2] Massow, S. 250.
[3] Schwarzseher, S. 81.
[4] Zedlitz, S. 170.

ein verhängnisvolles selbständiges Spiel gespielt haben sollte, aus Loyalität schwieg.

Ausländer waren des Glaubens, die Gesetzesbestimmungen über Majestätsbeleidigung schützten den Deutschen Kaiser vor jedem Anflug von Unehrerbietigkeit. Vielleicht schützten sie zu Hause den König von Preußen, aber die Karikaturen von „S. M." im Münchener „Simplizissimus" und ähnlichen Zeitschriften würden die Bürger eines freien Landes wie England entsetzt haben. Sein Charakter wurde von Psychologen so offenherzig erörtert und schlecht gemacht, als wäre er tot oder taub; Bemerkungen über die internationalen Wirkungen seines Nervensystems, Mutmaßungen über die politischen Folgen seines lahmen Armes vermischten sich mit den Klängen von „Heil Dir im Siegerkranz", Literaten schrieben feierliche und überflüssige Bücher, die ihn lebendig sezierten und in der Beschuldigung gipfelten, daß er nicht neben seinen anderen Funktionen auch die einer tatkräftigen und vernünftigen Opposition erfülle. Da sie sich unmöglich darüber beklagen konnten, daß er für seinen Lohn zu wenig täte, so beklagten sie sich, daß er zuviel täte und das täte, was ihm gefiele, und es so täte, wie es ihm gefiele, und sogar die Dichter begünstigte, die ihm gefielen, und Denkmäler in dem Stil errichten ließe, der ihm gefiele. Augenscheinlich war hier guter Rat teuer, wenn nicht andere Leute etwas deutlicher erklären wollten, was ihnen denn gefiele. Die Kritiker waren untröstlich, daß keine Aussicht hierauf vorhanden war, und da natürlich auch das seine Schuld sein mußte, so jammerten sie, daß er darauf bestände, sich mit Byzantinern zu umgeben, die die Verantwortung dafür trügen, daß er er selbst und nicht ganz jemand anderes sei.

Darüber, daß der Kaiser von Schmeichlern umgeben war, konnte es in der Tat keinen Zweifel geben. Diejenigen, welche ihn umgaben, bestätigten es selbst. Seine Majestät hatte jedoch keine Veranlassung, auf etwas zu dringen, was sie als Deutsche ebenso wenig unterlassen konnten, wie er es zu verhindern vermochte. Die Menschen waren beim Anblick der harmlosesten alten Fürstlichkeiten von Ehrfurcht wie gelähmt[1]; vor einem kaiserlichen Temperament krochen sie auf allen Vieren. Berühmtheiten wurden vorgestellt, die in entfernter Unabhängigkeit aufgewachsen waren. „Wenn den Menschen wirkliche Bedeutung tatsächlich bei-

[1] Eulenburg, S. 151; Czernin, S. 80.

zumessen ist, so wird nicht nach Geburt, äußerer Stellung oder sonst etwas gefragt, sondern unter Hintansetzung jeglichen Vorurteils früherer Zeiten werden sie an den Hof befohlen[1]." Sie vertrugen es nicht. „Mögen sie noch so unabhängig sein, in seiner Gegenwart werden sie zu Höflingen und binnen kurzem häufig zu schlimmeren Höflingen als die dauernd dazu bestimmten Menschen." Blendend, eindringlich, im Purpur geboren — „Porphyrogenitus" — war er zu überwältigend für Nerven, die es nicht gewohnt waren, Hochstehenden zu widerstehen. Daß er sie noch schlimmer machte, war schon richtig — gerade wie Elefanten die natürliche Zerbrechlichkeit in Porzellanläden mehr hervortreten lassen; die Hinfälligkeit des Porzellans ist aber nun einmal für Elefanten eine unbegreifliche wissenschaftliche Tatsache.

Zu ihrem Entsetzen entdeckten die Tadler auch noch anderswo Schmeichelei. Hofprediger lobten die Tugenden Seiner Majestät; Zeitungen zollten nicht nur seiner Regierung Beifall — wenigstens einige von ihnen —, sondern erzählten Anekdoten über die kaiserliche Familie, die nur Ansprechendes und Liebenswürdiges offenbarten[2]. Die illustrierten Wochenschriften flößten ihm „Cäsarengedanken" ein, indem sie seine Photographie brachten. Alle — oder beinahe alle, denn manche hielten es für unter ihrer Würde[3] — leisteten seiner Eitelkeit Vorschub, indem sie ihn mit „Euer Majestät" anredeten: Reventlow, der dies feststellte, gab zu, daß „Herr König" vielleicht doch nicht ganz das Richtige sein würde, dachte aber, daß irgend etwas Ähnliches gefunden werden könnte. Wenn aber im Bestreben, die Sache von der guten Seite zu sehen, der Einwand erhoben wurde, daß die meisten Könige dieser Gefahr ausgesetzt seien, sogar ohne die Gegenwirkung, für die Wilhelms Untertanen in so reichem Maße sorgten, und wahrscheinlich sich des Charakters dieser Gefahr genau so gut bewußt waren wie andere Leute, so war die Antwort, bei anderen Königen, die nicht sein Temperament hätten, käme es nicht so darauf an. Angeblich autokratisch, heftig, selbstzufrieden, mußte er nun noch zu einem Tyrannen, einem leichtfertigen Optimisten und einem Ausbund von Eitelkeit gemacht werden, durch eine „chinesische Mauer" von jedem Luftzuge gesunder Wahrheit abgeschlossen.

[1] Zedlitz, S. 62.

[2] Schwarzseher, S. 78 ff.

[3] Hermine, S. 180.

in Unkenntnis öffentlicher Mißstände, die für alle anderen deutlich waren, und in gefährlichem Irrtum über seine eigenen Fähigkeiten befangen.

Als hätte er die Sache festnageln wollen, sagte Wilhelm 1906 in einer öffentlichen Rede: „Schwarzseher dulde ich nicht!“ Das Entsetzen und der Unwille in seinem Volke waren derart, wie sie in Schottland die Mitteilung „Sparsamkeit dulde ich nicht“ hervorgerufen haben würde. Dem Schwarzseher, der empört aufstand um zu verkünden, daß von allen elenden Situationen diejenige Deutschlands mit größtem Recht als niederdrückend empfunden werde, folgte eine ganze Schwarzseher-Literatur, die den Zweck hatte, über den Byzantinismus zu jammern und den leichtfertigen Optimismus des Hofes und des getäuschten Monarchen zu berichtigen.

In der Tat war wohl niemand ungeeigneter als Wilhelm, die feineren Formen der Schmeichelei, ihr feiges Stillschweigen und ihre lügnerische Rede, ihre verstellten Ansichten und verleugneten Glaubensbekenntnisse zu entdecken. Er nannte lachend Oberst Russell einen Schmeichler, weil dieser ihm der Wahrheit entsprechend gesagt hatte, er habe in einem neuen Buche nur das Seine Majestät betreffende Kapitel gelesen: ein gutes, rundes, ins Gesicht gesagtes Kompliment — das war Wilhelms Vorstellung von der Kunst der Schmeichelei. So würde er selbst sie anwenden, wenn er dazu genötigt wäre. Um aber zu erraten, daß seine Begleiter, während sie vor ihm schweifwedelten, in geheimen Niederschriften, die ans Licht kommen sollten sobald es einträglich war, ihm die Schuld an ihrer eigenen Feigheit zuschrieben, dazu war sein Geist zu sehr jeder Unlauterkeit unfähig. Freilich gab es auch reines Gold zwischen den Schlacken, wie Hohenlohes altmodische Ergebenheit. Es gab leicht geweckte Empfindsamkeit, wie die jenes Generals, der mit Tränen in den Augen auf dem Potsdamer Bahnsteig stand[1]. Es gab viel ehrliche Schwärmerei und biederen Snobbismus[2]. Ebenso oft verbarg sich wirkliche Bosheit hinter äußerer Glätte. Wie man es von seiner Mutter gesagt hatte, so war auch der Kaiser sehr klug, eine Eigenschaft, die bei Hofe die Fürsten bei den Toren unbeliebt macht, er besaß Wissen, was überall die Menschen bei den Unwissenden unbeliebt macht, und wenn dann noch seine freimütige, offene Natur zum Vergleich mit

[1] Zedlitz, S. 84.
[2] Ebenda, S. 11.

ihrer Kriecherei herausforderte, so war es nicht zum Verwundern, daß Speichellecker bei Hofe, wie Hermine von Reuß sie geradezu nannte, hinter seinem Rücken zu Verleumdern wurden.

Er hätte das niemals erraten können. Er kam niemals darauf, daß seine „Kameraden" ihm nicht offen sagten, was sie dachten. Er meinte einfach, daß sie nichts dachten. Wenn man einem Manne von Verstand wertlose Zustimmung anbietet, so ist die natürliche Folge, daß er ihr keinen Wert beimißt. Sein Hofmarschall Graf Robert Zedlitz-Trützschler gestand, daß er nicht wagte, von der Ansicht Seiner Majestät über die Vorzüglichkeit einer Predigt abzuweichen, und beklagte sich im selben Atem, daß Seine Majestät nicht auf Gründe höre. Allerdings nicht — wenn Graf Robert sie vorbrachte. Er hörte diesen Leuten stundenlang zu und führte eine leichte Unterhaltung mit ihnen; er nahm mit Vergnügen an den kleinen Sticheleien seiner Adjutanten teil und amüsierte sich über ihre Witze; wenn aber seine intimen Schmeichler ihm eine Vorlesung über Deutschlands russische Politik halten wollten, ging er früh zu Bett[1]. Man konnte wohl nicht gut von ihnen erwarten, daß sie begriffen, wie sehr beruhigend dieser Umstand war.

Mit solchen Begleitern, mit Männern, deren Aufgabe es nicht war, ihn in wichtigen Dingen zu beraten, deren Brauchbarkeit als Gesellschafter durch ihre Charakterlosigkeit entwertet war, wurde Wilhelm am häufigsten beobachtet, und mit ihnen ging er allerdings etwas kavaliermäßig um. Wie ernst und offen er mit seinen verantwortlichen Ratgebern sprach, wenn sie sich in dieser Eigenschaft vorstellten, konnte die Öffentlichkeit nicht wissen, aber sie war Zeuge seiner Bemühungen, Menschen zu finden, mit denen zu sprechen sich verlohnte. „Große Reeder, hervorragende Industrielle, berühmte Gelehrte, Künstler und Sportsleute dürfen ihn als häufigen Gast in ihrem Hause sehen." Er verkehrte, wie ein Historiker berichtet, „nicht nur mit höheren Offizieren und Beamten, sondern auch mit Gelehrten und Technikern, mit Kaufleuten und Industriellen, mit Künstlern und Forschungsreisenden. Harnack, Delitzsch und Schiemann, Riedler und Slaby, Krupp und Ballin, Menzel und Salzmann, wie schließlich Sven Hedin bezeichnen nur einige Namen"[2]. Waren diese Männer die chinesische

[1] Zedlitz, S. 216.

[2] Bornhak, S. 42.

Mauer? Die Tadler brachten es aber auch fertig, sich im nächsten Augenblicke darüber zu beklagen, daß er zuviel von der Welt sähe. Es war ein Zeichen von „Rastlosigkeit", soviel zu reisen — man hatte nachgerechnet, daß er in einem Jahre 19.000 englische Meilen zurückgelegt habe —, und von „Oberflächlichkeit", wenn er imstande war, sich mit Gelehrten und Künstlern über deren Fach zu unterhalten und einem großen Marinekonstrukteur wie Sir Edward Reed durch seine — später durch die Tatsachen bestätigte — Abschätzung der Wirkung des neuesten Schiffsgeschützes Eindruck zu machen. Es ist nicht ganz klar, wieso es eigentlich für oberflächlicher gehalten wird, von sehr vielen Dingen etwas zu wissen, als nichts von ihnen zu wissen. Der Gedanke war vielleicht, daß die auf Kunst, Archäologie oder Sport verwendete Zeit den Kaiser zu einem Fachmann — was er zugestandenermaßen nicht war — etwa für Volkswirtschaft gemacht hätte und daß dies viel besser gewesen wäre. Diese Annahme ist äußerst zweifelhaft. Niemand ist gefährlicher, beschränkter und dickköpfiger, oder unfähiger den Wald vor Bäumen zu sehen als der Fachmann. Arnold hat behauptet, man könnte ganz leicht zu gut Griechisch können, um imstande zu sein Homer zu übersetzen. War es Oberflächlichkeit, so fragte Eulenburg, die jeden das Leben der Nation berührenden Gegenstand für deren treuesten Liebhaber mit Bedeutung erfüllte — oder war es sein großer Gesichtskreis? Es mag wohl sein, daß bei einem Könige Sachkunde auf dem Gebiete der Volkswirtschaft ein ebenso sicheres Kennzeichen einer vergeudeten Jugend ist wie Meisterschaft im Billardspiel oder im Schlossern.

Von Zeit zu Zeit, man könnte sagen zur Abwechslung nach den Klagen, daß er zu sehr er selbst sei, kam die Legende von einer Eulenburg-Kamarilla auf. Philipp, der 1902 seinen Abschied genommen hatte, und zwar aus Gesundheitsrücksichten, war aber ein wie Jeremias Klagelieder singender Halbinvalide in Liebenberg. Die Agitation, die betrieben wurde, war Eulenburg schließlich zuviel geworden. Er hatte Seine Majestät so oft angefleht, Handlungen zu unterlassen, die zu begehen er nicht beabsichtigte, und Minister nicht fortzuschicken, die zu behalten seine feste Absicht war, er hatte soviel Wehklagen von Holstein gehört und so viele Briefe geschrieben, in denen er zu Bülows Bestem jedes Wort, jeden Blick und jede Stimmung des Kaisers genau geschildert hatte, und litt dabei so sehr an Nervenbeschwerden und schlechter Gesundheit, sowie unter der furchtbaren Erkenntnis der seiner Majestät eignenden Selbständigkeit (einer Erkenntnis, die jedem, der gern die Zügel lenken möchte, beschert ist), daß er darüber die Fähigkeit eingebüßt hatte, das Einhorn ruhig zu nehmen. Der „konkrete Fall" hatte sich immer noch nicht ereignet; aber das große, gefährliche, stampfende Geschöpf mit den schnaubenden Nüstern und den blitzenden Augen und dem langen goldenen Horn, das so beunruhigend hierhin und dorthin stieß — wenn es auch noch nichts Schlimmeres getan hatte als daß es in ein paar Blumenbeete getreten war, so konnte doch immerhin jeden Augenblick das Glasfenster vom Frühbeet in Stücke gehen oder der Gärtner mit aufgeschlitztem Leib am Boden liegen. Es war so erregbar! Die Krise würde, so bemerkte Eulenburg liebenswürdig, „keineswegs (was so viele befürchten — oder erhoffen) in der Form einer geistigen Störung erfolgen. Sie würde in der Form eines Zusammenbruchs der Nerven, eines Versagens eintreten. Ebenso wie ich es an meinem eigenen Leibe erfahren habe". Nach einem Nervenzusammenbruch war man allerdings nicht in der Verfassung, Wilhelm von Hohenzollern richtig zu würdigen. Jedenfalls endete diese Prophezeiung da, wo auch alle Prophezeiungen Holsteins geendet hatten, im Papierkorb.

Als Eulenburg dem Kaiser sagte, daß man ihm Absolutismus vorwerfe, war seine Antwort, er sei daran gewöhnt. Wo nur die Menschen diese Ideen her hätten? Die Vorstellung, daß sein Volk wirklich glauben könnte, was man ihm fortwährend vorerzählte, kam ihm bloß lächerlich vor. Dann und wann verteidigte Bülow ihn im Reichstag gegen derartige Beschuldigungen. Das mag von Bülow sehr nett gewesen sein, aber weise war es in der Tat nicht. Es war wie in den meisten monarchischen Staaten die Regel gewesen, daß die Person des Monarchen in den politischen Debatten nicht erwähnt werden dürfe, eine Regel, die gewiß in manchen anderen Ländern leichter zu beobachten war als in Deutschland unter Wilhelm II. Da jedoch sein Eingreifen immer auf der Regierungsseite geschah, so würden die Geschäfte nicht darunter gelitten haben, hätte man ihn aus den Reichstagsdebatten herausgelassen. Die Unbedenklichkeit, mit der Bülow ihn im Reichstag erwähnte, erregte Verwunderung und einige Mißbilligung. Was der Kanzler sagte, war natürlich günstig. Er sprach von der Vorurteilslosigkeit des Kaisers, davon, daß er offenen und unabhängigen Rat von seinen Ratgebern fordere; er sagte, es wäre gut, wenn der Reichstag

Widerspruch so ruhig hinnähme wie der Kaiser. Aber das einzige, was er hätte sagen müssen, sagte er nicht: So lange wie ich Kanzler bin, ist die Politik, die ich vertrete, die Politik des Kaisers und meine. Wenn wir nicht mehr übereinstimmen, werde ich nicht Kanzler bleiben. Inzwischen richten Sie Ihre Kritik gegen mich.

Damit wäre die Sache zu Ende gewesen. Aber es war gerade nicht wünschenswert, daß die Sache zu Ende war. Die Nützlichkeit des Kaisers als Sündenbock stand allzu fest, und für einen Kanzler, der wie Bülow nicht an einen geraden Frontalwiderstand glaubte, war es bequem, als ein wohlwollender Spenlove aufzutreten, dem ein kaiserlicher Jorkins im Hintergrunde Schwierigkeiten machte[1].

Im Jahre 1903, als die Leute nach ihrer Gewohnheit über ihn redeten, stand Wilhelm mit vierundvierzig Jahren schweigend einer interessanten Möglichkeit gegenüber — keiner geringeren als der, binnen kurzem diese schwierige Welt verlassen zu müssen.

In seinem Privatleben war er seit langer Zeit in der glücklichen Lage, keine Geschichte zu haben. Seine Ehe hatte ihre Glücksverheißungen für beide erfüllt. Wenn es für eine Natur wie die seine, das ewige vertrauende Kind im narbenbedeckten Busen des Mannes, das größte Glücksgeschenk gewesen war, eine Liebe zu finden, die zugleich mütterliche und Weibesliebe war, so gab diese Natur nicht minder die höchste Belohnung des Weibes zurück. Auch ihre Zusammenarbeit war harmonisch verlaufen. Die Kaiserin herrschte auf ihrem Gebiete: niemand, der von ihr an den Kaiser appellierte, fand Entgegenkommen bei Seiner Majestät[2]. Die Kinder wuchsen heran, ohne irgendwelche besonderen Sorgen zu machen. Wenn die Knaben der Kinderstube entwuchsen, suchte der Kaiser ihre Gouverneure sorgfältig aus und enthielt sich dann grundsätzlich jeder Einmischung, indem er sagte, sein Erbe solle einen eigenen Charakter haben und nicht ein anderer Wilhelm II. werden. Wie alle Fürstlichkeiten entgingen auch sie nicht unfreundlichen Gerüchten, aber auch sie fanden anhängliche Freunde. Ihre Lebensführung muß jedenfalls mindestens äußerlich einwandfrei gewesen sein, denn ihr Vater hatte den Eindruck, daß

[1] Dickens, David Copperfield. D. Übers.

[2] Topham (c), S. 127.

sie sich keine Mätressen hielten[1], eine Ansicht, die seine Umgebung allerdings mitleidig anhörte, anscheinend aber mehr aus einer *a priori*-Überzeugung von ihrer Extravaganz heraus, als weil man etwas Gegenteiliges wußte. Der jüngste Sohn, Joachim, war ein zartes Kind, wurde aber kräftig genug, um bei der Kavallerie eintreten zu können. Von der einzigen Tochter fand man, daß sie dem Vater im Charakter am ähnlichsten war; sie wuchs heran als „ein nicht besonders schönes, aber anziehendes, von den Eltern zärtlich geliebtes Mädchen", wie Witte sich ausdrückte.

Zedlitz behauptete, daß Seine Majestät sich manchmal von seinem glücklichen Familienleben gelangweilt fühlte und sich freute herauszukommen. Die Kaiserin gab sich nicht als intellektuell. Wilhelms Geduld mit ihren Damen — diese besaßen, wie Zedlitz bemerkte, einen „gewissen Wahrheitsfanatismus", was jedenfalls darauf schließen läßt, daß ihre männlichen Kollegen diese Tugend so ausübten, wie Lord Melcombe es für die Vaterlandsliebe verlangte, „mit nicht allzu intensivem Fleiße" —, seine Rücksicht auf die Wünsche seiner Gemahlin, seine Art und Weise mit Damen überhaupt, überraschten in einem Lande, wo die Frau sogar gegenüber dem gewöhnlichen Manne, geschweige denn gegenüber dem Kaiser, entschieden ein untergeordnetes Wesen war. Immerhin hätte er von seinen Abenden zu Hause wie Dumas sagen können, daß er sich schrecklich gelangweilt haben würde, wenn er nicht selbst anwesend gewesen wäre. Manchmal wurde Karten gespielt, manchmal las er vor. Dies geschah am häufigsten, es kam aber auch vor, daß er andere vorlesen ließ. Moltke erwähnt ohne Erstaunen, daß er einen hübsch geschriebenen Artikel aus einer englischen Zeitung auf deutsch vorgelesen habe. Ein anderes Mal las der Kaiser eifrig „*Conversations with Christ*", von dem englischen Missionar Bernard Lucas. Als er einmal einen Aufsatz über ein schwieriges wissenschaftliches Thema vorlas und die Zuhörer die Sache schwer zu verstehen fanden, erklärte er sie ihnen.

Im Herbst 1903 kam er von seiner Nordlandreise heiser zurück — gerade wie sein Vater von einer Reise heiser zurückgekommen war. Bald darauf wurde ein Gewächs in seinem Halse entdeckt — wie bei seinem Vater. Gewiß, die Ärzte sagten, es sei nicht bösartig — das hatten sie auch bei seinem Vater gesagt. Beide Eltern an Krebs gestorben, der Vater an Kehlkopfkrebs; er muß ganz

[1] Zedlitz, S. 164.

dasselbe gedacht haben wie die Öffentlichkeit, als diese davon erfuhr. Die Sache wurde geheimgehalten, bis ein Bulletin mitteilte, daß die Operation am 7. November vollzogen worden sei — sogar ohne Betäubung, alles in Ordnung, ein gutartiges Gewächs, das man ohne Schwierigkeit hatte herausschneiden können. Niemand glaubte daran, aber diesmal irrten die Ärzte sich nicht, wenn es auch einige Zeit dauerte, bis seine Stimme wieder ganz kräftig war; noch sechs Monate später lief das Gerücht um, daß er das Jahr nicht überleben würde.

Wilhelm wurde gesund und fand im Frühjahr auf einer Mittelmeerreise volle Erholung. Obwohl gläubig, war er doch menschlich und freute sich wahrscheinlich, noch am Leben zu sein. Im selben Jahre kaufte er sein erstes Automobil; er hatte auch das Vergnügen, den guten Hinzpeter zum Mitglied des Herrenhauses zu ernennen. Weiter veröffentlichte er einen Versuch in der Tagesschriftstellerei in Gestalt eines Aufsatzes in der „Marine-Rundschau" von Januar 1904, der von Panzerkreuzern handelte und „L." unterzeichnet war. — „Ich habe ihn geschrieben", erzählte er dem Zaren, „aber niemand hat eine Ahnung davon, außer Tirpitz"; anscheinend ist auch niemals jemand darauf verfallen, daß er der Verfasser sein könne. Der Schreiber des Artikels brachte darin zum Ausdruck, daß er den leichteren, schnelleren und billigeren Schiffen vor den großen Linienschiffen bei weitem den Vorzug gäbe, welch letztere aber trotzdem weiter gebaut wurden.

Im Ausland waren diese Jahre durch den russisch-japanischen Krieg gekennzeichnet, der für Deutschland ein wirkliches Unglück war.

13. Kapitel

Der russisch-japanische Krieg und Marokko

Nicht nur zu Hause, sondern auch im Ausland war die Kanzlerschaft des Grafen — seit 1905 Fürsten — Bernhard von Bülow die Zeit, während der Wilhelms Leitung der Politik für unbeschränkt galt. Es war auch die Zeit, in der er selbst glaubte, alles Bernhard überlassen zu haben.

Eulenburg mochte lächeln, aber Wilhelms Ansicht war die richtige. Fünfundvierzig Jahre alt und auf der Höhe der Tatkraft und des Selbstvertrauens, hatte er niemals weniger auf seiner eigenen politischen Meinung bestanden. Bülows gefälliger Geschicklichkeit als Taktiker, die ihm selbst nicht gegeben war, maß er höheren Wert bei, als sie verdiente. Bülow, der darin vollkommen mit ihm übereinstimmte, teilte überdies die herrschende Auffassung, daß ein Mann, der wie Wilhelm so gar keine Anlage zu kleinen Manövern besaß, kein Staatsmann sein könne. Keiner von beiden erkannte, daß der Kaiser seinen klugen Kanzler an umfassendem Weitblick und gesundem politischem Urteil weit übertraf.

Die Art und Weise der beiden Männer verhüllte die Tatsachen; man hielt den geschmeidigen, einflußreichen Kanzler für unfähig zu dem Versuch, das Fabeltier der Zeitgeschichte, das feuerspühende Einhorn, zu zügeln. Seit der Zeit, da die „unverantwortliche" Krüger-Depesche so viele Befürchtungen bestätigt, so viele Hoffnungen vernichtet hatte, fand jede beunruhigende Behauptung über den Kaiser bestürzten Glauben. Die Grundursache der Besorgnis, die Europa seinethalben empfand — die deutsche Expansion —, wuchs im gleichen Schritt mit seinem finsteren Rufe, bis sich schließlich kaum irgendein Unglück in den internationalen Angelegenheiten ereignen konnte, ohne daß ihm die Urheberschaft zugeschrieben wurde. Heutzutage sind wir es gewohnt, daß man diese Dinge anderen diabolischen Faktoren zur Last legt. Im Jahre 1904 genoß „*the Kaiser*" den Ruf, der Urheber fast der ganzen Weltproduktion an Unfällen, an anderer Leute Sünden und an angeborenen Übeln der bestehenden internationalen Gesellschaft zu sein. Demgemäß wurde er beschuldigt, den russisch-japanischen Krieg angezettelt zu haben, und zwar mit den bösesten Absichten gegenüber seinem Vetter, wohl wissend, was niemand sonst wußte, daß dieser Prügel bekommen würde.

Sieh nach Osten! war der Kehrreim seiner Briefe an den Zaren gewesen, jedoch ohne irgendeine bestimmtere Andeutung, als daß Rußland sich als das Bollwerk Europas gegen die gelbe Gefahr betrachten müsse. Der unausgesprochene Gedanke — der, wenn er nicht Wilhelms eigener war, von seinem scharfen Blick für das Durchführbar-Wünschenswerte frühzeitig erkannt wurde — war einfach, daß Rußland, wenn es eine dreiste Politik oder ein aggressives Vorgehen beabsichtigte, diese Dinge lieber in Asien als in Europa ausführen sollte. „Wir haben seit 97 — Kiautschou — Rußland niemals im Zweifel gelassen, daß wir dasselbe in Europa im Rücken schützen würden, falls es in Ostasien größere Politik zu treiben beabsichtige, welche kriegerische Verwicklungen nach sich führen könnte; (in der Absicht, unsere Ostgrenze von dem furchtbaren Drucke und der Bedrohung der russischen Heeresmassen zu erleichtern)[1]!"

Am 3. Januar 1904, zur Zeit des Anfangsstadiums des Korea-Streites, schrieb Wilhelm seinem Vetter, jedermann wisse, daß Korea einmal russisch werden würde, aber „wann oder wie, das geht niemanden etwas an und betrifft nur Dich und Dein Land". Auch war dies nicht als eine listige Ermutigung zu sofortigem Vorgehen gemeint; denn am 8. Januar wies er die russische Regierung darauf hin, daß es jetzt für Japan angesichts der zunehmenden Stärke Rußlands zur See die letzte günstige Gelegenheit zum Kampfe sei und daher ein Vermeiden des Krieges, selbst auf Kosten eines anscheinenden Zurückweichens, „ein großer moralischer Erfolg" sein würde[2]. Er fügte hinzu, er könne nicht verstehen, warum die von Friedensliebe triefenden russischen Staatsmänner sich nicht an den Haager Gerichtshof wendeten. Bülow jedoch verwässerte den ersten Hinweis reichlich und gab den zweiten überhaupt nicht weiter, weil er dachte, dieser könne dem Zaren als eine Art Sarkasmus erscheinen.

Vielleicht lag den Ministern nicht soviel an einem großen mora-

[1] Große Politik, Nr. 5971.
[2] Ebenda, Nr. 5933, Schlußbem.

lischen Erfolge ihrer gefährlichen Nachbarn. Es war eine Wiederholung der Sache mit dem Burenkriege: Wilhelm konnte sich nicht des Sympathisierens mit Verwandten enthalten, deren Mißerfolg, wie man meinte, einem patriotischen Deutschen Kaiser besondere Genugtuung bereiten müßte. In dem russischen Falle waren seine persönlichen Sympathien jedenfalls politisch gesund. Die Hauptsache blieb, daß Rußland im Osten beschäftigt war; sein Erfolg dort war für Deutschland unendlich viel wünschenswerter als seine Niederlage.

Während Rußland schwankte und Japan rüstete, erkannte Wilhelm besorgt, daß sie „in kriegerische Verwicklungen hineintrieben"; erst als er fand, Rußland habe „zu lange mit dem Feuer gespielt", wünschte er, der Zar solle dem nicht mehr zu vermeidenden Kampfe ins Gesicht sehen, da die einzige andere Möglichkeit eine vernichtende Niederlage nicht nur für Rußland, sondern für „die weiße Rasse, Christentum und Europäertum" sei; „es sei eine Schande, daß Frankreich seinen russischen Verbündeten im Stich lasse und England und die Vereinigten Staaten mit Japan sympathisierten"[1]. Bülow deutete listig an, wenn Seine Majestät eine solche Sprache führe, so könnte von Deutschland erwartet werden, daß es selbst etwas tue, um das Schicksal der weißen Rasse, der Christenheit und Europas abzuwenden. Warum nicht? „Ich weiß gewiß", schrieb der Kaiser etwas später im selben Jahr, „daß wir einst mit Japan auf Tod und Leben werden fechten müssen... Jedenfalls weitgehendste wohlwollende Neutralität für Rußland!"

Seine Sympathien galten ganz und gar Rußland und vollendeten die Eroberung seines scheuen Vetters. Nikolaus hatte sich anfangs nicht wirklich zu ihm hingezogen gefühlt. Die Überlegenheit des Kaisers drückte ihn und machte ihn eifersüchtig, er war mißtrauisch ihm gegenüber und hatte kein Verlangen, ihn zu sehen[2]. „Wie unbeholfen und dürftig sieht er neben unserem Kaiser aus, wie sprühend, geistig anregend und bedeutend ist dieser in seiner Unterhaltung, und wie nichtssagend, energielos und unbedeutend wirkt der russische Kaiser[3]." Der Verdacht, daß auch diejenigen, welche dem Deutschen Kaiser übel wollten, dasselbe

[1] Große Politik, Nr. 5691.
[2] Ebenda, Nr. 6043 (Witte an Bülow).
[3] Zedlitz, S. 72.

sagen mußten, wird natürlich ärgerlich gewesen sein. Auch faßten die von Gespenstern verfolgten Herrscher Rußlands nicht leicht Vertrauen. Wenn aber die Menschen irgendwie in Not waren, dann empfanden sie Wilhelms Charme, an dem nichts Geheimnisvolles war, am tiefsten. Bülow tat in diesem Zusammenhang einen weisen Ausspruch. „Uns Diplomaten und Politikern erscheint es seltsam", schrieb er, „aber die Art und Weise, wie Seine Majestät den Zaren nimmt und behandelt, hat ihm zweifellos dessen Vertrauen erworben[1]." Infolge langer Haarspalterei hatte die natürliche Wahrnehmungskraft bei uns Diplomaten wahrscheinlich völlig versagt. Der Zar war durch Diplomatie nicht zu gewinnen und Wilhelms Protest, als Bülow in einem seiner Briefe einen Satz streichen wollte, der den Zaren argwöhnisch machen könnte, war berechtigt:

„Schließlich möchte ich nicht unterlassen zu bemerken, daß ein permanentes Umredigieren meiner Privatkorrespondenz mit dem Zaren schließlich seine Grenzen haben muß. Meine Briefe bekommen immer mehr den Charakter von Noten oder Denkschriften, den sie sonst gar nicht haben. Und das könnte den Zaren noch viel mißtrauischer machen, wenn er je auf den Gedanken verfiele, daß meine „P r i v a t briefe" in der Reichskanzlei abgefaßt werden! Auch könnte ich mal der Ansicht sein, daß es nicht nötig sei, ‚Privatbriefe' überhaupt mehr vorzuzeigen! *‚let well alone'* sagt ein englisches Sprichwort! Lesen Sie nicht mehr aus meinen Zeilen heraus, oder in sie hinein, als wirklich drinnen steht[2]!"

Wenn es nach Wilhelm gegangen wäre, so würden diese — später als Zeichen persönlichen Regiments geschmähten — Briefe richtige Privatbriefe gewesen sein, in denen er von Politik, wenn überhaupt, nur geschrieben hätte wie ein Vetter dem anderen. Solche Nutzanwendungen wie die mehrfach wiederkehrende Bemerkung, daß in einer Welt von Republikanern und Anarchisten die Monarchien zusammenhalten müßten, waren Zutaten der Minister. „Diese Phrase", protestierte er, als er 1903 in einem Entwurfe darauf stieß, „ist bis zur Übelkeit bereits abgebraucht und hat keinen Kurs mehr, da es nach wie vor eine reine Phrase ist[3]." In seinen Unterhaltungen mit dem Zaren gab es keine Phrasen.

[1] Große Politik, Nr. 6238.

[2] Ebenda, Nr. 5972.

[3] Ebenda, Nr. 5970.

Ihr Inhalt war vorher sorgfältig mit dem Kanzler besprochen worden, aber — wie Holstein an Bülow schrieb, als er empfahl, daß etwas dem Zaren „ganz offen“ gesagt werden müsse — Seine Majestät würde ganz offen mit dem Zaren reden, ob Bülow es riete oder nicht. Das für uns Diplomaten so überraschende Ergebnis war, daß der Krieg den Zaren beinahe buchstäblich in die Arme seines Vetters trieb.

Dieser ließ es gern geschehen. Die andere Umarmung — Onkel Berties — war noch unwahrscheinlicher als bisher. Wilhelms wohlwollende Neutralität gegenüber Rußland, die sich bis auf Kohlenlieferungen an die russische Ostseeflotte erstreckte, verursachte eine scharfe Meinungsverschiedenheit mit England und Besorgnis vor ernsthaften künftigen Entwicklungen. Auch der Zar war gereizt gegen England. Es hatte schon bald seine Vermittlung angeboten, was auch nach Wilhelms Ansicht äußerst anmaßend war; nach einem Zusammentreffen mit seinem Onkel bereute er aber seine harten Worte und schrieb, Onkel Bertie sei sehr lebendig und tätig und besonders freundlich, sein Friedenswille sei ganz ausgesprochen und sei der Grund, weshalb er so gern seine Dienste anböte, wo immer er in der Welt Zusammenstöße erblickte. Jedoch der Zusammenstoß an der Doggerbank im Oktober 1904 erbitterte den Zaren vollends. Ein paar Tage darauf machte die deutsche Regierung Rußland durch den Kaiser einen in vagen Worten abgefaßten Vorschlag, den Gefahren der Kohlenfrage gemeinsam entgegenzutreten, worauf der Zar mit einer warmen Bitte um ein Bündnis antwortete. „Sobald es von uns angenommen ist, muß Frankreich seinem Verbündeten beitreten“, drahtete er. „Diese Kombination hat mich schon oft beschäftigt. Sie bedeutet Frieden und Ruhe für die Welt[1].“ Dem Verlangen wurde freudig zugestimmt; die Bedingungen wurden schnell vereinbart — gegenseitige Verteidigung gegen einen Angriff seitens irgendeiner Kontinentalmacht; im letzten Augenblick aber sprach der Zar den Wunsch aus, Frankreich vor der Unterzeichnung einzuweihen. Diese Bedingung, die so wenig mit Nikolaus' ursprünglichen Andeutungen über die französische Haltung im Einklang stand, war vermutlich das Werk von Einflüssen, die dem neuen Bündnis feindlich waren. Da es im hohen Grade unwahrscheinlich war, daß Frankreich einen Vertrag mit Deutschland annehmen

[1] Große Politik, Nr. 6119.

würde außer gezwungenermaßen als eine vollendete Tatsache, so ließ die deutsche Regierung die Sache zunächst sanft fallen.

Der Kaiser, Bülow und Holstein und ein paar Fachleute waren die Eingeweihten gewesen, der beabsichtigte Vertrag, der keine Balkanbestimmungen oder Geheimklauseln enthielt, war streng defensiv — tatsächlich würde seine Existenz die Dreibund- und Zweibund-Gruppen gegenseitig unschädlich gemacht und, da es Englands Beitritt zu einer solchen Kombination wahrscheinlich machte, sogar den Defensivkrieg so gut wie beseitigt haben — und hatte veröffentlicht werden sollen.

In dieser Sicherung enttäuscht empfand Deutschland seine Lage zwischen seinen Mitbanditen als unbefriedigend.

Dem Kaiser gefiel die Situation nicht, in der es zurückblieb, nachdem der Versuch einer Verständigung mit England fehlgeschlagen war. Seine frühere Bewunderung für seine Diplomaten hatte schon lange abgenommen, während es ihm immer deutlicher wurde, wie sehr die Leitung der auswärtigen Politik, die nominell die seine war, in den Händen der Wilhelmstraße lag, die eine sonderbare Art an sich hatte, das Gegenteil von dem, was er wollte, hervorzubringen. Man konnte ihn nicht beschuldigen, ihr das Rezept zu verderben; ganz im Gegenteil. „Seine Majestät ist weitaus unsere beste Karte England gegenüber", hatte Bülow 1902 an Metternich geschrieben[1]. Und vertraulich sagte er in einem Briefe an Holstein, jahrelange Erfahrung beweise, daß mit russischen Ministern und Diplomaten, von Fürst Lobanoff bis Graf Lamsdorff und von Osten-Sacken bis Witte, viel weniger zu erreichen sei als durch direkten Verkehr zwischen Seiner Majestät und dem Zaren[2]. Als 1904 von einem Zusammentreffen zwischen dem Kaiser und Präsident Loubet die Rede war, bemerkte Bülow in einem Privatbriefe an Radolin, daß die Feinde einer deutsch-französischen Annäherung natürlich dagegen sein würden, da „die Persönlichkeit des Kaisers dort wie anderswo ihre Wirkung ausüben würde"[3].

Bemerkungen wie diese, die nicht für seine Augen bestimmt waren und sich auf jahrelange Erfahrung stützten, entkräfteten die von den Ministern selbst so eifrig verbreitete Fabel, daß diese Minister unaufhörlich kämpfen müßten, um den Schaden wieder

[1] Große Politik, Nr. 5046.

[2] Ebenda, Nr. 6238.

[3] Ebenda, Nr. 6432.

gut zu machen, den ihr ungestümer Herr anrichtete. Sein Auswärtiges Amt fand ihn nützlich: ein Kompliment, das zurückzugeben er gerade damals wenig geneigt war. „Der Dreibund durch die Entzweiung Österreichs und Italiens gelockert, Rußland uns gegenüber unverändert oder indifferent, England feindlich, Gallien auf Revanche ausgehend. Daran ändert auch meine Frau nichts!" — dies eine Anspielung auf den Plan eines Zusammentreffens zwischen ihr und der Königin von Italien. Auch das Werben um Rußland schiene ihm ungefähr soweit gegangen zu sein, wie es möglich sei, meinte er; „man müsse die Aufmerksamkeit Roosevelt und dem Mikado zuwenden". Und nach dem englisch-französischen Marokko-Abkommen von 1904 — einem Ereignis von allergrößter, wenn auch nur symptomatischer Bedeutung —, auf das die Wilhelmstraße nicht viel zu geben vorgab: „Das jüngste englisch-französische Abkommen gibt mir doch nach mancher Richtung hin zu denken. Ich finde, daß die Franzosen den Vorteil ihrer augenblicklichen politischen Lage mit bewundernswertem Geschick ausgenutzt haben. Sie haben es fertiggebracht, ohne das Band mit Rußland zu lockern, sich von England ihre Freundschaft teuer bezahlen zu lassen. Die präponderierende Stellung, die sie nunmehr in Marokko erlangt haben, ist unstreitig ein großer Gewinn für sie, den sie mit der Aufgabe des Restes ihrer mehr theoretischen als faktischen Rechte in Ägypten billig eingeheimst haben. Da unsere Handelsinteressen in Marokko bedeutend sind, hoffe ich, daß unsererseits für die nötigen Garantien gesorgt worden ist, damit unser Handel dort nicht leidet. England andererseits hat in Ägypten ganz freie Hand erlangt. Die möglichen Reibungspunkte mit Frankreich sind durch das Abkommen mit England wesentlich eingeschränkt worden, und letzteres hat dadurch an Bewegungsfreiheit auch sonst in der Welt viel gewonnen. Es ist nur natürlich, daß die zunehmende Freundschaft mit Frankreich und die sich daraus ergebende Sicherheit, daß von dieser Seite nichts zu befürchten ist, für England jede Rücksichtnahme auf uns mehr und mehr in den Hintergrund treten lassen wird[1]."

Die Wilhelmstraße

fühlte die Leere in ihrer Brust und schauderte.

[1] Große Politik, Nr. 6378.

„Wir brauchen einen Erfolg in der auswärtigen Politik", schrieb Lichnowsky vom Auswärtigen Amt, „da doch allgemein die englisch-französische Annäherung als eine Niederlage für uns aufgefaßt wird." Der Erfolg, den die Wilhelmstraße sich vornahm, wurde in Marokko gesucht, und das Mittel sollte eine Flottendemonstration sein, um vom Sultan Genugtuung für dortige deutsche Reichsangehörige zu erzwingen.

Der Kaiser war unangenehm überrascht von diesem Vorschlag, der der bestehenden Situation so eigenartig schlecht angepaßt war. Er empfand keine politische Begeisterung für Marokko und seine Sorge für die dortigen deutschen Handelsinteressen verlangte keine derartigen heroischen Maßnahmen. „Eine von Deutschland allein zu unternehmende maritime Aktion gegen Marokko", schrieb Tschirschky, der Vertreter des Auswärtigen Amtes im kaiserlichen Gefolge, an das Amt, „halte Seine Majestät bei der gegenwärtigen Lage der Marokkofrage für durchaus inopportun. Nach den Seiner Majestät unterbreiteten übereinstimmenden Nachrichten befinden sich die bezüglichen Verhandlungen zwischen England und Frankreich bereits in einem sehr vorgerückten Stadium, das eine völlige Einigung der Mächte — im Einvernehmen mit Spanien — wahrscheinlich erscheinen läßt. Eine einseitige kriegerische Aktion Deutschlands in diesem Augenblick würde das Mißtrauen der Mächte unstreitig wachrufen, es würde den Glauben an unsere wiederholt abgegebene ... Versicherung, daß wir in Marokko keinerlei ausschließliche Rechte beanspruchen, wankend machen und unserer Politik den Stempel der Zweideutigkeit aufdrücken. Seine Majestät glaube deshalb, daß eine Pression mit Gewalt seitens Deutschlands gegen Marokko nur unter der Voraussetzung erwogen werden könnte, daß vorerst unsere Gravamina gegen Marokko sachlich und ausführlich zur Kenntnis der drei in Marokko zumeist interessierten Mächte gebracht würden[1]."

Gegen diese Politik der Courtoisie und des gesunden Menschenverstandes hätte das Auswärtige Amt keinen Einwand vorbringen können, wäre die Sicherheit des deutschen Handels sein eigentliches Ziel gewesen. Die deutsche Diplomatie hatte sich jedoch in den Gedanken verrannt, daß dort ein politischer Erfolg zu holen

[1] Große Politik, Nr. 6513.

sei[1]. Nachdem die Wilhelmstraße noch ein Ultimatum an den Sultan vorgeschlagen hatte, das der Kaiser gleichfalls abbremste[2], gab sie widerstrebend zu, daß eine maritime Aktion etwas „abenteuerlich" sein würde, und beschloß, zunächst nichts zu tun — das heißt, selbst nichts zu tun. Der Kaiser könnte etwas tun! Die Fortschritte, die Frankreich 1904 auf dem Wege zu einem so gut wie tatsächlichen Protektorat über Marokko gemacht hatte, veranlaßten den Sultan, seine Blicke nach Deutschland zu richten in der Hoffnung, dort Schutz vor dieser Schutzherrschaft zu finden. Für den Monat März 1905 beabsichtigte der Kaiser zu seiner Erholung eine Kreuzfahrt im Mittelmeer. Er könnte ja landen und den Sultan besuchen, was Mulay Hafids Souveränität genau so gut unterstreichen würde wie ein Bombardement.

Der Kaiser fand, daß er das nicht könnte[3]. Hätte er je die Gefährlichkeit der Fabel vom persönlichen Regiment erkannt oder je von den Ministern die Klagen über dasselbe Thema gehört, die sie hinter seinem Rücken überall verbreiteten, so wäre er über dieses Verlangen wohl etwas erstaunt gewesen. Er besaß zwar einige Erfahrung mit fehlgeschlagenen Unternehmungen dieser Art, zu denen er sich auf den Wunsch seiner Minister hergegeben hatte und deren Wirkungen für ihn persönlich unangenehm und politisch unheilvoll gewesen waren. Jedoch ist eine Weigerung, etwas zu tun, das persönlich unangenehm ist, für einen gewissenhaften Mann immer schwierig. Er billigte Bülows Politik, wie er sie verstand, einer Betonung der deutschen Interessen in Marokko, um von Frankreich eine Garantie der deutschen Handelsrechte dort zu erlangen; wenn aber Bülow diese Politik gestattet war, so durfte er in seinen Mitteln nicht beschränkt werden. Nach seiner Praxis zu urteilen war das in dieser Hinsicht die Theorie des Kaisers über die Rechte der Krone und der Minister. Seine Zustimmung war erteilt worden, wenn auch unter Protest, ehe er sich an Bord der „Hamburg", eines für diese Reise gecharterten Passagierdampfers der Hamburg-Amerika-Linie, auf seine Fahrt begeben hatte.

„Ersehe aus Wolff und Wedekind, daß deutsche Kolonien und Marokkaner Vorbereitungen machen, um meinen Besuch auszu-

[1] Große Politik, Nr. 6521.
[2] Ebenda, Nr. 6530, M. 1; 6534.
[3] Ebenda, Nr. 6364, 6595, 6588.

schlachten, und Briten ihn gegen Gallier ausspielen. Es ist sofort nach Tanger zu telegraphieren, daß es höchst zweifelhaft ist, ob ich lande, und daß ich inkognito als Tourist nur reise; also keine Audienzen, keine Empfänge", schrieb er kurz vor der Abreise. Bülow bestand darauf mit der Begründung, daß ein Rückzug jetzt wie eine Einschüchterung durch Frankreich aussehen würde. Als die „Hamburg" sich Tanger näherte, stiegen in einem Herzen an Bord Hoffnungen auf, ähnlich denen, die in unserer Jugend nasse Sonntag-Morgen erhellten. Es war eine offene Reede, es würde zu stürmisch sein, um an Land zu gehen, mit seinem Arm könne er nicht auf einem fremden Pferde reiten, ein Engländer sei überfallen worden, die Gegend offenbar unsicher[1]. Bülow ließ nicht locker! Die „Hamburg" ging bei grober See und steifem Ostwind vor Anker; der Geschäftsträger Kühlmann kletterte völlig durchnäßt auf einer Strickleiter an Bord. Der Kaiser bemühte sich vergeblich, einer unangreifbaren Autorität die Äußerung zu entlocken, daß es zum Landen zu stürmisch sei; ein Adjutant wurde ausgesandt, um *in corpore vili* das Experiment zu machen, und berichtete, daß es möglich sei. Seine Majestät — zu dem doch angeblich keine unwillkommene Wahrheit dringen konnte — muß es unterlassen haben, sich klar auszudrücken, welche Antwort er wünschte. In der Tat war sein Widerstreben nicht nur offenbar, sondern auch schon vorher bekannt; es gab Hofleute genug um ihn, die von der Unmöglichkeit des Landens sprachen; aber die Regierungsvertreter bestanden darauf und wie immer waren sie es, auf die er hörte. Kurz, er ging an Land — und nachdem er das Unternehmen einmal angefangen hatte, führte er es auch, wie gewöhnlich, „mit *bravura*" durch[2].

So fand der Besuch statt, „nicht ohne freundliche Beteiligung von italienischen und südfranzösischen Anarchisten, Gaunern und Abenteurern", erinnerte er sich später verächtlich. „Auf einem kleinen Platz stand eine Menge von Spaniern mit Fahnen und großem Geschrei; das waren nach Aussage eines begleitenden Sicherheitsbeamten die versammelten spanischen Anarchisten[3]." Man sah, so schrieb Schoen, der Vertreter des Auswärtigen Amtes, „ein bewegtes Meer von Menschen ..., die in betäubendem

[1] Große Politik, Nr. 6580.

[2] Ebenda, Nr. 6588.

[3] Wilhelm (a), S. 91.

Schreien und wildem Schießen ihrer Begeisterung Ausdruck gaben. Der wirre Lärm wurde noch durch eine vom Sultan geschickte militärische Musikbande vermehrt, die sich vergeblich bemühte, das Getöse des Volkes zu übertönen. Das Unruhigwerden der Pferde veranlaßte mich, einen anscheinend ein Kommando führenden französischen[1] Offizier zu fragen, ob er dem wilden Schießen nicht Einhalt zu tun vermöchte. Er antwortete kleinlaut, er habe nur auf die ihm zur Ausbildung anvertraute Handvoll regulärer Truppen einigen Einfluß, nicht den geringsten aber auf die schießlustigen halbwilden Kabylen." Das nervöse Pferd, die wilden Menschen und die Schwierigkeiten der Wiedereinschiffung machten Schoen sehr besorgt. Der Kaiser hielt keine förmliche Rede, betonte aber in loyaler Beachtung der Bülowschen Instruktionen[2] in seiner Unterhaltung mit den Marokkanern und dem französischen Geschäftsträger die Unabhängigkeit des Sultans. Sehr befriedigt, daß die Sache überstanden war, kehrte er an Bord zurück, später aber hatte Schoen den Eindruck, daß der Kaiser, wenn er es auch nicht aussprach, „auf das Ereignis mit dem Gefühl zurückblickte, es wäre besser gewesen, an seiner ursprünglichen Weigerung festzuhalten".

Es wäre in der Tat besser gewesen. Die Angelegenheit, die bisher ruhig verlaufen war, loderte nun auf und die Wut der Franzosen sowie bei den Gegnern der Sache im eigenen Lande richtete sich natürlich gegen den Kaiser. „Konstitutionelles Denken und Handeln", sagt er, „ist für den Fürsten, dem schließlich immer die Verantwortung aufgebürdet wird, oft eine harte Aufgabe[3]."

Wilhelm hatte wieder einmal vor Europa die Rolle des Friedensstörers gespielt; Bülows Mitteilung im Reichstag, daß er die volle Verantwortung für den Besuch übernähme, wurde als selbstverständlich angesehen — der loyale Minister, der den eigenwilligen Monarchen deckt! „In deutschen offiziellen Kreisen und Zeitungen bemühte man sich, die Sache so darzustellen, als sei dieser Besuch in Tanger bei uns diplomatisch ... wohldurchdacht gewesen", schrieb Zedlitz, während „dem Reichskanzler der Besuch in Tanger sehr unerwünscht war", er hatte aber nicht „die Selbständigkeit und Energie" Widerstand zu leisten. „Leider wird häufig auf solche

[1] Es war ein englischer. D. Übers.

[2] Große Politik, Nr. 6576.

[3] Wilhelm (a), S. 91.

Weise Geschichte geschrieben!" fügt er pathetisch hinzu. Die Zeitungen brachten satirische Verse über die Reisen des Kaisers. Was galt aber den Ministern Seiner Majestät der Ruf Seiner Majestät? Bülows, oder eigentlich Holsteins, Politik versprach erfolgreich zu sein. Frankreich wich zurück, Delcassé stürzte. Nicht nur ein Abkommen über Marokko, sondern auch ein allgemeines Abkommen wurde angeboten, das „andere Punkte, wie z. B. Bagdadbahn oder eventuelle Annäherung in Ostasien"[1] einschließen könnte. Das scheinbare Ziel der Wilhelmstraße, das wirkliche Ziel des Kaisers, war erreicht. Die Wilhelmstraße war aber entschlossen, ihre politische Sensation durchzusetzen. Die französischen Angebote wurden dem Kaiser nicht mitgeteilt[2] — der sogar, wie die Dinge nun standen, unbequem darauf drang „Gallien gut zuzusprechen und freundlich zu erzeigen, damit es ohne ‚*rancune*' bleibe", und das Beispiel dazu gab[3] — und freudig wurde die von dem Sultan ausgehende Idee aufgegriffen, eine Konferenz der auf Grund der Madrider Konvention von 1882 an Marokko interessierten Mächte einzuberufen. Holstein fügte tatsächlich hinzu und unterstrich es noch, daß man auf der Unabhängigkeit Marokkos bestehen müsse, denn „durch diese aus eigener Initiative von Seiner Majestät getane Äußerung ist die deutsche Politik festgelegt". Bülow war wenigstens so anständig, anderer Meinung zu sein und sich zu der Politik als ihrer eigenen zu bekennen[4].

Deutschland hatte allerdings mindestens dasselbe Recht, den *status quo* in Marokko zu verteidigen, wie Frankreich ihn anzugreifen: Was mit der Holsteinschen Politik nicht in Ordnung war, ergibt sich aus dem Worte: „Leicht beieinander wohnen die Gedanken, doch hart im Raume stoßen sich die Sachen." Auf der Algeciras-Konferenz gelang es Deutschland nicht, das Mindestmaß seiner politischen Forderungen durchzusetzen. Italien erklärte sich tatsächlich gegen seine Verbündeten. Empört über diese Haltung drahtete Wilhelm dem österreichischen Auswärtigen Amte seinen pointierten Dank: „Eine schöne Tat des Bundesgenossen! Sie haben sich als brillanter Sekundant auf der Mensur erwiesen

[1] Große Politik, Nr. 6700.

[2] Ebenda, Nr. 8282 n.

[3] Ebenda, Nr. 6685, 6704, 6830.

[4] Ebenda, Nr. 6601.

und können gleichen Dienstes im gleichen Falle auch von mir gewiß sein." Doppelt unvorsichtig. An sich wäre es besser ungesagt geblieben, und so war es nun für die Öffentlichkeit ein neues Beispiel der durch die Impulsivität Seiner Majestät den Ministern bereiteten Ungelegenheiten; während von denselben Ministern kalten Blutes, dem vorzüglichen und gemäßigten Rate Seiner Majestät zum Trotz, die verhängnisvollsten Fehler begangen wurden.

Über diese Fehler schwieg Wilhelm. Zedlitz schrieb, Seine Majestät stände ganz unter dem Eindruck, daß Marokko eine glorreiche Angelegenheit — „ein Fiasko" nannte er es in seinen Denkwürdigkeiten — für Deutschland sei, und wolle nichts von einer Andeutung des Gegenteils hören. Es ist ein erheiternder Gedanke, daß Zedlitz sich wahrscheinlich Mühe gab, dem widerstrebenden Ohre Seiner Majestät die eigene Ansicht Seiner Majestät über diese Sache aufzudrängen. Es sprach Bände für die natürliche Offenherzigkeit Wilhelms, daß seiner Umgebung niemals der Gedanke der einfachsten offiziellen Tarnung aufstieg, obgleich er sie ständig übertrieb, weil er nicht die Gabe künstlicher Verstellung besitzt.

Die ständige Einbildung von Toren wie Zedlitz, daß der Kaiser sich über die Richtung der öffentlichen Angelegenheiten irren könne, über die sie selbst und das übrige Publikum vollkommen unterrichtet waren, beruhte ohne Zweifel auf der Tatsache, daß bei Hofe wie in einer Familie notwendig viele Dinge vor sich gehen, von denen der Herr als letzter erfährt. Indessen konnte das, was ein Herrscher von dem Leben des Volkes wissen muß, auf keine Weise vor ihm verborgen gehalten werden[1]. Er hielt sich Zeitungen aller Art — einschließlich „Punch", mit dessen respektlosen Karikaturen von ihm selbst er Miß Topham zu necken pflegte — und auf Reisen kaufte er die Lokalblätter an den Zeitungskiosken[2]; aus den Akten des Auswärtigen Amtes ergab sich später, daß er die Aufmerksamkeit seiner Ministerien auf Presseartikel hinlenken konnte; er kannte die Witze und Geschichten, die man über ihn erzählte. Was vor ihm und der Öffentlichkeit gleich verborgen gehalten werden konnte, das waren die Geheimnisse der Ministerien, die umhegt wurden von der

[1] Vgl. S. 268.
[2] Stein, S. 66.

Eifersucht und dem Ehrgeiz der Minister oder auch nur von ihrer Neigung, sich Mühe und Erörterungen zu sparen.

Jedenfalls bestand keine Täuschung und kein Zweifel über das Ergebnis von Algeciras. Die beunruhigendste Folge war die wachsende Solidarität zwischen Frankreich und England, das unmittelbare Ergebnis einer von Deutschland betriebenen Politik, die man für einen der Entente mit Überlegung hingeworfenen Fehdehandschuh hielt[1]. Wie weit war sie gediehen? Würde England bei Gelegenheit seine diplomatische Unterstützung Frankreichs in militärischen Beistand umsetzen?

Und wenn es zum Kriege kam, würde dann auch Rußland seinem Verbündeten Hilfe leisten?

Der Fall von Port Arthur im Januar 1905 und die vernichtende Niederlage der Flotte bei Tsuschima im Mai, zusammen mit den inneren Unruhen, schlossen eine unmittelbare Gefahr von seiten Rußlands aus. Wilhelms unvernünftige Sympathie und unlogisches Interesse für „sein" russisches Regiment bedeuteten das übliche Rätsel für seine Umgebung. Er hatte wirklich nichts damit zu tun; was konnte er nur meinen, wenn er die Geschichte vom Regiment Wiborg am Schaho so stolz erzählte? Indessen litt er, mit klarerer Einsicht, lebhafterer Vorstellungskraft und stärker beteiligtem Herzen als seine Minister, alle Qualen der Besorgnis, die die Situation hervorrief.

Im Juli, als er von seiner Nordlandreise zurückkehrte, ergab sich eine plötzliche Gelegenheit zu einem Zusammentreffen mit dem Zaren in den Schären bei Björkoe. In Beantwortung eines Telegramms drahtete Bülow den Text des im vorhergehenden Sommer angeregten Vertrages[2] mit Ratschlägen und Kommentaren[3]. In der Dämmerung des 24. glitt die „Hohenzollern" in die Bucht und ankerte neben dem „Polarstern" vor der einsamen flachen Küste, „keine menschliche Wohnung, soweit das Auge reichte, kein lebendes Wesen, grauer Himmel, graues Wasser und eine unendliche Einsamkeit". In dieser Einöde beobachtete Moltke den Zaren mit Staunen. „Je länger wir" — an Bord der „Hohenzollern" — „bei Tisch saßen, desto mehr taute er auf, zuletzt war er ganz vergnügt, lachte und unterhielt sich lebhaft,

[1] Große Politik, Nr. 6870.

[2] Vgl. S. 188.

[3] Große Politik, Nr. 6208.

man merkte ihm deutlich an, daß er sich wohl fühlte in einer Umgebung, in der er sicher war. Er sowohl wie alle Herren seines Gefolges waren von ausgesuchter Liebenswürdigkeit, alle sprachen auf einmal deutsch, sie waren gar nicht wiederzuerkennen." Der Kaiser sagte dasselbe, als er am 25. noch ganz aufgeregt von den Erlebnissen an Bülow schrieb. Es hätte sich alles so leicht machen lassen, sagte er, weil Gott es gewollt habe; der kalte Zar sei ganz Umarmungen und Liebe gewesen, selbst seine Umgebung überraschend liebenswürdig. Da er ein Bedürfnis nach irgendeinem politischen Troste zu empfinden schien, erwähnte sein Vetter den Vertrag. „O ja, gewiß, ich erinnere mich sehr gut, ich weiß aber nicht mehr den Inhalt, wie schade, daß ich ihn nicht hier habe." Wilhelm dachte daran, daß seine Minister ihm eingeschärft hatten, nicht zu empressiert zu sein. Die Art, wie er ganz beiläufig zugab, den Vertrag tatsächlich in der Tasche zu haben, würde ein Kind mißtrauisch gemacht haben, aber der für Diplomatie so unzugängliche Zar verstand das alles sehr gut. Er „faßte mich am Arme", schrieb Wilhelm, „und zog mich aus dem Saale in seines Vaters Kajüte und schloß sofort alle Türen selbst. ‚Zeig ihn mir, bitte'; dabei funkelten die träumerischen Augen in hellem Glanze. Ich zog das Kuvert aus der Tasche, entfaltete das Blatt auf dem Schreibtische Alexanders III. vor dem Bilde der Kaiserin Mutter, zwischen lauter Photos aus Fredensborg und Kopenhagen" — die nicht einverstanden gewesen sein würden — „und legte es vor den Zaren hin. Er las einmal, zweimal, dreimal den Ihnen bereits mitgeteilten Text. Ich betete ein Stoßgebet zum lieben Gott, er möge jetzt bei uns sein und den jungen Herrscher lenken. Es war totenstill, nur das Meer rauschte und die Sonne schien fröhlich und heiter in die trauliche Kabine, und gerade vor mir lag leuchtend weiß die ‚Hohenzollern', und hoch in den Lüften flatterte im Morgenwind die Kaiserstandarte auf ihr; ich las gerade auf deren schwarzem Kreuz die Buchstaben ‚Gott mit Uns', da sagt des Zaren Stimme neben mir: *‚that is quite excellent. I quite agree!'* [Das ist ganz ausgezeichnet. Ich bin ganz einverstanden!] Mein Herz schlägt so laut, daß ich es höre; ich raffe mich zusammen und sagte so ganz nebenher: *‚Should you like to sign it? It would be a very nice souvenir of our entrevue.'* [Möchtest Du es unterzeichnen? Es würde eine sehr hübsche Erinnerung an unsere Zusammenkunft sein.] Er überflog noch einmal das Blatt. Dann sagte er *‚Yes, I will'*. Ich klappte das

Tintenfaß auf, reichte ihm die Feder und er schrieb mit fester Hand ‚Nicolas', dann reichte er mir die Feder, ich unterschrieb, und als ich aufstand schloß er mich in seine Arme und sagte ‚*I thank God and I thank you, it will be of most beneficial consequences for my country and yours; your are Russia's only real friend in the whole world, I have felt that through the whole war and I know it.*' [Ich danke Gott und ich danke Dir, es wird für mein Land und für Deines von den segensreichsten Folgen sein; Du bist Rußlands einziger wahrer Freund auf der ganzen Welt, ich habe das während des ganzen Krieges empfunden und ich weiß es.] Mir stand das helle Wasser der Freude in den Augen — allerdings rieselte es mir auch von der Stirn und Rücken herab —, und ich dachte an Friedrich Wilhelm III., Königin Louise, Großpapa und Nicolai I., die sind in dem Augenblicke wohl nahe gewesen? Herabgeschaut haben sie jedenfalls, und gefreut werden sie sich alle haben! Als ich den Zaren darauf aufmerksam machte" — da er selbst in diesem Augenblicke die praktische Erkenntnis besaß, daß die Geister der Vorfahren bei solchen Gelegenheiten als Zeugen nicht völlig genügen — „es werde sich empfehlen, vielleicht noch zwei Gegenzeichnungen zu haben, das sei so Sitte bei dergleichen Instrumenten, stimmte er zu und befahl sofort Tschirschky herüber und Admiral Birilew herab". Auch der Bruder des Zaren wurde eingeweiht. „So ist der Morgen des 24. Juli 1905 bei Björkoe ein Wendepunkt in der Geschichte Europas geworden, dank der Gnade Gottes; und eine große Erleichterung der Lage für mein teures Vaterland, das endlich aus der scheußlichen Greifzange Gallien-Rußland befreit werden wird"[1].

Ein scharfer aber vorübergehender Wind bewölkte seine erste Freude. Er hatte an dem Vertragsentwurf zwei vorsichtige Änderungen gemacht, die mit Bülow zu beraten keine Zeit war. Es schien ihm bedenklich, eine Bindung einzugehen, wonach seine Truppen für Rußland in Asien kämpfen müßten, und deshalb hatte er der Verpflichtung gegenseitiger Unterstützung die Worte „in Europa" eingefügt und weiter eine Bestimmung, daß der Vertrag erst nach dem Abschluß des russisch-japanischen Friedens in Kraft treten solle. Bülow billigte die zweite Abänderung; was die erste anging, so war der von ihm befragte Holstein nicht ganz sicher, doch betrachtete er den Vertrag als „entschieden vor-

[1] Große Politik, Nr. 6220.

teilhaft" für Deutschland und war lebhaft dagegen, ihn durch Verbesserungsversuche aufs Spiel zu setzen[1]. Die große Tatsache, der gegenüber alle anderen Erwägungen minder wichtig schienen, war, daß der Vertrag die gefürchtete *entente à trois* unmöglich machte.

Eine Woche darauf reichte Bülow plötzlich sein Abschiedsgesuch ein — wie man sagt, von Richthofen, einem von der alten Clique, hierzu überredet.

Der angegebene Grund — daß er die Verantwortung für die durch die Veränderungen geschaffene Lage nicht übernehmen könne — war offenbar nicht stichhaltig. Es wäre Wahnsinn gewesen, zu behaupten, daß die Lage für Deutschland mit dem Vertrage in seiner nunmehrigen Fassung schlechter sei als mit gar keinem. Tatsächlich betrachtete man in Rußland natürlich „in Europa" als einen ungeheuerlichen Vorteil für Deutschland[2]. Bülows Handlung war nur ein weiteres Manöver in dem langen Kampfe um die höchste Macht. Der Riese Bismarck, der offen kämpfte, hatte keinen Erfolg gehabt. Seine Nachfolger fingen die Sache geschickter an — von hinten — gegenüber einem Gegner, der ihre Absicht nicht argwöhnte. Ihre Taktik bestand darin, ihm nicht ins Gesicht zu sagen, daß er kein Recht hätte, eine eigene Entscheidung zu treffen, sondern ihm einfach Schwierigkeiten zu machen, wenn er es tat. Sie brauchten sich nur auf dem Boden der „Sache" zu halten, wo sie auf seinen Glauben an ihre ehrlichen Zweifel rechnen konnten.

Bülow setzte mit seinem Abschiedsgesuch nichts aufs Spiel. Er verstand wie wenige den Mann, mit dem er es zu tun hatte — in dem Maße, in dem ein Mensch von Bülows Begrenzung Wilhelm von Hohenzollern begreifen konnte. Er wußte, daß der Kaiser ihn schätzte und daß kein gekränkter Stolz den Streit verschärfen, keine Rechthaberei ein Einverständnis verhindern würde. Seine Besprechungen mit Holstein — der nur einmal sich die Mühe nahm, den Vorfall zu berühren — wurden fortgesetzt, ohne daß ein möglicher Wechsel irgendwie in Erwägung gezogen wurde.

Wilhelms Bestürzung bei dieser plötzlichen Gefahr, die dem Vertrage drohte, ist, als eine bloße patriotische Regung, für übertrieben gehalten worden; bei einem unglücklich Liebenden oder

[1] Große Politik, Nr. 6223, 6239.

[2] Witte, S. 426.

finanziell Ruinierten hätte man sie passieren lassen. „Ich bin, nach reiflicher Erwägung“, so fing er seinen Brief an, in dem Bemühen gelassen zu erscheinen, „völlig außerstande, zu sehen, daß die Lage durch *„en Europe“* eine so ernstere oder gefährlichere gegen die bisherige geworden sei, daß Sie Veranlassung haben, mir Ihre Entlassung anzubieten.“ Der Ton wurde erregt: der Choc habe ihn ganz krank gemacht, was könne denn der liebe Bülow damit meinen, daß er ihn und das Vaterland im Stich lassen wollte? War er, der Freund, nicht gegen seine eigene Meinung nach Tanger gegangen, mitten zwischen die Anarchisten, auf einem fremden Pferde — er mit seinem lahmen Arm —, einzig um Bülows Ansichten entgegenzukommen? und wollte Bülow ihn jetzt fahren lassen, weil die Situation ihm zu ernst erschiene? was für eine sonderbare Begründung! Falls wirklich ein Fehler vorlag, so war er jedenfalls mit den besten Absichten begangen worden. „Nein, mein Freund, Sie bleiben im Amte und *bei mir* und werden mit mir gemeinschaftlich weiterarbeiten *ad majorem Germaniae gloriam,* Sie sind mir durch meine diesjährige Verwendung ja geradezu verpflichtet, Sie können und dürfen mir nicht versagen, damit wäre Ihre ganze eigene Politik von Ihnen selbst desavouiert und ich auf ewig blamiert! *Was ich nicht überleben kann.* Gönnen Sie mir ein paar Tage erst der Ruhe und Sammlung, ehe Sie kommen, denn die durch Ihre Briefe verursachte Nervenaufregung ist zu groß, ich bin jetzt außerstande, in Ruhe zu debattieren. Ihr treuer Freund Wilhelm I. R.[1].“

Ebenso charakteristisch wie die leidenschaftliche Erregung war der praktische Verstand, der es ablehnte sich zu Szenen verleiten zu lassen. Die Empfindungen brachen jedoch in einer Nachschrift noch einmal durch. „P. S. Ich appelliere an Ihre Freundschaft für mich, und lassen Sie mich nicht wieder etwas von Ihrer Abgangsabsicht hören. Telegraphieren Sie mir nach diesem Briefe *‚all right‘*, dann weiß ich, daß Sie bleiben! Denn der Morgen nach dem Eintreffen Ihres Abschiedsgesuches *würde den Kaiser nicht mehr am Leben treffen!* Denken Sie an meine arme Frau und Kinder! W.“

Die Drohung mit Selbstmord, falls es das war und nicht eine Drohung mit der Gefahr des Todes durch Choc, kann Bülow nicht beunruhigt haben. Man wußte, daß der Kaiser in Augen-

[1] Große Politik, Nr. 6237.

blicken großer Verstimmung oder Depression auch von Abdankung gesprochen hatte; weder das eine noch das andere würde er ausgeführt haben, sobald der erste Schmerz vorüber war, der in solchen Vorstellungen Befreiung gefunden hatte. Beides war seinen Auffassungen diametral entgegengesetzt. Bülow telegraphierte natürlich nicht *„all right“:* wir Diplomaten begehen keine solchen übereilten Handlungen. Sie trafen zusammen und der Kanzler erklärte sich gnädigst bereit zu bleiben. Es war schade, daß Wilhelm nicht Bülows Bluff aufdeckte; aber Seine Majestät hatte keinen Argwohn und dachte nur an seinen Vertrag.

Das Gefecht war von den ministeriellen Truppen gewonnen worden. Wenn er auch nicht überzeugt war, pflichtete der Kaiser doch wenigstens der Behauptung seines Kanzlers bei, daß die Änderungen technisch nicht ratsam gewesen seien. Das selbständige Vorgehen des Kaisers war nicht verfassungswidrig; ihm allein stand das Recht zu, die auswärtige Politik zu leiten. Es bedeutete kein Widerstreben gegen eine Befragung seiner Berater, sondern nur Zeitmangel; es wäre also völlig übertrieben gewesen, mit dieser Begründung eine Kanzlerkrise herbeizuführen. Wenn indessen Bülow in dieser Hinsicht irgendeine allgemeine Beschwerde hatte, wenn er das Gefühl hatte, daß die Krone mehr auf sich nahm, als in der heutigen Zeit angezeigt ist, so war es offenbar eine ausgezeichnete Gelegenheit, dies vorzubringen. Er erwähnte keinerlei solche Beschwerde, und Wilhelm nahm natürlich gar nicht an, daß er eine hätte. Er hatte auch keine. Die ganze ministerielle Taktik war durch die störende Tatsache bedingt, daß das persönliche Regiment eine Fabel war und der Kaiser in sehr unbequemer Weise darauf bestand, mit seinen Beratern zusammenzuarbeiten. Wenn er nur eine wirkliche Krüger-Depesche schicken oder irgend etwas Unvernünftiges mit dem Zaren unternehmen wollte! Ihre Anstrengungen waren nicht darauf gerichtet, ihn auf den ihm gebührenden Platz in der Regierung zu beschränken, sondern ihn ganz und gar aus diesem Platz herauszudrängen.

Bülows persönliche Stellung war stärker denn je. „Ich stehe seit Björkoe so mit ihm — Seine Majestät wird dem Zaren genau das schreiben, was wir ihm vorschlagen — Ausdrücklich betone ich, daß wir den Gedanken ausschalten müssen, als ob für den Mißerfolg einer solchen Anregung“ — die von Bülow selbst kam! — „Seine Majestät mich irgendwie verantwortlich machen würde.

Davon ist keine Rede mehr[1]." Bülow, scheint es, hatte nicht die Absicht, unter irgendwelchen Umständen für irgend etwas verantwortlich zu sein. Wer war dann für die Fehler von Ministern verantwortlich zu machen? Jedoch war noch nicht alles gewonnen: Seine Majestät bildete sich noch ein, wenigstens ein Mitglied seiner eigenen Regierung zu sein, was er nach der Verfassung war.

Ein paar Wochen darauf war Bülow eifrig bemüht, den Vertrag zu retten, für den er keine Verantwortung übernehmen konnte. Die panslawistischen Minister des Zaren hatten die Nachricht mit Unwillen gehört und von dem einen wurde erzählt, daß er ausgerufen habe: „Weiß denn Seine Majestät nicht, daß er ein Bündnis mit Frankreich hat?" — das heißt, eine aus Feindschaft gegen Deutschland bestehende Verpflichtung. Am 25. November schlug der Zar einen Nachtrag vor, wonach angesichts der Schwierigkeit, Frankreichs Beitritt zu erlangen, der Artikel I (der Hilfe gegen den Angriff einer europäischen Macht garantierte) auf Frankreich keine Anwendung finden sollte![2] Auf diese erfreuliche Anregung erwiderte der Kaiser: „Wenn der französische Vertrag wie der unsere rein defensiv ist, dann sind die zwei nicht unvereinbar, und der eine schließt nicht den anderen aus, so daß keine weitere Erklärung erforderlich ist." Der Zar antwortete, daß der französische Vertrag defensiv sei; aber von dem Vertrag von Björkoe hörte man nichts mehr, wenn auch deutsche Staatsmänner noch 1907 daran festhielten.

Als es völlig klar wurde, daß es ein Fiasco war, wurde er von Holstein, dem einst so stolzen und einverstandenen, als ein wildes Stückchen des persönlichen Regiments des Kaisers hingestellt — „Operettenpolitik" — und der Welt, als sie davon erfuhr, wurde zu verstehen gegeben, daß er den Zaren überrumpelt habe, ein ganz phantastisches, seiner eigenen Initiative entsprungenes Dokument zu unterzeichnen.

Daß der Zar die Sache so auffaßte, als sei ihm eine Falle gestellt worden, ist nicht wahrscheinlich. Seiner Überzeugung nach war er tatsächlich für den Vertrag, dessen Nutzen für Europa seinem echten Idealismus gefiel; die deutschen Unterhändler waren aber im Recht, als sie den Versuch machten, eine Clique zu umgehen, mit der von Versöhnung und Einigkeit zu sprechen ganz ver-

[1] Große Politik, Nr. 6238.
[2] Ebenda, Nr. 6254, Anlage.

geblich war. Von den nicht hinzugezogenen Mächten wurde der Plan im allgemeinen als ein Anschlag zur Begründung der „deutschen Hegemonie" behandelt. Der beabsichtigte mächtige Bund war allerdings für uns und für andere insoweit unangenehm, als wir hätten beitreten müssen, und man mag es nun einmal nicht, wenn man etwas tun muß. Nichts Schlimmeres war zu besorgen; die Aussperrung Englands hatte keinen Platz in Wilhelms Plan von europäischer Einigkeit[1]. Wie ein solcher Bund sich ausgewirkt haben würde, ist eine andere Sache; gleich den meisten Plänen Wilhelms gehörte auch dieser dem nächsten Jahrhundert an. Da aber Deutschland niemals imstande war, auch nur seinen eigenen schlotternden Verbündeten zu beherrschen, so bestand keine große Wahrscheinlichkeit, daß das Projekt zu einer deutschen Hegemonie führen würde. Deutschland hätte in dem Bunde gerade so gut majorisiert werden können, wie es in dem Konzert der Fall war.

Die Koalition sei *de facto* vorhanden — mit diesen Worten faßte der Kaiser die Situation zusammen.

Die Koalition — das heißt, Rußland—Frankreich—England. Der Krieg hatte für Deutschland zwei unerwünschte Folgeerscheinungen gehabt. Erstens hatte der Mißerfolg im Fernen Osten Rußlands Ehrgeiz wieder einmal auf Europa gelenkt. Zweitens hatte seine Schwäche es seinem Verbündeten Frankreich ermöglicht, mit England, Rußlands Erbfeind und Rivalen im Osten, eine Verbindung einzugehen. Wollte Rußland sich nicht von Frankreich losreißen — was es aus finanziellen Gründen nicht konnte — und Deutschland zugesellen — was es wegen des Widerstreites seiner Balkan-Interessen mit denen von Deutschlands Verbündetem Österreich nicht konnte, das für das starke panslawistische Element ein rotes Tuch war — so blieb ihm nichts anderes übrig, als sich mit England zu vertragen. Ihre gegenseitige Feindschaft, die von europäischen Staatsmännern als ein konstanter Faktor angesehen worden war, stand vor der Auflösung.

Im Inneren hatte Rußland sich am Rande des Abgrundes wieder zusammengerafft. Während der Revolution, die der Krieg hervorgerufen hatte, wurde der Kaiser natürlich als der Unterdrückung und Reaktion atmende böse Geist des Zaren angeklagt. In der Tat hatte die Lage ihn jedoch zu einer Flut von ausgezeich-

[1] Vgl. S. 283.

neten und bilderreichen Ratschlägen in kosmopolitischem Englisch angeregt. „Ich würde an Deiner Stelle diese erste und beste Gelegenheit nicht versäumen, mit den Empfindungen Deines Landes in der Frage von Frieden oder Krieg eng Fühlung zu nehmen und dem russischen Volke die langersehnte Gelegenheit zu geben, die seine Zukunft betreffende Frage zu entscheiden oder an der Entscheidung teilzunehmen — worauf es ein positives Recht hat[1]." Warum nicht erst mit den Unzufriedenen sprechen, statt sie niederzuschießen[2]? Warum nicht an die Front gehen? „Der Zar könnte den erwarteten *grand acte* vornehmen, indem er nach Moskau ginge, die Edelleute und Notabeln in seinem prachtvollen Palast um sich versammelte und zu ihnen spräche... Danach würde der Zar, umgeben von der Geistlichkeit mit Bannern, Kreuz und Weihrauch und heiligen Ikonen auf den Balkon treten und dieselbe Rede, die er vorher gehalten, seinen versammelten treuen Untertanen als ein Manifest vorlesen, umgeben von den gedrängten Reihen der Truppen, *‚la baionette au canon, le sabre au poing'*. Wenn Du ihnen sagtest, daß Du — falls Du es für nötig hieltest — hinausgehen wolltest, um die Mühsal ihrer auf Deinen Befehl hinausgezogenen Brüder und Verwandten im Felde zu teilen, sie anzufeuern und den Versuch zu machen, sie zum Siege zu führen, so würde das Volk tief gerührt sein, sagt man, und auf die Knie fallen und für Dich beten... Alle, die sich für die Ereignisse in Rußland interessieren, sind einmütig darin, daß *à la longue* der Zar nicht *in perpetuum* in Zarskoje oder Peterhof bleiben darf, daß es aber gewiß ist, daß, sollte sein erstes Auftreten unter obigen Umständen stattfinden, die Sensation und der Eindruck in der ganzen Welt ungeheuer sein würde, sie würde ihm mit angehaltenem Atem zuhören, wenn er sie von den Wällen des Kreml anredete, wie einst seine Vorfahren[3]!"

Leider fand diese packende Szene niemals statt. Dieselbe Stimme drang vergeblich auf Verfassungsreformen; als diese von einem revoltierenden Volke erzwungen wurden, ließ sie sich wieder mit Mahnungen hören, die auf der Annahme beruhten, daß sie ehr-

[1] Große Politik, Nr. 6200.

[2] Briefe an den Zaren, Nr. 46.

[3] Der russische Botschafter bemerkte hierzu, wie gut Seine Majestät das russische Volk kenne. „C'est exactement ce qu'il attend de la part de son maître." D. Übers.

lich und tapfer durchgeführt werden würden. Nimm Fühlung mit deinem Volke mittels einer Volksvertretung und präsidiere ihr! „Vergiß nicht die Magna Charta *(habeas corpus act)*... Du hast es mir versprochen!" das heißt, in Björkoe. Eine Stimme vom Himmel hätte nicht besseren Rat erteilen können; inzwischen wurde aber alles, was der Zar in reaktionärer Richtung tat, weiter den Ratschlägen des Kaisers zugeschrieben.

Zu Hause empfand Wilhelm große Befriedigung über ein Ereignis — den Rücktritt Holsteins. Der Kanzler und sein Vertrauter entzweiten sich, als die Marokkosache eine unangenehme Wendung nahm. Bülows charakteristische Darstellung der Angelegenheit ergab sich aus einer Randbemerkung Wilhelms, die durch die Andeutung hervorgerufen wurde, daß er die Politik seines Kanzlers mißbilligt habe. „Nein! Aber ihre Ausführung ist durch Holstein oft in ganz falscher und unnötig antifranzösischer Weise gegen Meinen Willen gemacht worden[1]!" Mit seinem Abgang verschwand das Haupthindernis, das der Vernunft im Wege stand. Es müsse schnell und endgültig mit der elenden Marokko-Angelegenheit ein Ende gemacht werden, meinte der Kaiser. Man könne nichts tun, es werde französisch werden, so solle man auf anständige Weise herauszukommen suchen und diese Reibung mit Frankreich beseitigen. Unglücklicherweise hatte die vier Jahre lang irregeführte öffentliche Meinung Feuer gefangen und so war es jetzt nicht ganz leicht, praktische Politik zu betreiben.

Auch an Ort und Stelle hatte natürlich die Reibung zugenommen. Im September 1908 hinderte ein französischer Offizier mit seinen Leuten den deutschen Konsul in Casablanca mit Gewalt, sechs Deserteure der Fremdenlegion, darunter drei Deutsche, zu Schiff aus dem Land zu schaffen. Ein Deutscher, dem man nachsagte, daß er gewohnheitsmäßig Desertionen unterstütze, war in die Sache verwickelt. Von Anfang an hatte Wilhelm, den der Gedanke eines „Desertions-Büros" empörte, eine Einigung auf der Basis gegenseitiger Entschuldigungen befürwortet. „Wenn man unrecht hat", sagte dieser undiplomatische Mann, „soll man es auch ehrlich eingestehen!" Zum Glück sagte er es nur in einer Randbemerkung, und Bülow beeilte sich, ihn davon abzuhalten, es laut zu sagen, indem er bemerkte, es würde die Unterhandlungen mit Frankreich noch mehr erschweren, ein Punkt, über den Wil-

[1] Große Politik, Nr. 7252.

helm und seine Berater immer verschiedener Meinung waren. Nach Monaten der Reibung wurde die Sache dem Haager Tribunal überwiesen und endete nun doch — mit gegenseitigen Entschuldigungen.

Die deutschen Staatsmänner hatten aber jetzt endlich die feste Mauer wahrgenommen, nachdem sie mit den Köpfen dagegen angerannt waren. „Wir müssen unseren Rückzug möglichst wenig verlustreich gestalten", sagte die Wilhelmstraße, „und zu retten suchen, was zu retten ist[1]." Das Ergebnis war das deutsch-französische Marokko-Abkommen vom Februar 1909, das Wilhelm diesmal, wenn auch nicht öffentlich, als sein „eigenstes persönliches Werk, von mir trotz Verschleppung und des Kleinmuts meiner Beamten durchgebracht", in Anspruch nahm, ein Anspruch, den Bethmann anerkannte[2]. Seine Majestät bestand auch darauf, in der Thronrede im November einige Höflichkeiten über Frankreich in Marokko zu sagen.

Sein Eingreifen konnte den angerichteten Schaden nicht wieder gutmachen: von jetzt an hatte Deutschland mit einem England zu rechnen, das fest mit Frankreich verbunden war. Im Jahre 1906 fanden zwischen England und Frankreich sowie Belgien „militärische Unterhaltungen" für den Fall eines Kontinentalkrieges statt. Im gleichen Jahre reorganisierte Haldane die britische Armee, indem er ein Expeditionskorps von 150.000 Mann schuf, etwas, das vorher noch nicht vorhanden gewesen war. Diese Dinge waren beunruhigend, denn wenn man nicht annahm, daß sie verbündeten Angriff bedeuten sollten — und vorsichtige Leute sagen, man müsse immer das Schlimmste annehmen —, so bedeuteten sie verbündetes Mißtrauen, das fast ebenso gefährlich ist.

[1] Große Politik, Nr. 8478.
[2] Ebenda, Nr. 10.485.

14. Kapitel

Die Neugruppierung: 1904—1908. Sicherheitsfragen

Die letzten Jahre hatten Wilhelm von Hohenzollern als Menschen einige große Freuden gebracht. 1906 wurde er Großvater, nachdem sein Erbe im Jahre vorher Cecilie von Mecklenburg geheiratet hatte. 1907 kaufte er das Achilleion, einst das Besitztum der Kaiserin Elisabeth von Österreich, auf Korfu herrlich gelegen. 1907 brachte aber auch ein Trauerspiel.

Seine Freundschaft für Eulenburg hatte diesen Unglücklichen unvermeidlich politischer Eifersucht aussetzen müssen. 1906 hatte man einen Versuch gemacht, die Dinge so darzustellen, als arbeite er mit Intrigen auf Bülows Sturz hin. Jedoch Bülow stand sich mit Eulenburg auf Du und Du und war seines kaiserlichen Freundes sicher. Im folgenden Jahre kam ein neuer Angriff: Harden fing an, in der „Zukunft" dunkle Andeutungen zu machen, und bald sagte ganz Berlin, Philipp Eulenburg sei unnatürlichem Laster ergeben.

Damals hatte Proust uns alle noch nicht so angenehm vertraut mit dem Gegenstande gemacht, und selbst wenn es der Fall gewesen wäre, der Kaiser mit seinen altmodischen Anschauungen würde doch — wie der Kronprinz berichtet — ein „verzweifeltes, entsetztes Gesicht" gemacht haben, als dieser, nachdem alle anderen es abgelehnt hatten, endlich wagte, es seinem Vater im Garten des Marmorpalais zu sagen. „Dabei war die sittliche Reinheit des Kaisers so groß, daß er sich die Möglichkeit solcher Verirrungen kaum vorstellen konnte." Es war viel zu spät, um die Sache zu vertuschen. Der Kaiser befahl Eulenburg und zwei in gleicher Weise beschuldigten Generalen, durch Beleidigungsklagen ihre Ehre vor dem Gesetz wiederherzustellen.

Ein General floh; Eulenburg, der die Beschuldigungen in dem Prozesse des anderen unter seinem Eide ableugnete, schien entlastet. Die Sache wurde aber merkwürdigerweise noch einmal hervorgezerrt in einer Beleidigungsklage, die Harden bei einem Münchener Gericht gegen einen Redakteur anstrengte, der ihn beschuldigt hatte, von Eulenburg Schweigegeld genommen zu haben. Es wurde Harden gestattet, für Eulenburgs Schuld Zeugenbeweise beizubringen, die, wenn sie überhaupt erheblich waren, sich zugunsten der Verteidigung ausgewirkt haben würden; darauf erhob der Staatsanwalt gegen Eulenburg Anklage wegen Meineides. Der Fürst — er war 1900 in den Fürstenstand erhoben worden, im Verfolg eines Planes, die Überzahl der katholischen preußischen Fürsten auszugleichen — litt an Gicht, akuter Neuritis, Herzmuskelentzündung und Thrombose und mußte, obgleich er verhaftet war, in der Charité untergebracht werden. Während des außerordentlich langen und wie manche glaubten, absichtlich lang hingezogenen Prozesses hielt er tapfer aus: der Staatsanwalt hatte in frivoler Weise 145 Zeugen zusammengebracht, von denen eine große Anzahl ihn nicht identifizieren konnte und nur etwa ein Dutzend ein wenig mehr bei der Stange blieb; schließlich ruhte die ganze Sache auf den Schultern eines tauben alten Fischers, dessen Aussage sich auf angebliche Verfehlungen bezog, die zwanzig bis dreißig Jahre zurücklagen, und der vorher im entgegengesetzten Sinne ausgesagt hatte. Die Verteidigung hatte noch wertvolle Zeugen an der Hand, darunter die Fürstin Eulenburg. Aber der Angeklagte, der vom Stuhl auf die Bahre und von der Bahre auf das Bett gesunken war, so daß im Krankenhause verhandelt werden mußte, brach unglücklicherweise unter der Tortur ganz zusammen, obwohl er heftig gegen eine Vertagung protestierte; hohes Fieber und Delirium machten den Verhandlungen ein Ende. Als sie im nächsten Jahre wieder aufgenommen wurden, beschuldigte der Vorsitzende Eulenburg in brutaler Weise des Simulierens; dieser war aber imstande, die Beschuldigung zu widerlegen, da er einen schweren Herzanfall bekam und beinahe auf dem Fußboden des Gerichtssaales starb. Er lebte noch zwölf Jahre, ohne daß seine Gesundheit sich merklich besserte; das Verfahren wurde niemals zu Ende geführt[1].

Unzweifelhaft waren politische Kräfte am Werk, um eine Beschuldigung zu erheben und hartnäckig aufrecht zu erhalten, die niemals bewiesen worden ist und, falls zutreffend, längst verjährt war. Er selbst war überzeugt, daß es Holsteins Rache für seine Treue

[1] Der Arzt, der ihn in der Charité behandelte, war auf Grund seiner Beobachtungen zu der festen Überzeugung gekommen, daß der Fürst an den ihm zur Last gelegten Dingen völlig unschuldig sei. D. Übers.

zum Kaiser war. „Ich wußte auch, für wen ich so furchtbar bluten würde“, schrieb er. Man bildete sich nicht ein, daß Wilhelm etwas von den angeblichen Vorgängen gewußt habe; da er aber immer für etwas getadelt werden mußte, so wurde er dafür getadelt, daß er nichts gewußt habe. Daß er einen solchen Freund haben konnte, mußte an „seinem Mangel an Menschenkenntnis“, an der „Unwirklichkeit der Welt, in der sein Geist lebte“ liegen[1]. Diese Erwägungen hätte man auch auf eine große Anzahl arkadisch-unschuldiger Personen aus der vornehmen österreichischen, preußischen und bayrischen Gesellschaft anwenden müssen, einschließlich der „Entdecker“ Eulenburgs, der Familie Bismarck. Der Fürst war allgemein beliebt. „Ein bleicher, grauhaariger, etwas müde aussehender Mann, mit einem blassen, flüchtigen Lächeln... er war ein geborener Erzähler, wie der Kaiser, aber er erzählte mit ruhiger, sanfter, zarter Stimme, mit ernstem Gesicht und einem faszinierenden Charme des Sichgebens. Man konnte wohl verstehen, daß die kraftvolle Persönlichkeit des so freimütigen, so edlen, so offenherzigen Kaisers von der etwas zurückhaltenden, geheimnisvollen, feinen Natur dieses glänzenden Mannes angezogen wurde.“ Das war die Ansicht einer englischen Dame. „Rominten sah ihn nicht wieder. Wahrscheinlich wurde aber niemals jemand dort mehr vermißt als er, dessen Name nie wieder dort genannt wurde[2].“

Eulenburg wäre nicht menschlich gewesen, hätte er nicht seinen Freund manchmal wegen der Trennung getadelt, und doch war nur geschehen, was er vorausgesehen hatte: daß Wilhelm, noch voller Liebe, gezwungen sein werde, ihn zu opfern. Das Staatsoberhaupt konnte nicht ruhig weiter die Gesellschaft eines Mannes pflegen, der öffentlich der Verfehlung gegen das Strafgesetz angeklagt war; auch würde kein Versuch, das Verfahren niederzuschlagen, Eulenburgs Ehre gerettet haben. In der Tat, wessen würden die Feinde, die Wilhelm vorwarfen, Eulenburg verlassen zu haben, ihn nicht mit Recht beschuldigt haben, hätte er ihn zu schützen versucht. In der Ruhe späterer Jahre konnte Eulenburg über Wilhelm von Hohenzollern schreiben, er sei ein treuer Freund gewesen und das wiege schwer in der Waagschale des Charakters. Über Eulenburg schrieb dieser Freund, als er von den kaiserlichen Fesseln befreit war: „Wenn er in unser Potsdamer Heim trat, war

[1] Hammann (b), S. 23.
[2] Topham (a), S. 249—250.

es stets, als flute Sonnenschein in den Alltag. Der Freund, der er mir damals war, ist er Jahrzehnte hindurch in Treue geblieben. Was an den Anklagen verschiedenster Art ist, die gegen ihn erhoben werden, darüber wird dereinst die Geschichte ihr Urteil fällen. Ich meinerseits werde ihm stets ein dankbares Andenken bewahren."

Diese Affäre hatte eine Art Menschenjagd hervorgerufen: Beschuldigungen homosexueller Verfehlungen kamen auf; Bülow war genötigt, Klage wegen einer Verleumdung zu erheben, für die jeder Beweis mangelte. Der Schmerz um Eulenburg hatte Wilhelm so krank gemacht, daß er einen geplanten Besuch in England verschieben wollte; eine Andeutung darüber rief jedoch starke Gegenvorstellungen des englischen Hofes hervor. Er fuhr hin, und schließlich nicht ungern, ließ er doch einen wahren Pfuhl von Trübsal und Unglück hinter sich zurück. „Es ist, als ob ich nach Hause käme", sagte er zu dem Bürgermeister von Windsor, „ich freue mich immer, hier zu sein." Während seines Aufenthaltes dort brachte er die Angelegenheit der Bagdad-Bahn in Ordnung, und zwar in einem zwanglosen mitternächtigen Rauchkollegium in den von ihm bewohnten Räumen des Schlosses, mit Haldane, Schoen, Metternich und dem Kriegsminister von Einem. Dem englischen Mitgliede fiel die „sehr lebhafte Unterhaltung" auf, bei der einige der Herren „dem Vorschlage des Kaisers, die englischen Anregungen anzunehmen, mit einer Offenheit widersprachen, die die Welt draußen überrascht haben würde". Der Kaiser war bereit, England „das Tor" zu überlassen, das heißt den Endpunkt am Golf, und englische Mitarbeit beim Bau der Linie von Bagdad an zuzulassen[1]. Die Vereinbarung ging jedoch einige Wochen später in die Brüche, als Metternich Einwendungen dagegen erhob, daß auch Frankreich und Rußland an dem Plane beteiligt werden sollten, wodurch Deutschland immer in Gefahr sein würde überstimmt zu werden; ein Einwand, dessen Gewichtigkeit auch Wilhelm anerkannte[2]. Aus Besorgnis, Frankreich zu beleidigen, war es aber für uns bereits unmöglich, ein Abkommen mit Deutschland allein zu treffen.

Am 13. November empfing der Kaiser in der Guildhall die „Freiheit der City"[3] und rief einen sehr guten Eindruck hervor, als er

[1] Haldane, S. 48.
[2] Große Politik, Nr. 8670, und die Randbemerkungen des Kaisers.
[3] Entspricht etwa dem Ehrenbürgerrecht. D. Übers.

in seiner Rede die Worte anführte, die er soeben als Inschrift unter dem festlichen Schmuck seines Weges zur City gelesen hatte: „Blut ist dicker als Wasser." — „Er gefiel mir", sagte eine Dame, die zwischen den Schaulustigen gestanden hatte, „er hatte solch freundliche blaue Augen." Nach einem offiziellen Besuch von einer Woche ging er am 18. November als Gast des Obersten Stuart-Wortley nach Highcliffe Castle bei Bournemouth, wo er noch lange im Gedächtnis der Schulkinder des Ortes fortlebte, weil er ihnen einen großen Tee gegeben hatte, bei dem er den Kuchen mit seiner eigenen kaiserlichen Hand schnitt. Als der sechswöchige Aufenthalt vorüber war, sagte seine Tochter, der arme Papa sei ganz unglücklich, sein geliebtes Highcliffe verlassen zu müssen.

Der Besuch hatte den üblichen Erfolg und verursachte die übliche Entspannung, der im Anfange des Jahres 1908 die erste wirkliche Flottenpanik in der englischen Presse folgte.

In allen Ländern murrte man in zunehmendem Maße über die Rüstungslasten; die zweite Haager Friedenskonferenz, die Rußland 1907 einzuberufen den Mut hatte, nahm jedoch denselben Verlauf wie die erste. Ein keineswegs altruistisches, aber vollkommen rechtmäßiges Motiv lag allen Konzessionen oder Weigerungen der Völker zugrunde. England war ganz bereit, den *status quo* in den Rüstungen zu stabilisieren — „wir sind zur See überlegener als wir es je gewesen sind"[1], hatte Grey im Jahre vorher geschrieben —, als aber Englands eigener Vorschlag für die Freiheit der Meere, das heißt die Abschaffung der Konterbande, 1908 in die Londoner Deklaration aufgenommen wurde, lehnte ihn das Oberhaus ab, als für die englischen Interessen nachteilig. Rußland, dessen Rüstungen sich nicht mehr in einem befriedigenden Zustand befanden, wünschte die Beschränkung nicht mehr; Deutschland aber bewahrte alle anderen vor der Unannehmlichkeit, sie zu verweigern, indem es ablehnte, sich den Gefahren der Erörterung auszusetzen. Es war bereit, von den anderen Mächten vorgelegte Abrüstungspläne zu erwägen. Der Gegenstand wurde aber fallen gelassen und Deutschland war ein bequemer Sündenbock für den unausbleiblichen Fehlschlag. Deutscher Militarismus! Nun bestand der deutsche Militarismus in der Theorie, daß Rüstungen die Garantie der nationalen Sicherheit seien. „Es war die deutsche

[1] British Documents, Bd. III, Nr. 216.

Überlieferung", schrieb Lord Haldane, „... daß ein dauernder Frieden nur auf der Grundlage von Rüstungen bestehen könne. Wenn das der Fall ist, so ist es klar, wie es zum Kriege gekommen ist[1]." Im Gegensatze dazu glaubten wir, daß die Grundlage eines dauernden Friedens in der überlegenen Stärke unserer Marine bestände. Man sieht den ungeheuren Unterschied.

So überlegen England aber auch zur See war, der im Jahre 1905 vom Stapel gelaufene „Dreadnought" hatte seine Haltung gegenüber der wachsenden deutschen Flotte beeinflußt.

Es war unsere Absicht gewesen, eine nicht in Frage zu stellende Überlegenheit ein für alle Male durch ein Ungetüm zu sichern, mit dem, wie man glaubte, ausländische Werften und Docks nicht in Wettbewerb treten könnten. Da aber diese Rechnung sich als irrig erwies, so war die tatsächliche Wirkung eine enorme Vermehrung der Rüstungslasten und gleichzeitig eine Verminderung unseres Vorsprunges dadurch, daß nun ein großer Teil unserer eigenen Flotte als Folge davon veraltet war. Als das deutsche Flottenprogramm für die Zeit bis 1918 im Jahre 1900 Gesetz wurde, hatte es unseren Fachleuten keine Beunruhigung verursacht; es war aber ein erschreckender Gedanke, daß es nunmehr in Dreadnoughts ausgeführt werden würde. „Es ist alles eine Frage von Dreadnoughts", sagte Sir Edward Grey. 1907 konnte Sir John Fisher aber immerhin noch sagen, daß die britische Flotte dreimal so groß sei wie die deutsche. Dieses Verhältnis änderte sich nicht sehr, als Deutschland im April 1908 eine Novelle ankündigte, die drei weitere Dreadnoughts vorsah, und zwar nicht als zahlenmäßige Vermehrung, sondern als Ersatz. Die Vorlage verstärkte die neue Beunruhigung in England, wo behauptet wurde, daß Deutschland bald allerdings nicht eine auch nur annähernd ebenso große Flotte, aber beinahe ebenso viele Dreadnoughts haben würde.

Das beste Hilfsmittel dagegen war, wie gerade Wilhelm hervorhob, in aller Ruhe selbst mehr Dreadnoughts zu bauen. Dies war eine seiner Unvorsichtigkeiten. Er hatte über die Sache mit Lord Tweedmouth gesprochen, dem Ersten Lord der Admiralität, und nach seiner Rückkehr schrieb er ihm am 16. Februar 1908 einen Brief — natürlich privat, und zwar angeregt durch einen Offenen Brief Lord Eshers an die „Times", der folgende Worte enthielt: „Vom Kaiser herab gibt es keinen Menschen in Deutschland, der

[1] Haldane, S. 143.

nicht den Sturz Sir John Fishers begrüßen würde", also den Sturz des Ersten Seelords. Wilhelm zeigte seinen Brief, ehe er ihn absandte, an Schoen, den Staatssekretär des Äußeren, der ihn für eine ganz nützliche Fortsetzung der Unterhaltungen hielt, und erwähnte ihn auch gewissenhaft König Eduard gegenüber, der trokken erwiderte, daß dies eine neue Mode — *„a new departure"* — sei. Als Präzedenzfall war er freilich kaum wünschenswert, aber die folgende Stelle zeigt, wie durchaus harmlos sein Inhalt war: „Es würde für England die einfachste Sache von der Welt sein, zu sagen: Ich habe ein weltumspannendes Reich, den größten Handel auf der Welt, und um sie zu schützen, muß ich soviel Schlachtschiffe, Kreuzer usw. haben, wie notwendig sind, um mir die Obergewalt zur See zu sichern, und also sollen sie gebaut und bemannt werden. Das ist das absolute Recht Ihres Landes und nirgends würde irgend jemand ein Wort darüber verlieren. Ob es nun 60 oder 80 oder 100 Schlachtschiffe wären, das würde keinen Unterschied machen und jedenfalls keine Änderung der deutschen Flottenvorlage hervorrufen: Mögen die Ziffern sein, wie Sie sie für richtig halten, jeder hier würde es verstehen, aber die Menschen hier würden sehr dankbar sein, wenn man endlich Deutschland aus der Diskussion ausschiede. Denn für die Deutschen ist es sehr ärgerlich, ihr Land dauernd von der ganzen Presse der verschiedenen streitenden Parteien als die einzige Gefahr und Bedrohung für England hingestellt zu sehen, in Anbetracht dessen, daß andere Länder auch bauen und daß es sogar größere Flotten gibt als die deutsche[1]."

Die Existenz des Briefes sickerte auf unserer Seite durch und wurde von der Deutschenfeindschaft der „Times" als ein Versuch der Beeinflussung eines britischen Ministers aufgegriffen. Bülow und Schoen — ein vollkommen anständiger Mann — stellten offiziell in Abrede, etwas davon gewußt zu haben; zweckmäßiger wäre es gewesen, den Brief zu veröffentlichen — das schlimmste darin war eine Stichelei auf Kosten Lord Eshers, der früher mit den Wasserleitungen von Schloß Windsor zu tun gehabt hatte.

Unglücklicherweise war es ebenso unmöglich, den Brief zu veröffentlichen, dessen Ton das Publikum wieder beruhigt haben würde, wie dem darin enthaltenen Fingerzeig zu folgen. Dreadnoughts konnten nicht in gelassener Stimmung gebaut werden;

[1] Große Politik, Nr. 8181.

die Öffentlichkeit mußte beunruhigt sein oder die Dreadnoughts würden nicht bewilligt werden. Das gleiche galt für Deutschland, wo nichts die Flottenkredite so förderte wie ein Anfall von Verärgerung über England. Aber wenn auch der Deutsche Flottenverein toben mochte, der Gedanke eines Wettbewerbs zur See mit England erhob in einem deutschen amtlichen Schriftstück niemals sein Haupt, ohne daß der Kaiser gewarnt hätte. „Das ist das einzige, wozu wir niemals stark genug sein werden." Eine Flotte, die genügend stark wäre, um der englischen Flotte mit Aussicht auf Erfolg entgegenzutreten? — „Das wird niemals der Fall sein." England angreifen? — „Harikiri[1]." So schrieb der Mann, den man phantastischer Träume, des Mangels an Proportionsgefühl, des Größenwahnes beschuldigte, über seine eigene Lieblingsschöpfung, seine Freude und seinen Stolz, die Flotte. Wenn aber auch der Angriff Wahnsinn war, so war doch die Abwehr nicht hoffnungslos und mußte versucht werden. Das logische Ergebnis eines Durchdenkens des Risikogedankens würde Defaitismus im Falle eines Seekrieges gewesen sein, aber Wilhelm war halbenglisch und deshalb in diesem Punkte traditionell blind. Mußten sie kämpfen, so hatten sie eine gute Chance, irgend etwas konnte sich ereignen, Indien konnte sich losreißen[2]. Eine angelsächsische Haltung: Sie müssen uns ja schlagen — aber sie sollen es den Teufel tun!

Bülow war für die Flotte gewesen, aber unsere schlechte Laune erschütterte seine Entschlossenheit. Einen Krieg mit England wegen der Flottenfrage hielt er für „ganz möglich" und die Lage für sehr ernst[3]. In Angelegenheiten des Heeres und der Marine war der Kaiser jedoch seiner konstitutionellen Rechte sicher und viel intransigenter als in irgendwelchen anderen Dingen. England müsse sich an die deutsche Flotte gewöhnen. „Mir scheint, daß die Tatsachen etwas verschleiert werden und dadurch konfuse Illusionen heraufbeschworen werden. Es wird hier wiederum von ‚Rüstungen *ad infinitum*', also von Konkurrenz- und Wettbauten gesprochen. Das ist absolut falsch und eine willkürliche englische Verdrehung der Tatsachen. Unser Gesetz sieht, alles gerechnet, für etwa 1918/20 eine Flotte von 40 Linienschiffen vor. Diese Zahl ist von mir und Admiral Tirpitz als vollkommen ausreichend

[1] Große Politik, Nr. 6157, 7204, 8215.

[2] Ebenda, Nr. 8228.

[3] Ebenda, Nr. 8239.

fixiert und vom Reichstag festgelegt worden durch Gesetz... Eine große Novelle 1912 oder später ist nicht beabsichtigt und besteht in der Phantasie der total verrückten Briten. Sie [Bülow] können daher mit ganz ruhigem Gewissen jedem Briten sagen, das Flottengesetz wird planmäßig ausgebaut und damit ist für uns Schluß. Wir bauen dann nur noch, wenn Ersatz für altes, unbrauchbares Material nötig ist. Aber die Flotte als solche wird nicht vermehrt werden, gleichgültig, ob England viel oder wenig neu baut, und von 1920 ab können wir uns unverbindlich mit ihnen über Bauten unterhalten. Das augenblickliche Verhältnis ist 22 deutsche zu 59 englischen Linienschiffen und wird in den nächsten Jahren sein 24 zu 62. Also hat England schon 22 [19] Schiffe mehr als die deutsche Flotte in 10 Jahren Höchstzahl haben wird[1]."

Worauf, so konnte man wohl fragen, beruhte die deutsche Schätzung der notwendigen Flottenstärke, wenn nicht auf den Rüstungen seiner Nachbarn? und wie waren diese Angaben mit dem Risiko-Gedanken vereinbar, wonach die Schätzung in Rücksicht auf die stärkste Seemacht vorgenommen worden war? Mahan fand nichts Rätselhaftes an dieser Frage. Er schrieb, Deutschland könne auf Grund seines auf lange Sicht aufgestellten Flottenprogramms, das offen auf der gegenwärtigen Stärke und den allgemeinen Gepflogenheiten seiner Nachbarn beruhte, mit Recht für sich in Anspruch nehmen, zu der Stabilisierung, nicht zu der Beschleunigung, des Welt-Flottenbaus beizutragen. „Tatsächlich ist das Ergebnis gewesen, daß der Standard des britischen Flottenbaus in Deutschland aufgestellt worden ist, nicht der des deutschen in Großbritannien, außer was den ursprünglichen Plan angeht"[2], das bedeutet, daß wir es waren, die den Wettbewerb betrieben. Dies war nicht unsere Ansicht; wenn aber ein neutraler Beobachter sie haben konnte, so konnte sie bei einem Deutschen nicht überraschen.

Die Tatsache, daß die Dinge zwei Seiten haben, ist allerdings, obwohl keiner der handelnden Personen es jemals zugeben wird, das Schwierige an den meisten Streitigkeiten. „Die einfachste Lösung", meinte Wilhelm, „ist eine Entente oder Bündnis mit uns, dann sind sie aller Sorgen ledig. Daß wir gute Alliierte sind, zeigt das Verhältnis zu Österreich[3]."

[1] Große Politik, Nr. 8239.
[2] Mahan, S. 58.
[3] Große Politik, Nr. 8212.

Die einfachste Lösung, meinten manche englischen Skeptiker, wäre es, Deutschland beim Kragen zu nehmen und es zu zwingen, den Bau von Schiffen einzustellen. Es scheint, daß eine bloße Andeutung bei einigen der deutschen Staatsmänner genügt haben würde, nicht aber beim Kaiser, der unser Blut in den Adern hatte; daß sie deutlich zu vernehmen war, schuf weitere Schwierigkeiten in einer ohnedies heiklen Angelegenheit.

Einer starken und stolzen Macht in einer Sache Vorschläge zu machen, die so sehr ihre eigene Angelegenheit ist wie ihre Verteidigungsmittel, war in jenen Tagen ein so heikles Ding, daß es niemals geschah. Selbst Engelszungen, wenn solche zur Verfügung gestanden hätten, würden derartigen Vorschlägen kaum den Beigeschmack von Drohungen genommen haben. Es war unvermeidlich, daß es aus unseren Hinweisen auf Beschränkung böse hervorklang: Nehmt euch in acht, wenn ihr nicht folgt! Vorwürfe an Deutschlands Adresse in dieser Angelegenheit waren daher, wenn man nicht ein Ultimatum überreichen oder ein Abkommen anbieten wollte, viel schlimmer als vergeblich; auch war es nicht deutlich, welche gute Wirkung man sich von gegnerischer Kritik der deutschen Flottenmaßnahmen versprechen konnte, um die unausbleibliche Beunruhigung und Kränkung aufzuwiegen. Nicht nur die englische Presse, sondern auch Männer in verantwortlicher öffentlicher Stellung schalten Deutschland wegen seiner aggressiven Absichten zur See; Minister machten dem deutschen Botschafter Vorstellungen wegen der Kriegslust, Doppelzüngigkeit und Überflüssigkeit der deutschen Flottenpolitik. Admiral Fitzgerald schrieb, man solle Deutschland verbieten, weiterzubauen. Der Erste Zivile Lord der Admiralität sagte in einer öffentlichen Rede, daß wir zuschlagen sollten, ehe die Deutschen die Kriegserklärung in den Zeitungen gelesen hätten. Der Vorschlag des Ersten Seelords, gegen die deutsche Flotte so vorzugehen wie einst bei Kopenhagen *(„to Copenhagen the German fleet“)*, war König Eduard in einer Privatunterhaltung gemacht worden, er wurde aber bekannt, und der Gebrauch gerade dieses Wortes war allzu passend. Wir waren über die Flotte eines Nachbarn hergefallen und hatten sie zerstört, ohne eine Kriegserklärung. Kritik von unserer Seite war keinesfalls erwünscht, und Kritik mit einem Kopenhagen-Beigeschmack war von Anfang an als Drohung und Beleidigung zur Erfolglosigkeit verurteilt. Deutsche Minister mochten schwanken, aber das Volk — einschließlich des Kaisers — war entschlossen, sich nichts gefallen zu lassen. Eine amtliche Note von England über diesen Gegenstand, rief Wilhelm aus, würde einer Kriegserklärung gleichkommen[1]. Im August 1908 brachte Sir Charles Hardinge, Unterstaatssekretär im Auswärtigen Amt, der König Eduard nach Cronberg begleitet hatte, die Sache unglücklicherweise aufs Tapet. Der Kaiser war ohne Zweifel empfindlich, er hatte den Eindruck, daß Sir Charles ihm „in ziemlich gereiztem und fast diktatorischem Ton" Dinge gesagt habe, die auf „Ihr müßt aufhören oder langsamer bauen" hinausliefen, worauf er „seine Zähne zeigte" und grimmig sagte: „Dann werden wir kämpfen, denn es ist eine Frage der nationalen Ehre und Würde[2]." Selbstverständlich hatte Sir Charles einen solchen Eindruck nicht beabsichtigt. Wenn er aber begriffen hatte, daß dies ein Gegenstand war, dem man sich, wenn überhaupt, nur vorsichtig nähern durfte, so war er eine Ausnahme unter den englischen Ministern. Grey zum Beispiel fand es unerklärlich, weshalb die Deutschen darin so empfindlich seien[3].

Indessen war es Wilhelms Dazwischentreten, das, als der Chauvinismus des Flottenvereins zu arg wurde, zum Rücktritt von dessen allzu hitzigem Präsidenten, General Keim, führte.

Das Abkommen, mit dem England und Rußland 1907 ihre Differenzen in Persien, Afghanistan und Tibet beglichen, war danach angetan, die Beunruhigung Deutschlands zu erhöhen und seine Interessen zu beeinträchtigen. Das englisch-russische Abkommen über Persien führte dahin, daß jeder andere dort ausgeschlossen war; Wilhelm wollte jedoch von einem aussichtslosen Protest *à la marocaine* nichts wissen[4].

Er und der Zar trafen sich in demselben Jahr wie üblich in Swinemünde, und zwar unter Umständen, die ein besonderes Licht auf seine vor Tanger an den Tag gelegte Scheu vor der See warfen. Als die „Hohenzollern" vor Anker ging, war der Seegang so hoch, daß die Russen einen Besuch für unmöglich hielten, um dann mit Schrecken zu sehen, daß das Boot der „Hohenzollern" unter ihrem Heck auf und nieder tanzte. *„Nicky, won't you make a lee?"* rief der Besucher, aber niemand an Bord hatte

[1] Große Politik, Nr. 8217, M. 26.
[2] Ebenda, Nr. 8226.
[3] Grey, Bd. I, S. 300.
[4] Große Politik, Nr. 5347.

die Geistesgegenwart, einen Befehl zu erteilen; der Zar, in Interimsuniform, und die anderen Würdenträger versammelten sich um das Fallreep, das nicht herabgelassen war, während ihr durch den lahmen Arm behinderter Gast mit Schwierigkeit und Gefahr über die Strickleiter am Vorderschiff an Bord kam. Und doch war es schließlich der Zar, der über diesen Vorfällen die Laune verlor, „vielleicht auch", schrieb Tirpitz, „weil der Kaiser sofort der natürliche Mittelpunkt jedes Kreises wurde und sich, wenn er russische Uniform trug, unter Russen gesellschaftlich ganz als Russe bewegte". Wie kann man gegenüber einem Gast Überlegenheit wahren, der sich nicht einmal dazu bereit findet, zu seinem Nachteil wie ein Ausländer auszusehen? Vielleicht allerdings gab das Bewußtsein der heraufdämmernden *entente à trois,* die Deutschland nicht angenehm sein konnte, dem Zaren ein Gefühl von Unbehagen gegenüber dem Vetter, den er drei Jahre zuvor Rußlands einzigen Freund genannt hatte.

Der Umstand, daß englisch-russische Differenzen bestanden hatten, war in der Tat eine Art von Vorteil gewesen, als es sich um Freundschaftschließen handelte. Die Schwäche der Lage Deutschlands, das sich dem Problem gegenüber sah, eine oder die andere Macht durch Bestechung zu sich herüber zu ziehen, lag in seinem Mangel an Tauschobjekten. Zu spät erschienen, um sich weite Gebiete aus dem Besitz der farbigen Rassen anzueignen, hatte es sich mit seiner gemäßigten Politik in der ganzen Welt damit begnügt, den *status quo* und die offene Tür zu fordern. Das Paradoxe war, daß niemand es nötig hatte, mit Deutschland Freundschaft zu schließen, weil niemand wirklich irgendwelche Beschwerlichkeiten von seiner Seite erlitt — eine Tatsache, die ein englischer Staatsmann festgestellt hat[1]. Sicherheit gegen Rußland war der einzige Wert, den es England anbieten konnte, und das nur, indem es sich selbst dieser Sicherheit entblößte. Die Flotte und die Bagdad-Bahn ärgerten die eine England, die andere Rußland, weil sie Kraftquellen für Deutschland und die Türkei bedeuteten; was aber den unmittelbaren materiellen Schaden betraf, den sie jenen Mächten zufügten, so hätten es ebensogut Spielzeugschiffe und Spielzeugeisenbahnen sein können. Die zwischen Mächten übliche Art von Tauschgeschäft — ein Stückchen von meinem hier gegen ein Stückchen von deinem dort —

[1] Eyre-Crowe; British Documents, Bd. III, S. 358.

kam bei diesen beiden Dingen niemals in Frage; das etwaige Tauschgeschäft wäre eines von ganz neuer Art gewesen — ein Stückchen von deiner Kraft und Wohlfahrt verschrottet gegen das Versprechen von Hilfe oder Duldung durch meine.

Anscheinend gab es Leute in Deutschland, die glaubten, daß das Preisgeben von Schiffen und Eisenbahnen ohne Gegenleistung, nur auf das bloße Stirnrunzeln eines Nachbarn hin, die Herzen der Rivalen Deutschlands besänftigt haben würde. Dies war eine typisch deutsche Vorstellung. Nur ein Stillstand des Lebens in seinen Adern, seines Fortschritts und seiner Expansion konnte die Rivalität beseitigen; zu zeigen, daß es sich einschüchtern ließ, würde es nur wehrlos und verächtlich gemacht haben. Hammann vom Auswärtigen Amt war für Kolonialpolitik ohne Hochseeflotte[1], das zeigt aber nur, was nach Jahren in einem Auswärtigen Amt vom Verstand übrig bleibt. „Entweder wir trieben Weltpolitik", sagte der schlichtere Sinn des Kaisers, „dann waren unsere Unternehmungen in Ostasien und im Nahen Orient geboten — oder wir trieben keine Weltpolitik, dann mußten wir zu Hause bleiben und Menschen exportieren, wie wir das vor der Gründung des Deutschen Reiches in so ausgiebiger Weise besorgt hatten. Ein Mittelding gab es nicht[2]."

Es war eine Kolonialfrage, die bald darauf der Regierung die Gelegenheit verschaffte, ihre kürzlich erlittene Wahlniederlage wieder auszuwetzen. 1904 kam es zu einem Aufstand der Hereros in Deutsch-Südwestafrika. Er verursachte viel Mühe und Sorgen, wie es diese kleinen Kriege an sich haben, und das Bornstedter Feld hörte des Kaisers „Auf Wiedersehen, Kameraden!" an die ausreisenden Truppen und die Antwort der Morituri, der Männer in Feldgrau: „Auf Wiedersehen, Euer Majestät!" Der schwarzrote Block, das Obstruktionsbündnis der Klerikalen und Sozialdemokraten in den Fragen der Truppen und Kredite und der Umwandlung der Kolonialabteilung in ein Kolonialamt, zwang Bülow zum allgemeinen Erstaunen zur Auflösung des Reichstags. Die „Hottentottenwahlen" waren die hitzigsten seit Jahren. Der Kaiser stürzte sich natürlich in den Kampf, verkündete, die Sache der Regierung sei die des Reiches, und warb um die Stimmen aller Leute, die er traf, einschließlich seiner eigenen Bedienten. Sein Erscheinen auf

[1] Hammann (e), S. 178—179.
[2] Niemann (b), S. 62.

dem Kampfplatz mit dem kaiserlichen Banner erhob den Streit von einem kleinen Zank zu einer nationalen Streitfrage. Eine Karikatur in einer englischen Zeitung zeigte ihn in einer Arbeiterbluse mit langer Pfeife und dem Plakat: „Wählt Willi Hohenzollern, den Kandidaten des Volkes!" *(„Vote for Bill Hohenzollern, the People's Candidate!")*. Und sie taten es; zahlreiche Wähler gingen zur Wahlurne, deren Gewohnheit es gewesen war, sich ihrer Stimme zu enthalten. Der überwältigende Sieg der Regierung war ohne Zweifel zum Teil auf die Beunruhigung zurückzuführen, die der in so frivoler Weise ermöglichte Triumph der Sozialdemokraten bei den letzten Wahlen hervorgerufen hatte; er war aber von Wichtigkeit für das Prestige der Krone. In weiten Kreisen wurde er als ein „nationales Mandat" für den Kaiser persönlich angesehen, als ein Sieg alles dessen, was er verkörperte, und seines kraftvollen Eintretens.

Es war seine letzte unbewölkte Stunde, seine goldene hohe Zeit.

15. Kapitel

Wilhelm von Hohenzollern

Im Sommer 1908 hatte Wilhelm von Hohenzollern einen Freund verloren. Gegen Ende dieses Jahres aber brach sein Herz. Bis dahin jedoch war sein intensiv gelebtes Leben, trotz der Dolchstiche manchen jähen Kummers, trotz der Narben mancher trüben Erfahrungen, ein ausnehmend glückliches gewesen.

Es war wohl der Neid wegen seiner unverdienten Freuden und Erfolge, der den bitteren Ton eingegeben hatte, der so oft in den Predigten seiner Kritiker mitschwang. Stellung, Macht und Reichtum, Lob und Schmeichelei, Gesundheit und glänzende Gaben, eine liebevolle Gattin, gesunde Kinder — wer war so gesegnet wie er? Sie hätten hinzufügen können

Der stete Quell des Glücks im Herzen,

denn es hatten Menschen alles dieses besessen und waren doch unglücklich gewesen. Stürme und rauhe Winde verdrängten nur auf kurze Zeit den hellen, klaren Sonnenschein des Hohenzollernwetters. „Das offene, natürliche Wesen..., seine frischen kraftvollen Bewegungen, sein helles fröhliches Lachen“[1] sprachen für sich selbst, und war niemand da, um sich mit ihm an einem guten Witz zu freuen, so konnte er in seinem Arbeitszimmer ganz allein lachen „daß die Scheiben klirrten“[2].

Das alte Berliner Schloß war im Innern vielleicht der schönste Palast in Europa; Lord Frederic Hamilton, der viele Schlösser gesehen hatte, war dieser Meinung. Die Festräume hatten einen venezianischen Charme und besaßen gleich ihrem Herrn Individualität: „Ihre mit Seide verhangenen Wände, ihre Bilder und die herrlichen Möbel, die sie enthalten, nehmen diesen Räumen das seelenlose, unpersönliche Aussehen, das die meisten Schlösser

[1] Schwarzseher, S. 1.
[2] Große Politik, Nr. 5247.

haben... Wenn der Thronsaal abends erleuchtet war, gaben die glühenden Farben der Gobelins und der Glanz der großen Flächen von Gold und Silber dem Ganzen eine Wirkung von ungeheurer Pracht... Der Weiße Saal... war ein herrlicher würdevoller Raum... Er war ganz weiß, denn das Gesims war versilbert anstatt vergoldet.“ Im Herzen dieser Pracht hauste einer der Aspekte des regierenden Rätsels — das glitzernde kaiserliche Eidolon. Wenn das Wesen von Quecksilber diese Form annahm, bewegte es sich mit berechneter Straffheit oder es stand still wie eine Bildsäule. Lamprecht beobachtete, wie während einer ganzen zweistündigen Feierlichkeit Söhne und Gefolge müde Schultern hängen ließen oder von einem Bein auf das andere traten, die Gestalt im Mittelpunkt aber unbeweglich wie Marmor blieb. Beharrlichkeit, die auf vieles hinwies, was nicht so leicht zu erkennen war. Versteinerung, die niemals das Innere ergriff. Irgendwo in dem prachtvollen Schlosse gab es ein Zimmer, das dem in Rominten glich, erfüllt von Tabakrauch und Stimmen; Witte meinte, das einzige, was dort einem Kaiser ähnlich sah, sei der verbindliche, lächelnde Fürst Eulenburg gewesen, zu dem sich die wirkliche Majestät plaudernd und lachend auf die Armlehne des Sessels gesetzt hatte.

Wer neugierig war und mehr über das Rätsel wissen wollte, konnte es studieren, ohne das Schloß zu betreten. Wilhelm sagte, das Volk wolle seinen Kaiser sehen und der Kaiser wolle sein Volk sehen. Sein Oberstallmeister flehte ihn an, mit der Kaiserin im Automobil bis zum Tiergarten zu fahren und erst dort zu Pferd zu steigen, wenn er ausreiten wollte, statt über das schlüpfrige Pflaster der Straßen zu reiten — vergeblich, das Königtum mußte ein Schauspiel sein, und wenn er sich den Hals dabei brechen sollte. Man konnte ihn oft zu Fuße treffen; man sagte, er hätte einmal die Straßenbahn benutzt; er besuchte Gartenbau-Ausstellungen, landwirtschaftliche Ausstellungen, Kunstausstellungen. Er ging am Weihnachtsabend mit Goldstücken in den Taschen spazieren und spielte den Weihnachtsmann für die, die das Glück hatten, ihm zu begegnen. In jedem Winkel seines großen Reiches war er allen vertraut und niemals langweilte er durch Wiederholungen. Die Leute rannten herbei und schwenkten ihre Hüte und weinten sogar vor Begeisterung[1], wenn sie die auf-

[1] Topham (a), S. 38.

rechte Gestalt erblickten, gewöhnlich in Uniform, im Überrock, selten in Zivil, früher häufig in der Uniform seines Husarenregiments, später zu verschiedenen Zeiten in ungefähr jeder Uniform, die es gibt. Passender Anzug war ein Ehrenpunkt bei offiziellen Gelegenheiten, und für den Kaiser gab es viele Gelegenheiten und seine Neigungen waren allumfassend. In Berlin sagte man, daß er das Aquarium nur in Admiralsuniform betreten würde, und ein britischer Diplomat sollte der Meinung Ausdruck gegeben haben, er zöge sich englische Feldmarschallsuniform an, um Plumpudding zu essen.

Wenn sein Volk auch lachte, es war doch stolz auf seine Erscheinung. Sie hätten den einzigen König in Europa, der wie ein König aussähe, erklärten sie, und besonders habe er die Augen eines Königs, manchmal ein helles Blau und manchmal ein kaltes Stahlgrau, Spiegel, nicht Fenster, hart, glänzend und beobachtend. Die hohe Stirn war noch unumwölkt, wenn ihr auch einige Linien eingegraben waren; darüber war das ergrauende dunkelblonde Haar gescheitelt und zurückgebürstet, es war gewellt, als hätte sein geliebter Seewind darüber geweht. Der berühmte Schnurrbart, den er eine Weile aufgebürstet trug wie ein W, erfüllte nicht ganz die Erwartungen, die sich auf die Karikaturen stützten. Er war fünf Fuß neun Zoll (etwa 1,75 Meter) groß und sah wegen seiner geraden Haltung noch größer aus; in den neunziger Jahren wog er etwa 146 Pfund. Es gab da eine Geschichte, die er mit besonderem Vergnügen in Gegenwart der Heldin — oder Schurkin — des Dramas erzählte. Auf einem Maskenball, den sein Sohn Adalbert 1908 in Kiel veranstaltete, hatte diese Dame ihn irgendwie mit dem Kronprinzen verwechselt und schelmisch gesagt: „Kaiserliche Hoheit sind vorzüglich verkleidet! Wie haben Sie es nur gemacht, so stark auszusehen? Ein kleines Kissen irgendwo, denke ich mir?" — Natürlich wäre es kein Kissen gewesen, sondern alles nur er selbst, beklagte der Kaiser sich in gespieltem Zorn. „Ich glaube, sie hat es mit Absicht gesagt. Sie wußte die ganze Zeit, wer es war[1]."

Durch nachdrückliche Maßnahmen — Reiten, Tennis, Jagd; Frühstücken in aller Herrgottsfrühe und die Hunde spazieren führen; bei Staatsbanketten sich mit einer Scheibe Schinken begnügen; fast gänzliche Enthaltung von alkoholischen Getränken; Ver-

[1] Topham (a), S. 204.

achtung jeder Art üppigen Lebens; Übungen an einem Ruderapparat im Ankleidezimmer — brachte es Seine Majestät dahin, daß niemals mehr von ihm da war, als ein kleines Kissen irgendwo hätte erklären können. Bei diesen energischen Bestrebungen bedeutete der lahme Arm kein wirkliches Hindernis. Er war kürzer und kleiner als der andere und beweglich, doch fehlte ihm die Kraft zum Festhalten; ein Blatt Papier konnte er wohl in der linken Hand halten, doch benutzte er eine besondere Gabel, die auch als Messer zu brauchen war. Er war nicht empfindlich und sprach von dem Arm ganz *sans façons*, wenn es ihm paßte[1], verbarg ihn auch nicht auf den vielen Photographien. Es war nicht die Schwäche, die er beharrlich ignorierte, sondern die Gefahren und Behinderungen, denen er durch sie ausgesetzt war. Er brachte es fertig, im Sattel Karten zu benutzen; als Oberst Russell ihm einmal im Manöverfeld die dicke britische Armee-Rangliste überreichte, bestand er darauf, sie zu nehmen, obgleich er bereits den Marschallstab hielt. Kommandobrücke oder Strickleiter bei stürmischem Wetter schreckten ihn nicht, mochte es sich um Pflicht oder Vergnügen handeln. Allen diesen beruhigenden Tatsachen zum Trotz gab es Leute, die, mit dem Arm anfangend, ihm durchaus eine Art nicht näher beschriebenes Leiden oder Romankrankheit, die ganze linke Seite hinunter, einschließlich des linken Beines, andichten wollten. Es war nicht recht klar, wie er es nach ihrer Meinung möglich machte, im Sattel zu bleiben oder an Bord nicht in die Speigatten zu stürzen; vermutlich mittels seines linken Ohres, von dem man zugab, daß es gesund sei. Der Arm, die vortreffliche Grundlage aller dieser sauberen Theorien, war für deren Urheber eine große Stütze, wenn er ihm selbst auch nicht viel nutzte; sie brauchten diese Stütze dringend, um sich darauf zu lehnen, mangels eines Beines, auf dem sie stehen konnten.

Die erstaunliche geistige Beweglichkeit, die mit diesen körperlichen Anstrengungen zusammenging, ist von seiner Gemahlin, der Kaiserin Hermine, so erklärt worden, daß Seine Majestät den ununterbrochenen Gebrauch seines Geistes gehabt habe, während andere schliefen oder mit den Folgen kulinarischer oder alkoholischer Ausschweifungen kämpften. Sie war zu sehr Dame, um Ausschweifungen anderer Art zu erwähnen; aber Leute wie Zedlitz — der vorher den nachsichtigen Bärenführer eines dem

[1] Vgl. S. 201; ferner Wilhelm (b), S. 31.

Throne fernstehenden preußischen Prinzen gespielt hatte — erschraken vor der moralischen Atmosphäre des kaiserlichen Hofes. Als er herausfand, daß der Kaiser geneigt war, die Sünden zu verdammen, die ihm nicht lagen oder derer er sich wenigstens enthielt, meinte er, dieses „Sich-besser-Fühlen als alle ihm bekannten Männer“ wäre nicht gut für den Kaiser[1]. Gleichzeitig empfand man, daß es nicht gut möglich sei, jungen Prinzen jene Lebensgewohnheiten als vorbildlich hinzustellen, die von den meisten Monarchen mit so großem Vorteil für sie selbst und ihre Untertanen befolgt würden und sie daran hinderten, sich besser vorzukommen als andere Leute[2]. Durch Nachahmung hätten zwar die Patrioten Wilhelm von seiner schwindelnden Höhe über allen ihm bekannten Männern herunterholen können, aber aus irgendwelchem Grunde wurde dies nicht versucht. Während andere anfingen schläfrig zu werden, rief seine fortgesetzte Fähigkeit, über alles, von der pelasgischen Kultur bis zur neuesten hydraulischen Schiffsmaschine, zu lesen und nachzudenken und also auch zu sprechen, bei Fremden Bewunderung und bei seinen heimlich gähnenden Begleitern Schrecken hervor.

Wilhelms überraschende Gesprächigkeit war zum Teil das Sicherheitsventil einer hochgespannten Natur, die stets unter hohem Drucke stand, aber mehr noch die Folge der Tatsache, daß an ihm nur die Zunge frei war — wie manche glaubten, zu frei. Die Natur hatte ihn zu einem Mann der Tat bestimmt, und die Tat, im einfachen Sinne des Wortes, Kämpfen, Pflügen, Bauen, Entdecken, Handeltreiben, war ihm beinahe völlig versagt. Die deutliche Sehnsucht nach einem tätigen Leben, die Wikingneigung für rauhe See und Jagd, die Liebe zum Soldatentum, ja, der erschreckende Druck der gesunden Hand, die lebhaften Bewegungen und die metallische, weittragende Stimme — es war ein König, wie Richard für Kreuzzüge oder wie Karl, Bayards Herr, für Abenteuer geschaffen, aber in ein Zeitalter hineingeboren, das dem Monarchen nur die Rede als fast einziges Mittel der Betätigung läßt. In die Rede strömte all die Tatkraft, die die Axt schwingt, und all das Feuer, das dem Schwert seine Stärke verleiht.

Waren ihm Axt und Schwert verwehrt, so wollte er wenigstens den Hammer schwingen; man braucht nur ein paar Dutzend sei-

[1] Zedlitz, S. 7.
[2] Ebenda, S. 6.

ner Reden zu lesen, um jeden Zweifel in dieser Hinsicht zu verlieren. Einigkeit — Einigkeit — Einigkeit — Einigkeit! das wollte er einhämmern. Er ließ es darauf ankommen, ob er seine Untertanen mit den Schlägen seines Hammers ermüdete — seine Zuhörer ermüdete er nicht. Nicht nur der Gegenstand — und meist hörten die Leute eifrig zu, wegen etwaiger Unvorsichtigkeiten —, sondern auch die Art schloß jede Langeweile aus; die harte und helle Stimme, die aus Nervosität anfangs manchmal etwas stockend war, schwang sich bald zu der wahren und mitreißenden Musik des geborenen Redners auf. Die Berichte konnten nicht den richtigen Eindruck vermitteln; wie alle Reden mußten auch diese gehört werden. Lamprecht erzählt, wie eine unerwartete Ansprache bei der Jahrhundertfeier der Freiheitskriege in der Berliner Universität die matte akademische Rhetorik mit ihrer starken Männlichkeit und Kraft in den Schatten stellte. Jedoch sprach Wilhelm nicht nur bei öffentlichen Gelegenheiten oder zu großen Versammlungen, sondern immer und zu jedermann.

Seine Gespräche, die, wie man zugestehen mußte, blendend waren, fesselten nicht so sehr durch äußerste Originalität oder Tiefe oder Wortwitz als durch eine überraschende Sachlichkeit, sie gingen gerade auf den Gegenstand los und trafen den Nagel auf den Kopf. Um seine Gedanken auszudrücken, bediente er sich jedes Wortes, das ihm einfiel, ob ein deutsches oder ein fremdes, ein klassisch schriftdeutsches oder *slang*, und formte sie zu farbigen, plastischen Bildern, wie er auch gern einen Bleistift nahm und eine Skizze oder einen Riß aufzeichnete. „Er fing sofort mit interessanten Gegenständen an... Seine Art war in der Regel heiter und lebhaft und manchmal aufgeregt. Er war oft ungemein unvorsichtig[1]." — „Seine Rede hatte Inhalt, seine Frage Teilnahme... Kein Gebiet war ihm verschlossen, keines fremd, keines gleichgültig[2]." Er führte die Erzieherin seiner Tochter durch die wiederhergestellte Marienburg, „eilte hierhin und dorthin in seiner hellen Uniform, rief mir zu, daß ich ‚dieses wundervolle Fenster' ansehen müsse, und war voll Eifer, ein Stück altes Mauerwerk zu zeigen, das zwischen den neuen Ziegeln eingebettet war." Sein Interesse an dem Gegenstand, der gerade erörtert wurde, war von völliger Uneigennützigkeit. Er sprach zu

[1] Russell, S. 60.
[2] Rathenau, S. 36, 37.

Admiral Kerr über die deutsche Marine und skizzierte ihm deren nächstes Stadium „ganz ausgezeichnet und mit seiner gewöhnlichen Klarheit und Präzision"; als er mit General Waters „die schwache Friedensstärke der britischen Armee und den Mangel an einer Organisation, um sie im Falle eines europäischen Krieges schnell zu verstärken" besprach, gab er Anregungen, die „sehr einleuchtend" waren und „natürlich nach London übermittelt wurden". — „Er war auch ein guter Zuhörer ... er unterbrach niemals, außer wenn er einen Punkt nicht verstehen konnte ... Es mußte einem auffallen, mit welchem Ernst er bei der Sache war", einem Ernst, der an General Gordon gemahnte[1]. Er mochte es gern, wenn die Menschen über ihre Spezialgebiete sprachen, selbst wenn es häusliche Dinge waren. Auf seinen Nordlandreisen pflegte er sich die Mühe zu machen, neben anderen alten Bekannten die Witwe eines norwegischen Schiffsreeders aufzusuchen. „Der Kaiser", erzählte Moltke, „sitzt alle Jahre auf demselben Stuhl, ich auf demselben Puff und alle Jahre wird dieselbe Konversation gemacht. Es gibt ein Glas selbstgemachten Johannisbeerwein und selbstgebackenen Kuchen, die alten Damen reden wie Wasserfälle und ich muß den Dolmetsch machen ... Der Kaiser ist bei solchen Gelegenheiten von einer bezaubernden Liebenswürdigkeit" — obgleich die alten Damen die blendende Unterhaltung allein besorgten, wie jener Redakteur in Budapest, von dem der Kaiser lachend erzählte: „Der Mann redete so auf mich ein, daß ich kaum zu Worte kam — und das ist doch, wie Sie wissen, bei mir selten der Fall."

Er erschreckte sein Gefolge dadurch, daß er alles bemerkte, was um ihn her vorging, während er in eine Diskussion vertieft war; „er hatte eine Selbstbeherrschung", sagt Zedlitz, „die ihm auch als gewöhnlichem Sterblichen unter anderen Menschen eine gewisse Stellung verschafft hätte". Demnach überschritt also seine scheinbar unbedachtsame Zunge niemals die Schranken, die er ihr etwa gesetzt hatte. Wenn er unter englischen Seeoffizieren auch munter zu reden pflegte, hatte doch Admiral Kerr „niemals erlebt, daß der Kaiser eine Frage stellte, die er nicht hätte stellen dürfen". Als er auf einem britischen Kriegsschiff von einem Kommandanten herumgeführt wurde, der nicht wußte, wie gut er sich auf alles verstand, was er dort zu sehen bekam, wandte er sich von einem geheimnisvollen Eingang zurück. „Ist dies nicht der

[1] Kerr, S. 171.

Unterwasser-Torpedoraum? Das ist aber doch der geheimste Platz im Schiff und ich bin sicher, Sie dürfen mich da nicht hineinführen[1]." Er kletterte den Niedergang wieder herauf, wahrscheinlich mit vermehrter Neigung zur Unvorsichtigkeit, denn natürlich war doch seine Ehre in den Händen anderer Leute so sicher wie die ihre in seinen. „Die beste Tugend seines Verkehrs", schrieb Rathenau, „war, was ihm am meisten Schaden brachte, die schöne Kühnheit des Vertrauens zum Hörer."

Die Herren seiner Umgebung waren diejenigen, welche er von allen am meisten verwirrte, denn im Umgang mit ihnen legte er sich am wenigsten Zwang an. Wir alle entspannen uns zu Hause: indem wir mürrisch und schweigsam werden. Der Kaiser entspannte sich wie ein Feuerwerks-Feuerrad *prenant ses ébats*, indem er was für Funken etwa Feuer fingen versprühte — furchtbare Drohungen, wilde Ungereimtheiten, flüchtigen Groll, Schuljungenscherze. Dabei beleidigte er tödlich — ohne es zu ahnen —, wenn er sie ein wenig zu kräftig auf die Schulter schlug oder ihnen einen zu heftigen Rippenstoß gab, ja, indem er sich die ihnen ungehörig scheinende Vertraulichkeit erlaubte, ihnen mit Bleistift zu schreiben[2]! Er argwöhnte keine Bosheit, wußte nichts von Tagebüchern, kümmerte sich nicht um den Eindruck, den er erweckte, oder travestierte ihn. Der Leibarzt sprach von einem „kleinen Schnupfen", da richtete sich der Kaiser plötzlich auf, sah ihn ganz ernst an und sagte: „Ein großer Schnupfen — bei mir ist alles groß." Irgendeine ernsthafte Persönlichkeit sagte ihm Schmeicheleien über seine Herrschergaben. Aber gewiß, meinte er, seine Untertanen sollten nur einfach tun, was er ihnen sage, aber sie wollten ja durchaus selber denken, und daher käme das ganze Unheil. Bedenklich! Jedes Wort, das er sagte, wurde wörtlich genommen — und in der Umgebung Wilhelms von Hohenzollern zu leben und ihn wörtlich zu nehmen, das war genug, um die Nerven zu zerreißen. Bleich und matt kreisten die Trabanten um die Sonne der Majestät und fragten sich, was in aller Welt sie so bewege, ob sie wohl explodieren werde und warum sie sich manchmal anders herum drehe. Dann und wann gab es einen lauten Knall und dann konnte nichts sie davon abbringen, daß sie beinahe von einer lebendigen Bombe getroffen worden wären.

[1] Kerr, S. 164—165.

[2] Lichnowsky, S. 3, Anm.

Im ersten Aufflammen seines raschen Zornes war der Kaiser allerdings erschreckend und „atmete Mord und Totschlag". Generale, so wurde gefabelt, brachen in Tränen aus; Hofbeamte eilten zusammen, um zu beraten, wie das drohende Schicksal abgewendet werden könne. Der einzige, der bei einer ungewöhnlich furchtbaren Drohung flüsterte: „Das ist... gar nicht so gemeint. Der Kaiser sagt das alles bloß so, aber er tut es nachher doch nicht"[1], wurde als ein kühner und absonderlicher Geist angesehen.

Und doch war es eine ganz elementare Beobachtung. Das Schloß war voll von alten Dienern, lästigen langweiligen Leuten, ausgedienten Damen und Herren, Beamten, die ihre Posten seit vielen Jahren innehatten und sie so lange innehaben würden, wie es ihnen gefiel. Die konkreten Fälle von kaiserlicher schlechter Behandlung, mit denen die Tagebuchschreiber zum Vorschein kamen, ließen es zweifelhaft, welche Seite die schlecht behandelte war. Da war jener Vorfall, wo der Hofmarschall Seine Majestät zur Rede stellte, der es gewagt hatte, ihn zu necken, weil er Zigarrenasche auf den Teppich verstreut hatte, und wo Wilhelm „gutmütig" — aber vergeblich — in reizender Weise darauf hinwies, daß sie doch „solche Späße sehr häufig im Kammeradenkreise" machten[2]. Da war die Flucht Seiner Majestät die Korridore in Rominten hinunter ins Bett, verfolgt von Zedlitz mit nicht weniger als zwölf Fragen über Dispositionen, wie er sie besonders haßte, bis er, nachdem er elf beantwortet hatte, zu Hause angekommen war und schnell die Türe hinter sich zuschlug, ehe er bis zur zwölften gelangt war. Die Landsleute seines Vaters würden den strengsten Herrn ertragen haben, wenn er einwilligte der Großmogul zu sein, den sie zu verehren wünschten; sie wollten keine englischen Späße im Kameradenkreise. Jeden anderen, der sie geneckt hätte, würden sie gefordert haben[3]. Sie wollten durchaus nicht glauben, daß seine Heiterkeit kein boshafter Angriff auf ihre Würde sei, und noch weniger, daß er für Affronts gegen seine eigene nicht ebenso empfindlich sei.

Hinter den Kulissen waren die Minister in keiner Weise über das Temperament Seiner Majestät beunruhigt. Sie wußten seit langem, daß es weder für sie noch für irgend jemand sonst, mit

[1] Zedlitz, S. 187.
[2] Ebenda, S. 150—152.
[3] Hamilton, S. 318.

dem er ernsthaft sprechen mußte oder wollte, jemals ein Hindernis einer vernünftigen Unterhaltung bedeutete. Daß seine Schwägerin, Prinzeß Feodora von Schleswig-Holstein, „besonders in Gunst stand, trotzdem ihre Ansichten bei fast jedem möglichen Gesprächsgegenstand hart aneinander stießen“[1], konnte an der Rücksicht auf ihr Geschlecht liegen; oder daß General Waters ihn „immer sehr nett zu mir persönlich“ fand, „wenn ich mit ihm gestritten und ihm widersprochen hatte“, ließe sich aus internationalen Erwägungen erklären. Aber jeder Mensch, dem zuzuhören sich verlohnte, konnte dasselbe sagen. Eulenburg hatte wie ein Hofmeister gepredigt. Ballin, der große Reeder, auch ein persönlicher Freund, war gewohnt, sich einem Zuhörer gegenüber rückhaltlos zu äußern, von dem er berichten konnte, daß er „sich alles ruhig habe sagen lassen und ihn dabei mit guten treuen Augen angesehen habe“. Walther Rathenau, ein Industrieller, der politisch andere Ansichten hatte, sagte überrascht: „Auch darin war er frei und undynastisch, daß er Antwort verlangte und ertrug.“ Hülsen, Waldersee bezeugten, daß man ihm in angemessener Weise „alles“ sagen konnte, Tirpitz, daß man „alles“ sagen konnte, wenn man allein mit ihm war, eine vernünftige Vorsichtsmaßregel, wenn soviel auf dem Spiele stand. Haldanes Erfahrungen in Windsor[2] zeigten, daß auch eine größere Zahl von Anwesenden eine ungezwungene Debatte in angemessenen Grenzen nicht ausschloß. Baron Reischach, der eine ganze Reihe von Anekdoten anführen konnte, um zu beweisen, daß es vollkommen möglich war, offen mit Seiner Majestät zu sprechen, machte wieder den sonderbaren Vorbehalt, daß Widerspruch mit „richtiger Begründung und in richtiger Form“ vorgebracht werden müßte.

Wilhelms eigene gemäßigte Forderung — „Im übrigen habe ich ... die Wahrheit, und auch die unbequeme und bittere, wenn sie mir in taktvoller Form gebracht wurde, besser vertragen und beachtet, als man weiß“[3] — könnte überraschen, wenn diese Andeutungen nicht lehrten, daß ein patziges deutsches Unternehmen, einer Fürstlichkeit unangenehme Wahrheiten zu sagen, zu den wenigst erfreulichen Erscheinungen gehört. Manieren, die zwischen plumper Vertraulichkeit oder Grobheit und absichtlicher

[1] Topham (a), S. 174.
[2] Vgl. S. 211.
[3] Wilhelm (a), S. 94—95.

Verachtung der Etikette schwankten[1], wurden anscheinend mit dem männlichen Freimut verwechselt, den Wilhelm so wohl zu schätzen wußte. „Ich habe manchen Strauß mit ihm durchgefochten", erinnerte sich Moltke, „aber immer habe ich in ihm den gleich gütigen Herrn gefunden, und niemals hat er es mir nachgetragen, wenn ich ihm freimütig entgegentrat." Hammann vom Auswärtigen Amt, der nicht sein Freund war, schrieb, „daß ihm jede Art von Günstlingswirtschaft grundsätzlich zuwider war. Er wollte durchaus nicht umschmeichelt sein, und kaum ein anderer Vorwurf erregte seinen Zorn so sehr, als der, daß er eine Kamarilla dulde und für das Hofschranzentum eingenommen sei". Und für die Minister sprach der nüchterne Schoen — ein fähiger Mann, schrieb Hammann, den Wilhelm gern hatte, weil er „frei und offen" zu ihm war — mit entscheidenden Worten:

„Den täglichen Dienstverkehr erleichterte der Kaiser dadurch wesentlich, daß er ein Vorübergehen an den sonst üblichen umständlichen Formen der höfischen Gepflogenheiten gestattete. Während des Aufenthaltes in Berlin pflegte der Kaiser in den frühen Vormittagsstunden beim Kanzler oder bei mir, oder bei beiden vorzusprechen und beim Ergehen in den schönen Gärten die vorliegenden Angelegenheiten zu behandeln. Wenn der Kaiser auch gewohnt war, seine Meinung und seinen Willen voranzustellen, so war er doch für Einwendungen und gegenteilige Ansichten keineswegs unzugänglich, vielmehr stets bereit, dem Wort des verantwortlichen Beraters gebührenden Wert und meist auch Anerkennung zuteil werden zu lassen. Es hat sich wiederholt als angezeigt erwiesen, dem Kaiser, der rückhaltlose Offenheit erwartete, Dinge zu sagen, die ihm nicht angenehm sein konnten, oder Entschließungen zu erlangen, die ihm nicht leicht fallen mochten ... Niemals sind derartige Bemühungen unwilliger Abweisung, nie einem Zeichen des Unmuts begegnet. Auch was die Entschließungen des Kaisers in bezug auf Personenfragen betrifft, so ist die landläufige Legende, daß er meist eigenen unsachlichen Neigungen gefolgt sei, unbegründet. Mir ist kein Fall bekannt, wo der Kaiser dem Vorschlag der verantwortlichen Stelle über die Besetzung höherer Posten nicht zugestimmt hätte, kein einziger Fall, wo die Frage der Vermögenslage eines Botschafters oder Gesandten auch nur andeutungsweise berührt worden sei." Letzteres war eine An-

[1] Hermine, S. 179—180.

spielung auf das Märchen, der Kaiser habe aus diesem Grunde gegen den amerikanischen Botschafter Hill Einwendungen erhoben.

Und Lichnowsky schrieb, während seiner ganzen Tätigkeit im Auswärtigen Amte und nachher könne er sich keines einzigen Falles, sei es in der auswärtigen Politik, sei es bei der Besetzung wichtiger Auslandsposten, erinnern, wo die getroffene Entscheidung nicht mit den vom Minister empfohlenen Vorschlägen übereingestimmt hätte.

Die Marginalien des Kaisers bestätigten diese Zeugnisse. Die eilig hingekritzelten, immer lebendigen und oft amüsanten Worte, in denen sein lebhafter Geist sich um die Nachrichten bewegte, die seine Ministerien ihm zusandten, waren weder als kaiserliche Erlasse gedacht, noch wurden sie als solche aufgefaßt. Die Minister wußten sehr gut, ob seine Bemerkungen eben nur Bemerkungen oder programmatischer Natur waren. Eine ärgerliche Randbemerkung über England? — aber seine englandfreundliche Politik hatte ihm beinahe seinen Thron gekostet. „Französische Eitelkeit"? — aber niemand in Deutschland war so darauf bedacht, Frankreich versöhnlich zu stimmen. Einen Vertrag, den ein Balkanstaat dem anderen angeboten hatte, nannte er eine kolossale Unverschämtheit, aber ein paar Zeilen weiter, wo seine Ablehnung gemeldet wurde, schrieb er, eigentlich sei es schade. Wenn es durchführbar schien, unterdrückten die Minister freilich Berichte, die wahrscheinlich seinen Geist in unbequemer Weise angeregt hätten, eine kleine Koketterie, von der man sagte, daß sie nötig sei wegen der Abneigung Seiner Majestät gegen trübe Berichte. Angesichts seiner betonten Billigung so trüber Berichte, wie es die von Monts aus Italien und von Pourtalès aus Rußland waren, ohne Zweifel, weil er sie für gute Ware hielt, scheint es jedoch naheliegend, daß diese Verheimlichungen in der Vorliebe der Minister, in aller Ruhe ihren Kopf durchzusetzen, ihren Ursprung hatten.

Dieser lieb und wert gehaltene Kinderschreck — die Gefahr, die man angeblich heraufbeschwor, wenn man sich Wilhelm mit unerfreulichen Tatsachen näherte — würde in bedauerlichster Weise in die Brüche gegangen sein, wenn Moltkes Erinnerungen damals veröffentlicht worden wären.

Als Helmut von Moltke, der Neffe des großen Feldmarschalls, 1906 zum Chef des Generalstabs ernannt wurde, erzählte man sich, daß er gezögert habe und daß ihm von Wilhelm versichert worden sei, das kaiserliche Talent werde seine Unzulänglichkeiten verdecken. Er hatte gezögert, und Wilhelm, der dies einem Mangel an Selbstvertrauen zuschrieb, hatte ihm versichert — er werde die Kraft in sich selbst finden. Seine Majestät war so freundlich hinzuzufügen, daß es nach Ansicht des älteren Moltke viel weniger darauf ankomme, daß der Chef des Generalstabes genial sei, als darauf, daß man sich unter allen Umständen auf ihn verlassen könne; er habe völliges Vertrauen zu dem Charakter des jüngeren Moltke. Vielleicht gab diese Bemerkung Moltke die Kraft, zu erwidern, daß er nicht wegen seiner selbst Gewissenszweifel habe. Was für einen Zweck hätte zum Beispiel das Kriegsspiel, wenn man Seine Majestät stets gewinnen ließ? — und ebenso mit den Manövern. (Genie fürwahr!) Wilhelm rief aus, er habe keine Ahnung davon gehabt, daß nicht auf beiden Seiten mit gleichen Waffen gekämpft worden sei; er habe geglaubt und er wünsche, daß alles ehrlich zugehe. Das, sagte Moltke, würde nicht angehen: „wenn der Kaiser spielt, muß er siegen".

Könnte man es glauben, wenn der Mann es nicht selbst sagte, daß er im selben Augenblick, wo er die Mißstände des Byzantinertums darlegte, diesen ungeheuerlichen Grundsatz aussprach, auf den Wilhelm selbst überhaupt nicht verfallen war? War es nicht klar, daß es viel besser sein mußte, ihn das Kommando führen und besiegt werden zu lassen — vorausgesetzt, daß sie wirklich imstande waren ihn zu besiegen —, wenn in den angeblichen Illusionen des Kaisers über seine Fähigkeiten, wie man behauptete, eine Gefahr lag? War es nicht auch klar, daß ein paar Niederlagen ihn, wenn er wirklich so war, wie seine Tadler ihn darstellten, bald veranlassen würden, das Kommandieren von selbst aufzugeben? Es würde gefährlich gewesen sein? Wie ist es möglich, zu behaupten, daß man einem Mann zu sagen wagt, seine angeblichen Siege seien eine Fälschung, seine militärischen Talente eine Farce, man müsse darauf bestehen, daß er seinem Lieblings-Steckenpferd zum Besten des Vaterlandes entsage — und im selben Atemzuge, man wage nicht ihm das *fair play* zu gewähren, das er selbst verlangt? Wie es Eulenburg achtzehn Jahre zuvor aussichtsreicher erschienen war, so schien es Moltke leichter, den Kaiser zu einem bitteren Verzicht zu überreden, als seine Untergebenen dazu zu bewegen, wie Männer zu handeln.

Wilhelm gab seinem Drängen traurig nach und versagte sich

fortan eine seiner liebsten Freuden. Am Schluß dieser peinlichen Unterhaltung sagte der Kaiser zu Moltke: „Ich danke Ihnen" und gab ihm die Hand. Wofür dankte er ihm, wenn nicht für unangenehme Offenheit? Er „war den ganzen Abend sehr schweigsam und nachdenklich. Er tat mir eigentlich furchtbar leid, aber weiß Gott, ich konnte nicht anders". Nein, weiß Gott, du konntest nicht anders.

Und nach den nächsten Manövern — in denen er kein Kommando führte — „rief mich der Kaiser heran, gab mir die Hand und sagte mir: ‚Es ist mir ein Bedürfnis, Ihnen zu danken. Es ist das keine Redensart, es ist aufrichtig gemeint. Ich habe noch nie so interessante und so wirklich kriegsmäßige Manöver gesehen. Ich hätte gerne in meiner Besprechung Ihnen diesen Dank zum Ausdruck gebracht, aber ich fürchtete, es würde Ihnen nicht angenehm sein.'" Moltkes Bescheidenheit war bekannt.

Als aber der Kaiser es einmal wagte, die Andeutung zu machen, ein von Moltke für die Generalstabsprüfung gestelltes Thema, das vom Zweifrontenkrieg handelte, sei der wahrscheinlichen Wirklichkeit zu gleich, um politisch ratsam zu sein, bat der General, wie Waldersee, sofort um seine Entlassung. Wilhelm überredete ihn geduldig, nicht darauf zu bestehen — wie konnten aber Menschen, die selbst für Kritik so empfindlich waren wie eine Primadonna, an eine so ungewöhnliche Großherzigkeit und Schlichtheit an höchster Stelle glauben oder den Gedanken hegen, daß eine Stelle allerdings zu hoch für kleinliche Bosheit oder nachtragendes Erinnern war? Reventlow, obwohl ein Schwarzseher, stand fast allein, als er eine verborgene Demut unter der glänzenden Außenseite des Kaisers zu entdecken glaubte: nicht Selbsterniedrigung, sondern einfach eine Geistesgewohnheit, die keine persönlichen Ansprüche machte.

Wenn für Wilhelm von Hohenzollern in dem unvermeidlichen Umgang mit Leuten geringeren Wertes überhaupt eine Gefahr lag, so bestand sie nicht darin, daß er in Zufriedenheit eingelullt wurde. Manche, mit denen Schwarzseher ihn gern verglichen, mit Charme, Genie und Großmut begabte Menschen, die gleich ihm denken und empfinden konnten, waren durch die Gekünsteltheit und Unaufrichtigkeit des Hoflebens auf die einsame Straße in den Untergang getrieben worden. Zu Zeiten brach eine unfreiwillige Verachtung aus den Tiefen des Instinkts — so, als er seinem Gefolge zurief: „Nun durch, durch die Rominte!" Sie gingen auch tatsächlich durch! „und wurden natürlich von dem eiskalten Wasser total naß“[1]. Waren das denn Männer? Für sie war er selbst kein Mann, sondern eine Institution, einträglich und gefährlich, auch ärgerlich, insofern er mit menschlichen Zügen ein Verhältnis störte, das traditionell geistlos, herzlos und gefühllos ist. Könige müssen einsam leben. Wilhelm floh nicht, wie manche getan hatten, körperlich vor den Phantomen, die seine Einsamkeit bevölkerten,

schlüpfrige Seelen in lächelnden Augen,

aber geistig mied er sie. Er benutzte sie nur für seine ruhelosen an der Oberfläche liegenden Bedürfnisse und betäubte das Gefühl der Leere um ihn herum mit Gelächter und Geschichten — vom Gewagten bis zum Unsinnigen —, mit immer mehr Sprechen, das mit den Jahren heiterer wurde statt ernsthafter.

Das Leben in Jagdschlössern, das Leben an Bord hatte jetzt keinen Reiz mehr für Leute wie Eulenburg, der sechzig war und kränklich. „Die Fahrtgenossen sind ohne Ausnahme zu hohen Ehren gestiegen: Fürsten, Exzellenzen, Geheime Räte und Professoren sind aus den Grafen, Majoren und Malern geworden, und sie sind alle recht verbraucht. Aber es bleibt doch noch genug Energie, um heiter, frisch, witzig, ja geistreich zu erscheinen. So frisch, daß alles morgens turnen kann. Mich ekelt das sehr. Ich kann diese Exzellenzen, die die Kniebeuge machen, nicht mehr ertragen, auch nicht mehr Witze vor morgens 9 Uhr. Bisweilen frage ich mich, wie es der Kaiser erträgt, der doch auch 15 Jahre älter wurde? Und er stiftet gar alles das an.“

Eulenburg erkannte, was dem Phänomen zugrunde lag; als er kurz vor seinem Sturz in Prökelwitz krank war, begrüßte er den Kaiser, der gekommen war, um an seinem Bett zu sitzen, mit einer seiner Predigten: Seine Majestät würde hart und ein Menschenverächter. Wilhelm hörte mit seiner gewöhnlichen Bereitwilligkeit zu, schien es aber nicht ganz zu glauben. Ein wenig zur Selbstbetrachtung neigender Mann, hatte er sich keine Rechenschaft abgelegt über den Unterschied zwischen der Redelust seiner Jugend, die beeifert war, aus dem Geiste anderer verwandte Funken zu schlagen, und dem jetzigen erwartungslosen Sprechen ins Leere; trotz allem empfand er tief ein Gefühl der Brüderlichkeit mit denen, deren Leben das seine streifte. „In mancher Be-

[1] Zedlitz, S. 132.

ziehung hochbegabt, in anderer von kindlich-schlichtem Geiste", verstand er nach Schoens Ansicht niemals genügend, wie wenig er für alles, was er gab, zurückempfing. „Sein Vertrauen im Übermaße gewährendes Herz verlangte nach gleicher Gegengabe, glaubte sie bei einzelnen Freunden zu finden und hat darin schwere Enttäuschungen erleben müssen. Bitternisse sind gleichwohl nicht zurückgeblieben, sie versanken in der Tiefe seines Gemüts"[1]. — „Arme Herrscher!" rief Eulenburg selbst aus, „Spielbälle menschlicher Begehrlichkeit! Und das Volk verlangt von ihnen Liebe, Rücksicht, Milde, Güte!"

Aus einem solchen Dasein konnte es kein wirkliches Entrinnen geben, aber es gab manchmal ein halbes Entrinnen,

grüne Tage in Wäldern und blaue Tage zur See,

und Tage in den Bergen des Nordens, ruhige Tage, an denen er „in seinem Karriol, das mit einem mutigen kleinen norwegischen Pferdchen bespannt war", spazieren fuhr. „Ich hatte ab und zu etwas Herzklopfen", schrieb Moltke, „wenn wir herabkommenden Wagen begegneten, denen wir auf der schmalen Landstraße ausweichen mußten, und er hart am Abgrund vorbeifuhr, in dessen Grunde das Wasser über die Felsen braust, die Zügel mit der Linken haltend" — mit der lahmen Hand — „und mit der Rechten den Hut abnehmend, um die Grüße zu erwidern". Die Nerven des Kaisers wurden durch dieses friedliche Herumfahren sichtlich beruhigt. Moltke hatte ihn „überhaupt noch nie so liebenswürdig und gleichmäßig gesehen... In solchen Augenblicken kann man ihm alles sagen, dann ist er reizend, wie ein guter Kamerad, und man kann ganz ungezwungen das sagen, was man meint, wovon ich auch" — herzloser Geselle! — „weitgehenden Gebrauch gemacht habe".

Die Zerstreuungen des Kaisers an Land umfaßten auch ein Mustergut und eine Majolikafabrik in Cadinen; nicht daß ihr Zweck Vergnügen war. Manchmal malte er Bilder, meistens Seestücke, eine Tatsache, der die Welt etwas ungläubig gegenüber stand, da man nicht wußte, daß er als Knabe und junger Mann Malunterricht gehabt hatte. Irgend jemandem sagte er einmal, daß er die Bildhauerei vorgezogen haben würde. Man konnte jedoch kaum sagen, daß die Kunst für ihn ein Entrinnen bedeutete.

[1] Schoen, S. 127.

Sein Blick in diesen Dingen wurde durch den Umstand behindert, daß der Kaiser immer ein Auge auf der öffentlichen Moral haben mußte: nur das Schöne, das Heroische, das Veredelnde hatten seinen Segen. Für reine Poesie hatte er wenig Sinn, obgleich er Balladen liebte. Hinzpeter hatte vergeblich versucht, ihn zum Dichten zu bewegen, das ganze Ergebnis war ein Stück eines reimlosen Dramas gewesen, das, wie er sich lächelnd erinnerte, die Taten der Revolutionäre Harmodius und Aristogeiton feierte. Man sagte, sein Lieblingsgedicht sei Kiplings „*If*". Der Gedanke, daß ein echter Mann auf Mißverstehen, Mißtrauen und Tadel gefaßt sein muß, traf allzu gut auf seine Lage zu.

Daß es einen Ort auf der Welt gab, wo er nicht mißverstanden und getadelt wurde, wo er sicher war, gleiche Gegengabe zu empfangen, und keine Enttäuschungen erleiden mußte, — wer kann sagen, ob das nicht an dem springenden Quell im Herzen lag? Neben den flammenden Trauerspielen in manchem Palaste war dieses Glück banal, verglichen mit den romantischen Sünden des königlichen Blutes war diese Treue sehr bürgerlich. Es war wie eine Verwirklichung des Wunsches, den, wie man sagt, alle Könige hegen: des Wunsches, ein glücklicher Arbeiter zu sein, der zu seiner niederen Hütte heimkehrt, der hergebrachten Stätte des Friedens, der Unschuld und der Güte. Deren Gegenwart im Schlosse, und der Glaube, dem sie entsprangen, war eine Zuflucht vor dem Ungewitter, wenn die Tyrannen wüten, wie ein Ungewitter wider eine Wand, war der Schatten eines großen Felsens[1], wenn die Deutschen ihren Herrscher allzusehr ermüdet hatten.

Er habe mystische Neigungen, sagte man; unter den erstaunlichen Einrichtungsstücken seines Geistes befand sich auch religiöser Wahnsinn. Es war aber Religion, die von vielen allerdings für Wahnsinn gehalten wird. Diejenigen, welche ihn einen Mystiker nannten, verwechselten die Fachausdrücke eines Gebietes, mit dem sie nicht vertraut waren. Wenn er bekannte, daß Gott ihn zum König von Preußen und Deutschen Kaiser gemacht habe und daß er auf göttliche Hilfe vertraue, um die Pflichten seines Amtes erfüllen zu können, so ging Wilhelm von Hohenzollern nicht einen Schritt über die Anschauung hinaus, die jedem englischen Sonntagsschulkind gelehrt wird. Ohne jede Metaphysik war seine Religion die des Durchschnittsengländers seit der Reformation: eine

[1] Jesaias, Kap. XXV, Vers 4, und Kap. XXXII, Vers 2. D. Übers.

auf Heldenverehrung gegründete Sittenlehre, nur daß die Heldenverehrung eine starke, frohe und belebende Wirklichkeit war. „Nie“, so schrieb er, „war Religion ein Ergebnis der Wissenschaft, sondern ein Ausfluß des Herzens und Seins des Menschen aus seinem Verkehr mit Gott.“ Und Gott offenbart sich, fährt er fort, in allen großen Männern und großen Taten — zum Beispiel, eine charakteristische Liste, „Hammurabi, Moses, Abraham, Homer, Karl der Große, Luther, Shakespeare, Goethe, Kant, Kaiser Wilhelm der Große“ — die höchste Offenbarung aber ist „im Sohne selbst... Gott in menschlicher Gestalt“. Die Gedanken, die sich mit dem Wortschatz seines Bekenntnisses verknüpften, hatten sich unter dem Einfluß der modernen Gedankenwelt gewandelt, nichts aber trübte jemals seinen Glauben. „Die Form ... wird sich ändern; das schadet nichts ... Der Kern und Inhalt bleibt immer derselbe[1].“

Wohl mochte er mit seinem ganzen anhänglichen Herzen an diesem Kerne hangen, sei er nun subjektiv oder objektiv; es war buchstäblich seine Rettung. Keiner hat mehr als ein König einen Freund nötig, der fester beisteht denn ein Bruder, keiner auf seinem steilen, steinigen und schlüpfrigen Pfade die Gewißheit, daß darunter sind die Arme ewiglich[2]. Für den hochgespannten, geplagten Mann mit dem allzu beweglichen Temperament, der zwischen Abgründen schritt, in die mancher seinesgleichen hinabgestürzt war, lag die Sicherheit bei der Macht, deren Wege freundlich und deren Pfade friedlich sind; für den Körper und Geist, in dem vielleicht

bleich von Gift und heißen Herzens

Samenkörner schliefen, die von alten Blüten des Bösen gefallen waren, war das Bewahren der Unschuld, ohne jede Metapher, der Weg des Lebens.

[1] Wilhelm (a), S. 184—186.

[2] Vgl. Sprüche Salomonis XVIII, 24, und 5. Buch Mose XXXIII, 27. D. Übers.

16. Kapitel

Der Novembersturm: 1908

Die Stellung eines konstitutionellen Monarchen gehört zu den Dingen, die niemand begreifen kann.

Selbst in vollkommen „konstitutionalisierten" Ländern ist die Sache nicht völlig klar. Was von einem Präsidenten gesagt worden ist, trifft, zum Beispiel, auch auf den König von England zu: „Er kann beim Biegen um gefährliche Ecken, bei der Beilegung von Streitigkeiten, bei der Lösung von Kabinettskrisen eine nützliche Rolle spielen... Aber politisch ist er ein Nichts." Doch wo sollen wir den Strich ziehen zwischen taktvoller Überredung und ungehörigem Einfluß? Ist es etwas so Geringes, eine Kabinettskrise zu lösen? Königin Viktoria, mit ihren nachdrücklich ausgesprochenen persönlichen Ansichten, ist oft so hingestellt worden, als habe sie beständig ihre verfassungsmäßigen Grenzen gestreift, wenn nicht überschritten. Viele schreiben die auswärtige Politik der Regierung König Eduards VII. dem Monarchen selbst zu. Wenn das zutrifft, hat er sich dann innerhalb seiner verfassungsmäßigen Rechte gehalten? Tatsache ist, daß es einem König, wie jedem anderen Menschen, gestattet sein muß, seinen persönlichen Einfluß geltend zu machen, und sei es nur, weil er es eben nicht vermeiden kann; auf die Seite dieses Einflusses wird sich das ganze Gewicht seines Königtums neigen, weil er das ebensowenig vermeiden kann. Wenn Minister ihre eigenen Rechte nicht gegen die Persönlichkeit des Königs verteidigen können, dann haben sie an ihrem Platze nichts zu suchen.

In Preußen-Deutschland war es aber nicht einmal gewollt, daß der Monarch ein Nichts sein solle. Die Politik des Reiches war letzten Endes die seine. Dies ergab sich deutlich aus der Tatsache, daß die Krone die Minister ernannte. Wie Bismarck es 1882 in einer Reichstagsrede ausdrückte: „Während der Kaiser eine freie Bewegung in der Politik hat, indem er den Kanzler wechselt und die monarchische Autorität ihm gegenüber eintreten lassen kann, namentlich wenn ein Kanzler etwas lebhaft an seinem Posten hängen sollte, kann der Kanzler seinerseits auch nicht einen einzigen Schritt tun, kann ich hier keine Meinung vertreten, für die ich nicht des Einverständnisses Seiner Majestät sicher bin oder es vorher eingeholt habe.“ Der Erlaß Wilhelms I., den Bismarck hier erläuterte und vertrat, forderte, daß „sowohl in Preußen wie in dem gesetzgebenden Körper des Reiches über Mein und Meiner Nachfolger verfassungsmäßiges Recht kein Zweifel gelassen und der Meinung stets widersprochen werde, als ob die in Preußen jederzeit bestandene und durch Artikel 43 der Verfassung ausgesprochene Unverletzlichkeit der Person des Königs oder die Notwendigkeit verantwortlicher Gegenzeichnung Meinen Regierungsakten die Natur selbständiger Königlicher Entschließungen benommen hätte“.

Zu verschiedenen Zeiten wurde die Verantwortlichkeit ohne die Vorsichtsmaßregel vorheriger näherer Definition verschiedenen Personen beigelegt; im konstitutionellen Sinne gab es aber nichts Derartiges, das heißt es bestand kein Mechanismus, durch den das Volk irgend jemand zur Verantwortung ziehen konnte. Die offiziellen Akte des Kaisers erforderten die verantwortliche Gegenzeichnung des Kanzlers, aber der Kanzler war durch eine Niederlage im Parlament nicht zu beseitigen. Unmöglich konnte er entweder formal absetzbar oder moralisch verantwortlich sein, während diese offiziellen Akte als unabhängige königliche Entschließungen bezeichnet werden konnten. Hätte er irgendwelche bestimmte Verantwortung gehabt, so würde das dauernde Tadeln des Monarchen wegen der Handlungen der Regierung unmöglich gewesen sein. Die Stellung des König-Kaisers war eine ebensolche Anomalie und in der Praxis viel weniger vorteilhaft. Weit entfernt davon, daß der Kanzler die unverantwortlichen Handlungen des Kaisers deckte, war es der Kaiser, der die unverantwortlichen Handlungen des Kanzlers deckte. Er konnte allerdings noch weniger als der Kanzler zur Verantwortung gezogen werden, aber die moralische Verantwortung — „vor Gott“, wie Wilhelm gesagt haben würde — für die Gewalt, die auszuüben ihm immer weniger gestattet wurde, fiel auf ihn und wurde von ihm anerkannt.

Teils durch den Zeitgeist, teils durch den künstlich eingehämmerten Glauben, daß die Persönlichkeit des regierenden Kaisers gefährlich sei, dazu bewogen, betrachtete das Land die Ausübung so großer Macht durch den Monarchen mit wachsender Abneigung. Wenn aber auch das Volk in das Geschrei über das persönliche Regiment und die sagenhaften Extravaganzen eingestimmt hatte, die der Kaiser ohne Befragung seiner Minister begangen haben sollte, so war doch dies Geschrei in Wahrheit von den Ministern ausgegangen und gegen die Leitung der Politik durch die Krone gerichtet. Da nun der Kanzler, der ebensowenig durch Wahl bestimmt wurde wie der Kaiser, nur entweder die persönliche Politik der Krone oder seine eigene persönliche Politik betreiben konnte, bestand keinerlei verfassungsmäßiger Schutz, wenn ihm die letzte Entscheidung in der Regierungspolitik überlassen wurde. Wird das persönliche Regiment verworfen, so ist die parlamentarische Regierung die gegebene Alternative. Anscheinend hatte Wilhelm schon frühzeitig die Möglichkeit der Beschneidung der königlichen Macht in Betracht gezogen; er sagte 1894 in einer Rede, daß die Opposition der Konservativen gegen die Krone ein Unding sei, außer wenn sie vom König geführt würde! Daß diese sehr neuartige Revolte nicht stattfand, lag an dem wütenden Widerstand der Konservativen gegen den Parlamentarismus.

Das für logische Völker typische Ergebnis war, daß niemandem gestattet war zu herrschen. Eine Autokratie, hatte Wilhelm zu dem Zaren bemerkt, als er in ihn drang aus seiner Zurückgezogenheit herauszukommen, ist ohne einen Autokraten nicht durchzuführen. Gerade das aber versuchte man in Deutschland. Lord Haldane erkannte die Ungereimtheit dieses Zustandes. „Die Leitung der Politik", schrieb er, „war in Deutschland für manche Zwecke vorzüglich und für andere sehr schlecht organisiert. Das deutsche autokratische System war für wirksame Rüstungsvorbereitungen sehr geeignet" — weil darin, abgesehen von der finanziellen Seite, der Kaiser wirklich souverän war — „aber ... es war der große Mangel des deutschen kaiserlichen Systems, daß der Kaiser, wenn er nicht stark genug war, seinen Beratern seinen Willen aufzuzwingen" — persönliches Regiment —, „in hohem Maße in ihrer Gewalt war". So war es in der Tat, und es war ein Verbrechen von ihm, wenn er stark genug war. Es war dem König verboten, durch seinen eigenen Willen eine Einheit zu schaffen; trotzdem bestand keine ministerielle Einheit, da jeder Minister *ad hoc* für seinen Posten ausgewählt wurde, nicht als Parteimann, sondern als ein Diener der verhinderten Krone. Wilhelm wurde immer wegen der Uneinigkeit im Schoße der Regierung getadelt, als ob sie ein geheimnisvolles Produkt seines eigenen Charakters gewesen wäre; sie war aber ein Produkt, und durchaus kein geheimnisvolles, des Umstandes, daß die Maschine in einer Weise funktionierte, für die sie nicht geschaffen war. Das Land hätte seine Rechte beschneiden können. Tatsächlich aber ließ es sie ihm, beklagte sich, wenn er sie ausübte, und beklagte sich wieder, wenn er sie nicht in wirksamer Art ausübte.

Wilhelm, der kein Theoretiker war, nahm diese unbequemen Dinge meist so hin, wie er sie vorfand. Aus seiner Praxis kann man ersehen, wie er selbst sich dachte, daß schlecht und recht regiert werden könne. Der Monarch war „vor Gott" für sein Land verantwortlich, und Gott verlangte, daß er dessen „erster Diener" sein solle. Seine Minister waren da, um seine Politik auszuführen. Da sie aber die Arbeit zu tun hatten, war es nur billig, ihnen freie Hand innerhalb der Grenzen derselben zu gestatten (Tanger). In jeder wichtigen Angelegenheit waren sie um Rat zu fragen. Dieser durfte nicht mißachtet werden, außer wenn dies vollkommen verhängnisvoll gewesen wäre (Bismarck). Wer bei einer gegebenen Gelegenheit die Oberhand haben sollte, mußte sich irgendwie praktisch herausstellen; aber es durfte nicht zu einem Konflikt kommen. Zusammenarbeit war gegenseitige Pflicht. Uneinigkeit und Halbherzigkeit waren vollkommen nichtswürdig und schlecht, ebenso Streitigkeiten zwischen Beamten. Ein Bericht, daß ein Balkankönig vermutlich *dans son for intérieur* den Sturz seines eigenen Kabinetts erhoffe, entlockte Wilhelm die Bemerkung: „Unmoralisch für einen Monarchen im höchsten Grade und sehr bedauerlich[1]." Der Kaiser war buchstäblich und tatsächlich auf Grund von Artikel 43 der Verfassung der Oberste Heerführer. Das Volk mußte berücksichtigt werden (Schulgesetz), wenn nicht seine Haltung einfach selbstmörderisch war (deutsch-englisches Bündnis). Kurz: mit gutem Willen können wir es schaffen.

Die wilden Täuschungen über das wirkliche Arbeiten der Maschine, denen sich das Publikum hingab, verursachten eine bedenkliche Verminderung des guten Willens, der so nötig war um die Mängel der Maschine auszugleichen. Wilhelm beunruhigte sich sehr wenig über eine Agitation, die er für rein journalistisch hielt. Er hatte sich „für den Abgott der Mehrheit des deutschen Volkes ... gehalten", wie sein Sohn es etwas hart ausdrückte. Die Parteien waren hinderlich, ihre Presse noch schlimmer, aber „mein

[1] Große Politik, Nr. 1465.

braves Volk versteht mich"[1]. Natürlich liebte es ihn. Er kam niemals darauf, das zu bezweifeln. Es war ihm alles: die Rechtfertigung seines Daseins, der Beweggrund seiner unaufhörlichen Tatkraft, seine Last und sein Lohn, seine Pflicht und seine Freude, es ließ ihn grauhaarig werden und erhielt ihn jung. „Armer überarbeiteter Landesvater!" nannte er sich heiter dem Zaren gegenüber, glücklich in der Fülle des Lebens und in einem so reich ausgefüllten Leben. Die Deutschen haben ein schönes langes Wort dafür: Verantwortungsfreudigkeit.

Die Minister, die weder romantische Anschauungen vom Volke hatten, noch annehmen konnten, daß das Volk romantische Anschauungen von ihnen hege, waren viel leichter über öffentliche Mißstimmungen beunruhigt, oder bereiter ihre Rechnung dabei zu finden. Was der Kaiser verlor, fiel ihnen zu: genug. Holstein war fort, aber sein intriganter Geist ging in dem dunklen Parterrezimmer um, wo die Politik des Kanzlers gemacht wurde. Eulenburg hatte sich abgemüht, um Unheil abzuwenden, Eulenburg war fort und er hatte keinen Nachfolger.

Es war eigenartig, daß schon vier Monate, nachdem Philipp Eulenburg, der in der Charité in Fieberdelirien lag, für immer erledigt war, die Feinde des Kaisers im eigenen Lager diesen stellten.

Während seines Aufenthaltes in Highcliffe hatte Wilhelm den Obersten Stuart-Wortley von seinen friedlichen Absichten und seinen freundschaftlichen Gefühlen für England vollkommen überzeugt. In dem Wunsche, daß seine Landsleute dies hätten mit anhören können, schlug der Oberst, als er den Kaiser bei den Manövern 1908 wiedersah, diesem vor, seine Äußerungen zu veröffentlichen. Der Kaiser war ganz bereit; ein Artikel wurde von Stuart-Wortley und dem Journalisten Harold Spender, einem Bruder des Herausgebers der „Westminster Gazette", geschrieben, um im „Daily Telegraph" veröffentlicht zu werden. Der Artikel wurde mit einem Briefe des Obersten an den Kaiser, der damals in Rominten war, gesandt und von diesem durch den Freiherrn von Jenisch vom Auswärtigen Amt, der in seinem Gefolge war, direkt an Bülow nach Norderney weitergegeben. Jenischs Begleitbrief brachte die Befriedigung des Kaisers über Stuart-Wortleys Anerbieten zum Ausdruck, sowie sein allgemeines Einverständnis mit dem Artikel, zugleich mit dem Ersuchen, ihn einer Prüfung

[1] Zedlitz, S. 10.

zu unterziehen und Veränderungen vorzunehmen, wie sie Bülow für richtig halte[1]. Bülow schickte ihn an das Auswärtige Amt weiter mit dem eigenhändigen Ersuchen „den anliegenden Artikel sorgsam zu prüfen, den Artikel sodann auf gebrochenem Bogen mit Kanzleihand (oder noch besser mit Schreibmaschine) abschreiben und die wünschenswerten Korrekturen, Zusätze und Weglassungen (mit derselben Handschrift) am Rand eintragen zu lassen. Ferner soll eine Abschrift mit dem veränderten Text zurückbehalten werden für Seine Majestät"[2]. Unbestreitbar war diesen Anweisungen nicht zu entnehmen, daß die Frage, ob die Veröffentlichung ratsam sei, geprüft werden sollte; ganz im Gegenteil.

Unterstaatssekretär Stemrich war der Empfänger; er gab die Sache an seinen Untergebenen Klehmet zur Erledigung weiter, mit der Bemerkung, daß sie ihm nicht ganz in Ordnung zu sein schiene.

Klehmet prüfte also den Artikel sorgfältig, wie ihm aufgetragen war, aber nur unter dem Gesichtspunkt, ob die Angaben mit den Tatsachen übereinstimmten, wie sie in den Akten des Auswärtigen Amtes aufgezeichnet waren[3].

Der Artikel ging dann über Stemrich an Bülow zurück, und zwar mit Vorschlägen für drei kleine Änderungen, und von Bülow an Jenisch mit einem Schreiben, in dem „die mir wünschenswert scheinenden Änderungen" erwähnt waren[4]. Darauf ließ ihn der Kaiser nach England zurücksenden, wo er dann am 28. Oktober 1908 im „Daily Telegraph" erschien.

Der Artikel präsentierte sich als Bericht über ein Interview, das der Kaiser einem ungenannten früheren Diplomaten, dem Verfasser, gewährt habe. Es wurde darin gesagt, der Kaiser habe seiner Freundschaft für England Ausdruck gegeben und verschiedene besondere Beispiele dafür angeführt: er habe sich geweigert, die Burengenerale zu empfangen, habe den französisch-russischen Vorschlag, England zum Friedensschluß zu zwingen, verworfen, habe einen Feldzugsplan für die britischen Truppenoperationen geschickt; was die deutsche Flotte angehe, so würde England sich

[1] Große Politik, Nr. 8249.

[2] Ebenda, Nr. 8250.

[3] Ebenda, Nr. 8258.

[4] Ebenda, Nr. 8252.

noch einmal über ihr Vorhandensein freuen, wenn es galt, die Probleme des Stillen Ozeans zu lösen.

Das „Interview" wurde am 29. Oktober, mit Erlaubnis des Auswärtigen Amtes, in der halbamtlichen „Norddeutschen Allgemeinen Zeitung" ohne jeden Kommentar abgedruckt. Als der Journalist Stein an diesem Morgen in der Wilhelmstraße vorsprach, fand er die Leute dort recht zufrieden mit der Sache; es wurde ihm auch mitgeteilt, man habe selbst etwas in ungefähr demselben Sinne mit der Unterschrift „Ein Wissender" im Septemberheft der „Deutschen Revue" veröffentlicht. Der Sturm von Englandhaß, den das Interview sofort entfesselte, schien das Amt völlig zu überraschen. Es war nicht eine angebliche Unvorsichtigkeit des Kaisers an sich — indem er früheren Diplomaten Interviews gewährte —, die man übel aufnahm, sondern das, was er darin gesagt hatte. Viel schlimmere Unvorsichtigkeiten waren ihm schon längst zugeschrieben worden, obwohl sie das Werk der „schweigend von ihm gedeckten Bürokratie" waren[1], und einige, wie die Krüger-Depesche, waren beifällig aufgenommen worden. Was sein Volk in Wut brachte, war die Enthüllung seiner Freundschaftlichkeit gegenüber England. Während das Volk England haßte und den Buren, so weit es an ihm lag, mit öffentlichen Sammlungen half, hatte er Vorschläge für Englands Demütigung abgelehnt und Feldzugspläne geschickt! Deutsche Bekannte von Miß Topham verschoben eine Kindergesellschaft, zu der sie eingeladen hatten, aus bloßem Kummer darüber, daß die Empfindungen ihres Kaisers sich als so wenig mit den ihrigen übereinstimmend herausgestellt hatten; während prosaischere Menschen erklärten, daß es für den Kaiser unmöglich sein müßte eine Politik zu betreiben, die den Absichten seines Landes — und seiner Regierung? — so zuwiderliefe.

Wilhelm hatte diese Folge des Interviews keineswegs vorausgesehen; immerhin hatte er, da das Voraussehen von Mißverständnissen nicht seine Stärke war, die Vorsichtsmaßregel ergriffen, seine Berater zu befragen. Daß auch diese sie nicht vorausgesehen hatten, war entschuldbar, denn in allen Ländern ist die Stimmung der Öffentlichkeit ein launenhaftes Element; Tatsache blieb aber, daß die Entscheidung ausdrücklich ihnen überlassen worden war.

[1] Stein, S. 10.

Bülow, Schoen (der in der kritischen Zeit krank und von Berlin abwesend gewesen war) und Stemrich boten sofort ihre Entlassung an, die Wilhelm (damals im Ausland) ablehnte, wobei er bemerkte, einige seiner Äußerungen seien unrichtig wiedergegeben — so habe er keineswegs einen ausgearbeiteten Kriegsplan nach England geschickt, sondern nur akademische Betrachtungen in aphoristischer Form — und daß die Sache sich bald als harmloser aufklären werde als sie anfänglich erschienen sei[1]. Und das würde auch der Fall gewesen sein, wäre sie entsprechend behandelt worden. Dem Kanzler und dem Auswärtigen Amt, die miteinander das Unheil angerichtet hatten, stand anständigerweise nur ein Weg offen: Farbe zu bekennen, zu sagen, daß der Artikel in der Absicht veröffentlicht worden sei, eine Besserung der deutsch-englischen Beziehungen herbeizuführen, und das ihrer Ansicht nach auch tun würde. Einige deutsche Zeitungen hatten schon behauptet, daß der Artikel ein politisches Meisterstück sei. Statt dessen veröffentlichte die Regierung am 31. Oktober im „Reichsanzeiger" eine ausführliche Darlegung, wie gut die Absicht des Kaisers gewesen sei und daß der Kanzler den Inhalt des Artikels nicht gekannt habe, daß er ihn anderenfalls unterdrückt haben würde, und daß er nichtsdestoweniger für seine Untergebenen eingetreten sei und seine Entlassung angeboten habe; durch diesen wahnsinnigen Kunstgriff (wahnsinnig, wenn er angewandt wurde, um die Aufregung zu beruhigen) verkündete sie der Welt, daß eine Unvorsichtigkeit des Kaisers seinen Beratern entgangen sei, daß er ohne ihre Zustimmung und außerhalb des Bereiches ihres Einflusses gesprochen habe, daß das, was er gesagt, höchst unerwünscht sei, kurz, daß ein Mißgriff von ungeheurem Ausmaß begangen worden sei. Das eine, was sich leuchtend daraus hervorhob, war natürlich dies: es war nicht Fürst Bülows Schuld.

Dieses Mal aber genügte das wohlbekannte Auskunftsmittel, die Impulsivität des Kaisers zu tadeln, nicht, um die Öffentlichkeit zu befriedigen. Ein Telegramm hier, eine Rede dort, konnte man übersehen; wenn aber der Kaiser, wie er sagte, wirklich seit Jahren eine englandfreundliche Politik betrieben hatte, war das dann ebenso seinen Ministern wie seinem Volke zum Trotz geschehen? Nichts konnte verhindern, daß im Reichstag die Frage gestellt wurde, ob die Minister die englische Politik des Kaisers

[1] Schoen, S. 98.

billigten oder nicht. Man wird sich erinnern, daß Bülow jede Absicht eines englischen Bündnisses öffentlich abgeleugnet hatte, nachdem diese Sache von ihm mit Chamberlain beraten worden war; die verschiedenen Vertrag-Flirts waren im Lande nicht bekannt geworden.

Daß diese in einem so ungünstigen Augenblicke nicht Gegenstand einer Anfrage werden möchten, war jetzt Bülows dringendste Sorge. Er wagte nicht sie abzuleugnen, denn unglücklicherweise hörte England zu. Er wagte nicht sie einzugestehen, denn Deutschland raste nach englandfreundlichem Blute. Es war ein heikler Augenblick, und vielleicht glaubte der Kanzler wirklich, daß mehr als seine Stellung in Gefahr war.

Mit seinem guten konstitutionellen Gewissen war Wilhelm über das, was er aus Berlin hörte, nicht sehr beunruhigt. Am 6. November drahtete er Bülow seinen Dank für ein soeben erhaltenes „freundliches Telegramm" und fügte hinzu, er bete Tag und Nacht für ihn, unter dem Eindruck, daß Bülow mit der Verteidigung ihrer gemeinsamen Sache belastet war. Am 10. November war der Ton der Reichstagsdebatte gemäßigt, obwohl man auf einer Erklärung bestand, und dann sprach der Kanzler. Mit seiner Rede gab er einfach den Kaiser den Wölfen preis. Das Beste, was er für ihn vorzubringen wußte, war, daß seine Absichten harmlos seien und daß Seine Majestät ohne Zweifel „fernerhin auch in Privatgesprächen jene Zurückhaltung beobachten werde, die im Interesse einer einheitlichen Politik und für die Autorität der Krone gleich unentbehrlich sei"[1]. Die beiden Dinge, die damit stillschweigend zu verstehen gegeben wurden, daß die englische Politik des Kaisers nicht die seiner Minister gewesen sei und daß er an der gegenwärtigen Indiskretion — um es so zu nennen — die Schuld trage, waren beide vollkommen falsch, beide aber waren geschickt darauf berechnet, die englandfeindliche Erregung im Lande in lauten Unwillen über ein persönliches Regiment zu verwandeln, das nicht im geringsten vorgelegen hatte. Natürlich nahm die Aussprache am nächsten Tage einen völlig anderen Ton an. Kiderlen (der während Schoens Krankheit die Geschäfte des Auswärtigen Amtes führte) machte einen schwachen Versuch eine Rede zu halten, und wurde niedergeschrien. Der Kanzler wurde vergeblich gedrängt zu sprechen, man nahm

[1] Große Politik, Nr. 8261.

an, daß Kiderlens Mißerfolg ihn eingeschüchtert habe[1]. Jeder, der für den Kaiser eintrat, stand im Verdacht, zu den „Byzantinern" oder der „Kamarilla" zu gehören. In einigen Städten wurden nach der Aussprache im Reichstag Proteste gegen das persönliche Regiment unterschrieben, in anderen abgelehnt.

Der Kaiser, der in Österreich war und danach bei Fürst Fürstenberg in Donaueschingen, wurde sehr getadelt, weil er sein Reiseprogramm anscheinend ungestört durchführte; wahrscheinlich war es aber besser, daß er fort war. Er würde nicht in der Verfassung gewesen sein, in Berlin etwas Gutes zu erreichen, und der Fürst war freundlich zu ihm, wie er sagte. Es wurde erzählt, daß er geweint habe, als er mit Fürstenberg über die Sache sprach, was Zedlitz höchlichst mißbilligte: er hätte einen aus seiner ständigen Umgebung zu seinem Vertrauten erwählen müssen[2]. Eine Tragödie beendete seinen Aufenthalt in Donaueschingen; einer seiner liebsten Freunde, Graf Hülsen-Häseler, der Chef des Militärkabinetts, der ihn zerstreuen wollte, brachte die Gesellschaft an einem Abend mit der Travestie eines Ballettanzes zum Lachen, um von einem Herzschlag getroffen tot zu Boden zu sinken.

Am 16. kehrte Wilhelm nach Potsdam zurück, wohin sich Bülow am nächsten Tage begab, um Bericht zu erstatten. Die Freunde des Kanzlers begleiteten ihn mit klopfendem Herzen zum Bahnhof: würde er je wiederkehren? als Kanzler wiederkehren? „Nach meiner Rückkehr", schrieb Wilhelm, „erschien der Kanzler, hielt mir eine Vorlesung über meine politischen Sünden und verlangte die Unterzeichnung des bekannten Aktenstücks, das nachher der Presse mitgeteilt wurde. Ich unterschrieb das Aktenstück schweigend, wie ich auch schweigend die Presseangriffe über mich und die Krone hatte ergehen lassen." Das Dokument lautete: „In der heute dem Reichskanzler gewährten Audienz hörte Seine Majestät der Kaiser und König einen mehrstündigen Vortrag des Fürsten von Bülow. Der Reichskanzler schilderte die im Anschluß an die Veröffentlichung des „Daily Telegraph" im deutschen Volke hervorgetretene Stimmung und ihre Ursachen, er erläuterte ferner die Haltung, die er in der Verhandlung des Reichstages über die Interpellation eingenommen hatte. Seine Majestät der Kaiser nahm die Darlegungen und Erklärungen des Reichskanzlers mit großem

[1] Hammann (b), S. 71.

[2] Zedlitz, S. 194.

Ernst entgegen und gab Seinen Willen dahin kund: Unbeirrt durch die von Ihm als ungerecht empfundenen Übertreibungen der öffentlichen Kritik, erblicke Er Seine vornehmste kaiserliche Aufgabe darin, die Stetigkeit der Politik des Reiches unter Wahrung der verfassungsmäßigen Verantwortlichkeiten zu sichern. Demgemäß billigte Seine Majestät der Kaiser die Ausführungen des Reichskanzlers im Reichstage und versicherte den Fürsten von Bülow Seines fortgesetzten Vertrauens."

Tatsächlich war Seine Majestät, wie Bülow seinen Freunden anvertraute, „einsilbig" gewesen[1].

Wilhelm war an das Schimpfen gewisser Kreise gewöhnt; als aber sein ganzes Volk, dessen Wohlfahrt er sein Leben in tausend Opfern gewidmet hatte, sich gegen ihn zu erheben schien, war er von Schmerz und Bestürzung überwältigt. Daß er öffentlich wie gewöhnlich auftrat, war weder Stolz noch Herausforderung, sondern die einfache Gewohnheit der Pflicht; was bedeutete dem Kaiser die Trauer Wilhelms von Hohenzollern? Er hatte „seelisch schwer gelitten"[2], aber es war charakteristisch für ihn, daß er weder seine Gefühle öffentlich zeigte, noch sie vor seinen täglichen Gefährten verbarg. Er ging weiter mit seinen beiden Adjutanten auf dem kiesbestreuten Platze vor dem Neuen Palais auf und ab, schweigsam, traurig, ein Gespenst seiner selbst, der er so heiter und gesprächig gewesen war, aber er dachte gar nicht daran, allein zu bleiben oder sich jeder Beobachtung zu entziehen. „Die Düsterheit des preußischen Hofes zu jener Zeit... kann man sich kaum vorstellen. Der Kaiser machte nicht den Versuch, seine tiefe seelische Niedergeschlagenheit zu verbergen, sondern ging in traurigem Schweigen umher — dieser Mann, der gewöhnlich so gesprächig, so zufrieden mit sich und der Welt war — und sprach selten und dann mit leiser Stimme, als ob jemand, den er liebte, gestorben sei. Auch alle anderen sprachen im Flüsterton, so schien es, und wagten nicht, die schreckliche Stille zu unterbrechen, die das Palais wie eine kalte Winter-Atmosphäre umgab. Die Kaiserin... war so gramgequält, daß sie es kaum in der Öffentlichkeit verbergen konnte. Ihre Stimme bebte, wenn sie die einfachste Bemerkung machte, immer standen unvergossene Tränen in ihren müden, sorgenvollen blauen Augen,

[1] Hammann (b), S. 73.
[2] Wilhelm (a), S. 99.

sie war nervös und ruhelos und klammerte sich an ihre Kinder. Alle jungen Prinzen — die beiden in Plön und Prinz Adalbert aus Kiel — machten kurze, eilige Besuche zu Hause, in der Hoffnung, ihren Vater von der brütenden Traurigkeit abzulenken, in die er versunken zu sein schien[1]."

Der Schmerz überwog die Bitterkeit, und doch kann die Bitterkeit kaum gefehlt haben. Er konnte sich das Bild nicht vorstellen, das sein Volk sich von ihm gemacht hatte, wußte er doch, wie weit es von der Wahrheit entfernt war. Er war nicht dieser leichtfertige, gedankenlose, ratverachtende Autokrat; er war ein peinlich gewissenhafter konstitutioneller Herrscher. Und seine Minister wenigstens wußten es und hatten nicht für ihn gezeugt.

„Wenn mich doch mein Feind schändete, wollte ich es leiden... Du aber bist mein Freund, mein Pfleger und mein Verwandter[2]."

Das war allerdings der ganzen Welt offenbar.

Daß Bülow seinen Herrn preisgegeben hatte, daß der Kanzler endgültig das traditionelle Eintreten für die Handlungen des Souveräns und die Theorie von der Unverletzlichkeit des Königs aufgegeben hatte, das bemerkte in Deutschland natürlich jeder. Die allgemeine Schußfolgerung war, daß der Kanzler, darüber aufgebracht, daß er dauernd die Verantwortung für die willkürlichen politischen Taten seines Herrn zu tragen hatte, sich nunmehr entschlossen hatte, sie nicht länger zu vertreten. Das dem Kaiser angetane Unrecht ging wie im Fall der Krüger-Depesche weit über den vorliegenden Anlaß hinaus und bedeutete eine Schuldigerklärung auf alle früheren Anklagen. Der lange aber versteckte Kampf der Regierung gegen die Rechte der Krone war halb zufällig durch einen Ausfall gewonnen worden, bei dem er im Augenblicke des Sieges teilweise erkennbar wurde. Ein kluger ausländischer Beobachter, M. Calmette vom „Figaro", schrieb, die Affäre bedeute nicht eine Uneinigkeit zwischen Wilhelm II. und seinem Volke, sondern zwischen der Bürokratie und dem Thron. Nirgends wurde es geglaubt, daß Bülow ein Schriftstück von solcher Wichtigkeit, das zweimal durch seine Hände gegangen war, überhaupt nicht angesehen haben sollte. Es war ein Bewunderer Bülows, der Historiker Bornhak, der später darauf hinwies, daß er offiziell verantwortlich war, ob er es nun gelesen hatte oder nicht. Der einzige Vorwurf,

[1] Topham (b), S. 156.
[2] Psalm 55, Vers 13, 14. D. Übers.

der den Bemerkungen des Kaisers gemacht werden könne, schrieb Bornhak, sei der, daß sie veröffentlicht worden seien, und das sei Bülows eigener Fehler. Er müsse also, so dachte dieser Bewunderer, mit Überlegung verräterisch gegen den Kaiser gehandelt haben, um ihm eine Lektion über die Folgen des persönlichen Regiments zu geben — wobei er nur den kleinen Fehler machte, eine Gelegenheit zu wählen, wo davon nicht die Rede sein konnte[1]. Die andere Möglichkeit war, wie Bornhak wahrscheinlich erkannte, die Annahme, daß er seinen Freund und Herrn aus reiner Furcht im Stich ließ. Ohne Zweifel wirkten die beiden Motive zusammen. Öffentliche Aufregung über eine kaiserliche Unvorsichtigkeit war in gewissen Grenzen willkommen; als aber die Wogen des Englandhasses so hoch zu gehen anfingen, wagte Bülow keinesfalls, die englische Politik der Regierung einzugestehen und zu verteidigen. Die bequeme und nicht neue Alternative war, den Kaiser zu opfern. Die Regierung konnte sich auf s e i n e Treue verlassen.

Da er ihm nicht Unvorsichtigkeit hinsichtlich des Interviews vorwerfen konnte, hatte Bülow anscheinend bei seiner Berichterstattung in Potsdam dem Kaiser gegenüber die verzweifelte Haltung eingenommen, das, was dieser zu Oberst Stuart-Wortley gesagt habe, sei ungehörig und nicht in Übereinstimmung mit den Ansichten der Regierung gewesen. Sobald er sich dazu bringen konnte, Bülow, bildlich gesprochen, mit der Zange anzufassen, hielt Wilhelm ihm vor, daß er dem Kanzler über seine Unterhaltungen in Highcliffe während seines sechswöchigen Aufenthaltes dort in ausführlichster Weise geschrieben und seine Zustimmung erhalten habe. Bülow erklärte, er „könne sich nicht erinnern" und „glaube nicht", daß er vom Kaiser etwas über seine Unterhaltungen in Highcliffe gehört und ihm darüber zurückgeschrieben habe — gewiß außerordentlich unwahrscheinlich, wenn man bedenkt, wie sie miteinander standen und was Wilhelms Gewohnheit war — und daß er jedenfalls sicher sei, die fraglichen Bemerkungen nicht gebilligt zu haben[2]. Wenn der Kaiser sagte, daß er geschrieben habe, so hatte er geschrieben, darüber gab es keinen Zweifel. Er wünschte, daß ihm die Korrespondenz aus den Akten des Auswärtigen Amtes zusammen-

[1] Bornhak, S. 287.
[2] Große Politik, Nr. 8270.

gestellt werde, doch wurde ihm mitgeteilt, sie sei nicht auffindbar. Er glaubte, daß auch in diesem Punkte Bülow ihn absichtlich Mißdeutungen aussetzte. Ihr freundschaftlicher Verkehr hörte auf und die unumgänglichen Besuche des Kanzlers wurden mit kalter und dienstlicher Korrektheit entgegengenommen.

Es war ein elender Winter. Eine strafende Haltung gegenüber seinem Kanzler tat unglücklicherweise — nach dem Prinzip, das ihm in seinen Kindertagen soviel Kopfzerbrechen gemacht hatte — Wilhelm von Hohenzollern mehr weh als Bülow, und an einer anderen Stelle — dem Herzen. Es war, wie Rathenau sagte, „weicher, als seine Güte es verlangte". Gegen Ende November erkrankte er aus Gram. Wenn er aber auch seinen Angreifern nicht mit ihren eigenen Waffen begegnen konnte, so besaß er doch instinktiv seine eigenen. Der Gedanke an die Einigkeit hielt ihn davon ab, seinem Volke zu sagen, daß es niemals ein persönliches Regiment gegeben hatte; aber kein Stolz oder Zorn hielt ihn davon ab, ihm zu sagen, daß es niemals eins geben würde. Mit glatter Miene Unbewußtheit vorzutäuschen war niemals Wilhelms Art. Als er acht Tage nach der kritischen Audienz Veranlassung hatte, bei einem Festakt im Berliner Rathaus eine Ansprache zu halten, las er sie von einem Schriftstück ab, das er aus den Händen des Kanzlers entgegengenommen hatte. Danach zog er sich ganz zurück und blieb still in Potsdam, bis die üblichen Enten herumzufliegen begannen, und zwar hieß es diesmal, er sei ein Einsiedler geworden. Bei seinem nächsten öffentlichen Auftreten anläßlich der Neujahrsfeier 1909 wurde er von den Berlinern lebhaft begrüßt. Als Text für die Predigt in der Schloßkapelle an diesem Tage hatte er gewählt: „Ich will Frieden haben mit meinem Volke."

Das Gewitter hatte die Luft gereinigt. Fremde Beobachter, die sich eingebildet hatten, die Regierung des Deutschen Reiches sei eine ungezügelte Tyrannis, in der ein peremtorischer Monarch Parlament und Volk, die unfähig zum Widerstand waren, durch seine Ministersklaven peinigte, waren überrascht und endlich aufgeklärt. Parlament und Volk wurden gepriesen, daß sie sich gegen die verderblichen Gepflogenheiten ihres Herrschers aufgelehnt hätten; aber es fehlte auch nicht an einem allmählich aufkommenden Verdacht, daß sie mit ihren glorreichen Schlägen für die Freiheit eine offene Tür eingerannt hatten. „Die echt konstitutionelle Haltung und die Achtung vor der Verfassung, welche in dieser Krisis alle Faktoren und nicht zum wenigsten die Krone betätigen"[1], rief im Ausland einen günstigen Eindruck hervor. In England hatte das Interview trotz der anfänglichen unvermeidlichen Aufregung in der Presse überhaupt keinen Schaden getan; wie sollte es auch? Im Gegenteil, zahlreiche Engländer dankten dem Kaiser[2], der Botschafter berichtete von einer allgemeinen günstigen Aufnahme und Sir Edward Grey war ängstlich besorgt, den Eindruck zu vermeiden, als ob er „die ausgestreckte Hand" zurückweise[3].

„Gegen Ausgang des Winters", schrieb der Kaiser in seinen Erinnerungen — es war am 11. März 1909 — „erbat sich der Kanzler eine Audienz. Ich ging mit ihm in der Bildergalerie des Schlosses auf und ab, zwischen den Bildern meiner Ahnen, der Schlachten des Siebenjährigen Krieges sowie der Kaiserproklamation in Versailes" — in Wilhelms streng einfacher Erzählung deutet die Beschreibung der Szenerie auf Gemütsbewegung — „und war erstaunt, als der Kanzler auf die Vorgänge vom Herbst 1908 zurückkam und sein Verhalten zu erklären unternahm. Darauf nahm ich Gelegenheit, die ganze Vergangenheit mit ihm durchzusprechen. Die offene Aussprache und die mich befriedigende Erklärung des Fürsten beseitigten die Spannung." Was hatte der Fürst gesagt? Wilhelm wollte der Öffentlichkeit nicht mehr darüber mitteilen, obwohl dreizehn Jahre vergangen waren, als er dies schrieb; in einer Bemerkung auf einem Aktenstück im Auswärtigen Amt hatte er aber mit Nachdruck ausgesprochen, daß Bülow ihn unzweideutig um Verzeihung gebeten und er ihm vergeben habe. Danach hatte der Kanzler gebeten „ich möchte am Abend dieses Tages, um auch der Außenwelt zu dokumentieren, daß wieder alles in Ordnung sei, wie früher so oft das Essen bei ihm einnehmen. Ich tat das". Es war ein sehr angeregter Abend und Bülow und seine Frau waren beide reizend liebenswürdig.

„Mit dieser Aussöhnung hatte ich auch zu erkennen geben wollen, daß ich die Sache über persönliche Empfindlichkeit zu stellen gewohnt bin." Er hatte vergeben, nicht seine Ansicht geändert. „Fürst Bülow selbst ist gewiß der Meinung gewesen, mit seiner Art, die Angelegenheit sowohl im Reichstag wie mir persönlich

[1] Große Politik, Nr. 8268.
[2] Ebenda, Nr. 8264, Anm.
[3] Ebenda, Nr. 8260.

gegenüber zu behandeln, mir und der Sache am besten zu dienen", aber, begreiflicherweise, „ich habe ihm darin nicht beipflichten können"[1].

Es wäre merkwürdig gewesen, wenn die Angelegenheit Wilhelms früheren Enthusiasmus für Bülows politische Geschicklichkeit nicht erschüttert hätte. Von ihrer persönlichen Entfremdung sei nichts zurückgeblieben, meinte Bülow[2]; aber Wilhelms persönliche Beziehungen waren etwas anderes als seine politische Wertschätzung, wenn auch kein Deutscher das jemals glauben wollte. Er sagte zu Ballin, daß Bülow um seinetwillen nicht gehen dürfe, daß er aber gehen müsse, wenn es ihm nicht gelänge das Land zu lenken. Die wiedererlangte Gunst stärkte die Stellung des Kanzlers, aber nicht so entscheidend, wie es früher der Fall gewesen sein würde. Bülows berühmter liberal-konservativer Block, seine große und vielleicht einzige Leistung, machte Schwierigkeiten. Die Konservativen, die über die geplante Erbschaftssteuer und Reform des preußischen Wahlrechts wütend waren, hatten trotzdem zu Bülow gehalten, weil man glaubte, daß er das Vertrauen des Kaisers besaß; nach dem Novembersturm aber wurde allgemein angenommen, daß dies unmöglich geworden sei, und es bildete sich unter ihnen eine Partei, die sich Kaiserpartei nannte und geschworen hatte, sich Bülows zu entledigen. Der Kaiser betrachtete natürlich das Vorgehen dieser Leute und ihre Behauptung, seine Partei ergriffen zu haben, als eine Infamie[3], die poetische Gerechtigkeit befahl aber, daß er nicht mehr zur Rettung seines schwankenden Kanzlers herbeieilen konnte. Er sandte Bülow am 3. Mai zu dessen sechzigstem Geburtstag ein gnädiges Telegramm, es wurde aber nicht veröffentlicht: konnte der Kanzler die persönliche Gunst des Monarchen zu Hilfe rufen? Bülow trat am 14. Juli 1909 nach der Ablehnung des Erbschaftssteuer-Gesetzes zurück; als Nachfolger hatte er Bethmann Hollweg empfohlen.

Seiner Ansicht nach hatte der Kaiser nicht den Wunsch gehabt, sich von ihm zu trennen[4], und nach der Verfassung war sein Rücktritt wegen einer Niederlage im Reichstag nicht erforderlich.

[1] Wilhelm (a), S. 100—101.
[2] Große Politik, Nr. 8271.
[3] Ebenda, Nr. 8272.
[4] Ebenda, Nr. 8271.

Bornhak, dieses *enfant terrible* von einem Bewunderer, nahm an, daß er ging, weil er glaubte, Wilhelms Groll werde doch bald seinen Sturz herbeiführen: indem er nun aus parlamentarischen Gründen zurücktrat, drehte er das Messer um und stieß es dem monarchischen Prinzip in die Flanke. Wenn das zutrifft, so hatte vielleicht eine falsche Rechnung ihn zu der Überzeugung gebracht, daß er — wie es bald sein heftiger Wunsch war — imstande sein werde zurückzukehren, denn er war nicht der Mann dazu, sich selbst den Hals abzuschneiden, nicht einmal um dem System, dem zu dienen er bestellt war, das Messer in die Flanke zu stoßen. In seiner Bedachtheit auf das eigene Interesse war er während aller Schwierigkeiten seiner Kanzlerschaft konsequent und energisch gewesen. Er machte sowohl den Kaiser wie Klehmet zu seinen Sündenböcken in der Daily Telegraph-Affäre und beschuldigte andere der Nachlässigkeit; er jagte Holstein fort, als ihre gemeinsame Politik schief ging. Auch war er Verdrehungen gegenüber nicht so duldsam wie sein Herr. Nach seinem Rücktritt schrieb er an seinen Nachfolger und verlangte ein offizielles Dementi der Mitteilungen, die in einer Zeitung über den Novembersturm erschienen waren und die ihm mißfielen, weil sie Wilhelms Sache, wie er fand, zu nachdrücklich auf seine Kosten verteidigten; er erwähnte sogar betrübt, daß er zu einer Beleidigungsklage genötigt sein könnte, was natürlich die Krone mithineinziehen und deshalb eines der trübsten Ereignisse der deutschen Geschichte sein würde. Also noch besser als Bismarck! Jedoch der Kaiser und Bethmann kamen in Briefen, die sich kreuzten, überein, die Erpressung abzulehnen; worauf der Kanzler — o Ihr Minister! Ihr seid einer wie der andere — an Bülow schrieb, um ihm mitzuteilen, daß er untröstlich sei, ihm nicht zu Gefallen sein zu können, aber Seine Majestät habe es „ganz spontan" verboten[1].

So verschwand Bülow von der Bildfläche. Zweifellos ließ er das Land in einer schlechteren Lage zurück, als er sie vorgefunden hatte. Zum Teil war er die Ursache und zum Teil nur ein Zeitgenosse dieser Veränderung. Er konnte für sich anführen, daß die Feindschaft der Westmächte auf Kräften beruhte, die sich jedem Einfluß entzogen; seine Mißgriffe in Marokko hatten aber zum mindesten zu ihrer Festigung beigetragen. Bei dem übelberatenen Vorgehen Österreichs auf dem Balkan in den letzten Monaten

[1] Große Politik, Nr. 8273.

seiner Amtsführung war er ein williger Mittäter, zwar nicht Anstifter, aber Helfer nach der Tat. In der inneren Krise des Jahres 1908 hatte er es recht merkwürdig angestellt, wenn er wirklich seinem Freund und Herrn gegenüber loyale Absichten hatte, und dessen Sache ganz verdorben; hatte er ihn aber absichtlich geknebelt, so hatte das Land wenig Veranlassung, für den zweifelhaften Segen der Stärkung einer unverantwortlichen Regierung dankbar zu sein, die mit einer nationalen Erschütterung erkauft war.

Er ließ den Kaiser, so dachten viele, völlig unberührt von einer etwas unangenehmen Erfahrung und ganz unverändert zurück. Das war aber nicht der Fall. Dauernde Bitterkeit konnte, dauernde Niedergeschlagenheit und Verzweiflung durfte Wilhelm von Hohenzollern nicht empfinden. Aber nach Ansicht seines Sohnes hatte sein Selbstvertrauen einen Schlag erlitten und „gesundet ist er niemals wieder von diesem Schlage“.

17. Kapitel

Der Stein kommt ins Rollen: 1908—1912

Bülows Kanzlerschaft war im Leben Wilhelms von Hohenzollern als Mensch und als Kaiser eine Scheidewand, deren Spitze der Novembersturm war. Diesseits lagen trotz mancher Nöte und Sorgen und der Flucht der Jahre Jugend, Hoffnung, Verantwortungsfreudigkeit und Freundschaft. Jenseits jener kurzen Amtszeit, deren Glanz und Dauer er so freudig entgegengesehen hatte, stand er trauernd um den gefallenen Philipp und den „entbismarckten" Bernhard, während seine eigene offene Wunde blutete, und sah mit den ersten Anzeichen einer tödlichen Sorge auf eine Welt, der er jetzt mit weniger Vertrauen gegenüberstand.

Wir sagten untereinander tadelnd, es sei sehr zu beklagen „daß die Köpfe mancher Leute so beschaffen sind, daß sie in jeder nachbarlichen Abmachung, die zwischen zwei oder mehr Mächten zustande kommt, eine gegen eine andere gerichtete Koalition erblicken"[1]. Wenn aber auch die fragliche Abmachung vielleicht nicht gegen Deutschland gerichtet war, so wurde es doch davon getroffen, und wir wußten es. „Wenn England nicht an Deutschland gebunden ist und die Regierung Seiner Majestät mit Frankreich und Rußland zu einer allgemeinen Verständigung gelangt, wird die Lage Deutschlands in Europa kritisch werden", hatte Bertie, unser stellvertretender Unterstaatssekretär im Auswärtigen Amt, bereits 1901 geschrieben[2]. Sie war kritisch geworden, und davon wurde Deutschlands Lage auch in anderen Erdteilen stark berührt. Die Entente hatte Deutschland aus Marokko vertrieben; die Entente erschien rechtzeitig auf dem Plan, um es nicht nach Persien hereinzulassen; englischer Widerstand hielt den Bau seiner prachtvollen Eisenbahn auf. Vielleicht fehlte die Absicht, aber die Wirkung war nicht nur in seinem Fieberwahn

[1] British Documents, Bd. IV, S. 208.
[2] Ebenda, Bd. II, Nr. 91.

vorhanden. „Der eiserne Ring", schrieb der russische Botschafter Benckendorff, „beruht auf einem Irrtum ... Es ist aber trotzdem richtig, daß jedesmal, wenn die deutsche Regierung ihre Interessen in Gebiete tragen wollte, in denen Interessen anderer Mächte bestanden, sie sich nicht der einen oder anderen Macht gegenübergestellt sah, sondern einer Mächtegruppe ... Nicht ohne Ehrgeiz, seine kolonialen Besitzungen zu vergrößern, geht Deutschland doch eher auf dem Wege der Durchdringung vor, indem es sich hauptsächlich großartigen Unternehmungen zuwendet, bei denen es jedoch stets auf den Widerstand Englands stößt. Es ist richtig, daß Rußlands Gewicht außerordentlich bedeutend ist[1]."

Bertie hatte aber nicht in diesem kommerziellen Sinne, so ernsthaft die Dinge hier auch aussehen mochten, von Deutschlands kritischer Lage gesprochen. Rußlands Niederlage in Asien hatte sogleich das russische Interesse für den Balkan und die damit verbundenen dauernden Reibungen mit Österreich wiederaufleben lassen; bei europäischen Streitigkeiten konnte es stets auf Frankreich zählen — und seit Algeciras kam die Frage auf, ob sie nicht auch auf England zählen konnten.

Noch ehe Bülow ging, hatten Balkanunruhen angefangen.

Im Juli 1908 vereinte die türkische Revolution, die als Militärrevolte begann und die jungtürkische oder konstitutionelle Reformpartei mit sich zog, die ganze Türkei in einer Welle von Begeisterung. Die Türkei würde sich selbst reformieren, rief man, und nicht mehr irgendwelche Vorwände für die Einmischung Fremder liefern. Deutschland stand im Verdacht, mit dem alten ottomanischen Regiment zu intim gewesen zu sein, um freundliche Gesinnungen für das neue zu hegen; tatsächlich aber freute es sich über alles, was zur Stabilität der Türkei beitrug. Der Kaiser verhehlte seine Befriedigung nicht. Seine Vorliebe für Ordnung und Tüchtigkeit ließ ihn die Abschaffung der Palast-Hintertreppenwirtschaft als einen „wahren Segen" ansehen; er war durchaus für *„la Turquie à elle-même"*[2]. Deshalb erschrak er, als im Oktober Österreich die türkischen Provinzen Bosnien und Herzegowina annektierte.

Der Vorwand dafür war die Behauptung, daß die Verwaltung der Provinzen, die — nur dem Namen nach nicht — Österreich schon

[1] Siebert, S. 742 ff.

[2] Große Politik, Nr. 8884.

seit 1878 gehörten, durch die neue türkische Verfassung erschwert werden würde. Die wirkliche Absicht war „die Vernichtung des Traumes von einem großserbischen Staate zwischen Donau, Save und Adriatischem Meer".

Das Adriatische Meer war das einzige Meer, zu dem Österreich Zugang hatte, und es war sein fester Wille, daß Serbien keinen Zugang dazu haben solle. Die Feindschaft zwischen den beiden Ländern kam bekanntlich daher, daß Serbiens natürlicher Irredentismus nur auf Kosten Österreich-Ungarns, wahrscheinlich auf Kosten seines Bestehens als Kaiserreich, befriedigt werden konnte. Hätte Serbien allein gestanden, so wäre Österreich so verfahren, wie wir alle mit kleinen Staaten verfahren, die uns ärgern. Hinter Serbien aber stand das panslawistische Rußland, dessen Absichten in der Tat weit über eine bloße Unterstützung seines Schützlings hinausgingen. Was Wien von dort fürchtete, war in folgender, einem russischen Staatsmann zugeschriebener Erklärung zusammengefaßt: „Rußland beabsichtigte, aus Serbien eine slawische Vormacht zu schaffen, welcher Bosnien, Herzegowina und die südlichen Teile Ungarns einverleibt werden müßten[1]."

Die formelle Annektion der Provinzen war weniger eine unmoralische als eine sehr unkluge Tat der Klugheit. Europa war stark verärgert, Rußland war wütend und — Serbien rüstete.

Daß Deutschland, dessen Mitwissenschaft natürlich vermutet wurde, nicht vorher von dem Schritt unterrichtet worden war, fiel anscheinend Bülow und der Wilhelmstraße nicht als eigenartig oder unfreundlich auf. Ihre Politik bestand darin, Österreich hinsichtlich Serbiens einen Blankoscheck auszustellen, vermutlich in der Erwägung, daß der Verbündete schließlich zu energischem Vorgehen genötigt sein würde, und in dem Wunsche, das Odium nicht auf Deutschland fallen zu lassen. Da jedoch diese Haltung das Reich schließlich in einen Sympathiekrieg verwickeln mußte, gab Wilhelm durchaus nicht mit gleicher Bereitwilligkeit seine Unterschrift dazu. „Raub" und „Verbrechen", so bezeichnete er die Annektion, und er war erzürnt „durch die furchtbare Dummheit Aehrenthals in das Dilemma gebracht worden zu sein, die Türken, unsere Freunde, nicht beschützen und ihnen nicht beistehen zu dürfen, da mein Verbündeter sie beleidigt hat. Und statt dessen England an meiner Stelle die Türken beraten und

[1] Große Politik, Nr. 12.363.

beschützen sehen zu müssen, noch dazu mit Ausführungen völkerrechtlicher Natur, die formell unanfechtbar und mir aus der Seele gesprochen sind". Und wieder: „Uns hat er nichts gesagt; Isvolsky und Tittoni so verschleierte Andeutungen gemacht, daß sie sich als total betrogen vorkommen"; die Türkei, Serbien, Montenegro, Griechenland, die Kroaten und Ungarn beunruhigt und England in Konstantinopel auf Kosten seines eigenen Landes und des Verbündeten einen guten Dienst getan: „das ist für eine Gesamtleistung ein europäischer Rekord, wie ihn noch kein Diplomat je fertig bekommen hat"[1]. Anscheinend war ihm hier zum ersten Mal die Vogel-Strauß-Politik seiner eigenen lieben Diplomaten deutlich geworden.

Seine Unterstützung Österreichs ließ nicht auf diese Empfindungen schließen; seine Unterstützung und sein Ärger waren aber in gleichem Maße das Ergebnis der unerfreulichen Erkenntnis, daß Deutschland es sich nicht leisten konnte, seinen Verbündeten zu verlassen. Es war Deutschland, das durch eine geistreiche Formel es Rußland ermöglichte, sich mit Würde aus einer unmöglichen Situation zurückzuziehen, indem es das *fait accompli* hinnahm ohne seine Forderung, daß Europa gehört werden müsse, gänzlich aufzugeben; obwohl der russische Minister des Äußeren, Isvolsky, aufgebracht durch die erlittene Demütigung, es so darstellte, als sei ihm die Lösung durch eine Drohung und ein Ultimatum aufgezwungen worden. Ob es eines war oder nicht, ist lange der Gegenstand unfruchtbarer Erörterungen gewesen. Deutschlands einzige Drohung war, die Dinge in Ruhe zu lassen, aber wie Mahan sagt, hinter einer erfolgreichen Diplomatie steht immer eine gute feste Drohung.

Auf Betreiben der Mächte ließ Serbien im März 1909 eine Note übergeben, in der es anerkannte, daß serbische Rechte durch die Annektion nicht verletzt worden seien, und seine feindselige Politik aufzugeben und mit Österreich in nachbarlichen Beziehungen zu leben versprach.

Nichtsdestoweniger war die Sache offenbar nur oberflächlich geglättet worden. Isvolsky wußte es: „Vielleicht wird der Konflikt erst in fünf oder zehn Jahren ausbrechen, aber er ist unvermeidlich!" Aehrenthal wußte es: Wertlose Versprechungen von Serbien, meinte er, würden Österreich keinen dauernden Frieden an

[1] Große Politik, Nr. 8992, 9026.

seiner südöstlichen Grenze verschaffen, in wenigen Jahren würde es gezwungen sein vorzugehen. Als der Staub immer dichter wurde, hörte sogar Wilhelm auf, sich mißbilligend über die ursprüngliche Verwerflichkeit des Staubaufwirbelns zu äußern, und wurde so gut österreichisch wie nur einer. Es sei ein Rassenkonflikt, schrieb er an Ballin, zwischen den slawischen und deutschen Elementen in Österreich. Während die Lage sich noch entwickelte, hatte er bemerkt: „Wir tun nur, was Österreich recht ist und erwünscht", aber aus seinen anderen Bemerkungen ergab sich, daß ein Unterschied war zwischen diesem *ad hoc* Gesagten und Bülows umfassendem: „Wir werden es daher auch ferner ganz Österreich überlassen, sein Verhalten den Serben gegenüber ausschließlich nach seinem Ermessen und seinen Interessen einzurichten[1]."

„Die vom König von England organisierte Neugruppierung der Mächte", schrieb der belgische Gesandte in Berlin[2] nach Hause, „hat ihre Kraft an der Union von Mitteleuropa versucht und sich außerstande gesehen, sie zu durchbrechen." Daß der eiserne Ring der Einkreisung zerbrochen war, wie Bülow optimistisch behauptete, war keineswegs der Fall. Die Krisis ließ die Mächte fast zugestandenermaßen in gegnerische Lager formiert zurück. Rußland tröstete sich durch einen Geheimvertrag mit den Bulgaren, worin gesagt war, daß „die Verwirklichung der Ideale der slawischen Balkanvölker nur nach einem russischen Siege über die Mittelmächte möglich sein werde"[3]. Als Wilhelm, der im Mai 1909 in Wien mit wilder Begeisterung empfangen worden war, erklärte, Deutschland habe „in schimmernder Wehr" — so wurde die Redewendung allgemein berichtet — seinem Verbündeten zur Seite gestanden, war der allzu offenherzige Hinweis jedenfalls nicht einem Gefühle des Triumphs entsprungen. Nach Hammann sagte er nicht „schimmernde Wehr", sondern „schirmende Wehr", aber was immer es auch war, es wurde über einem sorgenvollen Herzen getragen. Wilhelm wußte die durch Englands Verbindung mit Frankreich verursachte Umstoßung des europäischen Gleichgewichtes richtig einzuschätzen und mehrmals empfahl er seinen Beratern ohne Erfolg ein Bündnis oder eine Verständigung mit

[1] Große Politik, Nr. 9484, 9490.

[2] Baron de Greindl. D. Übers.

[3] Gooch, S. 424.

Japan, wonach in der japanischen Presse einige Fühler ausgestreckt worden waren. Das passe freilich ziemlich schlecht zu seinen Auffassungen von der gelben Gefahr, könne aber als Korrektiv für den allgemeinen Zustand im Augenblick nützlich sein[1]. In Übereinstimmung mit seinem Standpunkt bemerkte Bethmann, Bülows Nachfolger, daß man Sorge tragen müsse, Österreich daran zu verhindern, daß es die Führung im Dreibund an sich reiße; er gab dem Verbündeten zart und auf Umwegen zu verstehen, daß Deutschland weder verpflichtet noch gewillt sei, eine abenteuerliche Balkanpolitik zu unterstützen.

Mitten in dieser Krise waren Deutschlands Sorgen dadurch vermehrt worden, daß in England eine beispiellose Verstimmung über die deutsche Flotte zum Ausbruch kam.

Die Flottenpanik von 1908 hatte sich niemals ganz gelegt. Als die Asquith-Regierung den Flottenbauplan für 1909 vorlegte, sagte sie, es bestehe Grund zu der Annahme, daß Deutschland im Geheimen sein Programm beschleunige. Sowohl Bülow wie Tirpitz stellten feierlich und wahrheitsgetreu in Abrede, daß irgend etwas Derartiges vor sich ging; in den Erklärungen britischer Politiker wurden sie aber weiter geradezu der Lüge geziehen. Asquith sprach von der „ungeheuren Entwicklung" des deutschen Bestandes an Schiffen und jedenfalls an Teilen, die fertig zum Zusammenfügen seien[2]; er rechnete, daß Deutschland im März 1912 17 Schlachtschiffe fertig haben würde, nicht 13; sein Staatssekretär des Äußeren, Sir Edward Grey, sagte 21[3]; Balfour erklärte, daß es 25 haben würde und verlangte bei einer Zusammenkunft in der Guildhall am 1. April 8 Schiffe sofort und 8 im Jahre 1910.

Der Kaiser war empört über die offen ausgesprochenen Zweifel der englischen Minister an der Wahrheitsliebe seiner Regierung — und mit Recht, in Anbetracht dessen, daß er im März 1912 nicht 21 oder auch 13, sondern 9 Dreadnaughts haben würde (und, um einen Augenblick vorzugreifen, auch tatsächlich hatte). Daß er trotzdem sein Auswärtiges Amt beauftragte, eine Formel für ein Abkommen auszuarbeiten, für den Fall, daß England Verhandlungen eröffnen sollte, war vollkommen charakteristisch. Während der letzten Tage Bülows war Herr von Stumm, früher

[1] Große Politik, Nr. 12.026 usw., 11.801.
[2] Am 3. März im Unterhaus.
[3] Große Politik, Nr. 10.250.

von der Botschaft in London, herübergeschickt worden, um einen Fühler auszustrecken, der erfolglos wieder eingezogen wurde. Im August 1909 schlug der neue Kanzler vor, die Sache in Angriff zu nehmen; er fand Wilhelm mit „noch größerem Eifer" und „entschiedenem Optimismus" dazu bereit, während sogar Tirpitz eine Tabelle aufstellte, die die annehmbaren Verhältniszahlen zeigte[1]. Die Verhandlungen begannen freundschaftlich, doch ging man dabei irgendwie von verschiedenen Absichten aus. Wir glaubten anscheinend, daß eine gegenseitige Rüstungsbeschränkung, die Deutschland verpflichten würde, den Zwei-Mächte-Standard zu respektieren, auf beiden Seiten als ein vorteilhaftes Geschäft angesehen werden würde. Dies war aber durchaus nicht der Fall. Deutschland hatte niemals eine Rüstungsbeschränkung verlangt oder gewünscht; es war ganz bereit, die Schiffe und die Leute und auch das Geld zu beschaffen[2]. Die Rüstungsbeschränkung war unsere Forderung. Es lag uns ob, ihm etwas dafür zu bieten, und zwar etwas ganz Definierbares, nämlich die Sicherheit, die es durch Rüstungen erreichen zu können glaubte, in anderer Form. Wie Bethmann es vollkommen deutlich ausdrückte: „Umgekehrt kann Deutschland den Bau seiner Flotte, die ohnehin an Zahl unendlich schwächer als die englische ist, und die überdies ja auch einmal mit den Flotten anderer Staaten in Konflikt geraten könnte, nur dann vertraglich fixieren, wenn ihm Sicherheit dafür gegeben wird, daß es während der Dauer des Vertrages seine Waffen mit England nicht kreuzen wird[3]."

Man faßt sich an die Stirn bei dem Gedanken, daß wir einer Nation das Privileg angeboten haben, vertragsmäßig ihre Flotte kleiner als die unsrige zu halten, während wir die Freiheit behielten, sie zu bekämpfen. Um den deutschen Befürchtungen entgegenzukommen, bot Sir Edward Grey eine bindende Erklärung an, daß wir uns eines „unprovozierten Angriffs" enthalten würden — ein Angebot, das ein merkwürdiges aber zum Glück falsches Licht auf unsere bestehenden Absichten warf. Er gab auch deutlich zu verstehen, daß nichts die vorhandene Gruppierung der Mächte berühren dürfe[4]; das war gleichbedeutend mit der Ablehnung

[1] Große Politik, Nr. 10.325.

[2] Anspielung auf das englische Jingo-Lied. D. Übers.

[3] Große Politik, Nr. 10.355.

[4] Ebenda, Nr. 10.337, 10.346.

jeder politischen Verständigung mit Deutschland. Keine englisch-deutsche Entente würde für Frankreich annehmbar gewesen sein, geschweige denn eine, die sich nach Wilhelms Wunsch auf ein „gemeinsames Einstehen für die offene Tür"[1] gegründet hätte. Dem letzten Aufflackern der Panik in den britischen Wahlen von 1910, bei denen der Schlachtruf der Konservativen die Rettung des Landes vor der gespensterhaften deutschen Überflotte war, folgte die Rückkehr der geschwächten liberalen Regierung und das beruhigende Anerkenntnis Churchills, des Ersten Lords, daß das deutsche Flottengesetz „in keiner Weise überschritten worden sei". Da die angebliche Notwendigkeit einer ungeheuren Vermehrung unserer Flotte zugestandenermaßen auf einem vermeintlichen deutschen Flottenbauplan beruhte, konnte man billigerweise den Schluß ziehen, daß der tatsächliche nicht danach angetan war, unmittelbare Beunruhigung hervorzurufen. So groß war aber die Aufregung in der Öffentlichkeit gewesen, daß die liberale Regierung nicht wagte, das Programm einzuschränken.

Von 1909 bis 1914 überschritten die deutschen Flottenausgaben niemals einen Betrag von rund 11 Millionen im Jahr, während die unseren sich stetig erhöhten, und zwar von 11 Millionen auf rund 18 Millionen. Wenn unter diesen Umständen Engländer erwarteten, eines schönen Tages mit durchschnittenen Kehlen und angesichts einer deutschen Flotte auf der Themse aufzuwachen, so kann es nicht überraschen, daß die deutschen Erwartungen wildester Art waren. Wir waren stark genug, um in einem Krieg zu zweit das Meer von der deutschen Schiffahrt reinzufegen; in keinem wahrscheinlichen Kriege konnte aber Deutschland den Glücksfall erwarten, es nur mit einem einzigen überwältigenden Gegner zu tun zu haben. Das Wahrscheinliche war, daß Deutschland in einen Kontinentalkrieg verstrickt werden und dabei seine Lage wenig beneidenswert sein würde, mit einer großen Flotte und Armee zu beiden Seiten, und daß wir dann eingreifen würden. Sein einziger sicherer Verbündeter würde unweigerlich im Adriatischen Meere eingesperrt werden; wir lagen vor seinem Zugang zum freien Meere. Und da nahm man an, daß es im Begriff sei, dieses Bohnenfest nur zu seinem Vergnügen selbst zu veranstalten! Es war nicht verwunderlich, daß man sagte, Wilhelm II. sei wahnsinnig: wenn das wirklich Deutschlands Absicht war, so mußte er es sein.

[1] Große Politik, Nr. 10.401.

In der Tat war es nicht sein Traum, sondern lag wie ein Alp auf ihm. Infolge dieser und anderer Sorgen war er 1910 mit seiner Gesundheit so herunter, daß er am Arm, wie er dem Zaren schrieb, einen „großen bösen Karbunkel" bekam, der beiläufig zu einem fürchterlichen Schauspiel von Tyrannei an hoher Stelle führte. Nachdem die Sache geschnitten worden war, konnte er den verbundenen Arm nicht in den Uniformärmel zwängen, um einem Empfang beizuwohnen. Es wurde der Vorschlag gemacht, die Naht aufzutrennen, aber sein alter Kammerdiener, der früher der seines Vaters gewesen war, protestierte so energisch, daß der Empfang vom Kronprinzen abgehalten werden mußte.

Im Mai 1910 starb König Eduard.

Wie so oft, waren Wilhelm und der Kaiser bei diesem Ereignis ein wenig uneinig. „Eine hervorragende politische Persönlichkeit verschwindet plötzlich von der europäischen Bühne, eine merkbare Lücke lassend. In solchem Augenblick vergißt man manches... Die engl. Politik im Ganzen *ex officio* wird sich nicht viel ändern... Ich glaube im Ganzen wird mehr Ruhe in die europäische Politik kommen; wenn nichts weiter wäre das schon ein Gewinn. Wo man die verschiedenen Feuer nicht mehr schürt, werden sie niedriger brennen. Am meisten betrauert wird E. VII. nächst seinem Volke, von Galliern und Juden werden. Bitte sich zu äußern, ob ich zur Beisetzung fahren kann, was ich gern möchte, unter eventueller vorheriger Ansage bei S. M. König Georg[1]." Er fuhr hin und traf am 19. Mai, einen Tag vor der Beisetzung, in London ein. Niemand hat mitfühlender als er die Aufbahrung des Königs geschildert — die ehrwürdige alte Westminster Hall, die Sonnenstrahlen, die auf die tote Gestalt und die glitzernde Krone fielen, den Ritt durch die feierlich-ernsten Menschenmengen. „Es war die imposanteste Trauerkundgebung eines ganzen Volkes für seinen geliebten Souverän, die ich bisher gesehen habe."

Das Publikum verfolgte die auffallende Gestalt von „*the Kaiser*" mit mehr Interesse, als es irgendeinem anderen Trauergast zuwandte. Selbst bei diesen zeremoniellen Auftritten war immer etwas Unterschiedliches, etwas Menschliches an ihm; so, als er am Katafalk die Hand des neuen Königs ergriff, oder als er bemerkte, daß kein Diener zur Stelle war, und vorsprang, um den

[1] Große Politik, Nr. 10.385.

Wagenschlag der Königinwitwe vor der Kapelle in Windsor zu öffnen.

Er bewohnte in Windsor die ehemaligen Räume seiner Eltern, und die damit verknüpften Erinnerungen, schrieb er an Bethmann, „riefen mein altes Heimatsgefühl von neuem wach, welches mich an diesen Ort so fest bindet, und das mir persönlich im Hinblick auf die politische Seite die letzten Jahre besonders schwer zu tragen gemacht hat. Ich bin stolz, diesen Ort meine zweite Heimat zu nennen und ein Mitglied dieses königlichen Hauses zu sein, als welches ich von allen in der herzlichsten Weise behandelt werde". Auch im Buckingham Palace hatte er als Kind gespielt, und er hatte „auch noch einen Platz in der Erinnerung, wo ich infolge des vielen Puddingessens mich kolossal übergeben habe" Die Menschen, die eben noch so schweigsam und voll Trauer gewesen waren, begrüßten ihn laut und herzlich, als er von dem Schauplatz dieser teuren Erinnerungen fortfuhr.

Theobald von Bethmann Hollweg, der Empfänger dieser Konfidenzen, war ihm seit langer Zeit bekannt und hatte eine glänzende Laufbahn hinter sich, obwohl er schon damals nicht als ein idealer Kanzler angesehen wurde; aber, wie der Kaiser sagte, Europa war nicht mit einem Überflusse an solchen gesegnet. Er war ein aufrechter, gewissenhafter, loyaler Charakter, aber kein Mann der Tat; ein wenig aktenverstaubt, ein wenig pedantisch und mehr als nur ein wenig zaudernd, machte er den Eindruck der Unentschlossenheit, wenn auch der Kaiser meinte, es sei in Wirklichkeit die Folge eines übergroßen Wunsches, jede Frage von allen Seiten zu betrachten. Er war auf der Schule „die Gouvernante" genannt worden; „auch mich belehrte er ständig", bemerkte Majestät. Merkwürdigerweise verstand dieser so anders beschaffene Geist Wilhelm vielleicht besser, als irgendeiner der Minister vor ihm getan hatte, auch ließ er sich weniger von dessen Temperament irreführen. „Das Kaisertum durch das Vertrauen auch der Massen des Volkes zu festigen", schrieb Bethmann, „war ihm trotz momentaner Schwankungen, denen er sich, durch die Exzesse des Klassenhasses angewidert, hingegeben hatte, seit seinem Regierungsantritt Gebot innerer Überzeugung gewesen ... Nichts als staatliche Disziplin forderte er als Gegengabe für das Vertrauen, das er in sein Volk setzte. Nur kurzsichtigste politische Voreingenommenheit, wenn nicht Böswilligkeit, hat unter Berufung auf gelegentliche temperamentvolle Äußerungen den Kaiser zum volksfeindlichen Autokraten gestempelt." In gleichem Irrtum seien jene befangen gewesen, die glaubten, er lebe in einer unwirklichen Welt und werde irregeführt über die öffentliche Meinung und deren Tendenzen. „Der Schnelligkeit seiner Auffassung entging so leicht kein Vorgang des öffentlichen Lebens, und in einem rastlos arbeitenden Gehirn und einem geradezu staunenswerten Gedächtnis verarbeitete und gestaltete er seine Wahrnehmungen zu dem Bilde, in dem er die Grundlinien für seine Entschlüsse suchte." Man konnte natürlich abweichender Meinung sein, „aber daß der Kaiser sich keine Rechenschaft von den Elementen gegeben hätte, auf denen sich unser politisches Leben aufbaute, heißt ihn fundamental verkennen". Und nichts Besseres ist jemals über Wilhelms temperamentvolle Art geschrieben worden als dies: „Überquellende Phantasie, momentane Stimmung, sehr häufig auch die Absicht, den Hörer in einer ganz bestimmten Richtung stark zu beeindrucken, sind in solchen Fällen mehr beteiligt gewesen als letzte Überzeugungen. Denn über sein innerstes Denken und Wollen hat der Kaiser trotz allen Mitteilungsdranges aus den verschiedenartigsten Motiven oft selbst einen Schleier gebreitet. Bei Außenstehenden, die keinen Einblick in die komplizierte Natur des Kaisers hatten, sind darum gerade aus persönlichen Berührungen vielfach die seltsamsten Vorstellungen entstanden[1]." Sie sahen zu nahe hin und konnten den Wald vor Bäumen nicht sehen.

Das Publikum war überrascht von der Einigkeit dieser so verschiedenen, gemeinsam arbeitenden Männer. Als 1910 der Reichstag eine Rede angriff, die der Kaiser in Königsberg gehalten hatte, verteidigte Bethmann sogar mannhaft das Recht Seiner Majestät, seinen Ansichten Ausdruck zu geben. Der Kanzler wußte auch den Wert Wilhelms für die auswärtigen Beziehungen zu schätzen; er hielt es für wichtig, daß die Briefe Seiner Majestät an den Zaren „das persönliche Cachet" wahrten, und beobachtete mit Befriedigung den Besuch des Kaisers in England im Mai 1911 anläßlich der Enthüllung des Denkmals der Königin Victoria, von dem der russische Botschafter gleichfalls seiner Regierung berichtete, daß er „entschieden ein großer Erfolg" gewesen sei. Nichtsdestoweniger — es kann sein, daß Kiderlen oder dessen Nachfolger Jagow dafür verantwortlich waren, jedenfalls wurden die

[1] Bethmann, Bd. II, S. 22—24, 190.

Berichte des Auswärtigen Amtes und möglicherweise auch andere Dokumente, die dem Kaiser vorgelegt wurden, zu Bethmanns Zeit oft „abgekürzt" oder „leicht abgeändert". Es war nicht die Absicht des Kanzlers, ihn über irgendwelche ernsten Punkte zu täuschen, was nach Bethmanns Ansicht „ganz hoffnungslos" gewesen wäre. Es war wahrscheinlich — wenn es auf seine Veranlassung geschah — eher die Folge des Wunsches, den Weg in ehrbarer, professorenhafter Ruhe zu gehen, ungestört von dem interessanten aber verwirrenden Tanzen und Ausschlagen des Einhorns. Obwohl Bethmann tolerant war, litt er doch ohne Zweifel unter den plötzlichen Sprüngen eines Geistes, der über alle Argumente und Bedenken hinwegsetzte und durch eine Art von Relativität ankam, ehe er nach der Meinung des Kanzlers abgesprungen war.

Der arme Bethmann, was immer auch seine Gaben und Fähigkeiten waren, trat sein Amt in einem unglücklichen Augenblicke an. Seine Stellung im Inland war nicht leicht, denn Bülow hatte seinen eigenen Block zerbrochen, und Bethmanns Anhänger, der schwarzblaue oder konservativ-klerikale Block, wollten nicht an das heran, was jetzt das Nächste war, die preußische Wahlreform. Draußen aber bewegte sich die Welt bereits widerstandslos dem Unheil entgegen.

18. Kapitel

Englisches Zwischenspiel: Agadir und die Mission Haldanes

Die bosnische Angelegenheit war ein schwerer Schlag für das Ansehen der Türkei gewesen, von dem Ansehen der Türkei aber hing der Friede auf dem Balkan — und in der Welt ab. Österreich hatte ein Greifspiel angefangen, bei dem es bald Nachfolger fand, es war aber eigentlich das Schicksal Marokkos, das dem nächsten Plünderer Lust machte einzubrechen.

Durch das Abkommen von 1909 war in Marokko durchaus nicht alles geebnet worden; im Mai 1911 benutzte Frankreich Unruhen, die dort ausgebrochen waren, als Vorwand, um nach Fes zu marschieren. Daß Deutschland darauf bestand, sich wieder an dieser Sache die Finger zu verbrennen, lag daran, daß Holsteins Schüler Kiderlen-Wächter im Auswärtigen Amt regierte. Wilhelm tat von Anfang an sein Möglichstes, um es zu verhindern. „Uns kann es nur recht sein, wenn die Franzosen sich mit Truppen und Geld tüchtig in Marokko engagieren, und ich bin der Ansicht, daß es nicht in unserem Interesse liegt, dies zu verhindern. Verstoßen die Franzosen dabei gegen die Bestimmungen der Algecirasakte, so können wir es zunächst den anderen Mächten, vor allem Spanien, überlassen, dagegen zu protestieren. Vermutlich wird bei uns wieder der Wunsch nach Entsendung von Kriegsschiffen laut werden. Mit Kriegsschiffen können wir aber, da Tanger nicht bedroht ist, sondern das Aktionsfeld im Innern liegt, nichts ausrichten. Ich bitte Sie daher einem etwaigen Geschrei nach Kriegsschiffen von vorneherein entgegenzutreten[1].“

Trotzdem war Kiderlen am 12. Juni so weit, daß er vier Schiffe hinschicken wollte. Er führte damals mit Frankreich eine Art planlose Unterhaltung über Entschädigungen, hatte aber den Wunsch, irgend etwas als Tauschobjekt in die Hand zu bekommen, etwa durch Besetzung eines Hafens. Wäre die Frage vor 1908 entstan-

[1] Große Politik, Nr. 10.538.

den, so hätte Wilhelm einfach ebenso wie 1904 eine Flottendemonstration nicht gestattet. Diesmal aber konnte Kiderlen lakonisch von Kiel telegraphieren; „Schiffe bewilligt" — nicht vier, aber das Kanonenboot „Panther", das aus Südwestafrika nach der Heimat zurückkehrte, um dort in die Werft zu gehen; es sollte sobald wie möglich durch den noch kleineren aber in besserem Zustand befindlichen Kreuzer „Berlin" ersetzt werden. Selbst das bewilligte Wilhelm mit großem Widerstreben[1]. Selbstverständlich kam die Besetzung eines Hafens durch diese kleinen Schiffe nicht in Frage; ihr Vorwand war der Schutz deutscher Untertanen, ihr Zweck ein Wink, daß Deutschland nicht übersehen werden wollte. Tatsächlich waren die Umstände genau dieselben, unter denen wir 1893 die „Linnet" nach Bangkok entsandt hatten.

Ein solcher Wink war 1905 in Tanger durch den Besuch des Kaisers gegeben worden. Man konnte jetzt nicht mehr von ihm verlangen, sich für die Politik seiner Regierung zu exponieren; die Angriffe vom Jahre 1908 waren sein Schutz. Die neue Methode war jedoch gewagter, weil sie nicht abgeleugnet werden konnte — obwohl Zimmermann vom Auswärtigen Amt tatsächlich dem Botschafter Goschen sagte, die Entsendung des Schiffes sei die Idee des Kaisers[2]!

Kiderlen hatte offenbar dem Kaiser versprochen, daß der „Panther" eine baldige Verständigung herbeiführen würde. Bereits am 25. Mai hatte Wilhelm auf ein endgültiges Anerbieten gedrängt; als am 10. Juli ein Fortschreiten der Verhandlungen berichtet wurde, fing er an ungeduldig zu werden. Durch die französische Expedition nach Fes, schrieb der Kanzler, habe die Situation in Marokko eine Änderung erfahren, die „eine neue Aussprache zwischen uns und Frankreich erforderlich mache *(Wilhelm: damit sind wir schon seit Wochen beschäftigt!)*... Beide Herren stimmten darin überein *(Wilhelm: dasselbe war schon vor vier Wochen!)*, daß ein Angebot ernster Kompensationen auf kolonialem Gebiet für Frankreich allein in Betracht kommen könnte *(Wilhelm: nichts Neues!)* ...Kongo...Togo, ohne daß indessen näher auf diese Möglichkeiten eingegangen wäre, da es hierzu beiderseits an der erforderlichen Ermächtigung fehlte *(Wilhelm: nach 4 Wochen!! warum?)* Herr Cambon wird nach Einholung weiterer Instruktionen

[1] Huldermann, S. 210.
[2] Grey, Bd. I, S. 237.

(Wilhelm: der Mann kommt ja geraden Weges aus Paris!) erneut bei Herrn von Kiderlen vorsprechen *(Wilhelm: Das ist ja eine ganz verfluchte Komödie!)*. Sobald die französischen Dispositionen etwas durchsichtiger *(Wilhelm: Wenn sie den Kongo geben wollen, was soll da noch durchsichtiger werden!)* sein werden, unterbreite ich Euerer Majestät bestimmte Vorschläge *(Wilhelm: hat er ja schon vor 4 Wochen!)*". Der Kaiser setzte hinzu: „Was zum Teufel soll denn nun noch gemacht werden?... Man verhandelt und verhandelt und keiner kommt heraus! Wenn wir so unsere kostbare Zeit verlieren, dann stärken die Briten und Russen den erschreckten Galliern den Rücken, und diktieren ihnen was sie uns nur höchstens gnädigst gewähren sollen!! — Anfang Mai in Karlsruhe hat mir der Kanzler das ganze Programm für unsere Verhandlungen wegen Marokko entwickelt, ich habe mich einverstanden erklärt, und nun Anfang Juli sind wir genau an derselben Stelle! Diese Art von Diplomatie ist für mein Hirn zu fein und zu hoch[1]!"

Fünf Tage darauf kam Kiderlen endlich mit deutlichen Vorschlägen heraus; als sie nicht sehr gut aufgenommen wurden, schrieb er, daß Deutschland jetzt scharf vorgehen müsse. „Da wird London böse Miene dazu machen", bemerkte der Kaiser, der auf seiner Nordland-Ferienfahrt begriffen war. „Dann muß ich sofort nach Hause, denn ich kann meine Regierung nicht so auftreten lassen, ohne an Ort und Stelle zu sein, um die Konsequenzen genau zu übersehen und in der Hand zu haben! Das wäre sonst unverzeihlich, und zu parlamentarisch! *Le roi s'amuse!* Und derweilen steuern wir auf die Mobilisation los!" Er fügte hinzu, man habe Monate verstreichen lassen, und als dann Cambon mit dem Wort Kompensationen herausgekommen sei, da sei man nach Agadir gegangen und habe so England in Erregung und Mißtrauen versetzt, das daraufhin dem Alliierten beigesprungen sei, um ihm den Rücken zu decken, „und nun verhandeln wir tatsächlich indirekt mit London über Paris"[2]. Seine Berater wollten das nicht einsehen; sie versicherten ihm, es sei kein Grund zur Besorgnis vorhanden, und der Geheimrat in seinem Gefolge schickte eine private Warnung „daß es, wie ja Euere Exzellenz wissen, sehr schwer sein wird, Seine Majestät für Schritte zu gewinnen, von

[1] Große Politik, Nr. 10.600.

[2] Ebenda, Nr. 10.607.

denen Allerhöchstderselbe annimmt, daß sie den Krieg herbeiführen würden"[1]. Vier Tage danach aber sahen sie es ein. England, plötzlich gallischer als die Franzosen, verkündete in der Person des Schatzkanzlers[2] durch eine Rede im Mansion House, in Worten, die von allen Zuhörern auf den marokkanischen Wirrwarr bezogen wurden, daß der Friede zu teuer erkauft werden könnte. London hatte böse Miene gemacht. Der unmittelbare Anlaß war durch unvollständige Nachrichten über die deutschen Forderungen gegeben worden. Metternich erhob „steife" Vorstellungen und die britische Flotte wurde zusammengezogen.

Die bemerkenswerte Ruhe, mit der Wilhelm die Nachricht empfing, sollte seine Regierung davor bewahren, den Kopf zu verlieren. Die Zusammenziehung der Flotte, telegraphierte er, sei „ein kleiner Höflichkeitsbeweis für Paris", das nach Hilfe aus London schrie. Seine eigene Flotte hatte keine neuen Befehle bekommen. „Ruhige Fahrt, passieren Lindesnaes."

In Deutschland, Frankreich und England war die Fahrt keineswegs ruhig. Der deutsche Mann auf der Straße war wütend über das Dazwischentreten Englands, das ihm wie ein weiterer Ausdruck des dauernden, unbegründeten Widerstandes gegen alle seine Wünsche erschien, und empört, weil es seiner Regierung keine öffentliche Entgegnung entlockte. Er glaubte auch, daß die Deutschen im Begriffe seien, sich in Marokko niederzulassen, und seine Enttäuschung, als er entdeckte, daß sie mit einer Entschädigung anderwärts abgespeist werden sollten, entsprach der Größe seiner Hoffnungen. Seltsamerweise wurde der Kaiser jetzt ebensosehr getadelt wie in früheren Jahren, und zwar aus einem entgegengesetzten Grunde. Nun er von der Last seiner offiziellen „Unvorsichtigkeiten" befreit war, wurde die Mäßigung, die man zu erkennen anfing, sein neuestes Vergehen. Ein Gerücht, das er als schamlos bezeichnete, lief um: er sollte Kiderlens Pläne durchkreuzt haben, indem er Cambon friedlicher Absichten versicherte. Die „Post" fragte erregt, ob das deutsche Volk ein Geschlecht von Weibern geworden sei, ob jedes Gefühl für nationale Ehre, jede hohe politische Verantwortlichkeit, jeder Weitblick erstorben sei; während die „Zukunft" einen scharfen Angriff auf Wilhelm den Friedfertigen brachte und in Verse ausbrach: „Hier

[1] Große Politik, Nr. 10.609.

[2] Lloyd George. D. Übers.

endet, Zollern, deines Ruhms Geschichte, Hier fiel ein König, aber nicht im Streit.“

Das ist der Lohn, wenn man sein Land vor Krieg bewahrt.

Nichts war weniger angebracht als der Vorwurf, daß der Kaiser seine Minister nicht unterstütze. Die Akten sollten später zeigen, daß er selbst da, wo er ihrer Politik ungern zugestimmt hatte, ihnen den Rücken mit einer „Bravura“ deckte, die ihm häufig den Ruf und nicht selten die Unpopularität der Urheberschaft eintrug. Er hatte sich auf einer Gesellschaft freundlich mit Cambon unterhalten; wenn er aber den Eindruck erweckt haben sollte, daß seine Regierung wegen Marokkos nicht einen Krieg anfangen würde, so war das ganz zutreffend gewesen. Wenn er auch mit seinen Beratern über die Nützlichkeit des Bluffs in der Politik verschiedener Ansicht war, würde er doch niemals absichtlich einen anderen Ton angeschlagen haben als sie. Er bemühte sich, den Eindruck der Uneinigkeit durch einige kräftige Ausdrücke zu beseitigen, die „Kiderlen den Rücken decken“[1] sollten; daß aber das Geschrei der Öffentlichkeit ihn nicht gegen sein eigenes Urteil zu aggressiven Maßnahmen zwingen konnte, zeigte sich ein paar Wochen später. In Agadir lebende Franzosen hatten die Trikolore auf den Befestigungen dort gehißt *(Wilhelm: Dämlicher Schuljungenstreich!)*. Kiderlen: „Sollte Flaggenhissung wider Erwarten auf Veranlassung französischen Konsuls Mogador erfolgt sein, so müßten wir Vorgang als Provokation *(Wilhelm: Unsinn!)* ansehen.“ *(Wilhelm: Nein! Konsuln erliegen zuweilen dem furor consularis, und handeln ohne Befehle. Sobald Regierung ihn desavouiert, eventuell absetzt ist die Sache erledigt!)*. Er fügte hinzu, angesichts der Haltung Englands und des Umstandes, daß die Reserven entlassen seien, die Flotte aufgelöst, sei dieser Moment „der allerdümmste“, den man wählen könne, um sich empfindlich zu zeigen[2].

Der beste Patriot, so schreit die Jingo-Presse in jedem Lande, ist der empfindlichste! Die friedlichen Absichten des Kaisers, was immer er auch zu Cambon nicht gesagt hat, waren keine Fabel und gerade das, was ihm seine Landsleute tatsächlich übelnahmen. Zu Jenisch bemerkte er, man sage, er habe „gekniffen“. Sie wußten nicht, daß vom Anfang im Jahre 1904 an seine Haltung hart-

[1] Große Politik, Nr. 10.707.

[2] Ebenda, Nr. 10.750, M. 3.

näckig konsequent gewesen war. Weder er noch seine beiden Kanzler hatten jemals den Wahnsinn, wegen Marokkos Krieg zu führen, ins Auge gefaßt; ihre Fanfaren, nicht seine, hatten der schließlichen Aufgabe Marokkos das Aussehen eines Rückzuges gegeben. Er hatte sich auf das Bestimmteste geweigert, sich durch vorübergehende Reibereien in einen Krieg hineindrängen zu lassen, der hinsichtlich der Hauptstreitfrage nicht beabsichtigt war.

Der Kronprinz rief einiges Aufsehen hervor, als er im Reichstag im November der außerordentlich hitzigen Rede Heydebrands, des Führers der Konservativen, Beifall spendete — nach hergebrachter Kronprinzenart. Der junge Mann und sein Vater harmonierten nicht ganz, wie es Tradition war. Er war ein schüchternes Kind gewesen, und obwohl der Kaiser nicht versucht hatte, ihm das *à la* Hinzpeter auszutreiben, war doch Schüchternheit auf der einen Seite und Verdruß auf der anderen die Folge gewesen. Er galt jetzt für einen Sportsmann ohne besondere geistige Interessen, der nur gelegentlich chauvinistische Exkursionen in die Politik unternahm. Er billigte den Charakter seines Vaters, hielt aber, wie die meisten Erben, nicht allzuviel von dessen Fähigkeiten und hörte seine Scherze mit einem „Ausdruck geduldigen Leidens" an, der sehr gewinnend gewesen sein muß. Der Kaiser hatte — in der traditionellen Art — etwas gezögert, ihn in die Staatsgeschäfte einführen zu lassen; als er aber seine Erlaubnis gab, war sie uneingeschränkt[1]. Es war bezeichnend für die Sorge des Kaisers, die traditionelle Leidenschaftlichkeit von ihren Reibereien fernzuhalten, daß er die seltsame Gewohnheit angenommen hatte, seine Söhne durch einen Stellvertreter auszuschelten. Er ließ dem Thronerben durch den Kanzler in seiner Gegenwart eine Vorlesung wegen seiner Demonstration im Reichstag halten, verteidigte ihn aber in einer Randbemerkung gegen den Vorwurf, daß er den Krieg herbeiwünsche.

Am 2. November 1911 wurde ein Abkommen unterzeichnet, durch welches ein Teil des französischen Kongos gegen einige deutsche Konzessionen und vollständiges *désintéressement* in Marokko vertauscht wurde. Da der deutsche Staatssekretär für die Kolonien daraufhin seine Entlassung einreichte und gleichzeitig die französische Regierung stürzte, so kann man annehmen, daß es für beide Seiten leidlich gerecht und daher recht unleidlich war.

[1] Kronprinz, S. 66—67.

Der Streit war vorüber, ließ aber eine erhöhte Beunruhigung bei den Völkern zurück. Wie ein Blitzstrahl hatte die Mansion House-Rede die europäische Lage erhellt.

Bis dahin hatte niemand, auch wir selber nicht, gewußt, wie weit wir in der Unterstützung Frankreichs gehen würden. Jene Geste eines britischen Ministers bedeutete, daß wir in jeder Streitigkeit an der Seite Frankreichs gegen Deutschland kämpfen würden, selbst wenn es eine sein sollte, an der wir sonst kein Interesse hatten.

Von dem Abgrund, der sich da aufgetan hatte, wichen wir selbst entsetzt zurück. Es war wirklich nicht die Absicht der Nation, daß die Entente uns in einen Krieg verstricken sollte; plötzlich und wegen einer Sache, die uns nicht interessierte, sahen wir uns am äußersten Rande einer Kluft. Es vollzog sich ein Umschwung der Meinungen und die Stimmung war jetzt für ein Ausscheiden solcher Möglichkeiten. Inzwischen war der Choc jenseits der Nordsee noch viel größer gewesen. Die gemeldete Zusammenziehung der britischen Flotte im kritischen Augenblicke hatte Schrecken bei den Furchtsamen und Zorn bei den Stolzen geweckt. England, so sagte man, habe endlich seine Karten aufgedeckt und das Schwert in seiner Hand gezeigt; nun bliebe nichts anderes übrig als zu überlegen, wie der Drohung begegnet werden könne.

Das deutsche Reichsmarineamt schlug vor, ihr mit einer weiteren Novelle zu begegnen, wiederum keine eigentliche Vermehrung, sondern die Beschaffung von Schiffsmaterial — drei Schlachtschiffe bis 1920 — und Leuten, wodurch die Kriegsbereitschaft erhöht und Deutschland in den Stand gesetzt werden sollte, ein drittes Geschwader in Dienst zu halten[1]. Der Unterschied zwischen dieser Verbesserung und einer Vermehrung um drei Schiffe schien ziemlich ausgeklügelt und lag dieses Mal mehr im Buchstaben als im Geiste. Tirpitz wollte auch die Durchführung der Novelle von 1909 beschleunigen, doch scheiterte dies am Widerstande des Kanzlers.

Ein Konflikt, der schon lange im Verborgenen bestanden hatte, tobte jetzt zwischen der Marine und der Reichskanzlei. Der friedliebende und in England populäre Bethmann hoffte auf eine Verständigung, wenn Deutschland gemach vorginge; Metternich war

[1] Tirpitz, S. 182.

mit echt deutscher Gründlichkeit fast ein Diplomat in unseren Diensten geworden. Beide beschworen den Kaiser, der Novelle nicht zuzustimmen, die, wie sie sagten, die leichte Besserung in den gegenseitigen Beziehungen aufs Spiel setzen und möglicherweise den Krieg herbeiführen würde.

Das würde sie nicht, war Wilhelms Antwort.

Wilhelm erinnerte sich sehr gut, daß er gesagt hatte, es würde 1912 keine Novelle geben; er hatte es aber gesagt, als die Dinge weniger bedrohlich aussahen, und ein Flottenprogramm ist, wie die britische Regierung bemerkte, als ihr die technische Erklärung unterbreitet wurde, kein „bindendes Versprechen"[1]. Bethmann schrieb, der Kaiser sei so fest entschlossen, daß er wahrscheinlich zu einem Wechsel in der Regierung schreiten würde, falls die Einbringung der Novelle abgelehnt werde. Die Novelle, meinte Wilhelm, könnte England nicht zu einer Haltung veranlassen, die es bereits eingenommen habe. Es hätte gezeigt, daß es in einer Entente-Streitigkeit gegen Deutschland kämpfen würde. Bisher schiene es keinen Wert auf die deutsche Freundschaft zu legen. Deshalb sei Deutschland noch nicht stark genug. Nichts mache England Eindruck außer Kraft und Stärke. Ein „Verhältnis der Flotten 2 : 3" hielte er für stark genug[2]. Und Metternichs Standpunkt sei genau derselbe wie bei den Novellen von 1904 und 1908. Wenn er sich damals von ihm hätte leiten lassen, so würde Deutschland jetzt überhaupt keine Flotte haben.

Daß dies im Grunde eine kühle Berechnung war, wurde wie gewöhnlich durch einen Sprühregen von Funken verdeckt, den Metternichs Methoden hervorgerufen hatten. Wilhelm war schlecht auf ihn zu sprechen, nicht etwa weil er die englischen Ansichten berichtete, sondern weil er ihnen sanftmütig zuhörte und darüber disputierte und sich in Berlin erst die Erlaubnis erbat, den Zweifeln an Deutschlands Ehrlichkeit und gutem Willen und der Kritik an den deutschen Maßnahmen entgegenzutreten. Wilhelm würde es gern gesehen haben, hätte sein Sprachrohr in dem Tone geantwortet, den wir im umgekehrten Falle angeschlagen hätten. Kein Engländer, der später die Berichte des Botschafters gelesen hat, kann darüber irgendwie anderer Meinung sein als der Kaiser. Die Schuld an unseren Illusionen über die Nützlich-

[1] Große Politik, Nr. 10.378, 10.382, 10.448.
[2] Ebenda, Nr. 11.310.

keit von Vorstellungen in dieser Sache trug zu einem großen Teile der vortreffliche Sendbote, dem wir alles sagen durften, was uns beliebte.

Im Januar 1912 regte Ballin[1], dem das ganze Kriegsgerede schädlich für die Schiffahrt schien, bei Sir Ernest Cassel den Gedanken an, Churchill, der jetzt die Admiralität leitete und für hervorragend gescheit galt, nach Berlin zu schicken. Jedoch wurde zunächst von der britischen Regierung nur Cassel entsandt, und zwar mit einem Dokumente — von den Diplomaten aus irgendeinem geheimnisvollen Grunde als Verbalnote bezeichnet —, das er dem Kaiser am 29. Januar überreichte[2]. Es lautete wie folgt:

„1. Grundlegend. Überlegenheit zur See als wesentlich für England anerkannt. Gegenwärtiges deutsches Flottenprogramm und Aufwendungen für die Flotte sind nicht zu erhöhen, sondern wenn möglich, zu verlangsamen und herabzusetzen.

„2. England wünscht aufrichtig, nicht in die deutsche koloniale Expansion einzugreifen. Um dies nachdrücklich zu beweisen, ist es bereit, unverzüglich in Besprechungen über das einzutreten, was immer die deutschen Bestrebungen in dieser Hinsicht sein mögen. England wird sich freuen, zu erfahren, ob es ein Gebiet oder besondere Punkte gibt, wo es Deutschland beistehen kann.

„3. Vorschläge für gegenseitige Erklärungen, die beide Mächte davon abhalten, aggressiven Plänen oder Kombinationen gegen die andere beizutreten, werden willkommen sein."

Gleichzeitig wurde zum Ausdruck gebracht, daß Cassel von Grey, Churchill und Lloyd George entsandt sei — wiederum, wie gewöhnlich bei Vermittlung durch nichtamtliche Personen, nahm jede Seite von der anderen an, daß sie die Initiative ergriffen habe — und daß der übliche diplomatische Dienstweg ausgeschaltet sein solle. Der Kaiser, der über dieses persönliche Regiment wohl ein wenig gelächelt haben mag, ließ den Kanzler und Tirpitz kommen, und da er am besten englisch konnte, fiel ihm selbst die Aufgabe zu, die Antwort aufzusetzen. Er fand diese für ihn neue Beschäftigung ganz unterhaltend, während Bethmann, Tirpitz und Ballin rechts und links Ausdrucksweise und

[1] Ballin hat den Vorgang anders dargestellt. Danach war Sir E. Cassel bei ihm (Ballin) in privater Mission erschienen. Hiervon machte er sofort dem Kaiser Meldung, worauf der Empfang stattfand. D. Übers.

[2] Wilhelm (a), S. 123—124; Große Politik, Nr. 11.347.

Ton, Stil und Grammatik kritisierten und verbesserten — was sich diese Leute doch für Umstände machen! Ihre vereinten Anstrengungen hatten das folgende Ergebnis:

„1. Grundlegend. Die deutsche Regierung begrüßt mit Freude den von der britischen Regierung getanen Schritt, an die deutsche Regierung durch Sir Ernest Cassel in der Absicht heranzutreten, die Beziehungen zwischen den beiden Ländern zu verbessern.

„Die deutsche Regierung ist völlig einverstanden mit den Bestimmungen, die in dem, von Sir Ernest Cassel vorgelegten Entwurf vorgeschlagen sind, mit der folgenden Ausnahme: daß der Voranschlag für das laufende Jahr (1912) in dem ‚gegenwärtigen deutschen Flottenprogramm' inbegriffen sein muß, insofern als alle Vorkehrungen bereits vollendet sind.

„Die wirksamste Art, die Verhandlungen rasch vorwärts zu bringen, würde sein, daß Sir E. Grey Seiner Majestät dem Kaiser so bald wie möglich einen Besuch abstattete. Seine Majestät würde einen solchen Besuch sehr gern sehen"[1].

Sie waren auch so offenherzig, Cassel einen Umriß der Novelle zu geben. Wilhelm kannte keine subtileren Verhandlungsmethoden, als die Karten offen auf den Tisch zu legen. Die britische Regierung erwiderte durch Cassel, es würde schwer sein zu einer Verständigung zu gelangen, wenn nicht die deutschen Flottenausgaben gebremst würden, womit sie ihr „Grundlegend" noch etwas verschärfte. Bethmann antwortete, daß dies im Austausch für eine „freundliche Orientierung der englischen Politik" möglich sein würde. So wurde die Quadratur des Zirkels mit erneutem Eifer wieder aufgenommen. Damals bestanden ernste Meinungsverschiedenheiten zwischen uns und Rußland; tatsächlich drohte Sir Edward Grey dem russischen Botschafter mit einer Neuorientierung der britischen Politik. Also wurde ein Unterhändler entsandt, der zum größten Erstaunen der deutschen Staatsmänner der Kriegsminister Haldane war; der Kaiser setzte ihnen aber auseinander, daß die Engländer unglaublich anpassungsfähig seien und überdies jedes Kind in England mit der Marine Bescheid wisse.

Am 9. Februar 1912 schrieb Wilhelm seinem Kanzler freudig: „Die schwierige Sitzung ist beendet, und zwar gut." Die Atmosphäre sei ziemlich gespannt gewesen, meinte Tirpitz — der da-

[1] Große Politik, Nr. 11.347.

ran in hohem Maße die Schuld trug — schon von dem vorhergehenden Frühstück. Wilhelm hat also wohl noch zu wenig gesagt, wenn er schriftlich Bethmann und Ballin gegenüber einen Teil des Verdienstes um das Abkommen für sich in Anspruch nahm. „Trotz aller guten Absichten und Vorsicht kam natürlich der *Two-Power-Standard* 2 : 3 auf und was man sich nur nicht wünschen konnte, zur Sprache“, aber schließlich hätten sie sich auf eine politische Konvention ohne Erwähnung von Flottenstärken und dergleichen geeinigt, und „sobald ... die Vorlage in den Reichstag danach eingebracht wird, lasse ich als oberster Kriegsherr der Kommission durch Tirpitz erklären: drittes Geschwader wird gefordert und wird bewilligt, der Bau der drei Extraschiffe nur zu seiner Vervollständigung dagegen wird erst 1913 in Angriff genommen und 1916 und 1919 erst je ein Schiff gefordert. Haldane war einverstanden und erklärte sich damit befriedigt. Ich bin sehr w e i t entgegengekommen. Aber dies ist nun d a s E n d e! Er war sehr nett und verständig und hat meinen Standpunkt als oberster Kriegsherr sowie Tirpitz in der Flottenfrage dem Reichstag gegenüber vollkommen verstanden. Ich glaube damit alles getan zu haben, was in meinen Kräften steht!!!“[1].

Haldane äußerte später dem Kanzler gegenüber Zweifel, ob die deutsche Verlangsamung des Flottenbaues dem Kabinett genügen würde, worauf Bethmann erwiderte, es hinge von der politischen Vereinbarung ab, ob man weiter gehen könne. Der Entwurf dieses Abkommens sah einige koloniale Ausgleichsmaßnahmen vor, die sich hauptsächlich auf hypothetische Anwartschaften auf den Besitz Dritter bezogen, und überließ England das Recht, die letzte Strecke der Bagdad-Eisenbahn von Basra nach Koweit mit dem zukünftigen Hafen zu bauen; der einzige feste Gewinn bei der ganzen Sache lag für Deutschland in der Klausel, worin die gegenseitige Enthaltung von aggressiven Plänen oder Kombinationen zugesichert wurde, sowie Neutralität im Falle die andere Signatarmacht in einen Krieg verstrickt würde, in dem sie nicht als Angreifer angesehen werden könne[2]. Das war nicht viel, da in der Politik alles als irgend etwas angesehen werden kann; anscheinend wurde es aber von der deutschen Regierung als genügend betrachtet.

[1] Große Politik, Nr. 11.359, Anm.

[2] Ebenda, Nr. 11.362.

Von der englischen Regierung wurde es als zuviel betrachtet. Das Kabinett war der Ansicht, daß die Sache aufs beste geregelt sein würde, wenn Deutschland seine Novelle fallen ließe und dafür ein Abkommen erhielte, wonach England weder einen „unprovozierten Angriff" unternehmen, noch an einem solchen teilnehmen würde[1]. Dies bedeutete die Verwerfung der sehr gemäßigten Formel des Haldane-Entwurfes. Das Kabinett hatte auch Einwände gegen die kolonialen Abmachungen und übergab den deutschen Unterhändlern etwas zerstreut ein Memorandum der britischen Admiralität, in dem die Novelle als übermäßig und für ihre angeblichen Zwecke unnötig kritisiert wurde[2]. Daß die Admiralität ihre Meinung zum Ausdruck gebracht hatte, war ganz in der Ordnung; daß man sie aber Deutschland mitteilte, zeugte von einer ebenso weisen Vorsicht wie etwa die Mitnahme eines roten Tuches zu Verhandlungen mit einem Stier. Der Kaiser war sehr erzürnt. „Die Engländer haben den ersten Schritt zu diesem *Agreement* gemacht. Sie haben mit Einverständnis des Gesamtkabinetts durch Haldane Vorschläge gemacht (Bautempo-Verlangsamung), die wir schweren Herzens akzeptiert haben... Jetzt stoßen sie die von uns akzeptierte Basis *sans façon* um, verlangen mehr oder weniger ein Fallenlassen der Novelle, ohne uns auch das geringste in bezug auf die Neutralität anzubieten! Ein solch einseitiges Vorgehen ist absolut unannehmbar! Erst sollen sie uns den Entwurf des Neutralitätsabkommens schicken, dann werden wir darüber befinden, was wir tun werden[3]!" Bethmann sagte dasselbe. „Uns auf eine einseitige Diskussion der Flottenfrage einzulassen, ohne gleichzeitig zu ersehen, welches die Aussichten dafür sind, auf politischem Gebiete zu einem befriedigenden Einvernehmen mit der englischen Regierung zu gelangen, müssen wir entschieden ablehnen[4]."

Die Situation, die das gewünschte Abkommen ins Auge faßte und in der England neutral bleiben sollte, war natürlich ein französisch-russischer Krieg gegen Deutschland. Wenn das Abkommen auch hinfällig werden sollte, falls der Krieg durch einen deutschen Angriff hervorgerufen war, kam es doch darauf hin-

[1] Große Politik, Nr. 11.367, 11.369, 11.370, 11.373.
[2] Ebenda, Nr. 11.373, Anlage.
[3] Ebenda, Nr. 11.374.
[4] Ebenda, Nr. 11.381.

aus, daß England das französische Lager verlassen würde, wie Wilhelm bemerkte[1], und das wußte auch die französische Regierung. M. Poincaré benachrichtigte die englische Regierung, daß, „weil kein schriftliches Abkommen allgemeinen politischen Charakters zwischen Frankreich und England bestände, die Unterzeichnung eines solchen Abkommens mit Deutschland den gegenwärtigen englisch-französischen Beziehungen sofort ein Ende machen würde"[2]. Das war in der Tat der Grund, weshalb wir zögerten. Es hatte eine Zeit gegeben, da eine englisch-deutsche Verständigung, wenn auch schwierig, so doch jedenfalls nicht durch andere Bindungen ausgeschlossen gewesen war, seitdem aber waren wir Verbindungen eingegangen, die dies, solange sie dauerten, unmöglich machten. Daß wir uns trotzdem bemühten, deutsche Flottenkonzessionen zu erlangen, indem wir unbestimmte politische Hoffnungen erweckten, setzte uns dem Vorwurf listiger Unehrlichkeit aus, war aber nur die Folge unseres gewöhnlichen Mangels an klarem Denken. „Quadratur des Zirkels" war der Ausdruck, in dem Wilhelm sein Urteil über den Versuch zusammenfaßte. Er war in Deutschland der einzige Unterhändler gewesen, der den Wert einer Verständigung mit England erkannt hatte, als sie vielleicht noch zu haben war; er war der erste, der erkannte, daß sie nicht mehr zu haben war.

Die britische Regierung erklärte nun, falls es bei der Einbringung der Novelle bliebe, würde die Mittelmeer-Flotte nach der Nordsee verlegt werden. Wilhelm, der diesmal entschlossen war, diese Art von Verhandlungen so beantwortet zu sehen, wie er es für angezeigt hielt, telegraphierte an Metternich, daß man dies als eine Kriegsdrohung auffasse, die mit einer verstärkten Novelle und „eventuell Mobilmachung" beantwortet werden würde[3]. Dieses, wovon die Öffentlichkeit nichts erfuhr, war vielleicht sein einziger echter Ausbruch persönlichen Regiments. Bethmann wollte zurücktreten; sie vertrugen sich wieder, aber der Kanzler blieb sehr besorgt wegen der Haltung Englands und „der Wahrscheinlichkeit eines deutsch-englischen Krieges". Wie! ein Präventivkrieg? O Bethmann! Schütze uns vor unseren Freunden! Er sagte, Churchill habe zu Ballin geäußert, wenn die Novelle ein-

[1] Große Politik, Nr. 11.376, Anm.
[2] Ebenda, Nr. 11.379, Anm.
[3] Ebenda, Nr. 11.387.

gebracht würde, so müsse „ein solches Wettrüsten notwendig innerhalb der zwei nächsten Jahre zum Kriege führen“[1]. Der Kaiser nahm keine Notiz von diesen Bemerkungen, sondern meinte nur, wenn die Verhandlungen abgebrochen würden, müsse es deutlich gemacht werden, daß es England sei, das sich zurückgezogen habe. „Ich schlage vor, England — da es uns die Neutralität aus Rücksicht auf Frankreich nicht zugestehen will — statt der Neutralitätsklausel ein Schutz- und Trutzbündnis mit Hineinziehung von Frankreich anzubieten... Durch ein solches Bündnis würden alle Großstaaten Europas zusammengefaßt und in enge Beziehung zueinander geführt werden[2].“ Es war noch einmal der Gedanke von Björkoe, und in der Tat, soviel zu erkennen ist, würde sowohl das eine wie das andere Abkommen einen Krieg in großem Maßstab völlig ausgeschlossen haben. Der Vorschlag wurde jedoch nicht gemacht, wohl weil er ohne Zweifel für aussichtslos angesehen wurde, und zwar aus demselben Grunde wie Björkoe.

Die deutsche Beschwerde, daß die britische Regierung Haldane habe fallen lassen, wurde in einem Memorandum beantwortet, in dem erklärt wurde, Haldane sei für die Erörterung der Flottenfrage nicht zuständig gewesen und habe keine bestimmten kolonialen Anerbietungen gemacht[3]. „Also mithin hat hiernach das berühmte sogenannte *‚agreement‘*, wie man es in Berlin zu nennen beliebte, überhaupt nach englischem Begriff gar nicht existiert, noch überhaupt in Aussicht gestellt, noch von England angeboten worden!“ bemerkte der Kaiser geradezu, zu Nutz und Frommen seines Kanzlers, indem er den Schluß zog, daß alles das ein Preisgeben der Novelle nicht wert war. „Die Deutschen waren ihre Novelle los, hatten kein Neutralitätsversprechen erhalten, und Aussichten auf ein ephemeres Kolonialreich in Afrika, dessen Bildung aus Bestandteilen fremder Nationen Deutschland in die schönsten Konflikte mit den betreffenden zu beraubenden Nationen geführt hätte!“ Trotzdem wurde die Novelle gemäß den Vereinbarungen des fehlgeschlagenen Abkommens durchgeführt. Zur selben Zeit wurde die englische Schlachtflotte in der Nordsee zusammengezogen, und ein paar Monate später die französi-

[1] Große Politik, Nr. 11.405.

[2] Ebenda, Nr. 11.405, M. u. Schlußbem.

[3] Ebenda, Nr. 11.422.

sche im Mittelmeer, eine Maßnahme, die zu bedeuten schien, daß England es unternommen hatte die französische Nordküste zu schützen.

Diese einfache Geschichte von „Verhandlungen“ läßt, wie es das Studium diplomatischer Dokumente immer von neuem tut, einmal wieder die Überflüssigkeit der in England wie in Deutschland zu findenden naiven Theorie erkennen, die alles, was in den internationalen Beziehungen nicht nach Wunsch geht, der Schlechtigkeit der handelnden Personen zuschreibt. Allerdings pflegen Minister eine verblendete Verständnislosigkeit für jeden Standpunkt, der nicht ihr eigener nationaler ist, an den Tag zu legen; aber mit allen ihren Fehlern bemühen sie sich doch einfach, sehr einfach, die Interessen ihres Vaterlandes zu wahren.

Als die Sache endgültig vorbei war, verlangte der Kaiser Metternichs Haupt. Dieser ging, sehr begreiflicherweise betrauert von den englischen Ministern. An seiner Stelle schickte Wilhelm das beste Pferd, das er im Stall hatte, Marschall, der sich in Konstantinopel glänzend bewährt hatte und im damaligen Augenblicke — dem Augenblicke des italienisch-türkischen Krieges — dort so sehr von Nutzen war, daß die ganze Welt seine Versetzung als ein Zeichen der ungeheuren Wichtigkeit auffaßte, die von der deutschen Regierung dem Verhältnis zu England beigelegt wurde. „Ein Koloß *à la* Bismarck mit einer Stentorstimme“, fing er seine Aufgabe sehr gut an, indem er einfach Flottenbesprechungen ausschaltete. „Die Fähigkeit, eine Zahl von ‚*capital ships*‘ in internationale Politik umzurechnen, geht mir vollkommen ab.“ Grey sprach im Unterhaus im selben Sinne. „Damit“, meinte Marschall, „ist diese einst heiß umstrittene Frage wohl erledigt.“ Er machte auch die kluge Bemerkung, wenn er — und so bald — ein „abschließendes Urteil über englische Politik abgeben wollte“, so würde er sich „damit eine Kenntnis anmaßen, die vielleicht den Engländern selbst abgeht.“ Dieses Mal hatte uns ein Ausländer verstanden! Alles in allem war es ein hoffnungsvoller Anfang, der unglücklicherweise durch den Tod des Botschafters plötzlich abgeschnitten wurde, ehe dieser drei Monate im Amt gewesen war.

Sein Nachfolger war Fürst Lichnowsky, ein Diplomat mehr von dem Kaliber des entschwundenen Metternich.

19. Kapitel

Letzte Stunden: 1912—1914

Am gleichen Tage, an dem Cassel gekommen war, um die Haldane-Mission einzuleiten, und wahrscheinlich aus demselben Grunde — englisch-russische Mißhelligkeiten — war aus Rußland eine Andeutung eingegangen, daß ein Besuch des Kaisers dem Zaren willkommen sein würde. Sie trafen sich in Baltisch-Port in den finnischen Gewässern und Wilhelm inspizierte „seine" Wiborgs mit seiner üblichen unvernünftigen Freude an ihrer Strammheit, ihrer prächtigen, sonnverbrannten Jugend und ihren „keck auf das eine Ohr gesetzten" grauen Feldmützen. Isvolsky schrieb, Wilhelm habe sehr wenig über Politik gesprochen und seinen Trinkspruch abgelesen. Auch die Zarin bemerkte, daß er „sehr ruhig geworden" sei, doch war dies weniger die Folge von 1908, als eines Winkes von Pourtalès, den er mit seiner gewöhnlichen Einfachheit befolgte, daß nämlich dem Zaren Gelegenheit gegeben werden müßte, auch seine Ansicht zum Ausdruck zu bringen[1]. Es war Wilhelms letzter Besuch in Rußland zu Friedenszeiten.

Dank der wahnwitzigen Uneinigkeit der Mächte war der europäische Friede zugestandenermaßen in der Gewalt der halbwilden kleinen Balkanstaaten; die Balkanstaaten aber waren es müde, sich ruhig zu verhalten.

Ihr Bund war von Rußland zwecks zukünftiger Verwendung gegen seinen österreichischen Rivalen bewerkstelligt worden[2], und enthielt, wie Poincaré betroffen berichtete, „den Keim nicht nur eines Krieges gegen die Türkei, sondern auch eines Krieges gegen Österreich"[3]. Aber wer den Teufel beschwört, kann ihn selten regieren; als nun Italien, das auf Frankreich im Mittelmeer eifersüchtig war, im September 1911 dessen kaum noch getarnte

[1] Große Politik, Nr. 11.537.

[2] Stieve, S. 93—95.

[3] Französisches Gelbbuch, Affaires Balkaniques II, 38.

Annektierung Marokkos damit beantwortete, daß es zynisch der Türkei Tripolis entriß, faßten die Kleinen Verbündeten den Entschluß, auf eigene Faust ein Geschäft zu machen. Die Mächte drohten vergebens und im Oktober 1912 griffen die Balkanstaaten die Türkei an.

Während der ganzen langen Krise der beiden Balkankriege drang Wilhelm auf das, was die einzige Hoffnung Europas war, *désintéressement*. Er war über Italiens Piratentat empört gewesen, aber der Gedanke an eine Unterstützung der Türkei war müßig, deren neue Regierung sich als hoffnungslos unfähig erwiesen hatte — außer in einer Hinsicht, meinte er: „Die Jungtürken lügen ebensogut, wie die Alteuropäer![1]" Sie sollten sich nur alle gegenseitig umbringen in diesem vortrefflichen Augenblick, wo Rußland noch nicht bereit genug war, um sich einzumischen, und die Orientfrage, die „mit Blut und Eisen gelöst werden" mußte, mit dem Blut und Eisen der Balkanländer selbst gelöst werden konnte! „Da werden ja die Balkanstaaten mal zeigen, was sie zu leisten fähig sind, und ob sie eine Existenzberechtigung haben. Schlagen sie entscheidend die Türken, dann hatten sie recht, und ihnen gebührt eine gewisse Belohnung. Werden sie geschlagen, dann werden sie klein und für lange Ruhe und Frieden halten, und die Territorialfrage scheidet aus. Die Großmächte müssen um den Kampfplatz den ‚R i n g' bilden, in dem der Kampf sich a b s p i e l t und z u b l e i b e n hat ...[2]."

„Keine Dummheiten", riet er Franz Ferdinand, dem österreichischen Thronerben, als er ihn nach einem Besuche an die Bahn geleitete. Aber nach den sensationellen Erfolgen der Kleinen Verbündeten weigerte sich Österreich durchaus, der Vereinigung von Serbien und Albanien zuzustimmen, die dem ersteren den gefürchteten Zugang zum Adriatischen Meer verschafft haben würde.

Seinen Ministern hatte Wilhelm „bestimmt erklärt, daß wegen Albanien und Durazzo ich unter k e i n e n U m s t ä n d e n gegen P a r i s u n d M o s k a u m a r s c h i e r e n werde". Und ferner: „Gewiß ist manche Veränderung auf dem Balkan, die durch den Krieg bedingt wird, für Wien recht unbequem und auch unerwünscht, aber keine so einschneidend, daß wir uns ihretwegen der Gefahr einer kriegerischen Verwicklung aussetzen dürften, das würde ich weder vor meinem Volk noch vor meinem Gewissen

[1] Große Politik, Nr. 14.108.

[2] Ebenda, Nr. 12.225.

verantwortten können[1]." Diese Bemerkung würde die Öffentlichkeit interessiert haben. — Wenn auch seine Ansicht nicht in nackten Worten nach Wien übermittelt wurde, trat doch die deutsche Regierung mit ihrem Rat zur Mäßigung viel entschiedener auf als je zuvor, und ihre Anstrengungen wurden von den Staatsmännern aller Nationen anerkannt. Zum Unglück hatte Österreich sich wie gewöhnlich mit Absicht öffentlich festgelegt, wohl wissend, daß kein Verbündeter es sich leisten konnte, auf einem Rückzug zu bestehen. Obgleich Wilhelm der Meinung war, daß es das beste sein würde, wenn Österreich die Sache fallen ließe, erkannte er doch, daß dies kaum möglich war, und andere meinten, daß es verhängnisvoll sein würde. „Glauben Sie nicht, daß ich schwarz male oder die Dinge durch eine österreichische Brille sehe", schrieb Tschirschky, der deutsche Botschafter in Wien, „es ist wirklich höchste Zeit, daß die Monarchie Europa und besonders ihren eigenen Völkern vor Augen führt, daß sie kein Kadaver ist... Wenn die Monarchie jetzt nicht ihren Willen durchsetzt, so bedeutet das eine Niederlage des zurzeit noch führenden deutschen Volksstammes..., die slawische Welle innerhalb der Monarchie wäre nicht mehr einzudämmen, und das Bundesverhältnis auf die Dauer kaum aufrechtzuerhalten[2]."

Ungefähr zur selben Zeit schrieb der russische Minister des Äußeren, Sasonow, dem Gesandten Hartwig in Belgrad: „Serbiens verheißenes Land liegt im Gebiete des heutigen Österreich-Ungarn... Unter diesen Umständen ist es ein Lebensinteresse Serbiens... sich in zäher und geduldiger Arbeit in dem erforderlichen Grad der Bereitschaft für den in der Zukunft unausweichlichen Kampf zu versetzen." Er fügte hinzu, daß die Mißhelligkeiten — die jetzt aufkamen — unter den Kleinen Verbündeten Österreichs „Agonie" um viele Jahre hinausschieben würden[3]. Die serbische radikale Partei, die seit langer Zeit an der Macht war, hatte ganz bestimmt verkündet, daß „die Befreiung und Einigung aller Südslawen nur durch die Vernichtung Österreich-Ungarns erreicht werden könne", und daß dessen Existenz und die Serbiens nicht miteinander vereinbar seien[4].

[1] Große Politik, Nr. 12.339, 12.348.

[2] Ebenda, Nr. 13.203.

[3] Ebenda, Nr. 13.202, Anm. 2.

[4] Seton-Watson, S. 27.

So war es nicht möglich, Österreich dazu zu bringen — ja nicht einmal vernünftig, den Versuch dazu zu machen —, irgendwelche Handlungen zu unterlassen, von denen es glaubte, daß sie die Gefahr von der Monarchie abwenden könnten, und insbesondere vor Serbien und seinem russischen Helfer den Rückzug anzutreten. Während des Winters 1912—1913 drohte der Krieg; Österreich und Rußland hatten beide teilweise mobilisiert, um die albanische Frage, wenn nötig, mit Waffengewalt zu lösen, und in allen beteiligten Ländern war die öffentliche Meinung wie wahnsinnig vor chauvinistischer Unruhe und Empfindlichkeit.

Es war Wilhelms Politik gewesen, von einer österreichischen Einmischung auf dem Balkan abzuraten; nun sie aber stattgefunden hatte, konnte er nichts weiter tun, als Mäßigung predigen, die ihm durchaus nicht als Tugend angerechnet wurde. Zwei Faktoren, gestand Tschirschky bedauernd dem heißblütigen Chef des österreichischen Generalstabes, Conrad von Hötzendorf, seien Hindernisse für einen Präventivkrieg: „Ihr Erzherzog und mein Kaiser." Während er immer wieder auf Zurückhaltung drang, wurde Wilhelm natürlich im Ausland als der Dämon hinter Österreichs Intransigenz hingestellt: mit einem Anschein von Wahrheit, weil der unabhängige Staat Albanien, den Österreichs Beharrlichkeit schließlich sicherte, als Herrscher einen in Potsdam dienenden deutschen Prinzen erhielt. Jedoch hatte Wilhelm, sobald dessen Name genannt wurde, Einwendungen erhoben. Er hatte gesagt, daß ein mohammedanischer Fürst besser sein würde und daß Wilhelm zu Wied schwach und noch jung sei, und sogar: „Ich habe es ihm verboten. Er kriegt meine Erlaubnis nicht[1]." Als er sie aber schließlich widerstrebend erteilte, riet er dem Prinzen mit charakteristischer Lebhaftigkeit zu dem malerischen Verhalten, durch das Land zu reiten und Gold aus seinen Satteltaschen unter das Volk zu werfen und diesem mit seiner Persönlichkeit und seinem Geldbeutel Eindruck zu machen — eine Aufgabe, die ihm selbst gelegen haben würde, während Wilhelm zu Wied nicht dafür geeignet war.

Die Balkankrise ging noch einmal vorüber, als aber der zweite Balkankrieg von 1913 — der Kampf der Kleinen Verbündeten um die Beute des ersten — die Aussicht eröffnet hatte, daß Serbien durch Vereinigung mit Montenegro das Adriatische Meer errei-

[1] Große Politik, Nr. 14.037.

chen werde, wurde die Aufregung in Österreich wieder lebendig. Es hatte im Laufe von fünf Jahren schon zweimal gegen Serbien mobilisiert, ohne zu Kriegshandlungen zu schreiten; die Verstimmung in der Öffentlichkeit über diese nutzlosen und kostspieligen Gesten vermehrte die Schwierigkeiten weiterer Zurückhaltung. Was immer Österreich auch tue, meinte Wilhelm, man solle es nicht nochmals sein Prestige dadurch aufs Spiel setzen lassen, daß es etwas für unannehmbar erkläre und dann doch annähme. Man müsse sich damit abfinden, „die Vereinigung ist absolut nicht zu verhindern, und wenn Wien das versuchen sollte, so macht es eine große Dummheit und beschwört die Gefahr eines Krieges herauf mit den Slawen, der uns ganz kalt lassen würde“[1]. Die deutsche Balkantheorie war, Österreich solle sich mit Serbien vertragen und eine Kombination Dreibund-Rumänien-Serbien-Griechenland bewerkstelligen. Man setzte Erwartungen auf den österreichischen Thronfolger. Wilhelm sollte großen Einfluß auf Franz Ferdinand besitzen, einen wohlmeinenden, etwas finsteren Mann, der, ehe sie sich kennengelernt hatten, heftig antideutsch gewesen war. Er war ein Befürworter des Trialismus genannten Bundessystems, das die Slawen zufriedenstellen wollte, indem es ihnen gleiche Rechte mit den beiden anderen Elementen der Doppelmonarchie gewährte. Deshalb aber wurde er in Serbien und Ungarn gehaßt; die Ziele einzelner vernünftiger Menschen waren allerdings wenig genug, um darauf eine Hoffnung aufzubauen.

Es war nicht verwunderlich, daß der Schatten künftigen Unheils sich auf ein Gemüt legte, dessen Instinkte manchmal geradezu Divination waren, auf ein Herz, das sich zu sehr mit seinem Vaterlande eins fühlte, um nicht die heraufziehende Gefahr zu empfinden.

„Es kommt bald das III. Kapitel des Balkankrieges“, schrieb Wilhelm am 8. Juni 1914, „an dem wir alle beteiligt sein werden, daher die emsigen und kolossalen russisch-französischen Kriegsvorbereitungen! Klarheit im Verhältnis zu England schaffen[2]!“

Soweit es sich um die gegenseitige Stimmung handelte, war das Verhältnis zu England besser als es seit vielen Jahren gewesen war; aber Klarheit in Deutschlands oder eines anderen Landes

[1] Große Politik, Nr. 15.539.

[2] Ebenda, Nr. 14.603, Schlußbem.

Verhältnis zu uns zu schaffen, das überstieg das Menschenmögliche.

Die auf dem Festlande verbreitete Auffassung, daß Grey eines der schlimmsten Exemplare des perfiden britischen Staatsmannes sei, war zwar für alle, die ihn persönlich kannten, überraschend, aber im Grunde recht begreiflich bei denen, die ihn nur nach seiner zweideutigen Politik beurteilen konnten. Im Jahre 1905, als Lansdowne das Auswärtige Amt leitete, waren vorläufige Pläne für eine militärische Zusammenarbeit mit Frankreich für den Fall eines Krieges mit Deutschland aufgenommen worden; diese waren unter Grey fortgesetzt und auf die Marine ausgedehnt worden. Sowohl Campbell-Bannerman wie sein Nachfolger Asquith gaben der Befürchtung Ausdruck, daß diese Gespräche „gefährlich" werden könnten, indem sie eine Verpflichtung oder mindestens ein „*honourable understanding*" (ein durch die Ehre verbürgtes Einvernehmen)[1] schufen; Grey hat ja selbst zugegeben, daß Frankreich „Hoffnung auf Unterstützung" gemacht worden sei. Er war auch der Ansicht, das englisch-französische Abkommen mit seiner Zusage „diplomatischer Unterstützung" in Marokko habe das französische Verhalten so beeinflußt, daß England moralisch verpflichtet sei zu militärischer Unterstützung überzugehen, falls die diplomatische Zusammenarbeit zum Kriege führe — wenn es nicht „isoliert und entehrt... von denen, die zu unterstützen wir abgelehnt hatten, gehaßt und von anderen verachtet sein wollte"[2]. Dies beunruhigte ihn nicht, weil es seine Politik war, Frankreich zu unterstützen; wenn er aber oft und öffentlich sagte, daß wir keine Abmachungen mit fremden Mächten hätten, die uns zu irgend etwas verpflichteten, so war diese Erklärung unter den vorliegenden Umständen zwar buchstäblich wahr, aber unvollständig. Das Parlament wünschte zu erfahren, ob wir vollkommen frei seien; es würde aber ebenso wie Grey und ausländische Beobachter die Empfindung gehabt haben, daß wir nicht frei waren, falls wir mit Überlegung Hoffnungen auf Unterstützung erweckt hatten. Die Ableugnung war irreführend für diejenigen, welche sie glaubten[3]. Als wir Anfang 1914 gleiche „Unterhaltungen" mit Rußland begannen, ging Isvolsky dabei ganz gemächlich vor, weil es Grey

[1] Grey, Bd. I, S. 84.
[2] Ebenda, Bd. I, S. 77.
[3] Große Politik, Nr. 15.880.

„schwer fallen würde, gleichzeitig zu dementieren und zu verhandeln“[1]. 1907 verlangte das Kabinett, es solle schriftlich festgelegt werden, daß die französischen „Unterhaltungen“ nicht bindend seien, und war ein wenig überrascht, als Grey und Cambon dies taten — ist doch platonische Kriegführung noch ungewöhnlicher als platonische Liebe. Und gerade wie platonische Liebe manchmal unerwartete Konsequenzen hat, so entdeckte Grey, diesmal zu seiner eigenen Überraschung, daß die unschuldigen englisch-französischen Beziehungen dahin führten, daß wir „irgendwie damit beschäftigt waren, Deutschlands Aussichten in anderen Teilen der Welt zu versperren“[2].

Sehr merkwürdig.

Jedoch war die Frage des genauen Umfanges unserer Verpflichtungen, wenn solche bestanden, und unserer Handlungsfreiheit nicht eigentlich von größter Bedeutung. Wenn wir wirklich gebunden waren, so war der Grund, daß unser Auswärtiges Amt der Ansicht war, es läge in Englands Interesse „daß wir nicht beiseite stehen sollten, während Frankreich allein im Westen kämpfte“[3], und solange dies die Politik des Auswärtigen Amtes war, blieb der Grad unserer Bindungen so unwesentlich wie die eigentliche Streitfrage. Es war jedoch nicht überraschend, daß weder Freunde noch Feinde unsere Zweideutigkeit von Doppelzüngigkeit unterscheiden konnten. Grey war erstaunt über die „Leichtfertigkeit und Leichtigkeit“, mit der Frankreich von Zeit zu Zeit sich erlaubte, unserer Ehrlichkeit zu mißtrauen; doch war dieser Argwohn ebenso natürlich wie der eines jungen Mädchens, dessen Liebhaber ewige Treue schwört, aber der Frage der Hochzeit aus dem Wege geht. Anderseits hatte Deutschland sich auf Grund trüber Erfahrungen von der Wirklichkeit der Liaison überzeugt und vermutete ganz natürlich, daß, falls in der Tat nichts Schriftliches vorlag, dies nur daher kam, daß wir imstande sein wollten, die Tatsache dem Buchstaben nach wahrhaftig, wenn auch dem Geiste nach lügnerisch, abzuleugnen.

Inzwischen hatte eine ausgesprochene englisch-deutsche Entspannung mit dem Augenblick eingesetzt, wo die Flottenbesprechungen aufgegeben worden waren. Churchills Vorschlag, Flotten-

[1] Große Politik, Nr. 15.882, Anm. 2.
[2] Grey, Bd. I, S. 120.
[3] Ebenda, Bd. I, S. 312.

ferien zu machen, erregte kein Interesse, weil das Publikum des Themas müde war; doch war die Annahme, daß deutsche Unnachgiebigkeit eine Verständigung über die Flottenfrage unmöglich mache, kaum gerechtfertigt. Die beiden einzigen Versuche, zu Verhandlungen zu kommen, 1909 und 1912, waren von Deutschland ausgegangen; wir aber hatten sie einfach damit erwidert, daß wir Einspruch gegen seine Flotte erhoben. Daß wir es so oft gesagt haben, war zum großen Teil die Schuld des vortrefflichen und wohlmeinenden Metternich; daß man schließlich erkannte, daß es besser ungesagt blieb, war zum großen Teil die Folge der Festigkeit und des englischen Stolzes des Kaisers. Kühlmann, der deutsche Geschäftsträger in London, schrieb, er habe sich in seiner Voraussage der Wirkung der Novelle vollständig getäuscht. „Der Drang des Gedankens einer Verständigung hat die schwere Probe der Reden Mr. Churchills und die anschließenden Preßkampagnen ohne nennenswerten Schaden überstanden, und alle maßgebenden englischen Politiker sind jetzt darüber einig, daß die Flottenfrage aus allen deutsch-englischen Besprechungen herausgelassen werden muß, und daß alle Anstrengungen auf Herbeiführung einer politischen Verständigung gerichtet sein müssen[1]." Stumm hatte schon gemeint, daß die Verstimmung über die Flotte sich noch als Geburtswehen einer englisch-deutschen Freundschaft erweisen könnte. Und Lichnowsky berichtete, daß „nicht nur die britische Regierung, sondern auch die überwiegende Mehrheit aller für politische Berechnungen in Betracht kommenden Faktoren und Kreise ein gutes Verhältnis zu Deutschland lebhaft wünschen"[2]. — Später schrieb er, die deutsch-englischen Beziehungen seien seit Jahren nicht so freundlich gewesen wie gegenwärtig; 1914 wurden sie auf beiden Seiten häufig „intim" oder „vertrauensvoll" genannt. In späteren Jahren hat Lichnowsky betont, daß 1914 die deutsche Flotte kein Hindernis für eine deutsch-englische Verständigung gewesen sei[3], und da er sich seine Ansichten nach denen der englischen Minister bildete[4], so war das ohne Zweifel deren Ansicht.

Die Annäherung war mehr als nur eine Laune. Die englische

[1] Große Politik, Nr. 12.284.

[2] Ebenda, Nr. 12.489.

[3] Lichnowsky, S. 64.

[4] Ebenda, S. 5, 6.

und die deutsche Politik waren während der ganzen Balkankrise auffallend einig gewesen, weil beide Regierungen Frieden und Nicht-Eingreifen wünschten. Am Anfang der Krise hatte Wilhelm geschrieben, es müßten „die beiden am wenigsten im Balkan interessierten Mächte — England und Deutschland — sich zusammentun und gemeinsam die Herbeiführung der f r i e d l i c h e n Lösung besorgen, das würde eine gute Basis geben für Vertretung gemeinsamer allgemeiner Interessen und Bau einer Brücke für bessere Beziehungen"[1]. Das hatte es auch getan. Dazu kam ein gewisser Mangel an Übereinstimmung zwischen der englischen und der russischen Politik, und in England eine zunehmende Erkenntnis, daß Freundschaft mit Rußland ungefähr bedeutete, hinter seinem Wagen hergeschleift zu werden, was die anderen europäischen Nationen schon lange gewußt hatten. Ein englischer Geschäftsmann in der Türkei sprach eine Ansicht aus, die anfing sich zu verbreiten, als er sagte, die Zukunft, nicht nur dort, sondern überall, gehöre einem englisch-deutschen Bündnis.

Die neue Annäherung äußerte sich in gerade ebensolchen Abmachungen, wie sie der Entente vorangegangen waren. Nach langen Verhandlungen kam 1914 zwischen den beiden Ländern ein Abkommen zustande, durch das ihre kolonialen Schwierigkeiten beigelegt wurden, und ein anderes über die Bagdad-Bahn, beide zu gegenseitiger Befriedigung. Der englische Flottenplan wurde auf beiden Seiten mit einer Ruhe besprochen, die man seit Jahren nicht mehr gekannt hatte. Der russische Botschafter in Berlin[2] konnte sich „nicht ganz dem Gedanken verschließen", daß die kolonialen Regelungen „zu wichtigeren Verhandlungen übergehen werden"[3]. Der russische Botschafter in London hörte „aus einer Richtung, die ich nie erwartet hätte", die Ansicht, ob ein Übereinkommen mit Deutschland nicht doch vorteilhafter für England gewesen wäre als das mit Frankreich. Jedoch er tröstete sich mit seinem „Zutrauen zu den traditionellen und persönlichen Gefühlen Kaiser Wilhelms uns gegenüber", selbst für den Fall einer völligen Veränderung, die auf einen Bruch zwischen England und Rußland folgen würde[4].

[1] Große Politik, Nr. 12.581, Schlußbem.

[2] Swerbejew. D. Übers.

[3] Siebert, S. 776.

[4] Ebenda, S. 740, 744.

Frankreich war noch weniger angenehm überrascht. „Cambon blickt sehr trübe auf die beständigen Gerüchte einer Besserung in den englisch-deutschen Beziehungen", schrieb Swerbejew, „da er die Möglichkeit irgendeiner Annäherung zwischen diesen beiden Ländern in Zukunft zuläßt[1]." Daß eine solche Annäherung sich unter Bedingungen vollziehen könnte, die Frankreich einem deutschen Angriff preisgeben würden, war höchst unwahrscheinlich; falls sie sich aber überhaupt vollzog, hätte Frankreich der englischen Freundschaft umsonst Opfer gebracht. „Als praktische Politiker", hatte Delcassé 1906 zu Sir Donald Wallace gesagt, „hatten sie zu wählen zwischen ihren ägyptischen Träumen und dem Anspruch, eines Tages die verlorenen Provinzen Elsaß und Lothringen zurückzugewinnen: als vernünftige Leute wählten sie letzteres[2]." Zu keiner Zeit war Frankreich für eine allgemeine europäische Verständigung zu haben gewesen. Die Alternative, nämlich das Gleichgewicht, wurde von manchen als durch Englands Anschluß an den Zweibund gesichert, von manchen als dadurch umgestoßen angesehen; in jedem Falle aber war das Wesen des Gleichgewichtes Spaltung; es zu erhalten, schrieb Wilhelm, hieße Europa daran hindern, sich zu einigen, und es in dauernder Impotenz halten. „Die Theorie von dem Gleichgewicht der Gruppen", bemerkte er, „... wird England ewig zu unserem Feinde machen[3]." Zweimal hatte er eine entfernte Hoffnung allgemeiner Einigkeit zu erkennen geglaubt. Näherten England und Deutschland sich endlich einander, so konnte eine solche Vorstellung sich vielleicht schließlich doch noch zu praktischer Politik entwickeln. Die Gefahrenzone war schon beinahe überschritten; die deutsche Flotte war eine Tatsache, die man hinnahm, Deutschlands Bündniswert daher höher als der irgendeiner anderen Festlandsmacht; die öffentliche Meinung in England fing an, sich zu der Erkenntnis durchzuringen, daß es eine vernünftige Lösung sein würde, uns die Mitwirkung Deutschlands zu sichern, falls wir es nicht überfallen und bekämpfen wollten. Es war jetzt schon vollkommen klar, daß keiner den anderen in eigener Sache angreifen würde; seit 1896 hatten wir keine wirklichen Streitigkeiten miteinander gehabt, die uns selbst betrafen. Nur ein paar Jahre noch — ein wenig mehr Zeit!

[1] Siebert, S. 776; vgl. auch Lichnowsky, S. 7.
[2] Lee, Bd. II, S. 254, Anm. 1.
[3] Große Politik, Nr. 15.612, M. 7.

Der Kaiser hatte keine Hoffnung. Der Erfolg seiner Politik fing an, zu reifen; seine Flotte war gebaut worden, ohne daß ein Krieg daraus entstanden war; die Zukunft seiner schönen Eisenbahn — seines „Lieblingsplanes", wie die Wilhelmstraße sie nannte — war gesichert; der Beginn einer neuen Orientierung war zu erkennen, die vielleicht sogar seinen lebenslänglichen Traum eines geeinten Europa verwirklichen konnte. Mit jedem Jahre waren seine Absichten besser verstanden worden; der Umstand, daß seit 1908 die amtlichen unrichtigen Darstellungen zum Teil aufgehört hatten, ließ nun seinen wahren politischen Charakter hervortreten. Sein Ideal einer wahren deutschen Einheit machte immer mehr Fortschritte. Im Mai 1913 war noch eine alte innerdeutsche Feindschaft geheilt worden durch die Heirat seiner Tochter mit dem Prinzen Ernst August von Cumberland, der auf seine Ansprüche auf Hannover verzichtete und daraufhin von seinem ererbten Herzogtum Braunschweig Besitz ergreifen konnte. Die sozialistisch-revolutionäre Gefahr war längst tot; die einst wütend antinationale Partei, die sich noch immer als antimonarchisch bekannte, hatte ihr Wesen so geändert, daß man im Scherze sagte, die Sozialistenführer würden nächstens zur Tafel im Schloß erscheinen. Im Juni 1913 waren noch am Tage nach Wilhelms Regierungsjubiläum die Straßen unpassierbar und voll von Menschen in Feststimmung und von wehenden Fahnen. Er war seit fünfundzwanzig Jahren König. Nach einer traurigen Jugend und stürmischem Mannesalter schien die Aussicht auf ein friedvolles Alter heraufzudämmern, in dem er die Früchte des Schaffens genießen können würde.

Noch niemals war seine Stimmung so gedrückt gewesen. Seine Randbemerkungen brachten offen die trüben Vorahnungen zum Ausdruck, die er im Gespräch weniger leicht verriet. Bischof Boyd Carpenter, ein alter Bekannter, der ihn 1913 wiedersah, fand sein Wesen verändert und überschattet, offenbar unter dem Einfluß einer großen Besorgnis vor den Absichten seiner beiden Nachbarn. Die Grundlage seiner Befürchtungen war die Haltung Englands. Indem sie Frankreich und Rußland von allen Sorgen wegen unserer etwaigen Feindseligkeit befreite, mußte sie auch bestenfalls eine ungünstige Wirkung auf Deutschlands Lage in einem Streite haben, den die Verhältnisse auf dem Balkan nicht nur möglich, sondern sogar wahrscheinlich machten. Schlimmstenfalls aber, wenn wir, wie es den Anschein hatte, nicht nur unsere Feindseligkeit aufgegeben, sondern Unterstützung versprochen hatten und Rußland nur auf eine günstige Gelegenheit wartete, um die „Agonie" Österreichs zu bewerkstelligen, konnte Deutschlands Schicksal beinahe als besiegelt gelten. An diesen Befürchtungen war nichts Phantastisches; es waren keine bloßen Vermutungen leichtfertig-finsterer Absichten, gleich jenen, die man in bezug auf Wilhelm selbst gehegt hatte. Was half es, wenn sie berechtigt waren, daß das Verhältnis zu England eine Besserung versprach? In der schicksalsschweren Gegenwart stand es im anderen Lager.

Lichnowsky schrieb wiederholt, daß dies der Fall sei. Die Engländer würden „in einem Kriege zwischen uns und Frankreich unter allen Umständen ihre schützende Hand über letzteres halten, und ich bedaure lebhaft, daß trotz meiner wiederholten und eingehenden Darlegungen über diesen wichtigen Punkt diese Tatsache immer noch Zweifeln begegnet". Stumm, jetzt Dirigent der Politischen Abteilung, bemerkte dazu: „Das begegnet gar keinen Zweifeln", meinte aber, es handle sich darum, ob „bindende Abmachungen für die Beteiligung am Kriege bestehen"[1]; der Staatssekretär des Äußeren, Jagow, hoffte, daß der Botschafter die Dinge zu trübe ansehe; Prinz Heinrich berichtete, daß Englands Neutralität im Falle eines Krieges möglich sei, und der Kanzler glaubte, daß man uns mit einiger Vorsicht dazu bringen könne, ruhig zu bleiben.

Der Kaiser wußte es besser. Wie es so oft bei ihm der Fall war, schienen seine Prämissen unzulänglich, während seine Folgerungen zutreffend waren. Er meinte, die Sache sei schon abgemacht, wir würden mit Frankreich gehen. Was bei seiner Beurteilung der Lage anscheinend den Ausschlag gegeben hatte — jedoch behauptete er häufig unzureichende Gedankengänge als Grundlage für Resultate, zu denen er auf einem nicht so leicht analysierbaren Wege gelangt war — war eine von Lichnowsky berichtete Unterhaltung vom 3. Dezember 1912, in der Haldane die Haltung, die England einnehmen würde, ganz klar gezeichnet haben sollte[2]. Ein Vorherwissen, das entweder Zweites Gesicht oder durchdringender gesunder Menschenverstand war, zeigte sich in Wilhelms Bemerkungen zu einem Memorandum des Kanzlers vom Dezem-

[1] Große Politik, Nr. 14.700.

[2] Ebenda, Nr. 15.612.

ber 1912. Bethmann: „Daß ein Krieg mit Rußland für uns auch einen Krieg mit Frankreich bedeutet, ist sicher. Dagegen ist es nach vielfachen Anzeichen zum mindesten zweifelhaft, ob England aktiv eingreifen würde *(Wilhelm: Ich zweifle keinen Augenblick daran)*, wenn Rußland und Frankreich direkt als die Provozierenden erscheinen *(Wilhelm: Die werden sich schon hüten, daß es so aussieht! mit Hilfe der gegenseitig bestochenen Pressen)*. Denn dann hätte die englische Regierung mit ihrer öffentlichen Meinung zu rechnen. Äußerungen wie die Haldanes und ähnliche deuten nur darauf hin, daß England zugunsten eines niedergeworfenen Frankreich nachträglich *(Wilhelm: Haldane hat ausdrücklich erklärt, daß die Möglichkeit der Niederwerfung nicht geduldet werden würde, somit ist sofortiges Eingreifen Englands unbedingt sicher; nicht aber nachträglich!)* — zunächst wohl nur diplomatisch *(Wilhelm: keine Rede davon! das ist ein schwerer Trugschluß! wird durch die tatsächlich kriegsbereit konzentrierten zum Auslaufen fertigen Flotten widerlegt)* — eintreten würde. Unter allen Umständen haben wir diese Chance, wenn wir jede Provokation vermeiden *(Wilhelm: Nein! wir können nach unserer Ansicht jede Provokation vermieden haben, und werden doch als die Provozierenden dargestellt werden, sobald es den Gegnern und der von ihnen gekauften Presse paßt!)*." Und allgemein bemerkte der Kaiser hierzu: „Es wird hier ein großer Wert auf Provokation gelegt. Eine solche läßt sich bei einigermaßen geschulter Diplomatie und geschickt geleiteter Presse stets konstruieren (Spanische Kronkandidatur z. B. 1870) und muß stets zur Hand gehalten werden! Die Ansichten darüber werden stets auf beiden Seiten auseinandergehen[1]." Etwas später schrieb er: „Der junge Stolberg, der im Herbst durch Sofia kam und Ferdinand besuchte, kurz vor dem [Balkan-] Krieg, erzählte vorgestern an Adalbert bei einer Jagd in Primkenau, daß der König ihm sagte: ‚Wir werden bald einen Krieg haben, bei dem es Deutschland kaum möglich bleiben wird, Friede zu halten, es wird mitschlagen müssen und mitverwickelt werden, wenn es Bundestreue halten will[2]!"

Haldane und der junge Stolberg! Was bedeuteten diese phanta-

[1] Große Politik, Nr. 15.560.

[2] Ebenda, Nr. 15.613.

stischen Befürchtungen für Minister, die gewohnt waren, die Dinge vernünftig anzusehen? Und doch hatten sie unrecht und er hatte recht. Es schien, als ob irgendein wirklich prophetischer Instinkt ihm sage, was bevorstand. Er behauptete das in der Tat, obwohl halb im Scherz und um sein Auswärtiges Amt ein wenig zu necken: als Pourtalès schrieb, man müsse die Gabe des Zweiten Gesichts besitzen, um sicher zu sein, daß Rußland innerhalb von drei oder vier Jahren einen Krieg beabsichtige, seine Staatsmänner hätten nicht die Gewohnheit, weit vorauszuschauen *(Wilhelm: Drei bis vier Jahre ist nicht weitausschauend!!!)*, bemerkte er am Rand: „Diese Gabe kommt vor! bei Souveränen öfter, bei Staatsmännern selten, bei Diplomaten fast nie[1]."

Der klagende Ton bewies zur Genüge, daß sein Wissen eine Prophezeiung und kein ränkevoller Anschlag war. Seht um des Himmels willen zu, ob ihr jemand findet, der uns hilft! „Wir müssen mit Bulgarien und Türkei ein Militärabkommen machen, ebenso mit Rumänien. Wir müssen auch mit Japan ein solches Abkommen schließen. Jede Macht, die zu haben ist, ist gut genug, uns zu helfen. Es geht um Sein oder Nichtsein Deutschlands[2]."

Das war nicht der Ton eines Mannes, der im Begriff steht, in wahnsinniger Vermessenheit und wildem Ehrgeiz sein Königreich zu verwürfeln, es war der Ton eines Mannes, der Unheil herannahen sieht und sich in der Vorempfindung dieses Unheils aufgerieben hat. Er erhoffte nichts vom Zaren; auf einen Bericht aus Petersburg schrieb er: „Halbheiten und Flaumacherei, es wird nichts zwischen uns mehr werden[3]!" In der Tat gingen dort Dinge vor, die wohl Besorgnis erregen konnten, als die Kenntnis davon wie gewöhnlich durchsickerte — mochten die Beweggründe angeblich auch noch so unschuldig sein. Rußlands Verbündeter Frankreich hatte unter der Bedingung Geld geliehen, daß es zum Bau einer strategischen Eisenbahn zur Westgrenze verwendet werden müsse. Rußland hatte ferner ein, sagen wir, Flotten*gespräch* mit England abgeschlossen. Gleichzeitig erkannte Deutschland eine Verminderung der eigenen Landstreitmacht, weil die ungeheuer gesteigerten Rüstungen der Balkanstaaten im Falle eines Konfliktes einen größeren Teil der österreichischen Truppen binden würden.

[1] Große Politik, Nr. 15.844, M. 9.

[2] Ebenda, Nr. 15.613.

[3] Ebenda, Nr. 15.645.

Das Jahr 1913 vernahm ein unheilverkündendes Waffenklirren. Dem deutschen Reichstag wurde eine Wehrvorlage unterbreitet, in Frankreich wurde ein Gesetz zur Wiedereinführung der dreijährigen Dienstzeit eingebracht, während Rußland daraufhin, indem es seine ausgebildeten Mannschaften länger bei den Fahnen behielt, seine bereits ungeheure zahlenmäßige Überlegenheit über jede andere Armee der Welt noch erhöhte. Obgleich diese Maßnahmen gleichzeitig ein Anzeichen und ein Ansporn der allgemeinen Beunruhigung waren, konnten sie einen unmittelbaren Kriegsausbruch nicht erleichtern — außer vielleicht soweit Rußland in Betracht kam —, weil sie so berechnet waren, daß sie in Frankreich wie in Deutschland erst im Laufe des Jahres 1915 frühestens in Kraft treten sollten.

Anfang 1914 äußerte der Kaiser einige Worte, die, wahrscheinlich nicht gerade zur Freude seiner Berater, die Tiefen seiner Absichten Frankreich gegenüber aufdeckten. Ärgerlich über irgendeine Abweisung sagte er im Gespräch mit dem französischen Botschafter: Frankreich solle sich lieber vorsehen, denn er werde nicht immer da sein[1].

Ungefähr zur selben Zeit sagte Barthou, der französische Premierminister, zu Schoen in Beantwortung einer Bemerkung über Freundschaft: „Gebt uns Elsaß-Lothringen zurück und wir werden die besten Freunde auf der Welt sein."

„Wann immer England einwilligt", schrieb House im Mai 1914 aus Berlin an Wilson, „werden Frankreich und Rußland sich gegen Deutschland und Österreich zusammentun." Die Bemerkung spiegelte zum mindesten die Besorgnis wider, die um ihn herum bestand. Am 9. Juni 1914 gab Grey Englands militärische und Flotten-Unterhaltungen zu, jedoch ist aus dem Fehlen von Randbemerkungen zu schließen, daß Lichnowskys Bericht, der eher Seiner Majestät Ansicht über die Lage als die seiner Minister zu bestätigen schien, dem Kaiser nicht vorgelegen hat.

Vom 24. bis 30. Juni besuchte ein englisches Geschwader Kiel. Am 28., während der Festlichkeiten, kam die Nachricht von der Ermordung Franz Ferdinands und seiner Gemahlin in Sarajevo.

[1] Gooch, S. 514.

20. Kapitel

Sarajevo: 1914

Wilhelm hatte seinen Freund Franz Ferdinand zuletzt im Juni in Konopischt gesehen. Er hatte seinen Besuch so gelegt, um dort zu sein, wenn die Rosengärten in voller Schönheit blühten. Im Tode, niedergestreckt von der Kugel des Mörders, sah er ihn nicht, denn der Kanzler, dem Warnungen zugegangen waren, konnte sich der Befürchtung einer zweiten Tragödie nicht erwehren und erhob Einspruch gegen eine Reise nach Wien.

Franz Ferdinand war wohl ein ehrenwerter Charakter gewesen, aber nicht gerade sehr liebenswürdig. Wilhelm hatte ihn gern gehabt, wie es seiner vertrauenden Art entsprach. Monarchen pflegen auch Verbrechen gegen königliches Blut zu verurteilen: „Wir haben alle dasselbe Handwerk und müssen zueinander stehen", sagte König Eduard zur Erklärung seines dauernden Zornes über die Ermordung des unwürdigen Alexander von Serbien. Die Serben müssen erledigt werden, und zwar schnell, meinte Wilhelm, und als jemand ein gemäßigtes und zurückhaltendes Vorgehen forderte, antwortete er, Mördern gegenüber, nach dem, was geschehen? das sei Unsinn. Er teilte weniger die Gefühle der Diplomaten, die bemerkenswert kühl blieben, als die des österreichischen Volkes, und in Österreich waren auch diejenigen aufs tiefste empört, welche den Thronfolger nicht geliebt hatten.

Ein schlüssiger Beweis dafür, daß das Verbrechen im Einverständnis mit der serbischen Regierung verübt worden, ließ sich nicht führen, auch für die Zukunft erschien es unwahrscheinlich, daß dies gelingen werde, denn Ausländer, die Untersuchungen anstellen, werden Beweise dieser Art selten in die Hand bekommen; sicher war aber, daß die serbische Regierung sich ganz unnütz bemüht haben würde. Die ständig von ihr eingenommene Haltung und die von ihr ermutigten Umtriebe hatten alles besorgt, was nötig war. Das ganze Land — auch Bosnien, das von seinen „freien Brüdern" fleißig aufgewiegelt worden war — flammte in nationalistischen Gefühlen und terroristischen Ideen. In vier Jahren waren in Bosnien fünf Mordanschläge auf hohe österreichische Beamte verübt worden. Sieben Mörder, von denen drei direkt aus Serbien gekommen waren, warteten in den Straßen von Sarajevo auf Franz Ferdinand. Zur Förderung der Sache des serbischen Irredentismus bestanden zwei Gesellschaften, die *Narodna Odbrana*, die sich mit der Erziehung beschäftigte, und die terroristische Schwarze Hand: erstere mit Beihilfe der Regierung, letztere mit einem Leiter in der Person des Chefs der Nachrichten-Abteilung des serbischen Generalstabes[1]. Es wurde behauptet, daß Österreich die beiden Organisationen verwechsle; da sie aber beide seine Zerstückelung zum Ziele hatten, so mag es den Unterschied nicht für wesentlich gehalten haben. Serbische Beamte halfen den Mördern über die Grenze. Später erklärte der damalige serbische Unterrichtsminister, daß er und seine Kollegen von dem beabsichtigten Verbrechen gewußt hätten, und nach dem Kriege — als man hätte glauben sollen, daß die Rache nun gesättigt sei — sanktionierte die serbische Nation noch nachträglich den Mord, indem sie das Gedächtnismal für den Toten beseitigte und die Mörder zum zweitenmal, jetzt in einem Ehrengrabe, bestattete. Warum sollte die serbische Nation, wenn sie solche Gefühle zur Schau trug, nicht für verantwortlich gehalten werden? Und wenn ihre Regierung den Einwand erhob, sie könne es nicht hindern, daß hervorragende Österreicher für die Sache Groß-Serbiens ermordet würden, so war es nicht verwunderlich, daß Österreich antwortete: dann werde ich es tun!

Diejenigen, welche Österreich verurteilen, weil es 1914 starke Maßregeln ergriffen hat, müssen die offensichtliche, ja sogar eingestandene Tatsache widerlegen, daß der Mord das unmittelbare Ergebnis eines anti-österreichischen Kreuzzuges war, der das ganze serbische Volk ergriffen hatte, und daß dieser Kreuzzug es mit noch viel größeren Gefahren als sogar die Ermordung seiner Fürsten bedrohte[2]. „Es ist gewiß, das Land glaubte", schrieb unser Botschafter in Wien, „daß es nur die Wahl vor sich hatte, Serbien zu bändigen oder früher oder später Verstümmelung durch dieses zu erleiden ... Die Sache Österreichs galt für so gerecht, daß es seinem Volke undenkbar schien, daß irgendein Land sich ihm in den Weg stellen könnte."

[1] Seton-Watson, S. 139.
[2] Vgl. S. 287.

In diesem schicksalsschweren Augenblicke fragte es sich besorgt, ob es auf seinen Verbündeten zählen könne.

Daß Deutschland 1912 Österreich zurückgehalten hatte, war eine bekannte Tatsache. Daß Wilhelm ein Vorurteil für Serbien habe, wurde von österreichischen Staatsmännern mit Besorgnis gefolgert; daß er Franz Ferdinand im friedlichen Sinne beeinflußt hatte, wurde von Conrad von Hötzendorf beklagt[1]; und daß er in Wien stets für eine Verständigung mit Serbien gearbeitet hatte, dessen erinnerte sich sein rumänischer Vetter[2]. Er hatte das getan, obwohl er wußte, daß Österreich es übel nehmen würde und auch tatsächlich übel nahm. Sein Standpunkt war, daß Deutschland nicht verpflichtet sei „jeden Unsinn mitzumachen"[3], und er hatte gesagt, daß ein Krieg mit dem Slawentum aus einem unwichtigen Anlaß Deutschland kalt lassen würde. Diesmal aber teilte er — soweit er sie kannte — durchaus Österreichs Ansichten. Er war entschieden der Meinung, daß Rache für den ermordeten Erzherzog eine gerechte Sache sei, er war auch der Meinung, daß die Todfeindschaft Serbiens bewiesen sei und daß Österreich, um zu leben, zuschlagen müsse — und zwar „jetzt oder nie"[4]. Nicht allein verschlechterte sich seine Lage von Tag zu Tag, sondern das Unterlassen einer Bestrafung dieser Schmach bedeutete, daß es nicht mehr die Kraft hatte, sich zu verteidigen. Die Minister waren ganz seiner Ansicht. Er sowohl wie sie versicherten Österreich ihrer Solidarität, wo dessen Lebensinteressen betroffen waren — jene „Ehre und Lebensinteressen", die alle Länder im Haag von der Regelung durch Schiedsspruch ausgenommen hatten —, und machten kein Geheimnis aus ihrer Erwartung, daß Schritte unternommen werden würden.

Weit davon entfernt zu befürchten, daß Österreich zu scharf vorgehen könnte, sahen sie es als wahrscheinlich an, daß die Schritte ziemlich zahm ausfallen würden; hielt man Berchtold doch für „so gänzlich energielos"[5].

Gegen aktives Vorgehen ließ sich natürlich ein Einwand erheben, nämlich, daß Rußland Serbien unterstützen und ganz Europa hineingezogen werden könnte. Diesen Einwand konnte Öster-

[1] Conrad von Hötzendorf, Bd. II, S. 413.

[2] Kautsky, Nr. 41.

[3] Große Politik, Nr. 13.629, Schlußbem.

[4] Kautsky, Nr. 288.

[5] Große Politik, Nr. 15.763.

reich damit beantworten, daß es bei Europa stände, draußen zu bleiben, wenn es das wollte, oder daß Österreich sich nicht besonders um das Schicksal Europas zu bekümmern brauche, da doch ein Eingreifen bedeuten würde, daß Europa dem Österreichs mit völliger Gleichgültigkeit gegenüberstand; ferner, daß es verhältnismäßig vorsichtig sein würde, die Ungewißheiten aktiven Vorgehens zu riskieren, da sein Untergang gewiß war, wenn es nichts unternahm. Daß es zum Krieg kommen würde, wenn es von Rußland abhing, war gewiß. Tatsächlich wurde diese Gewißheit von Entente-Schriftstellern so behandelt, als ob sie höhere Gewalt sei, wodurch die russische Politik von jeder Verantwortung für den Frieden Europas befreit und Österreich die ganze Last aufgebürdet wurde. Es sah aber so aus, als ob erstens Rußland es vielleicht doch nicht wagen würde, Serbien bei einer so schlechten Sache zu unterstützen *(Wilhelm: Nein, das war mir nicht bekannt! Ich konnte nicht voraussetzen, daß der Zar sich auf seiten von Banditen und Königsmördern stellen würde[1].)* und zweitens, als ob Europa Bedenken haben würde, wenn Rußland keine hatte. Jedenfalls war die Annahme berechtigt, daß keine bessere Gelegenheit sich jemals bieten würde, dem Unvermeidlichen ohne eine allgemeine Explosion entgegenzutreten. So wie Österreich niemals handeln würde, wenn nicht jetzt, so würde Europa niemals mit ihm sympathisieren, wenn nicht jetzt.

Nur in einem Punkte, hinsichtlich des Tempos, wagte Deutschland einen Rat zu geben: den Rat, sich zu beeilen. Österreich brauchte nicht zu warten, bis die Mitschuld der serbischen Regierung an dem Morde bewiesen war; das war nicht seine eigentliche Beschwerde; das Eigentliche war, daß solche Tragödien das mindeste waren, was erwartet werden mußte, wenn Österreich nicht bei der serbischen Regierung und Nation einen Gesinnungsumschwung erzwingen konnte. Sofort zuschlagen, in Furcht und Zorn, das war eine Geste, die wirkliche Verzweiflung ausgedrückt und Verständnis gefunden hätte. Es brauchte nicht auf die Beendigung seiner Mobilmachung zu warten, denn selbst im schlimmsten Falle würde die russische noch langsamer vor sich gehen. Österreich brütete jedoch über der Sache, indem es, um Zeit zu gewinnen, „Unterhaltungen" mit Rußland führte. Inzwischen legte sich die erste Erregung der europäischen Empörung, Angriffe der österrei-

[1] Kautsky, Nr. 288.

chischen Bevölkerung auf einzelne Serben entfremdeten ihm die Sympathien Europas und die anfangs laue russische öffentliche Meinung begann sich zu erhitzen.

Im Interesse der Erhaltung einer friedlichen Atmosphäre hatte Wilhelm seine Nordlandreise wie geplant am 6. Juli angetreten, wenn auch ungern und voller Besorgnis, die in stürmischen Antworten auf die Mitteilungen seines Kanzlers Ausdruck fand. Später wurde eine Legende in Umlauf gesetzt, er habe, ehe er abreiste, einen Kronrat abgehalten, bei dem „der Krieg beschlossen wurde"; tatsächlich aber hatte er die Vertreter der verschiedenen Zweige der Wehrmacht einzeln empfangen und ihnen mitgeteilt, daß die Situation gespannt sei. Später schlug er noch vor, man solle die großen deutschen Schiffahrtsgesellschaften im Hinblick auf mögliche Entwicklungen warnen, die zwar bisher nicht erwartet würden, aber sehr plötzlich eintreten könnten.

Das am 23. übergebene österreichische Ultimatum an Serbien zeigte durchaus nicht die von der deutschen Regierung vorausgesetzte Energielosigkeit. Jagow, dem es am Tage vorher mitgeteilt wurde, rief aus, daß er es reichlich scharf fände. Die Übergabe machte den österreichisch-russischen Unterhaltungen ein jähes Ende. Die serbische Antwort ging in der Annahme der Bedingungen weiter, als man erwartet hatte, wenn auch, bei näherer Prüfung, nicht so weit, wie es auf den ersten Blick geschienen hatte[1]; einige der österreichischen Forderungen wurden „im Prinzip" — das heißt auf diplomatisch: nicht in der Praxis — angenommen, andere mit Vorbehalten[2]; die Klausel, deren Zweck es war, die Durchführung der auf dem Papier gemachten Versprechungen zu sichern, wurde abgelehnt — nämlich die Forderung der Mitwirkung österreichischer Beamter bei der Untersuchung des Verbrechens. Dieser Punkt gab zu Mißverständnissen Anlaß: während Serbien annahm, daß Mitwirkung als Richter gemeint sei, versicherte Österreich, es habe Mitwirkung bei den Ermittlungen gemeint. Serbien übergab seine Antwort am 25., ohne sich über die Wirkungen Illusionen zu machen, und mobilisierte gleichzeitig. Der österreichische Gesandte Giesl, dessen Instruktion dahin ging, bei Empfang einer nicht bedingungslos annehmenden Antwort abzureisen, verließ Belgrad innerhalb einer Viertelstunde.

[1] Renouvin, S. 62.
[2] Ebenda, S. 64.

An diesem Tage — es war derselbe, an dem England beschloß, seine Manöverflotte nicht aufzulösen — befahl Wilhelm seiner in Norwegen befindlichen Flotte, die Kohlenübernahme zu beschleunigen und sich zum Auslaufen bereitzuhalten. Bethmann, der den Kaiser beschwor, er möge die Flotte in Norwegen lassen, da diese Maßnahme die Nachbarn reizen könne, bekam eine deutliche Antwort: „Den Befehl an Flotte zur schleunigen Vorbereitung der Heimreise habe ich nicht auf Grund eines Wolfftelegramms erteilt, sondern in Berücksichtigung der allgemeinen Lage und möglicher Eventualitäten. Ich war hierzu um so mehr gezwungen, als mir ein Situationsbericht des Auswärtigen Amtes nicht vorlag, und ich sogar den Inhalt des österreichischen Ultimatums durch Zeitungsdienst von Norddeich und nicht auf dem Dienstwege erfahren habe." (Laß Uns nur machen!) Der Kanzler glaubte, daß Rußland nachgiebiger würde? — „Woher ist das zu entnehmen? Aus dem mir vorgelegten Material nicht." Und voll Ungeduld über die fischblütigen Diplomaten, die nicht erkennen konnten, was er mit der Deutlichkeit eines furchtbar aufflammenden Meteors sehen konnte, daß nun alles dem Untergang zueilte: „Ruhe ist die erste Bürgerpflicht! Nur Ruhe, immer nur Ruhe! Eine ruhige Mobilmachung ist aber auch etwas Neues[1]." Am 27. Juli kehrte er in erbitterter Stimmung zurück.

Er fand seine zivilen und militärischen Berater uneinig. Die Soldaten drangen in ihn, Deutschland zu retten, indem er sofort mobilisiere, um dem unvermeidlichen Kriege zu begegnen; die Herren vom Zivil hofften noch, daß der Krieg abgewendet werden könne. Die Militärs waren besorgter, was die Stimmung Seiner Majestät anging; Bethmann war seiner Unterstützung bei jeder Bemühung um einen Frieden mit Ehren sicher und schrieb später in bewegten Worten von der Tragödie der falschen Vorstellung, die sich die Welt von seinem Herrn gebildet hatte. „Ein großer moralischer Erfolg für Wien", bemerkte Wilhelm auf der serbischen Note, „— aber damit fällt jeder Kriegsgrund fort, und Giesl hätte ruhig in Belgrad bleiben können! Daraufhin hätte ich niemals Mobilmachung befohlen[2]!"

Während er die Note las, am 28., machte Österreich alle solche Erwägungen hinfällig, indem es Serbien den Krieg erklärte.

[1] Kautsky, Nr. 231, 221, 197.

[2] Ebenda, Nr. 271.

Die Frage war nicht mehr, ob ein Krieg bevorstand, sondern was für ein Krieg. Eine nähere Prüfung der serbischen Note ließ Österreichs Schritt verständlich erscheinen; als Wilhelm am selben Tage persönlich an Jagow schrieb, wiederholte er seine Ansicht, daß die serbischen Konzessionen genügten, fügte aber hinzu, daß zur Sicherung der Erfüllung „dieser schönen Versprechungen" und als Genugtuung für das österreichische Volk und Heer, das nun schon zum drittenmal mobilisiert worden sei, eine „*satisfaction d'honneur*" erforderlich sei — etwa eine vorübergehende Besetzung Belgrads. „Wenn Ew. Exz. diese meine Auffassung teilen, so würde ich vorschlagen: Österreich zu sagen: Der Rückzug Serbiens in sehr demütigender Form sei erzwungen, und man gratuliere dazu. Natürlich sei damit ein Kriegsgrund nicht mehr vorhanden. Wohl aber eine Garantie nötig, daß die Versprechungen ausgeführt werden. Das würde durch die militärische vorübergehende Besetzung eines Teiles von Serbien wohl erreichbar sein. Ähnlich wie wir 1871 in Frankreich Truppen stehen ließen bis die Milliarden gezahlt waren. Auf dieser Basis bin ich bereit, den Frieden in Österreich zu vermitteln[1]."

Wilhelm hatte wie gewöhnlich den Lauf der Diplomatie übersprungen. Der gleiche Vorschlag, die vernünftigste und unter den vorliegenden Umständen annehmbarste Lösung des Problems, sollte in elfter Stunde von England gemacht werden.

Seine Rückkehr und sein Einfluß gaben der schwachen Friedenshoffnung sogleich neuen Auftrieb. Die Wilhelmstraße drahtete dringend nach Wien und regte an, Österreich solle Rußland versöhnlich stimmen und es für Deutschland leichter machen, die auf Intervention abzielenden Vorschläge weiter abzulehnen, indem es die nur vorübergehende Besetzung Belgrads als Garantie für Serbiens Versprechungen ankündige. Deutschlands Besorgnis, sich wegen des möglichen Untergangs seines Verbündeten Vorwürfen auszusetzen, äußerte sich jedoch in der Weglassung der vom Kaiser ausgesprochenen offenen Ablehnung des Krieges, sowie in der Ermahnung an Tschirschky, bei der Überbringung der Botschaft sehr vorsichtig zu verfahren[2].

Die Interventionsvorschläge, auf die hier von der Wilhelmstraße

[1] Kautsky, Nr. 293.

[2] Ebenda, Nr. 323.

Bezug genommen wurde, waren von England ausgegangen. An das Verhalten Englands, als der wahrscheinlich am wenigsten festgelegten Macht, knüpften sich große Hoffnungen und besorgte Befürchtungen; bisher hatte es jedoch nichts über seine Absichten verlauten lassen, und zwar, weil es selbst nicht wußte, welches seine Absichten waren.

Die Wahrheit, daß der bestimmende Beweggrund für die Haltung der Regierung mit der Erhaltung des Gleichgewichtes zusammenhing, sollte uns sehr bald zugunsten eines Vorwandes verschleiert werden, der geeigneter war das Volk mitzureißen. Das eigene nationale Interesse — das schließlich stets die nationale Selbsterhaltung bedeutete — war jedoch unvermeidlich bei allen Nationen der erste Beweggrund; vorzugeben, daß unter den vorliegenden Umständen Altruismus möglich sei, wäre dem Verzicht auf den Vorteil wirklichen Verständnisses der Situation gleichgekommen. Unser Verhalten bezweckte vornehmlich ein Eingreifen oder die Wahrung freier Hand für die Möglichkeit eines Eingreifens zugunsten des Zweibundes, und war vollständig unvereinbar damit, daß die Sicherheit Belgiens — von der bereits wohlbekannt war, daß sie in Frage stand — zu unserem Hauptziel gemacht wurde.

Im Jahre 1870, als sie unser Hauptziel war, hatten wir sofortige und erfolgreiche Schritte zu ihrer Erhaltung unternommen[1], während diese Frage 1914, selbst wenn wir sie nicht zur Bedingung unserer Neutralität machen wollten, offenbar eine ungesäumte Ankündigung erforderte, daß wir jedenfalls eine Verletzung belgischen Gebietes als einen *casus belli* ansehen würden. Bei den Kabinettsberatungen wurde Belgien jedoch „von Tag zu Tag als weniger dringend als Frankreich zurückgestellt" und es war bis zum letzten Augenblick (2. August) „untergeordnet gegenüber der Frage der Neutralität in dem Kampfe zwischen Deutschland und Frankreich"[2]. Greys Entschlossenheit, eher zurückzutreten als in einem deutsch-französischen Kriege eine Neutralitätspolitik durchzuführen[3], stellte die Neutralitätspartei im Kabinett vor die Aussicht, in diesem kritischen Augenblick eine unheilvolle Spaltung im Kabinett hervorzurufen, und ließ die Schwankenden schließ-

[1] Morley (b), Bd. I, S. 975.
[2] Morley (a), S. 3, 10.
[3] Ebenda, S. 1, 2.

lich aufatmen, als sie in der vollzogenen Verletzung einen Umstand erblicken konnten, der nun der Waage den Ausschlag gab.

Unser aufrichtiger Wunsch war, daß es nicht zum Kriege kommen möchte; aber Sir Edward Greys früherer Vermittlungsvorschlag und sein Vorschlag vom 27. Juli einer Vermittlung *à quatre*, unter der Bedingung, daß die österreichisch-serbischen Feindseligkeiten eingestellt würden, hatten vom Gesichtspunkt der Durchführbarkeit aus betrachtet den Fehler, daß sie in der Tat Vorschläge für Österreichs Niederlage waren. Dieses hatte an seinen Mast das Banner geheftet, daß ein österreichisch-serbischer Streit eine österreichisch-serbische Angelegenheit sei; dem stellte Rußland seine Absicht gegenüber, daran teilzunehmen. Über den ersteren Standpunkt kann man sagen, daß jede Macht ihn in ihrem eigenen Falle stets eingenommen hatte und stets einnehmen würde; wir selbst waren in einer Sache, wo es viel weniger auf Tod und Leben ging, geneigt gewesen, eine Intervention zugunsten der Buren als eine freche Herausforderung zu betrachten. Tatsächlich hatte auch das Unternehmen einer Intervention keinen Sinn, wenn sie nicht die Verhinderung der betreffenden Macht an der Ausführung dessen, was sie für nötig hielt, bezweckte. Österreichs Zweck war weder Eroberung noch Annektierung, sondern nur seine eigene Sicherheit; Konferenzen, um es an der Verfolgung dieses Zweckes zu hindern, waren Anerbieten, ihm den Hals abzuschneiden; die Sicherheit, die sie ihm verschaffen konnten, wäre dies ihre Absicht gewesen, war bereits erprobt worden und hatte nach Sarajevo geführt.

Keine der Mächte machte die Erhaltung des Friedens zu ihrem Hauptziel und keine der Mächte konnte es sich leisten, das zu tun. Die Losung der Mittelmächte war „Österreichs Interessen und der Frieden Europas“: das heißt, man brauche nur den Kampf zu lokalisieren, womit Österreich sehr einverstanden sei, und es würde kein Krieg mehr nötig sein. Die Losung der gegnerischen Gruppe war „Rußlands Interessen und der Frieden Europas“: das heißt, man brauche nur einzugreifen und Österreich zum Nachgeben zu zwingen, wodurch Rußland diese Notwendigkeit erspart werde, und es würde kein Krieg mehr nötig sein. „Frieden um jeden Preis“ war niemandes Losung.

Die einzig hoffnungsvolle Mittelstraße war, daß man Österreich das Selbstbestimmungsrecht jeder Großmacht gewährte, daß Österreich aber freiwillig Rußland Zusicherungen gab, die es von jeder Sorge um Serbiens Unabhängigkeit oder Unversehrtheit befreiten. Demgemäß antwortete die deutsche Regierung auf Greys Konferenzvorschlag, daß ihr direkte Verhandlungen zwischen Wien und Petersburg den Vorzug zu verdienen schienen[1]. Dieser Ansicht trat Grey nachdrücklich bei: „Solange die Aussicht eines direkten Meinungsaustausches zwischen Österreich und Rußland besteht, möchte ich jeden anderen Vorschlag zurückstellen, da ich vollkommen der Ansicht beipflichte, daß dies die vorziehenswerteste Methode von allen ist[2]." Und wieder: „Eine zwischen Österreich und Rußland direkt zustande gekommene Verständigung würde die beste mögliche Lösung sein. Ich möchte auf keinen Vorschlag dringen, solange eine Aussicht hierauf besteht[3]." Auch Rußland meinte, daß der britische Vorschlag annehmbar sein könnte „falls direkte Auseinandersetzungen mit dem Wiener Kabinett sich als unmöglich herausstellen sollten"[4]. Die spätere Beschwerde, daß Deutschland Konferenzvorschläge abgelehnt habe, war also nur zum Fenster hinaus gesprochen. Es lehnte sie ab zugunsten einer Methode, von der alle zugaben, daß sie besser sei, und es förderte die Anwendung dieser Methode mit zunehmendem Nachdruck.

Die durch das Ultimatum an Serbien unterbrochenen österreichisch-russischen Unterhaltungen wurden auf Wilhelms Rat am 28. wieder aufgenommen. Auch England machte einen sanften Versuch, Rußland zur Geduld zuzureden[5]. Die Frage, von der jetzt alles abhing, war: Würde Rußland mobilisieren? Bis dahin gab es nur einen österreichisch-serbischen Krieg; mit dem Augenblick jedoch, wo es mobilisierte, fingen die Vorbereitungen für einen europäischen Krieg an und ein Schritt würde dem anderen automatisch folgen, wie das Garn von der Winde läuft.

Am 29. telegraphierte Wilhelm an den Zaren, indem er dem Wunsch nach Zusammenarbeit und der Hoffnung Ausdruck gab, daß Wien, wie er es empfohlen, zu einer direkten Verständigung mit Petersburg kommen möchte. Sein Telegramm kreuzte sich mit einem von Nikolaus, in welchem der russische Monarch

[1] Blaubuch, Nr. 43.
[2] Ebenda, Nr. 67.
[3] Ebenda, Nr. 84.
[4] Ebenda, Nr. 53.
[5] Ebenda, Nr. 17, 44.

sagte, daß er sehr bald „gezwungen sein werde, äußerste Maßnahmen zu ergreifen, die zum Kriege führen werden", und seinen lieben Vetter bitten müsse „Deinen Bundesgenossen davon zurückzuhalten, zu weit zu gehen". In seiner Rückantwort wiederholte der Kaiser die Zusicherung der Mäßigung Österreichs und hoffte, daß Rußland nicht durch militärische Maßnahmen „ein Unheil beschleunigen" werde. Als Antwort darauf ging der Vorschlag ein, die Sache dem Haager Gerichtshof zu unterbreiten *(Wilhelm: Na, na!)*, ein Vorschlag, den er selbst bei Beginn des russisch-japanischen Krieges Nikolaus zu machen gezögert hatte, weil er wie ein schlechter Witz klingen könnte. Am folgenden Tage, dem 30., verkündete ein weiteres Telegramm des Zaren, daß „die militärischen Maßnahmen, die jetzt in Kraft getreten sind, vor fünf Tagen zum Zwecke der Verteidigung gegen die Vorbereitungen Österreichs getroffen wurden", auch gab es der etwas törichten Hoffnung Ausdruck, daß „diese Maßnahmen in keiner Weise Dein Amt als Vermittler stören werden"[1].

Bei dieser schicksalsschweren Nachricht brach Wilhelm in seine übliche heftige Sprache aus. „Österreich hat ja nur im Süden gegen Serbien eine Teilmobilmachung gemacht. Daraufhin hat der Zar — wie hier von ihm offen zugegeben wird — militärische Maßnahmen, die jetzt in Kraft getreten sind, gegen Österreich und uns getroffen, und zwar schon vor 5 Tagen. Er ist uns also um fast eine Woche voraus. Und diese Maßnahmen seien zur Verteidigung gegen Österreich, das ihn gar nicht angreift!!! Ich kann mich nicht auf Mediation mehr einlassen, da der Zar, der sie anrief, zugleich heimlich mobilgemacht hat, hinter meinem Rücken. Es ist nur ein Manöver, um uns hinzuhalten und den schon gewonnenen Vorsprung zu vergrößern. Mein Amt ist aus!"

Auf Anraten des Kanzlers sagte seine Antwort jedoch nur, daß seine Bemühungen als Vermittler „gefährdet, wenn nicht unmöglich gemacht" sein würden, falls Rußland fortfahre zu rüsten; sie wurden tatsächlich noch fortgesetzt. Österreich war sehr schwierig, wohl wissend, daß Deutschland es in der Tat nicht verlassen konnte. Bethmann beunruhigte sich darüber, daß die Wiener Regierung „sich mit Plänen trägt, deren Geheimhaltung vor uns sie für angezeigt hält, um sich auf alle Fälle der deutschen Unter-

[1] Kautsky, Nr. 390.

stützung zu versichern und nicht durch offene Bekanntgabe einem Refus auszusetzen"[1]. Dies sollte jedoch Berchtold nur in der Form übermittelt werden, man hoffe, daß Österreich keinen Raum für Zweifel an der Aufrichtigkeit seiner Erklärungen lassen möchte. Es war in diesem Augenblicke damit beschäftigt, Belgrad zu beschießen. Die deutsche Regierung hatte, in der Hoffnung einen Zusammenstoß hinauszuschieben, Serbien vergeblich geraten, dort keinen wirklichen Widerstand zu leisten, da eine vorübergehende Besetzung dieses Platzes ein Mittel zur Verzögerung eines weiteren Vormarsches seitens Österreichs sein könnte[2], Pourtalès drängte Rußland, ein wenig länger zu warten, und erhielt die Antwort, daß die Mobilmachung nicht widerrufen werden könne. Zur selben Zeit bat Moltke Conrad, nicht mit einer weiteren österreichischen Mobilmachung zu antworten.

Die Lunte war aber schon an die Zündschnur gelegt. Die Lage war jetzt so: Serbien hatte 15 Divisionen mobilisiert, Österreich 24 Divisionen, Rußland 39 Divisionen, das heißt 54 Divisionen gegen Österreichs 24. Selbst wenn Österreich zur allgemeinen Mobilmachung schritt, insgesamt 51 Divisionen, würden die Zahlen ziemlich gleich sein, und Rußland, das außerdem kaum annehmen konnte, daß Österreich es angreifen wollte, konnte Furcht vor Österreich nicht gut als Grund für einen weiteren Schritt angeben. Aber — bei einem Kriege Österreichs gegen zwei Gegner war der *casus foederis* für Deutschland gegeben. Falls Rußland und Serbien gegen Österreich kämpften, würden sie gegen Deutschland zu kämpfen haben. Wenn dann Rußland für den Kampf mit Serbien gegen Österreich rüstete, mußte es auch gegen Deutschland rüsten — und dann mußte auch Deutschland rüsten.

Rußlands Vorbereitungen hatten, wie der Zar sagte, bereits begonnen; Frankreich gab „Vorsichtsmaßregeln" zu; Deutschland hatte bisher so gut wie nichts getan — Offiziere aus dem Urlaub zurückberufen und Bahnschutz eingerichtet —, wie der französische Minister des Äußern anerkannte, als er Herrn von Schoen sagte, er würde es nicht beunruhigend finden, wenn Deutschland dasselbe täte wie Frankreich — nur würde es bedauerlich sein, weil es die öffentliche Meinung erregen würde[3]. Als der ehema-

[1] Kautsky, Nr. 361.
[2] Boghitschewitsch, S. 87.
[3] Kautsky, Nr. 367.

lige serbische Gesandte in Österreich, Boghitschevitsch, sich am 28. auf einen neuen Posten begab, fiel ihm der Unterschied auf, nachdem er die russische Grenze überschritten hatte: „Bis zur deutschen Grenze waren nicht die geringsten militärischen Maßnahmen zu bemerken. Sofort nach Überschreitung der deutschen Grenze beobachteten wir Mobilisationsmaßnahmen großen Stils (Ansammlung von Güterwagen in den einzelnen Stationen, militärische Besetzung der Bahnhöfe, Truppenansammlungen in den einzelnen Städten, Truppenbahntransporte bei Nacht, Mobilisationsleuchtfeuer)." Am 30. wurde eine Sitzung des preußischen Staatsministeriums abgehalten; dem Druck der Militärbehörden, die eine Erklärung des Zustandes drohender Kriegsgefahr wünschten, welche ihnen das Ergreifen vorläufiger Maßnahmen ermöglichen würde, aber das Ende bedeutete, wurde noch Widerstand geleistet, jedoch wurden Vorkehrungen für die Sicherung der Häfen usw., entsprechend dem militärischen Bahnschutz, vereinbart[1]. So ruhig war alles in Deutschland, daß Davis, der amerikanische Zahnarzt, der am 31. Juli eine Reise im Automobil antrat, den Kriegsgerüchten keinen Glauben schenkte und nur aus den Kohlenhaufen längs der Eisenbahn bei Potsdam den Schluß zog, daß irgend etwas bevorstehen könnte. Deutschlands erregbarer Herrscher mußte Nerven haben, um inmitten eines rüstenden Europa stillzusitzen, sorgenvoll und schweren Herzens.

Daß er das wagen konnte, lag an der Schnelligkeit der deutschen Mobilmachung. In einem Zweifrontenkriege von der Gegenseite an Zahl weit übertroffen — nach deutschen Berechnungen um die Hälfte seiner Heeresmacht —, hatte Deutschland alles auf die Schnelligkeit abgestellt. Die Feinde hätten die Massen und Deutschland die Schnelligkeit, meinte Jagow. Ein kühler Rechner — und das war Deutschlands Herrscher, dieses sprühende Feuerwerk, durchaus —, der mit unverwandtem Blick die enger werdende Sicherheitsspanne beobachtete, durfte seine vermeintlichen Feinde bis zu einem gewissen Punkte vorgehen lassen; aus dem gleichen Grunde konnte er aber, sobald er sich einmal in Bewegung gesetzt hatte, nicht mehr anhalten. Seine einzige Chance war zuzuschlagen, ehe die ungeheuren Streitkräfte seiner Feinde bereit waren. Der deutsche Mobilmachungsplan, der dies in Betracht zog, schloß technisch einen Stillstand aus: Deutschland kannte

[1] Kautsky, Nr. 456.

keinen anhaltenden Zustand der Mobilmachung, es ging vom nicht-mobilen Zustand direkt zum Kriege über. Deshalb konnte es nicht mobilisieren, ehe der Krieg gewiß war; wenn es aber mobilisierte, mußte es kämpfen. Der Punkt, bis zu dem es ruhig bleiben konnte und würde, war genau bekannt: bis zu einer russischen allgemeinen Mobilmachung.

Hiervon war den Nachbarn mehrfach ruhig Mitteilung gemacht worden und auch England hatte Rußland daran erinnert. Rußland hatte durch Sasonow geantwortet: „Wenn Rußland der Unterstützung Frankreichs sicher ist, wird es allen Kriegsgefahren ins Gesicht sehen[1]."

Deutschlands militärische Lage, die schon an sich gefährlich war, hatte auch einen furchtbaren politischen Nachteil. Das Erfordernis der Schnelligkeit war das gleiche, ob seine Absichten nun gute oder böse waren. Selbst wenn seine Feinde zynisch kriegsbereit waren, lag es immer in deren Interesse, die Vorbereitungen hinauszuzögern. Selbst wenn Deutschland bitter abgeneigt war, mußte es immer zuerst zuschlagen. Vielleicht war es dies, was der Kaiser im Sinne hatte, als er sagte, jeder halbwegs intelligente Gegner könne stets das Odium auf Deutschland wälzen.

Jetzt, in der Spannung dieser letzten Tage, war der Augenblick für jenen Nervenzusammenbruch gekommen, den seine liebenswürdigen Freunde schon so lange prophezeit hatten. Selbstverständlich ereignete sich nichts dergleichen. Es wird berichtet, daß im häuslichen Kreise sein Schmerz deutlich sichtbar war und daß er weder aß noch schlief; allen, die ihn dienstlich sprachen, erschien er aber trotz „einigem Wechsel in der Stimmung, während des Beginnes der Krisis" als „sehr ernst und sehr ruhig"[2]. Der schweigende Tumult seiner Nerven und seines Herzens kam nur in einer Übertreibung der üblichen starken Sprache seiner Marginalien zum Ausdruck. Als Grey am 29. Lichnowsky wiederum sagte, er wünsche nicht, daß so herzliche persönliche Beziehungen und der intime Gedankenaustausch ihn „irreführten", denn falls Deutschland und Frankreich hineingezogen würden, würde die britische Regierung „sich zu schnellen Entschlüssen gedrängt sehen" *(Wilhelm: Sind schon gefaßt);* er habe Lichnowsky nur „vor Täuschungen und sich vor dem Vorwurf der Unaufrichtig-

[1] Blaubuch, Nr. 17.
[2] Kautsky, Supplement IV, Nr. 27.

keit bewahren wollen", da brach Wilhelm in heftige Worte aus: „Der gemeine Täuscher!!... unaufrichtig ist er alle diese Jahre trotzdem gewesen bis in seine letzte Rede... England dekouvriert sich im Moment, wo es der Ansicht ist, daß wir im Lappjagen eingestellt sind und sozusagen erledigt!... Diese Worte an Lichnowsky sind der Ausfluß des bösen Gewissens, daß er eben das Gefühl gehabt hat, uns getäuscht zu haben. Gemeiner Hundsfott[1]!" Diese Sprache war stark, aber der Standpunkt, daß Greys Politik absichtlich zweideutig gewesen sei, war eigentlich durchaus begreiflich, und die nie gehemmte Zunge sprach die scharfen Worte in verzweifelter Stimmung.

Die innere Qual fand am selben Abend noch deutlicheren Ausdruck in einer Aufzeichnung auf einem nicht sehr bedeutenden russischen Schriftstück, die offensichtlich auf den englischen Wink zurückzuführen war: „Das läßt jetzt für mich keinen Zweifel mehr zu: England, Rußland und Frankreich haben sich verabredet — unter Zugrundelegung des *casus foederis* für uns Österreich gegenüber — den österreichisch-serbischen Konflikt zum Vorwand nehmend, gegen uns den Vernichtungskrieg zu führen. Daher Greys zynische Bemerkung an Lichnowsky ‚solange der Krieg auf Rußland und Österreich beschränkt bleibe, würde England stillsitzen, erst wenn wir uns und Frankreich hineinmischten würde er gezwungen sein, aktiv gegen uns zu werden'. D. h. entweder wir sollen unseren Bundesgenossen schnöde verraten und Rußland preisgeben — damit den Dreibund sprengen oder für unsere Bundestreue von der Triple-Entente gemeinsam überfallen und bestraft werden, wobei ihrem Neid endlich Befriedigung wird uns gemeinsam total zu ruinieren. Das ist *in nuce* die wahre nackte Situation, die langsam und sicher durch Edward VII. eingefädelt, fortgeführt, durch abgeleugnete Besprechungen Englands mit Paris und Petersburg systematisch ausgebaut; schließlich durch Georg V. zum Abschluß gebracht und ins Werk gesetzt wird. Dabei wird uns die Dummheit und Ungeschicklichkeit unseres Verbündeten zum Fallstrick gemacht. Also die berühmte ‚Einkreisung' Deutschlands ist nun doch endlich zur vollsten Tatsache geworden, trotz aller Versuche unserer Politiker und Diplomaten sie zu hindern ... Eine großartige Leistung, die Bewunderung erweckt, selbst bei

[1] Kautsky, Nr. 368.

dem, der durch sie zugrunde geht! Edward VII. ist nach seinem Tode noch stärker als ich, der ich lebe! Und da hat es Leute gegeben, die geglaubt haben, man könnte England gewinnen oder beruhigen, durch diese oder jene kleinen Maßregeln!!!" Und dann ein letzter Aufschrei verzweifelten Zornes, daß man die Mohammedaner aufrütteln müsse: „Denn wenn wir uns verbluten sollen, dann soll England wenigstens Indien verlieren[1]."

Er sah unsere Beweggründe zu schwarz; jedoch konnte keine Vermutung über ihre Wirkungen für Deutschland düsterer sein als die Wahrheit. Daß er in diesem Augenblicke, wo er Vernichtung voraussah, uns nicht vortreffliche Gründe für unsere Beteiligung an einem Streit zutraute, bei dem, soviel er sehen konnte, wir keine Beschwerde und die Deutschen keine Wahl hatten, kann kaum überraschen. Nichts, was er sagen konnte, war so maßlos wie die gegen ihn selbst erhobenen Beschuldigungen, die dieser Ausbruch seines Schmerzes und Zornes unbewußt widerlegte. Untergang und Vernichtung, das war, was er von dem Kriege erwartete. Noch aber war der Krieg nicht da; Deutschland konnte noch sich rühren. Im Herzen seines Kaisers wenigstens war kaum noch Hoffnung auf Rettung, geschweige denn irgendwelche leichtfertige Siegeszuversicht. Nichts konnte seine Überzeugung, daß Deutschland tat, was es tun mußte, deutlicher zeigen als seine verzweiflungsvolle Standhaftigkeit. Wenn er bei jeder Drohung seine Flagge streichen wollte, hätte er sie nicht erst gehißt. „Entweder im bitteren Ernst eingesetzt oder gar nicht gezeigt."

Sein Gemütszustand hinderte ihn nicht daran, in derselben englischen Depesche eine hoffnungsvolle Anregung willkommen zu heißen, die denselben Gedanken zum Ausdruck brachte, den er schon Österreich vorgeschlagen hatte. „Ihm persönlich [Sir Edward Grey] schiene eine geeignete Grundlage für eine Vermittlung, daß Österreich etwa nach Besetzung von Belgrad oder anderer Plätze *(Wilhelm: Gut)* seine Bedingungen kundgäbe *(Wilhelm: haben wir seit Tagen bereits zu erreichen versucht, umsonst!).*" Diese Anregung wurde in den ersten Morgenstunden des 30. Juli an Österreich mit folgender Mitteilung weitergegeben: „... müssen wir der Erwägung des Wiener Kabinetts dringend und nachdrücklich anheimstellen, die Vermittlung zu den angegebenen

[1] Kautsky, Nr. 401.

ehrenvollen Bedingungen anzunehmen"[1], und ein noch dringenderer Appell folgte ein paar Minuten später, um 3 Uhr früh, infolge eines aus Rußland eingegangenen Berichtes, daß Österreich eine Diskussion abgelehnt habe. „Wir können Österreich-Ungarn nicht zumuten, mit Serbien zu verhandeln, mit dem es im Kriegszustand begriffen ist. Die Verweigerung jeden Meinungsaustausches mit Petersburg aber würde schwerer Fehler sein, da er kriegerisches Eingreifen Rußlands geradezu provoziert, das zu vermeiden Österreich-Ungarn in erster Linie interessiert ist. Wir sind zwar bereit, unsere Bündnispflicht zu erfüllen, müssen es aber ablehnen, uns von Wien leichtfertig und ohne Beachtung unserer Ratschläge in einen Weltbrand hineinziehen zu lassen[2]." Die Drohung war eine solche, wie sie keine andere Macht einem Verbündeten gegenüber gebraucht hatte, und tat ihre Wirkung. Wien willigte daraufhin ein, in einen Meinungsaustausch mit Petersburg einzutreten, dort das Ultimatum an Serbien zu erläutern, darzulegen, daß die Aufstellung der acht mobilen Korps nur der Truppenstärke der serbischen Armee entspräche, und zu erklären, daß ihm Territorialerwerbungen durchaus fern lägen[3].

So war aus der Übereinstimmung zwischen England und Deutschland — da angenommen werden mußte, daß England seinen eigenen Vorschlag bei seinen Freunden kräftig unterstützen würde — nicht zum erstenmal in dergleichen Nöten die beste Friedenshoffnung entstanden. Zu spät. Am selben Tage, dem 30., dem Tage, an dem der Zar dem Kaiser schrieb, er hoffe, daß seine Verteidigungsmaßnahmen dessen Vermittlung nicht hindern würden, schritt Rußland als erste der Mächte zur allgemeinen Mobilmachung.

Dieses Vorgehen hatte keine andere Bedeutung als Krieg mit Deutschland, auch war es keine einfache Vorsichtsmaßnahme: durch ein Abkommen vom August 1892 „verstand es sich zwischen den französischen und russischen Fachmännern, daß die Mobilmachung mit einer Kriegserklärung gleichbedeutend sei"[4]. Rußlands Verhalten wurde einerseits einer Andeutung von Englands wahrscheinlichem Beistand zugeschrieben — keine einleuchtende Erklärung, da König Georg seine besorgte Überraschung über diesen

[1] Kautsky, Nr. 395.
[2] Ebenda, Nr. 396.
[3] Ebenda, Nr. 433.
[4] Gooch, S. 457.

Schritt telegraphierte — und anderseits einer vom „Lokalanzeiger" am 28. gebrachten falschen Nachricht von einer deutschen Mobilmachung — auch nicht einleuchtend, da die Nachricht schon zwei Tage alt und ihre Unrichtigkeit bekannt war. Es hatte zu den Waffen gegriffen, entweder weil es eine Vermeidung des Krieges für unwünschenswert oder unmöglich hielt, oder aber weil die Furcht vor Deutschlands schnellerer Mobilmachung es unvernünftigerweise in die Provozierung derselben hineinscheuchte. In keinem Falle durfte Deutschland sich Optimismus gestatten. Wenn Rußland sich zum Kampfe gerüstet hatte, dann war es hohe Zeit, daß Deutschland damit begann. Wenn es aus Furcht vor einer deutschen Mobilmachung gerüstet hatte, die weder in Gang gesetzt noch angedroht worden war, so konnte es nicht überraschen, wenn Deutschland angesichts einer tatsächlich vor sich gehenden russischen Mobilmachung von Unruhe erfaßt wurde.

Es ist bereits dargelegt worden, daß die später aufgestellte Behauptung, Deutschland habe die Vermittlungsaktion abgeschnitten, falsch ist; es war seine eigene Vermittlung, die durch eine tödliche Bedrohung abgeschnitten wurde. „Niemand bedroht die Ehre oder Macht Rußlands", telegraphierte Wilhelm dem Zaren vorwurfsvoll am 31. um 2 Uhr nachmittags, „das wohl in der Lage ist, das Ergebnis meiner Vermittlung abzuwarten ... Der Friede Europas kann von Dir noch erhalten werden, wenn Rußland einwilligt, die militärischen Maßnahmen einzustellen, die Deutschland und Österreich-Ungarn bedrohen müssen[1]." Dies kreuzte sich mit einem Telegramm des Zaren, der zutreffend sagte, es sei technisch unmöglich die Mobilmachung einzustellen, aber „solange die Verhandlungen mit Österreich wegen Serbiens andauern, werden meine Truppen keinerlei herausfordernde Handlung unternehmen. Ich gebe Dir mein feierliches Wort darauf"[2]. Das bezweifelte aber niemand. Deutschland brauchte niemandes feierliches Wort darauf, daß es, wenn es wollte, warten konnte, während die überwältigende russische Armee in aller Gemächlichkeit mobilisierte, und daß ein so angenehmer Zustand der Dinge von Rußland nicht unterbrochen werden würde. „Keine Handlung während der Verhandlungen" war, was der Zar nicht zu bemerken schien, eine Bedingung gänzlich zu Rußlands Gunsten.

[1] Kautsky, Nr. 480.
[2] Ebenda, Nr. 487.

Oder hatte er es bemerkt? Militärische Vorbereitungen „maskiert durch zum Schein geführte diplomatische Verhandlungen" waren in einem amtlichen russischen Schriftstück aus dem Jahre 1912 empfohlen worden[1].

„Wollen Sie Frieden halten, auch wenn die Verhandlungen sich zerschlagen?" fragte Pourtalès Sasonow. Nein, das konnte Rußland nicht versprechen.

Am 31. um 12 Uhr 30 nachmittags ordnete Österreich die allgemeine Mobilmachung an.

Um 3 Uhr 30 nachmittags wurde Pourtalès angewiesen, die Mitteilung zu machen, daß der „Zustand drohender Kriegsgefahr" in Deutschland verkündet worden sei und von der Mobilmachung gefolgt werden würde, wenn Rußland nicht innerhalb von zwölf Stunden „jede Kriegsmaßnahme" gegen Österreich-Ungarn und Deutschland einstelle.

Zur gleichen Stunde wurde Schoen angewiesen, Frankreich zu fragen, ob es in einem russisch-deutschen Kriege neutral bleiben würde: Antwort innerhalb achtzehn Stunden erbeten.

Natürlich bestand keine Hoffnung, daß die Antworten günstig sein würden. Der Zweibund hatte die Dinge nicht so weit getrieben, um dann vor einem Ultimatum zurückzuweichen. Es würde eine Beleidigung gewesen sein, anzunehmen, daß Frankreich sich von seinem Verbündeten abkehren könnte. Es war aber denkbar, daß es antwortete, es würde neutral bleiben, — und in den Krieg eintrat, wann es ihm paßte: in solchen Fällen sind Vorwände so billig wie Brombeeren. Daher wurde Schoen angewiesen, im Falle einer derartigen Antwort die zeitweilige Übergabe von Toul und Verdun als Faustpfand zu fordern. Es erwiderte jedoch „zögernd", daß es so handeln würde, wie seine Interessen es geböten[2]; so wurde die Forderung von Schoen nicht erhoben.

Daß Frankreich solche Faustpfänder stellen würde, war ebenso unvorstellbar, wie seine schließliche Neutralität; was Deutschland bezweckte, war eine Erklärung seiner Absichten. Wenn es die Zeit selbst bestimmen konnte, so würde es, wie es vernünftig war, erst angreifen wollen, wenn Deutschland im Kampfe mit Rußland stand. Der deutsche Plan war gerade umgekehrt: erst Frankreich zu erledigen und dann die ganzen Truppen gegen den

[1] Renouvin, S. 263.
[2] Kautsky, Nr. 571.

gefürchteten östlichen Feind zu werfen. Von dem Augenblick an, da der Krieg, der ein Zweifrontenkrieg sein mußte, gewiß war, war es Deutschlands rechtmäßiges Ziel, ihn schnell herbeizuführen, während es das ebenso rechtmäßige Ziel seiner Gegner war, den tatsächlichen Zusammenstoß so lange wie möglich hinauszuschieben.

Nicht in den wildesten Träumen hatte Deutschland oder sonst jemand daran gedacht, daß Frankreich neutral bleiben könnte. Aber am Morgen des 1. August fragte Grey telephonisch — so verstand es Lichnowsky —, ob, im Falle Frankreich in einem deutsch-russischen Kriege neutral bliebe, Deutschland davon Abstand nehmen würde es anzugreifen[1]. Hätte Frankreich dies angeregt, so würde man Ausflüchte vermutet haben; daß die Frage von England ausging, gab ihr ein anderes Ansehen. Lichnowsky verbürgte sich freudig dafür, daß Deutschland Abstand nehmen würde. Der Kaiser telegraphierte ein eifriges „Selbstverständlich" an König Georg und setzte auseinander, daß die Truppen, wenn auch die Mobilmachung nach zwei Fronten, während sie im Gang war, nicht rückgängig gemacht werden könne, von einer Überschreitung der Grenze abgehalten werden würden. „Ich hoffe, Frankreich wird nicht nervös werden[2]." Auch der Kanzler telegraphierte sein Einverständnis und verpflichtete sich, bis zum 3. um 7 Uhr abends auf Englands endgültige Abmachung mit Frankreich zu warten[3].

Die Freude, die an diesem Abend im Berliner Schlosse herrschte, erfüllte Moltke, der für die militärischen Dispositionen verantwortlich war, mit Schrecken. Der Kaiser, strahlend vor Erleichterung, wollte die Dispositionen verändert und die ganzen Truppen nach dem Osten geschickt haben. Moltke versicherte ihm, daß dies unmöglich sei; die ganze Mobilmachung würde durcheinander geraten; es sei nur ein englischer Kniff, um die französische Grenze von deutschen Truppen zu entblößen. Er verhinderte die in der Tat unmögliche Umstellung der Mobilmachung, konnte aber den Aufschub des Einmarsches in Luxemburg nicht verhindern; danach ging er nach Hause und „vergoß Tränen der Verzweiflung". Um 11 Uhr abends wurde er nochmals zum Kaiser

[1] Kautsky, Nr. 562.
[2] Ebenda, Nr. 575.
[3] Ebenda, Nr. 578.

gerufen, der schon zu Bett gewesen, aber wieder aufgestanden war und einen Rock übergeworfen hatte und ihm jetzt sagte: „Nun können Sie machen, was Sie wollen." Es war ein Telegramm von König Georg eingegangen, daß ein Mißverständnis vorliegen müsse[1].

Am gleichen Tage (1. August) hatte England gefragt, ob Deutschland und Frankreich sich verpflichten würden, die belgische Neutralität zu respektieren *si omnes*. Frankreich antwortete umgehend bejahend; die belgische Unverletzlichkeit paßte ihm zur Zeit. Jagow erwiderte ausweichend, es sei ihm nicht möglich, eine Erklärung abzugeben; die belgische Unverletzlichkeit paßte Deutschland nur, wenn jemand sich verbürgen wollte, daß sie während des ganzen Krieges fortbestand. Die Frage gab jedoch England einen möglichen *casus belli* an die Hand. „Davon wird das Eingreifen Englands gegen uns abhängen"[2] — bemerkte der Kaiser, das heißt vermutlich als Vorwand, denn er war in seiner Überzeugung, daß England jedenfalls eingreifen würde, niemals schwankend geworden. Demgemäß stellte Lichnowsky in London eine Frage, die, wenn wir nicht Verpflichtungen gegenüber Frankreich gefühlt hätten, zweifellos eine andere Antwort erhalten haben würde: nämlich, ob England neutral bleiben würde, wenn Deutschland das belgische Gebiet respektierte. Grey erwiderte, es „sei ihm nicht möglich", das zu sagen, und fügte hinzu „vorläufig bestände nicht die geringste Absicht", gegen Deutschland feindlich vorzugehen *(Wilhelm: Gelogen! Er hat es ja selbst vor vier Tagen Lichnowsky gesagt![3])*. Am gleichen Tage telegraphierte Grey nach Frankreich, daß er nichts versprechen könne, aber sicher sei, daß die Haltung Englands die Situation nicht beeinflußt habe: „Die deutsche Regierung erwartet nicht unsere Neutralität[4]." Man muß zugeben, daß es schwierig war zu erkennen, was von uns zu erwarten war.

„So kann der Zustand nicht bleiben!" meinte Wilhelm. „England muß unbedingt Farbe bekennen!" Lichnowsky, der vorher der Beteiligung Englands so gewiß gewesen war, war jetzt völlig vernebelt und berichtete mit rührender Hoffnungsfreudigkeit jede neue Zweideutigkeit Greys, jede schöne eigene Anregung.

[1] Kautsky, Nr. 612; Moltke, S. 19—23.

[2] Kautsky, Nr. 584.

[3] Ebenda, Nr. 596.

[4] Blaubuch. Nr. 116.

Am 1. August, um 5 Uhr nachmittags, erklärte Deutschland Rußland den Krieg, die Mobilmachung wurde für den nächsten Tag befohlen. Zur gleichen Stunde, oder nach Schoen um 3 Uhr 40, wurde die französische Mobilmachung angeordnet. Belgien mobilisierte am 1. Am 2. wurde die britische Flotte mobilisiert, gleichzeitig wurden die Reserven einberufen.

Am 2. wurde Belgien ein Ultimatum übergeben, Deutschland wünsche keine Feindseligkeiten, aber freien Durchzug, würde alles, was es unterwegs brauche, bar bezahlen, jeden Schaden wieder gut machen, das Land bei Friedensschluß räumen und Belgiens Souveränität und Unabhängigkeit garantieren.

Die am 3. übergebene mutige Antwort war eine Ablehnung. Ganz abgesehen von irgendwelchen Verpflichtungen ist es wahrscheinlich, daß Belgiens Entschluß weise war. Es gibt eine Logik der Umstände, die schließlich die besten Absichten überwindet; ein ungeheuer starkes Deutschland würde nach einer Ausschaltung Frankreichs sich zweifellos im Laufe der Zeit im Begriff befunden haben, die Mündung des belgischen Hauptstromes in Besitz zu nehmen.

Zur selben Zeit schrieb Lichnowsky, daß England versuchen werde, neutral zu bleiben, selbst wenn belgisches Gebiet betreten würde[1].

Am gleichen Tage, dem 3., erklärte Deutschland den Krieg an Frankreich.

Am frühen Morgen des 4. August überschritten deutsche Truppen die belgische Grenze, gleichzeitig mit der Ankündigung ihres Kommens. Es fand keine Kriegserklärung statt, da man noch hoffte, mit Belgien zu einer Verständigung zu gelangen[2].

Am 4. August, um 7 Uhr abends, suchte Sir Edward Goschen den deutschen Staatssekretär des Äußeren auf und teilte ihm mit, er sei angewiesen seine Pässe zu fordern, es sei denn, Deutschland gäbe die Versicherung, und zwar vor 12 Uhr Mitternacht, daß es seinen Vormarsch nach Belgien einstellen werde; die britische Regierung würde Schritte unternehmen, um die belgische Neutralität aufrecht zu erhalten. Warum, so konnte das über den Dilettantismus des britischen Kabinetts ungläubig erstaunte Deutschland fragen, war diese Forderung hinausgeschoben wor-

[1] Kautsky, Nr. 801, 820.

[2] Ebenda, Nr. 788.

den, bis Deutschland den entscheidenden Schritt getan hatte? Konnte es sein, daß England eine Invasion Belgiens wollte? Jagow erwiderte, daß der Vormarsch für Deutschland eine Sache von Tod und Leben sei und nicht rückgängig gemacht werden könne. Sir Edward ging zum Kanzler, der sehr erregt war und mit den berühmten Worten dagegen protestierte, daß wir wegen eines „Fetzen Papiers“ in den Krieg eintreten wollten; nicht daß dies Bethmanns Grundeinstellung gegenüber Verträgen war, aber der Durchmarsch ohne Feindseligkeiten, der, wie er glaubte, in Frage stand, war nach seiner Ansicht wohl ein formeller Bruch des Vertrages, aber keine Verletzung der wesentlichen Zwecke desselben, nicht ein solcher Schrecken für die Menschheit, wie es seine Rächung in Strömen von Blut sein würde[1]. Und warum hatten wir ihm nicht mitgeteilt, daß wir das zu einem *casus belli* machen würden? Der arme Bethmann rief aus, daß das, was die Engländer getan hätten, „undenkbar“ sei, als ob man einen Mann von hinten packe, während er gegen zwei Angreifer um sein Leben kämpfen müsse. Der Kaiser ließ sein Bedauern übermitteln, als der Berliner Mob die Fenster der Botschaft eingeworfen hatte, er fügte aber hitzig hinzu, der Vorfall zeige die Empfindungen seines Volkes über Großbritanniens Verhalten, das sich mit anderen Nationen gegen seine alten Verbündeten von Waterloo zusammengetan habe, er beeile sich jetzt, fügte er hinzu, die Ehrenstellungen in der englischen Flotte und Armee niederzulegen — auf die er so stolz gewesen war.

Der aufgeregte Unwille nicht nur des ungestümen Kaisers, sondern auch des milden Gouvernante-Kanzlers entsprang dem Glauben, daß wir ihnen in der belgischen Frage absichtlich eine Falle gestellt hätten. Und es war nicht nur der weitere Feind; der Charakter dieses Feindes war es, was ihm in den verwandten Augen des Kaisers eine verhängnisvolle Bedeutung verlieh. „Die Briten ändern die ganze Lage“, sagte er in den ersten Kriegstagen niedergedrückt zu dem amerikanischen Botschafter Gerard, „— eine hartnäckige Nation. Sie werden den Krieg in Gang halten. Er kann nicht bald zu Ende sein.“

Es war ein merkwürdiges Zusammentreffen, daß, obwohl Deutschland durch Österreich in die ganze Sache hineingezogen worden war, Österreich sich im Augenblick nur mit Serbien im

[1] Bethmann, S. 179.

Krieg befand; es erklärte Rußland am 5. auf Grund des *casus foederis* den Krieg! während Frankreich ihm am 11. und England am 12. um Mitternacht den Krieg erklärte. England hatte Deutschland am 4. den Krieg erklärt.

Es ist kein Wunder, daß inmitten dieser verworrenen Aufregungen die Völker einander wilder wohlbedachter Bosheit beschuldigten. Besonders den Entente-Mächten hätte es nach Wilhelms Ansicht an der gewöhnlichsten Intelligenz fehlen müssen, hätten sie nicht angesichts der unglücklichen Lage Deutschlands eine Anklage gegen dieses konstruieren können. Die Notwendigkeit der Anstachelung einer kriegerischen Stimmung ist jetzt vorüber; die Rückkehr zur Wahrhaftigkeit wird aber durch den kindischen Glauben verzögert, daß irgendein böser Mensch hinter jedem Unheil stecken müsse. Das würde, falls irgend etwas zugunsten des Feindes vorgebracht werden kann, natürlich bedeuten, daß wir im Unrecht gewesen sein müssen. Wie konnte eine solche Kinderstubenvorstellung in einer Welt der Erfahrung mit ihren widerstreitenden Interessen, ihren gegenseitig unvereinbaren Daseinskämpfen, ihren schwer zu lösenden Verwicklungen fortleben? „Es hat sich kein Beweis dafür ergeben", sagt unser Historiker Gooch, „daß die deutsche Regierung oder das deutsche Volk einen Weltkrieg gewünscht oder geplant hat"; und tatsächlich auch keine andere Regierung und kein anderes Volk. Es ist richtig, daß weder Österreich noch Rußland den Anspruch erheben können, Anstrengungen für seine Vermeidung gemacht zu haben. Österreich glaubte, daß seine verzweifelte Lage vor allen anderen Fragen den Vorrang habe, konnte aber in eigentümlicher Dummheit nicht begreifen, daß gerade diese Verzweifeltheit die allergrößte Sorgfalt erforderte, um nicht Europa zum Feinde zu machen. Rußland betrachtete einen österreichisch-serbischen Kampf auf Tod und Leben anscheinend auch als unvermeidlich und war der Ansicht, daß seine Interessen, obwohl sicherlich entfernter als die Österreichs, es zwangen, sich daran zu beteiligen; daß es aber nicht so sehr auf Österreichs Mäßigung als auf seinem eigenen Recht zum Eingreifen bestand, ließ es in Verbindung mit Sasonows zynischer Antwort an Buchanan und seiner vorzeitigen Mobilmachung eher als wahrscheinlich erscheinen, daß es keinen Wert darauf legte, den Kampf hinauszuschieben. Das war aber beiderseits etwas sehr anderes als ein Herbeiwünschen des Krieges. Es war ein anderer Aspekt der Kriegsfurcht. Die Freunde und Verbündeten beider unterstützten sie, trotz gelegentlicher Mißbilligung ihrer Methoden, aus den in Befürchtungen wurzelnden Gründen, die für ihre Bündnisse bestimmend gewesen waren; alle aber wünschten ernstlich eine friedliche Lösung. Wäre Zeit dazu gewesen, hätte diese erreicht werden können; daß keine Zeit dazu war, lag nicht an bösem Willen. In die Augen fallende Tatsachen, die fast zu offenbar sind, um Beweise genannt zu werden, weisen darauf hin, daß in jedem Lande die Befürchtung, der schwergerüstete Nachbar könne als erster auf dem Plane sein, der Faktor war, der eine Beilegung durch Verhandlungen über den Haufen warf. Das Glücksspiel des Krieges? — niemand wagte auf die Friedenshoffnung zu setzen. Furcht war in allen Herzen der Hauptbeweggrund: Furcht vor dem, was sich ereignen würde, wenn sie kämpften, Furcht vor dem, was sich ereignen würde, wenn sie nicht kämpften; im Herzen eines Mannes aber, dem die Schuld für die Narrheit einer ganzen Welt auferlegt werden sollte, war es Schmerz, der gegen Verzweiflung ankämpfte.

Die Nachricht vom Kriege wurde in allen Ländern mit Beifall aufgenommen. Der Kaiser fuhr am 4. August durch eine ihm zujubelnde Menge, auf die er mit bleichem, ernstem Gesicht blickte, zum Berliner Schloß. Die Menschen sammelten sich vor dem Schlosse und verlangten sein Erscheinen auf dem Balkon. Er kam heraus und schlug auch hier den Ton an, in dem er schon zum Reichstag gesprochen hatte — „Ich kenne keine Parteien mehr, ich kenne nur noch Deutsche“ —, um ihnen dann zu sagen, sie sollten nach Hause gehen und beten.

21. Kapitel

Krieg: 1914—1917

Wäre der Krieg schon vor 1908 ausgebrochen, so hätte der Kaiser es leichter gehabt, im Interesse der Einigkeit den Befehlshabern zu befehlen.

Die Jahre hatten eine stetige Abnahme zwar nicht der Aktivität Wilhelms von Hohenzollern, wohl aber der Initiative des Kaisers gebracht, der einst so frisch mit der Einleitung der Sozialgesetzgebung und der Einleitung internationaler Zusammenarbeit begonnen hatte. Zeit und Opposition, der verschleierte Feldzug der Bürokraten und das offene Geschrei der Unwissenden hatten wohl der Neigung Einhalt getan, die Führerschaft der Krone geltend zu machen, wenn sich eine Gelegenheit dazu bot, aber bis 1908 nicht den Willen und die Fähigkeit dazu beeinträchtigt. Ehe die Gelegenheit sich bot, hatte sein Volk ihm das Rückgrat gebrochen.

Das war ihre eigene Angelegenheit. Wenn sie die Führerschaft der Krone nicht wollten, so hatten sie den richtigen Weg eingeschlagen. Offenbar wäre es aber eine groteske Unvernunft zu erwarten, daß man sowohl das eine wie das andere haben könne. Es war die Schuld des Volkes, daß die Kriegsregierung nicht aus Zivil- und Militärbehörden bestand, die der Wille der Krone einte, sondern aus widerstreitenden Zivil- und Militärbehörden, die von der Krone so gut zusammengehalten wurden, wie es in ihrer behinderten Macht stand. Das Jahr 1908 hatte den Kaiser nicht nur gegenüber seinen Dienern in eine für das Durchsetzen seines Willens ungünstige Lage versetzt, es hatte ihn auch jener Vorbedingung der Diktatur beraubt, die für jeden, der nicht ein Bandit ist, die einzig mögliche ist, — des Bewußtseins der Zustimmung des Volkes. Der Wandel war unbewußt und unabsichtlich. Der Kaiser fuhr mit unermattetem Mute fort, innerhalb der Grenzen, die der Zeitgeist ihm gestattete, Entscheidungen zu treffen, die der Konflikt der beiden Organisationen so schwierig machte; es war kaum von ihm zu erwarten, daß er jetzt mit fünfundfünfzig Jahren die erste schöne sorglose Begeisterung des Husarenobersten wiederfinden würde, nachdem er ein Menschenleben darauf verwandt hatte, sie zu verlernen.

Die trügerische Einigkeit der Anfangszeit des Krieges verhüllte die Wahrheit, daß die Deutschen ohne einen Autokraten buchstäblich nicht einig sein konnten, und wenn es ihr Leben galt. Wilhelm konnte daher die Dinge mit gutem Gewissen den Fachleuten überlassen, die ja, wie man ihm so oft gesagt hatte, alles soviel besser verstanden als er.

Dies wurde von der deutschen Presse mit Beifall vermerkt, die bald verzeichnete, daß er sich still und ruhig verhielte.

Es war die alte Anomalie: es war ihm verboten zu steuern, aber er war verantwortlich für den Kurs. Einige furchtbare Krisen, die langsame Todesqual des Zusehens und zum Schluß Aufbürdung der Schuld für alles — Königsschicksal.

Er nahm es vorbehaltlos hin. „Was sollte mir denn die Belastung meiner Berater, selbst wenn ich so töricht und unköniglich gewesen wäre, sie zu wollen oder zu versuchen, nützen? Ich habe doch stets die mir verfassungsmäßig zufallende Verantwortung auch für solche Akte übernommen, die nicht meinen Ansichten, sondern denen meiner Mitarbeiter entsprachen... Von dieser Verantwortung kann mich keiner befreien, und ich wünsche sie für alle Zeiten vor meinem Volke und vor der Geschichte zu tragen[1]."

Es würde ihm wenig bedeutet haben, hätte man gesagt, daß diese Verantwortung mehr eine formale und auf dem Kaiser ruhende, als eine moralische und von dem Manne zu tragende sei. Was mit dem Wissen und der Zustimmung des Kaisers geschah, das geschah mit der Sanktion des Gewissens des Mannes; geschah etwas ohne sie und er wollte es nur aus politischen Gründen nicht verleugnen, so hatte er doch das Gefühl, einen Teil der Verantwortung zu tragen. Der Unterschied bestand jedoch tatsächlich. Sowohl in der Politik wie in den Operationen deckte das Anerkenntnis mit seiner unbeugsamen Loyalität vieles, was durch keine Verdrehung ihm zugeschrieben werden konnte: Divergenzen, die vielleicht der Verfassung gleichgültig, aber für den Charakter bezeichnend waren.

[1] Niemann (b), S. 32.

Hinsichtlich der ersten Kriegshandlung, der Verletzung der belgischen Neutralität, bestand keine solche Divergenz.

Dieses „Unrecht", wie Bethmann es im Reichstag nannte, zu dem Deutschland gezwungen sei und das es wieder gut machen werde, hatte der Schlieffen-Plan offiziell ins Auge gefaßt, welcher vorsah, daß die deutschen Armeen schnell durch Belgien marschieren sollten, um die undurchdringlich befestigte französische Grenze zu umgehen. Es bedeutete nicht nur an sich eine Übertretung, sondern auch eine Zerreißung des Vertrages, in dem Preußen zusammen mit anderen Mächten zwanzig Jahre vor der Geburt des Kaisers die Unverletzlichkeit Belgiens garantiert hatte[1].

Der Sinn von Bethmanns Worten war dies: Rechtfertigt höchste Not nicht eine Handlung, auch wenn diese gegen die Rechte anderer verstößt, zum Beispiel, wenn jemand in einem Kampf ums Leben das Weizenfeld seines Nachbarn zertritt? Wer wollte daran denken, das zu leugnen? Im Leben des einzelnen rechtfertigt höchste Not jedes Maß von Übertretung, jeden Sachschaden, der wieder gut gemacht werden kann, den Bruch jeder Verpflichtung etwas zu unterlassen. Soll man diese Moral auch auf die Völker ausdehnen oder nicht? Die Frage ist gestellt, aber nicht beantwortet. Kein Volk sollte Krieg führen, das nicht in Todesgefahr zu sein glaubt; das hat aber nichts mit seinem Kriegsplan zu tun. Sobald es sich im Krieg mit seinesgleichen befindet, ist es in Todesgefahr. Die Operationen haben den Beweis erbracht, daß der Schlieffen-Plan, vorausgesetzt es wurden keine Fehler gemacht, Deutschland gerettet hätte und daß nichts anderes das vermocht hätte.

Leichtfertigkeit in bezug auf Verträge war durchaus kein Charakteristikum von Wilhelms Regierung[2]. Auch er selbst, der die geringste Finesse scheute und über die angebrachteste Ungenauigkeit empört war[3], brachte bei den Verhandlungen mit dem Zaren über den Handelsvertrag von 1904 zum Ausdruck, daß er zeitlich begrenzten Verträgen den Vorzug gäbe. Die Umstände ändern

[1] Es ist in diesem Zusammenhang nicht uninteressant, daß Preußen in einem preußisch-niederländischen Vertrag von 1815, erneuert 1839 als preußisch-belgischer Vertrag, das Durchmarschrecht zugestanden worden war. D. Übers.

[2] Große Politik, Nr. 8043 und Anm.

[3] Ebenda, Nr. 12.685, 4868.

sich, meinte er, und dann steht man da mit einer unmöglichen Bindung; je wahrscheinlicher ein Vertrag der Kündigung bedarf, desto weniger wagt man ihn zu kündigen; schließlich siegt die Staatsnotwendigkeit und man bricht ihn. Wilhelmisch. Keine Umgehung: man bricht ihn.

Nicht alle hatten so kompromißlose Ansichten darüber. Am 4. Februar 1887, als die Möglichkeit eines Krieges zwischen Frankreich und Deutschland bestand, hatte der „Standard", der damals als das Organ Salisburys galt, einen Fühler in Gestalt eines „Diplomaticus" unterzeichneten Briefes veröffentlicht, in dem gefragt wurde, ob wir verpflichtet wären, uns einem Verstoß gegen die belgische Neutralität zu widersetzen: „die vorübergehende Ausübung eines Wegerechts ist etwas anderes als eine dauernde und unrechtmäßige Gebietsbesetzung"; angefügt war eine Bemerkung der Redaktion, die einen Durchmarsch durch Belgien als „eine geringere Übertretung" bezeichnete und darlegte, daß England füglich die Beweisführung eines Kriegführenden gelten lassen könnte, der sich auf einen Zustand beriefe, der entstanden sei „seitdem der Vertrag die Unbetretbarkeit des einzigen Weges garantierte, dessen wir uns jetzt bedienen können". Die liberale „Pall Mall Gazette" vom gleichen Tage behauptete, daß der Vertrag von 1839 die belgische Neutralität n i c h t garantiere. Der durch ihn ersetzte Vertrag von 1831 habe es getan, doch führte die „P. M. G." aus, daß die Übernahme der Bestimmungen des früheren Vertrages in den späteren nicht vermutet werden könne, wenn dies nicht ausdrücklich gesagt sei. Der „Spectator" sagte am 5. Februar mit gleicher Gelassenheit: „Wahrscheinlich ist, daß wir darauf bestehen werden, daß [Belgien] nicht zum Kriegsschauplatz wird, daß wir aber die Überquerung seines Bodens nicht verhindern werden, wie wir sie in der Tat auch nicht verhindern können." 1870 hatte Gladstone sich außerstande erklärt, der Ansicht zuzustimmen „daß die einfache Tatsache des Bestehens einer Garantie für jeden der daran Beteiligten bindend sei", ohne Rücksicht auf die Umstände.

Unsere Väter mögen unrecht gehabt haben, aber waren sie von ehrloser Gesinnung? Anständige Männer in England hatten, als die Kompaßnadel seiner Interessen in eine andere Richtung wies, eine Handlung gutgeheißen, die ein anständiger Mann in Deutschland, widerstrebend genug, seinerseits vor sich selbst rechtfertigte. Wilhelm von Hohenzollern brauchte nicht ein Ungeheuer von

Falschheit und Barbarei oder etwas anderes als ein aufrechter, humaner, vor einen modernen Krieg gestellter Mann zu sein, um dem Schlieffen-Plan zuzustimmen. Die Kasuistik der Redakteure und seine Offenheit liefen auf dasselbe hinaus: daß in einer barbarischen Staatengesellschaft, wo das, was von Recht vorhanden ist, gerade in der eigentlichen Funktion des Rechtes — dem Schutze — versagt, solche entsetzlichen Dilemmas denjenigen, welche für das Geschick ihres Volkes verantwortlich sind, aufgezwungen werden; und stets werden sie in derselben Weise gelöst werden.

Daß die Tat getadelt wurde, war in der Ordnung, weil dadurch der Gedanke eines Völkerrechtes wach gehalten wurde, das einmal von Rücksichten auf die Staatssicherheit frei sein müßte. Die einfache Wahrheit ist aber — und es wäre gut, wenn unser Pharisäismus uns gestatten wollte das einzusehen —, daß kein Land dem Recht gehorsam sein wird, solange nicht das Recht, das den Anspruch erhebt es in Schranken zu halten, es auch verteidigt.

Wäre auch irgend jemand in den ersten Augusttagen 1914 zu solchen Überlegungen fähig gewesen, so würde doch alles hinweggeschwemmt worden sein von dem furchtbaren Unterschiede zwischen der „geringeren Übertretung", wie sie geplant war, und dem, was daraus wurde.

Am 4. August betraten die deutschen Armeen Belgien in der zuversichtlichen Erwartung des wenige Tage währenden friedlichen Marsches nach Frankreich, auf dem der Schlieffen-Plan beruhte. Selbst nachdem es zu Gefechten gekommen war, wollten sie nicht glauben, daß ein ernstlicher Widerstand beabsichtigt sei; noch am 13. August waren sie so ungläubig, daß sie einen Aufruf an Belgien veröffentlichten, es möchte nun bedenken, daß mit dem „heldenmütigen Widerstand" gegen überlegene Kräfte der Ehre Genüge geschehen sei: „Die deutsche Regierung ist zu jedem Abkommen mit Belgien bereit, das sich irgendwie mit der Rücksicht auf ihre Auseinandersetzung mit Frankreich vereinigen läßt." Es war niemals behauptet worden, daß der unglückselige Vertrag, wenn er Belgiens Unverletzlichkeit nicht sicherte, diesem Lande die Verpflichtung zum Selbstmord auferlege; bis 1880 war Belgiens eigener Plan gewesen, seine Truppen auf Antwerpen zurückzunehmen[1]. Jetzt aber, schrieb der Belgier van der Essen, ver-

[1] Van der Essen, S. 29.

boten „Ehre und Interesse" die Annahme des deutschen Anerbietens; das Interesse, das gemeint ist, war Belgiens höchstes Interesse an dem europäischen Gleichgewicht.

Der erzwungene Durchmarsch nahm drei furchtbare Wochen in Anspruch. Das Blutvergießen in einem kleinen Lande, das an dem europäischen Streite keine Schuld trug, war für das Empfinden der öffentlichen Meinung abstoßender als alle Hekatomben bei den Hauptbeteiligten und wurde beiderseits mit der ganzen Entsetzlichkeit der Greuelgeschichten, die es begleiteten, umkleidet. „Auf der einen Seite der langen Schlachtlinie wurde geglaubt, daß die Deutschen die Hände belgischer Kinder abhackten, auf der anderen, daß die belgischen Zivilisten die Augen deutscher Krieger ausdrückten[1]." Diese Erzählungen, die von den Behörden auf beiden Seiten so weit wie möglich hätten unterdrückt werden sollen, um nach dem Kriege mit allem Beweismaterial vorgebracht zu werden, wurden absichtlich an die Öffentlichkeit gebracht, was nur die Wirkung haben konnte, bei den deutschen Soldaten Panik, bei der belgischen Zivilbevölkerung die Unbesonnenheit der Verzweiflung und in allen Armeen die Versuchung zu ungesetzlicher Rache hervorzurufen.

Die Panik der deutschen Truppen war der schlimmste Feind der Belgier. Die Eindringlinge begegneten Widerstand einer Art, die sie überraschte und entnervte; in ihrem Glauben, daß sie unter der empörten und verzweifelten Zivilbevölkerung in Gefahr waren, konnten sie, nach van der Essens Ansicht, „nicht immer völliger Böswilligkeit beschuldigt" werden. Die belgischen Armeen wurden durch Banden von „Freiwilligen" unterstützt, die von den Zivilisten nur durch Armbinden unterschieden waren. Belgische Reguläre lagen in den Dörfern im Hinterhalt und ihr unbemerkter Rückzug[2] versetzte den Feind in den Glauben, daß das Dorf geschossen habe. Während die Bauern gelehrt wurden zu glauben, daß die deutsche Besetzung namenlosen Schrecken bedeute, fürchteten sich die deutschen Soldaten in den angewiesenen Quartieren oder sogar in größerer Anzahl in großen Gebäuden zu schlafen und zogen es oft vor, auf den Feldern zu biwakieren[3]. Die Überlegung, daß die deutsche Armee zu stark sei, um den

[1] Gooch (b), S. 124.
[2] Van der Essen, S. 104.
[3] Muehlon, S. 104.

Feindseligkeiten einer bloßen Zivilbevölkerung zu erliegen, war keine Beruhigung für die Posten und Detachements in isolierten Stellungen; auch war sie nicht offenbar genug, um die Kommandeure von aller Sorge zu befreien.

Nach dem zu urteilen, was von dem deutschen Charakter bekannt war, von seiner Härte im Befehlen, seinem Mangel an Schmiegsamkeit, seiner häufig gezeigten Hysterie bei plötzlicher Nervenanspannung, konnte man wohl sagen, daß eine äußerst schwierige Lage nicht hätte in ungeeigneteren Händen sein können, und zwar ohne behaupten zu wollen, daß die Deutschen mehr als andere Nationen so furchtbaren Trieben unterworfen sind, wie sie ihnen während des Krieges so freigebig zugeschrieben wurden. Furcht ist ein schlechter Ratgeber. Mehr als einmal hatten die eindringenden Truppenteile beim Betreten einer Stadt, „erfüllt von dem in Aussicht stehenden Schrecken eines Straßenkampfes in einer Stadt ohne Beleuchtung, mit engen Gassen", sich gegenseitig niedergemacht[1]. Was sich unter Umständen ereignete, wo Irrtümer in einem solchen Maßstabe möglich waren, konnte selbst damals niemand sagen, um wieviel weniger später. Der Tod und die Vernichtung, die unvermeidlich sind in einem Land, um das von zwei Heeren gekämpft wird, wo beide die Häuser oder Heuschober verbrannten, die dem Feinde Schutz gewähren konnten[2]; die „Verräterei" der verzweifelten Zivilbevölkerung; die Grausamkeit militärischer Rache oder einer aller Disziplin vergessenden Panik; die vereinzelten Brutalitäten nicht normaler Personen; der Offizier, der den Kopf verliert, und der Offizier, der nicht wagt, Milde zu zeigen; die im offenen Kriege ungesetzlichen strengen Maßnahmen zur Vergeltung oder Einschüchterung, die mit unkontrollierbaren Tatsachen oder Wahrscheinlichkeiten gerechtfertigt werden: alles war unentwirrbar zu einem finsteren Schrekken verwoben.

Der Kaiser verließ Berlin am 16. August zugleich mit dem Generalstab. Er wurde mit Mühe davon abgehalten, geradenweges nach Belgien zu gehen, wo seine Anwesenheit den Schwierigkeiten seiner Generale den letzten Rest gegeben haben würde und wo er nichts tun konnte. Daß die ergriffenen Maßnahmen, wie der Feind behauptete, mutwillige Grausamkeiten seien, glaubte er natürlich

[1] Van der Essen, S. 158.
[2] Ebenda, S. 112, 328.

nicht; daß sie von offiziell angestifteten „Greueln" begleitet seien, war, wie er wußte, unwahr; daß sie übertrieben seien und über das Ziel hinausschössen, wie er es vielleicht später befürchtet haben mag, konnte er nicht wissen, noch vermochte er sich im Augenblicke der Krisis umfassend zu orientieren. Alles, was das Staatsoberhaupt tun kann, das seine Armeen nicht tatsächlich führt, ist, vorher seinen Abscheu vor mutwilligen Grausamkeiten und übertriebenen Maßnahmen Ausdruck zu geben; da er keine Generale ernannt hatte, die er für Barbaren hielt, mußte er es im Augenblick des Handelns ihnen überlassen, die Erfordernisse der Lage zu beurteilen.

Die Meinung des Kaisers über ein Schreckensregiment war in seinem eigenen Lande genau bekannt und begegnete einigem Mißfallen[1]. Die gesetzmäßige aber harte Hinrichtung der Miß Cavell wurde zugestandenermaßen übereilt, um einen Appell an ihn zu verhindern; der amerikanische Botschafter erfuhr später, daß sein Eingreifen eine Wiederholung des an Captain Fryatt begangenen Justizmordes in einem anderen Falle abgewendet habe. Die Empfindungen von Mitleid und Schauder, mit denen er auf das Gemetzel des Krieges blickte, erschreckten seine Landsleute, die allzu leicht Empfindlichkeit mit Schwäche verwechseln; Tirpitz war beunruhigt und ganz deprimiert über die Art, wie er von „kleinen Details des Schlachtfeldes" sprach, und daß er sich soweit erniedrigt hatte, irgendeinem luxemburgischen *roturier* die deutschen Absichten auseinanderzusetzen. In seiner Nähe gab es kein vermeidbares Elend. Die armen Leute aus der Gegend von Charleville wurden aus den kaiserlichen Küchen gespeist[2]; der Besitz der Geflüchteten wurde katalogisiert, ihre Wertsachen wurden auf die Banken gebracht; Gelehrte folgten der Armee, um die Kunstschätze vor der Zerstörung zu retten. Weil er sich in solchen Gedanken bewegte, konnte er für die Propaganda von jenseits der Feuerlinie nur Verachtung und Ekel empfinden. Er sah die Kehrseite der Medaille; Beispiele deutscher Heldenhaftigkeit und Menschlichkeit; Taten, wie die jener Hunderte, die sich an einem Tage freiwillig für ein Unternehmen meldeten, von dem ihnen gesagt worden war, daß es sicheren Tod bedeute. Er fühlte für seine Soldaten genau dasselbe, was in allen Ländern die zu

[1] Vgl. S. 340, 341.
[2] Reischach, S. 282.

Hause Gebliebenen für ihre Truppen fühlten: Stolz auf ihren Mut, eine beinahe beschämte Ehrfurcht vor ihren Leiden, die sie für ihn und ihre nicht in der Kampflinie stehenden Brüder ertrugen, und schritt durch die Lazarette, wo die Verwundeten und Sterbenden lagen, mit dem Helm unter dem Arm, wie in der Kirche[1].

Das Große Hauptquartier befand sich zuerst in Koblenz; Ende August wurde es nach Luxemburg verlegt, Ende September auf französischen Boden nach Charleville-Mézières. Die Generale und ihre Stäbe, die stets ein streng gesondertes Leben und gesonderten Tisch führten, ließen sich in Mézières nieder, die übrige große Gesellschaft — der Kaiser, Minister, Sekretäre, die Chefs der drei Kabinette, Militärattachés der neutralen Mächte — in Charleville jenseits des Flusses. Der Kaiser bewohnte eine kleine Villa in einem großen Garten; die meisten Armeeführer, schrieb Stürgkh, der dem deutschen Stab attachierte österreichische General, hatten bessere Quartiere. Wilhelm war häufiger dort als in Berlin, wie es den kontinentalen Vorstellungen entspricht. Als Franz Joseph später billigend bemerkte, daß Viktor Emanuel die Staatsgeschäfte abgegeben habe und zur Front gegangen sei — ein Souverän in den besten Mannesjahren könne nichts anderes tun —, konnte Mackensen antworten, sein Kaiser habe das auch getan. Bethmann war einverstanden mit Rücksicht auf die Gefühle der Armee[2].

In Charleville konferierte Wilhelm mit den Generalen, besuchte er die Truppen, verlieh er Auszeichnungen; manchmal konnte er Kämpfe mit dem Fernrohr verfolgen, gelegentlich begegnete er einer Granate. Man glaubte, daß die Franzosen Verbindung nach Charleville hatten, und daß dieser Umstand das Luftbombardement von Thielt eine halbe Stunde nach seiner Ankunft dort und ähnliche Vorfälle erklärte; eine Bombe fiel auch auf den Weg hinter seinem Hause. Dauernd gingen Drohungen ein, die seinem Geheimdienst große Sorge machten, denn Maßnahmen zu seinem Schutz mußte man sehr vorsichtig treffen, weil er sie verbot, sobald sie von ihm bemerkt wurden[3].

Seine Feldzugskost machte dem armen Stürgkh den Eindruck

[1] Rosner, S. 291.

[2] Bethmann, Bd. II, S. 20.

[3] Nicolai, S. 223.

tatsächlicher Gesuchtheit, als nichts wie Suppe zur Abendtafel aufgetragen wurde. „Für gewöhnlich fand nur ganz einfaches Essen statt", schrieb Reischach, „was Seine Majestät schon bei Kriegsausbruch für das Hauptquartier befohlen hatte, nicht erst als die Lebensmittel knapp wurden. Ich entsinne mich noch ganz genau, daß das Menu am 17. August, dem ersten Tag in Koblenz, aus Erbsensuppe mit Bratwurst bestand und Obst. Über das Leben im Hauptquartier müssen absichtlich ganz falsche Nachrichten verbreitet gewesen sein, denn ich erhielt im Jahre 1917 von der Redaktion einer pfälzischen Zeitung die Mitteilung, im Volke ginge das Gerücht, es würde beim Kaiser so üppig gelebt. Ich habe damals der Redaktion aus der verflossenen Zeit vierzig verschiedene Menus eingeschickt mit dem Bemerken, ich sei bereit, die Richtigkeit zu beschwören."

Die alliierten Armeen wurden durch den deutschen Vormarsch zum Rückzug gezwungen und bis zum September — Charleroi, Mons, Le Cateau — sah es aus, als ob Schlieffens Plan Deutschland zum Siege führen würde. Die französische Regierung war schon nach Bordeaux geflohen. Die Marneschlacht und die dabei gemachten Fehler hielten den deutschen Vormarsch auf.

Und nun zeigte sich beim Kaiser ein neuer Charakterzug, der seiner Umgebung unbegreiflich war. Er war in einer Stimmung äußeren Ernstes und innerer Verzweiflung in den Krieg gezogen und hatte seinem Volk geboten zu beten, während der bayrische Gesandte am 31. Juli aus Berlin schrieb: „In hiesigen militärischen Kreisen ist man des besten Mutes", und am 2. August: „Trotzdem ist die Stimmung der hiesigen militärischen Kreise eine absolut zuversichtliche[1]." Nachdem die Sache aber einmal im Gang war, trug Wilhelm eine Zuversichtlichkeit zur Schau, die seine weisen Berater mit Schrecken erfüllte. „Es ist herzzerreißend, wie ahnungslos der hohe Herr über den Ernst der Lage ist", schrieb Moltke; Seine Majestät sprach, als ob sie gewinnen müßten; es war eine sehr tadelnswerte „gewisse Hurrastimmung" um ihn herum. Wir glaubten ein Echo davon in einem Armeebefehl zu hören, in dem er zu seinen Truppen von unserer *„contemptible little army"* sprach[2], indessen bedeuteten diese Adjektive nur

[1] Kautsky, Supplement, Nr. 27, 32.

[2] Der Armeebefehl war eine Fabel, der Ausdruck ist nie gebraucht worden. D. Übers.

„an Zahl unbedeutend" und hätten so übersetzt werden müssen. Als der Marsch auf Paris zusammenbrach, brach auch Moltke selbst zusammen. „Wir müssen ersticken in dem Kampf zwischen Ost und West. — Wie anders war es, als wir vor wenigen Wochen den Feldzug so glanzvoll eröffneten — die bittere Enttäuschung kommt jetzt nach." Seine Nerven versagten gänzlich; er wurde mit allen Ehren und Rücksichten abberufen und durch Falkenhayn ersetzt.

Nach dreiwöchigen Kämpfen an der Aisne wurde am 15. Oktober ein großer deutscher Angriff in der Richtung auf die Kanalhäfen unternommen — Ypern — Arras. Aber Mitte November war die Hoffnung auf eine schnelle Entscheidung vorüber und beide Seiten mußten sich auf den furchtbaren und nicht vorausgesehenen Winter-Grabenkrieg im flandrischen Schlamm einrichten. Diese ersten Weihnachten fraternisierten die Truppen, denn obwohl die Stimmung zu Hause erbittert war und der Bayer Lissauer seinen „Haßgesang" geschrieben hatte, verabscheuten die Leute an der Front in beiden Armeen das, was die deutschen Soldaten verächtlich „Lissauerei" nannten.

1915 war zu Lande im ganzen ein günstiges Jahr für Deutschland. Rußland war schon an den Masurischen Seen von dem ausgegrabenen Hindenburg schwer geschlagen worden und die Türkei war daraufhin den Mittelmächten beigetreten; Italiens Abfall wurde durch Bulgariens Anschluß ausgeglichen; Serbien und Montenegro waren überrannt; die versuchte Gegenaktion in Gallipoli und Griechenland war ein Fehlschlag. Aber Wilhelms Einsicht hatte wie gewöhnlich recht gehabt, als er Englands Kriegsankündigung mit einem Verzweiflungsausbruch begrüßte. Unsere Seemacht machte die Maßnahme möglich, die für Deutschland verhängnisvoll war — die Lebensmittelblockade.

Der Seekrieg war bisher durch die Pariser Deklaration geregelt gewesen, ein im Jahre 1851 von allen Mächten unterzeichnetes Dokument, welches erklärte, daß eine Blockade, um gültig zu sein, eine effektive Blockade der feindlichen Küsten sein müsse, und bestimmte, daß auf dem freien Meer selbst feindliche Waren, außer Konterbande, in neutralen Schiffen geschützt sein sollten. Diesem Hindernis begegneten wir mit dem Einwand, daß wir, wenn nicht die deutsche Küste, so doch jedenfalls die Nordsee blockierten. Die Londoner Deklaration, die durch eine Definition des Begriffes Konterbande die Pariser ergänzte, hatte in ihrem

Protokoll festgestellt, daß sie nur die anerkannten Regeln der Menschlichkeit verkörpere, und Nahrungsmittel als Nicht-Konterbande erklärt. Zuerst schienen wir uns ihre Auffassungen zu eigen zu machen, indem wir unsere Absicht ankündigten, sie zu beobachten, doch allmählich gaben wir das auf. Die Lords hatten die Deklaration niemals ratifiziert, so daß wir den Fetzen Papier auf unserer Seite hatten, wie Deutschland ihn auf seiner Seite gehabt haben würde, wenn es den belgischen Vertrag beizeiten gekündigt hätte. Wir würden es jedoch deshalb schwerlich für rechtliebender gehalten haben, und wenn wir die Ratifizierung verweigerten, so wurden wir deshalb durchaus nicht für um so menschlicher gehalten. Es bestand eine starke Empörung unter den Neutralen, besonders den skandinavischen; nach einigen Protesten entschloß sich aber Amerika, der einzige Neutrale, der zu fürchten war, die Blockade als „den modernen Verhältnissen angepaßt" anzuerkennen.

Die wahre Rechtfertigung für die Verhinderung der Lebensmittelzufuhr, eine Maßnahme, die offenbar die Alten und Kranken, die Frauen und Kinder am schwersten treffen mußte, war ebenso wie in Deutschlands Fall die Kriegsnotwendigkeit, und man beklagte sich in Deutschland in denselben Ausdrücken darüber, in denen wir uns über die Vergewaltigung Belgiens beklagt hatten. Deutschland aber, wurde erwidert, hatte Paris belagert, in dem sich Frauen und Kinder befanden. Wenn wir die Parallele anerkennen, gab Deutschland zurück, so ist es klar, daß bei einer den modernen Verhältnissen angepaßten Kriegführung das ganze feindliche Land einer „verteidigten Stadt" gleichzurechnen ist, auf die alle Kriegsmaßnahmen angewendet werden können; die Beschießung irgendeines englischen Gebietes, das wir erreichen können, wird daher ganz in Ordnung sein. Greys Ansicht war, daß die Hungerblockade eine Vergeltungsmaßregel für Belgien darstelle: ein amerikanisches Ersuchen, daß England die Nahrungsmittel-Klauseln der Deklaration beachten möge, lehnte er mit einem Hinweis auf den Charakter der deutschen Kriegführung zu Lande ab. Vergeltungsmaßnahmen gegen die Zivilbevölkerung wegen Ausschreitungen der Armee waren aber genau so unzulässig wie die Hälfte aller anderen Maßnahmen in diesem Juristenkrieg.

In England teilte man die Auffassung Greys, daß nach der Sache mit Belgien alle Deutschen als Verbrecher anzusehen seien, denen nicht das Recht zustände, an Gesetz oder Gnade zu appellieren. Die Deutschen, die sich nicht als Verbrecher betrachteten, fanden diese abscheulich nützliche Theorie wenig überzeugend; die deutsche Kriegführung zur See zeigte, gleich der unseren, eine fortschreitende „Anpassung an moderne Verhältnisse“, die, gleich unserer, für gerechtfertigt gehalten wurde, weil „durch die Methoden des Feindes provoziert“.

Hier wiederum befand sich Deutschland in einer unglücklichen Lage. Aus Besorgnis, den Feind zu ermutigen, wagte es nicht, seine wachsende Hungersnot geltend zu machen[1]. Die Rufe seiner Zivilbevölkerung wurden jenseits der Grenzen nicht gehört: wenn es aber dasselbe Mittel, das Abschneiden der Zufuhr, anwenden wollte, so war es genötigt, zu Aufsehen erregenden Handlungen zu schreiten, indem es Nahrungsmittel, Waffen und Nicht-Kombattanten unterschiedslos zusammen versenkte. Im Februar 1915 kündigte es an, daß es in bestimmten Gewässern feindliche Kauffahrteischiffe und gegebenenfalls auch neutrale versenken würde, wenn sie Kriegskonterbande führten. Es versenkte diese Schiffe, weil seine Unterseeboote sie selten ungefährdet durchsuchen und kaum jemals in einen Hafen bringen konnten; es würde das natürlich vorgezogen haben, da die Schiffe mit dem beladen waren, was es dringend brauchte. Es mußte sie versenken oder zusehen wie wir alles bekamen, was wir wollten. Uns schien Recht und Unrecht dabei ganz klar zu sein: Deutschland mußte uns seine Zivilisten durch Hunger töten lassen, durfte aber nicht in dem Versuche, uns eine deutliche Antwort zu geben, nun seinerseits Zivilisten töten. Um jenes Schicksal abzuwenden, schien es ihm erlaubt jedes Handelsverbot in Blut abzuwaschen. Es war ein wahrer Höllenprozeß.

„Man meint es hier ernst mit der Unterseeboot-Blockade, ist aber bereit sie einzustellen, wenn Nahrungsmittel und Rohstoffe hereingelassen werden — mit anderen Worten, wenn England entweder die Londoner oder die Pariser Deklaration anerkennen will —, sie erklären jedoch, sie würden nicht zugeben, daß ihre Zivilbevölkerung ausgehungert wird“, schrieb der amerikanische Botschafter am 15. Februar 1915 an Oberst House. An diesem deutschen Versuch einer Vergeltungsblockade hatte die Flotte keinen Teil. Die Lage bestätigte durchaus die Behauptung der deutschen

[1] Max von Baden, S. 65 und Anm. 3.

Regierung, daß die Flotte niemals groß genug gewesen sei, um eine Gefahr für England zu bedeuten. Sie war Deutschland sehr nützlich, indem sie seine Küste vor Angriffen schützte, die Ostsee für Handelsschiffe aus dem Norden offen hielt, den skandinavischen Ländern und Holland die Möglichkeit verschaffte, neutral zu bleiben, und unsere Unternehmungen gegen die Türkei dadurch behinderte, daß sie unsere Schiffe im Norden festhielt[1]. Sie unternahm auch gelegentliche Überfälle, um einen entsprechenden Bruchteil unserer Flotte in einen Kampf zu verwickeln. Daß wir jeden Versuch unterließen, sie durch einen fingierten Angriff auf die Küste in einen Entscheidungskampf zu locken, zeigte, daß sie uns keine großen Ungelegenheiten bereitete. Was an Gefahr für England bestand, kam allein von den Unterseebooten, die während des Krieges in fieberhafter Eile gebaut wurden.

In der Frage der Unterseeboote war Tirpitz für unbeschränkte Einsetzung, er beklagte sich nicht ohne Grund, daß die Bedenken der deutschen Regierung, diese Waffe mit völliger Rücksichtslosigkeit zu gebrauchen, Deutschland das Odium gesetzwidrigen Handelns ohne die Vorteile eintrugen. Der Versuch der Verschonung Neutraler, wo doch der Feind unter neutraler Flagge fuhr; die Anordnung, daß die in hohem Grade verwundbaren U-Boote vor der Versenkung eine Warnung geben mußten; das Passieren-Lassen von Schiffen, weil sie außer einer Waffenladung auch Passagiere an Bord hatten — diese Beschränkungen machten nur die U-Bootwaffe unwirksam, ohne die Neutralen wirklich zu besänftigen oder die Proteste zu entwaffnen. Weder Tirpitz noch die Öffentlichkeit empfanden Reue, als am 7. Mai 1915 der große Cunard-Dampfer „Lusitania" torpediert wurde. Der ungeheure Verlust an Menschenleben, der zu dem Vorteil der Versenkung von ein paar Revolvern[2] in keinem Verhältnis stand[3], war vermutlich nicht vorausgesehen worden, denn wäre das Schiff nicht mit so großer Geschwindigkeit gesunken, hätten seine Boote die nahe Küste mit

[1] Die Skagerrak-Schlacht und die Kämpfe bei den Dardanellen hatten schwerwiegende Bedeutung und weitreichende Wirkungen. D. Übers.

[2] Der zuständige Beamte der New Yorker Hafenbehörde, Dudley Field Malone, Collector of the Port of New York, hat am 4. Dezember 1922 dem Schatzamt der Vereinigten Staaten (United States Treasury) unter Angabe genauer Einzelheiten amtlich berichtet, daß die „Lusitania" auf ihrer letzten Reise 5468 Kisten mit Munition an Bord gehabt hat. D. Übers.

[3] Über die Versenkung der „Lusitania" vgl. Gooch, S. 593.

Leichtigkeit erreichen können; die Zustimmung oder sogar Befriedigung des zivilen Deutschland hatte aber ihren Ursprung in der Stimmung, die allgemein wegen der Hungerblockade herrschte. Tausende, die einen langsamen Hungertod und vorher die Krankheiten der Unterernährung für ihre Kinder und sich selbst vor Augen sahen, hatten nichts dagegen, wenn bloße zwölfhundert feindliche Zivilisten von einem schnelleren Schicksal ereilt wurden, besonders da von solchen unglücklichen Ereignissen angenommen werden konnte, daß sie einen Wandel herbeiführen würden. Eine Medaille wurde triumphierend zur Erinnerung geschlagen[1], während gleichzeitig französische Witzblätter sich in ihren Bildern über verhungernde deutsche Familien lustig machten.

Zurückschauend schrieb Wilhelm nur, daß über diese Zeit, die schon schrecklich genug war, der Lusitania-Fall seinen Schatten geworfen habe. Theoretisch konnte er die Tat kaum verurteilt haben, weil es der Gedanke des ganzen U-Bootkrieges war, daß Deutschland die Schiffe, die England vermöge seiner Herrschaft auf dem Wasser aufgebracht haben würde, unter Wasser versenken müsse. Als der Kanzler und andere Mitglieder der Regierung, beunruhigt über die entstandene Empörung, den U-Bootkrieg beschränken wollten, war Wilhelm mit seinen Marine-Beratern der Ansicht, daß die gewünschten Beschränkungen undurchführbar seien und daß es nur ein Entweder-Oder gebe — Nicht-Beschränkung oder Aufgabe des U-Bootkrieges. Als er bald darauf, auf Betreiben seines Kanzlers, trotzdem einen Befehl erließ, daß größere feindliche Passagierdampfer verschont werden sollten, reichten Tirpitz und sein Stabschef ihre Abschiedsgesuche ein, die jedoch abgelehnt wurden. In der zweiten Hälfte 1915 war der U-Bootkrieg so gut wie eingestellt. Später wurde die Frage wieder akut und im März 1917 wurde Tirpitz' Entlassungsgesuch genehmigt.

In der ganzen U-Bootfrage wurde der Kaiser von zwei Seiten angegriffen, auch war die Entscheidung keine leichte. Es war keine Frage leichtfertiger Grausamkeit, es handelte sich um Tod und Leben. Es war eine furchtbare Überlegung, sich sagen zu müssen, daß jedes verschonte Schiff dazu beitrug, das Schicksal hilfloser Menschen zu Hause zu besiegeln. Kein anständiger Mann wird

[1] Die Medaille war eine im feindlichen Ausland hergestellte Fälschung. D. Übers.

unter irgendwelchen Umständen Passagierschiffe versenken? Aber wird ein anständiger Mann seine eigene Zivilbevölkerung opfern? Wir erinnern uns, was für schreckliche Schimpfworte „pro-burisch" und „pro-deutsch" in unseren beiden letzten Kriegen waren. Zu Hause wurde Wilhelm häufig vorgeworfen, daß er „pro-englisch" sei. Daß er jenen bitteren Haß gegen seine Feinde, der in Kriegszeiten einzig Mode ist, nicht empfinden und aussprechen konnte, tat ihm wirklichen Schaden, und er wurde immer heftiger dafür getadelt, daß er den unbeschränkten U-Bootkrieg verhindere, in dem das Volk jetzt die Rettung sah[1]. „Wenn der Kaiser nur seinen Willen durchzusetzen vermöchte!" schrieb die englische Fürstin Blücher. „Er wird so furchtbar mißverstanden und falsch beurteilt. Seine Lage ist wirklich allzu schwierig, denn er steht immer im Verdacht pro-englischer Gesinnung." Die Fürstin meinte, daß eine Kriegführung, wie sie der Kaiser gewollt hätte, humaner gewesen wäre; es war aber nicht offenbar, daß in den Dingen, die im Ausland hauptsächlich verurteilt wurden, seine Handlungsweise grundsätzlich verschieden gewesen sein würde. Alles, was mit dem Kriege zusammenhing, war ihm gleich schrecklich; seine Entscheidung gegen Tirpitz war aber vermutlich durch politische Rücksichten auf die Neutralen diktiert.

Die Verstimmung seines Volkes beruhte auf einer Meinungsverschiedenheit über dem Begriff „Furchtbarkeit" — *terrorism* —, in England unbekümmert mit *frightfulness* übersetzt. Maßnahmen, die er für notwendig erachtete, legte er niemals Hindernisse in den Weg, auch machte er niemals seinerseits eine Geste, die ein schlechtes Licht auf deutsche Befehlshaber hätte werfen können; er glaubte aber — und jeder Versuch gab ihm recht —, daß Schädigungen ohne militärische Notwendigkeit den Kriegswillen nur entflammten, nicht dämpften.

Er widersetzte sich den Luftangriffen auf London, die das Land heftig forderte, und als er zustimmte „unter der Voraussetzung, daß nur Ziele von wirklicher militärischer Bedeutung mit Bomben belegt werden sollten... stellte er zur Bedingung, daß Örtlichkeiten wie Buckingham Palace, Westminster Abbey, die St. Pauls-Kathedrale und die Wohnviertel nicht mit Bomben belegt werden dürften, auch nicht zufällig"[2] — eine Bedingung, die

[1] Bethmann, Bd. II, S. 123—124.
[2] Lehmann and Mingos, S. 42.

auf nie ausgesprochene Ansichten über vorangegangene Zerstörungen schließen ließ. Es wurde auch gesagt, er habe gegen Versuche, auf König Georg und König Albert von Belgien Bomben abzuwerfen, sein Veto eingelegt. Wenn er auch keine öffentliche Erklärung erlassen wollte, die im Ausland ausgeschlachtet worden wäre, so drang er doch privat auf „*caritas inter armas*“[1], auch besuchte er persönlich gefangene Offiziere in den Lazaretten, nachdem er sich vorher hatte erkundigen lassen, ob sein Besuch willkommen sein würde[2]. Fürstin Blücher hatte festen Boden unter den Füßen, als sie schrieb: „Er ist schon längst gegen diese sehr scharfen Maßregeln und tut alles, wie mir scheint, um unnötige Grausamkeit zu verhindern. Es ist das jetzt ausgesprochen schwierig für ihn, und viele sagen, daß er tatsächlich seinen Thron in Gefahr bringt; denn Tirpitz hat Bülow auf seiner Seite, und sie sind beide starke Männer mit vielen Freunden.“

Ende 1915 wurde in Schönbrunn bemerkt, daß er, obwohl „lebhaft, aufgeräumt und guter Dinge“ — durch Willensanstrengung, wie manche glaubten — „auffällig gealtert“ sei.

Inzwischen war in der deutschen inneren Politik ein fast neues Motiv aufgekommen. Die preußische Wahlreform, die 1910 vergeblich versucht worden war, bildete noch immer einen Bestandteil des Regierungsprogramms; jetzt im Winter 1914/15 wurde ein neuer Plan ausgearbeitet. Er hatte die lebhafte Zustimmung des Kaisers, der die Gelegenheit ausgezeichnet fand, um in Anerkennung des Heldenmutes seines Volkes freiwillig und großherzig das zu geben, was sonst früher oder später unter Druck gegeben werden müßte[3]. Dieser Plan ging nicht so weit, das allgemeine Wahlrecht vorzusehen, gegen das ein auch von Wilhelm geteiltes Vorurteil bestand, hatte es doch zu einem ganz faulen Reichstag geführt. Bethmann war aber überzeugt, daß einzig das allgemeine Wahlrecht als annehmbar angesehen werden würde[4]; da es jedoch wegen der Opposition der Konservativen unerreichbar schien, erfüllte er nicht die Erwartung des Kaisers, daß er die Vorlage unverzüglich einbringen werde. Er wollte nur den Boden bereiten; im Januar 1916 endlich wurde infolge der Drohung der Fort-

[1] Max von Baden, S. 11.

[2] Reischach, S. 281.

[3] Wilhelm (a), S. 114.

[4] Bethmann, Bd. II, S. 168.

schrittsparteien, die Sache im Reichstag vorzubringen, in der Thronrede angekündigt, daß eine Reform in dieser Richtung beabsichtigt sei. Die übervorsichtige Behandlung der Angelegenheit, die für Bethmann charakteristisch war, hatte aber der Maßnahme schon den Charakter einer Geste der Krone genommen.

Das Jahr 1916 ging für Deutschland ziemlich gut vorüber, trotz des furchtbaren Blutvergießens, das mit dem Mißerfolg seines versuchten Durchbruches durch die französische Front bei Verdun verbunden war, und trotz der Hekatomben an der Somme. Rumänien trat den Alliierten bei, wurde aber fast völlig über den Haufen gerannt. Im August wurde Falkenhayn durch Hindenburg ersetzt. Es lag dem Kanzler sehr daran, daß Hindenburg Chef der Obersten Heeresleitung wurde, weil er das Vertrauen des Volkes genoß[1]; Hindenburg, der in den Dingen der Politik von Ludendorff, dem Chef seines Stabes, geleitet wurde, erhob aber von Anfang an den Anspruch, die bloß zivile Politik beiseite schieben zu können.

Deutschland hatte 1916 an beiden Fronten sorgenvolle Augenblicke gekannt und im November durch den Tod seines treuen Verbündeten Franz Joseph einen schweren Verlust erlitten. Die Lebensmittelknappheit ließ auch die Aussichten auf den Winter dunkel erscheinen; „es gab einfach nichts an Nahrungsmitteln zu kaufen außer Ersatz", schrieb Davis, der amerikanische Zahnarzt, und schon waren Brotunruhen vorgekommen. Immer noch aber konnte man Lebensmittel hinten herum kaufen, wenn man die hohen Preise bezahlen konnte, und immer noch gab es ein elegantes gesellschaftliches Leben mit dem Wahlspruch „Vergnügen wie immer". Der Kaiser war in das Schloß Bellevue gezogen, das mit weniger Leuten bewirtschaftet werden konnte, und bemühte sich, wenn er in Berlin war, die Zuversicht zu stärken. Selbst als Deutschlands Not am größten war, zeigte der Kaiser immer ein tapferes Gesicht, schrieb Davis. „Zu solchen Zeiten sah ich ihn, nachdem er mein Sprechzimmer verlassen hatte, auf der Straße stillstehen und sich vor den Hunderten, die draußen warteten, um ihn zu sehen, ostentativ eine Zigarette in den Mund stecken und anzünden, so daß jeder bemerken konnte, wie fest seine Hand war und wie wenig er sich über die Entwicklung der Dinge aufregte."

[1] Bethmann, Bd. II, S. 46.

Jedoch eine Entwicklung in irgendeiner Richtung war gerade das, was jetzt anfing unwahrscheinlich zu werden; die Fortsetzung des Krieges schien keine Aussicht auf einen entscheidenden Sieg einer der Parteien zu bieten, sondern nur ungeheure Verluste und gehäuftes Elend. Beide Seiten stellten jeden Gedanken an Eroberung und Annektierung in Abrede. „Deutschland sagt, es will Belgien nicht behalten", hatte Fürstin Blücher schon früher verwundert geschrieben. „England sagt, es will Frieden schließen, wenn Deutschland Belgien aufgeben will. Und doch wird kein Versuch gemacht, einen Waffenstillstand zu schließen oder Verhandlungen anzuknüpfen — wenigstens scheint es so." Der Kaiser, der glaubte, das einzige Friedenshindernis sei die mangelnde Bereitschaft aller Kriegführenden, das erste Wort zu sprechen, schrieb an Bethmann, daß er das lieber tun würde als zusehen, wie das Blutvergießen aus Stolz fortgesetzt werde; unmittelbar nach dem Zusammenbruch Rumäniens ließ die deutsche Regierung eine Zirkularnote ergehen, in der sie Verhandlungen vorschlug. Die Alliierten lehnten ab, teils mit der Begründung, daß sie vage sei, obgleich sie keine Neugier nach weiteren Einzelheiten an den Tag legten, und teils mit Äußerungen moralischer Empörung. Der Kaiser antwortete mit einem Manifest an die Truppen, indem er die Verantwortung für weiteres Blutvergießen dem Feinde aufbürdete.

Zufällig fast zur gleichen Zeit forderte Präsident Wilson beide Parteien auf, ihre Bedingungen und Ziele mitzuteilen, indem er bemerkte, daß sie, soviel man darüber gehört habe, beinahe die gleichen seien. Deutschland schlug in seiner Antwort direkte Besprechungen in einem neutralen Lande vor. Die Alliierten nannten Bedingungen, die Krieg bis zum Letzten bedeuteten und die Abtretung Elsaß-Lothringens und der früher polnischen Provinzen Preußens, die Aufteilung der Türkei und die Zerstückelung Österreichs forderten.

Dieser Friedensschritt der deutschen Regierung, der manchmal getadelt worden ist, war strategisch einwandfrei. Er klärte die Situation und trug dazu bei, die Einigkeit der öffentlichen Meinung zu Hause zu stärken, indem er uns für die Fortsetzung des Krieges verantwortlich machte. Daß aber der Ablehnung in Deutschland der Ruf nach drastischen Methoden folgte, kann nicht überraschen. Der Winter 1916 war der furchtbare deutsche „Kohlrübenwinter", es waren nicht einmal mehr Kartoffeln zu haben und die Kohlrübe, eine Stapelware, die überdies als Nahrung ungenügend war, wurde zum Ekel.

Anfang 1917 verlangten sowohl Armee wie Marine die Wiederaufnahme des unbeschränkten U-Bootkrieges; Hindenburg sagte, er könne ohne diesen nicht für die Westfront einstehen; die Marineleitung verbürgte sich für Frieden innerhalb von fünf Monaten, wenn er durchgeführt würde. Der Kanzler war dagegen, aber „es stand jetzt nicht mehr in seiner Macht oder in der des Kaisers, ihn zu verhindern. Die Entscheidung wurde von einer schwergeprüften Nation, die gegen die ganze Welt im Kampfe stand, willkommen geheißen"[1]. Der Reichstag tat sich mit der Armee zusammen, um die Zustimmung der Regierung zu erzwingen. Es wurde darauf hingewiesen, daß Krieg mit Amerika die Folge sein würde; wenn aber der Frieden wirklich innerhalb von fünf Monaten zu erreichen war, so würde Amerika zu spät auf dem Plan erscheinen. Bethmann fühlte sich nicht berechtigt, dem Kaiser zur Ablehnung zu raten: „Nicht zu siegen, trotz der Überzeugung siegen zu können, erträgt keine Nation[2]." Am 9. Januar 1917 wurde die geheime Zustimmung erteilt.

Am 27. Januar machte Präsident Wilson dem amerikanischen Senat Mitteilung von seiner Vorstellung vom Frieden, einem „Frieden ohne Sieg", in der Absicht, einen Versuch zu seiner Herbeiführung zu unternehmen. Der U-Bootkrieg, zu dem einundzwanzig U-Boote bereits ausgelaufen waren, zerstörte den Plan im Keime. Es machte nichts aus. Wir waren ebensowenig wie irgendwann vorher oder nachher bereit auf einen solchen Frieden einzugehen. Der U-Bootkrieg brachte Amerikas Beitritt, aber dessen Fernhaltung hätte Deutschland nicht gerettet; die amerikanische Neutralität würde für seine fortschreitende Aushungerung keinen Unterschied bedeutet haben. Das war der verhängnisvolle Faktor, und um diesen zu überwinden, gab es in der Tat keine andere Hoffnung als den U-Bootkrieg. Für ein paar Monate bereitete er uns große Sorgen, die Gefahr währte aber nicht über den April hinaus.

Bei Beginn des U-Bootkrieges erließ Deutschland eine Erklärung, in der es die Alliierten der Benutzung von Lazarettschiffen zum Munitionstransport anklagte und mitteilte, daß künftig eine

[1] Gooch, S. 615.
[2] Bethmann, Bd. II, S. 138—139.

bestimmte Route benutzt und die Abfahrt angezeigt werden müsse, wenn sie als immun angesehen werden sollten. Die Beschuldigung wurde in Abrede gestellt und die Maßnahme als eine neue Abscheulichkeit empört getadelt. Diese gegenseitigen Anklagen waren typisch für diesen so sehr moralischen Krieg. Die Bemühung, den Krieg legal und moralisch zu machen, führte nur zur Erschließung einer neuen Quelle der Erbitterung in Gestalt der „Kriegsverbrechen".

Die alten Kriegsverbrechen, die sadistischen Gewalttaten, die man als die Gewohnheit einer zügellosen Soldateska anzusehen pflegte, waren tatsächlich verhältnismäßig selten geworden. Manche der empörenden Erzählungen, die damals umliefen, waren wahrscheinlich zutreffend, aber die Anklage der Aufreizung zu solchen Taten, die gegen die Heeresleitungen häufig erhoben worden war, erlosch zusammen mit der Kriegsstimmung. Bei den wenigen Leipziger Prozessen nach dem Kriege, die nach Ansicht der britischen Delegation sachlich und ehrlich durchgeführt wurden, sind keine der phantastischen legendären Grausamkeiten auch nur erwähnt worden, und es wurde allmählich offenbar, daß niemand gezwungen war an Greuel in großem Umfang zu glauben, wenn er nicht wollte. Während des Krieges würde man von dieser Freiheit nicht Gebrauch gemacht haben: aufgefordert zwischen einem verstümmelten Kinde und einem unschuldigen Deutschen zu wählen, wählten wir — was am wenigsten peinlich war. Es sollte aber eine Zeit kommen, da die Menschen froh sein würden, an einen weniger erschreckenden Grad menschlicher Schuld, eine weniger entsetzliche Summe menschlichen Leidens zu glauben, und der Einfluß der früheren Meinungen sich als einigermaßen vergänglich herausstellen würde.

Es war der neue Typ des Kriegsverbrechens — es war die „illegale Kriegsmaßnahme", ein in der Regel bewiesenes Faktum, dessen Veranlassung und Rechtfertigung nicht anerkannt wurde, die amtlich dazu benutzt werden konnte, jede Regung von Großmut und Erbarmen zum Schweigen zu bringen. Die Deutschland zur Last gelegten Gesetzwidrigkeiten waren bei uns zu Lande jedem Kind bekannt; es würde viele Erwachsene überrascht haben, zu erfahren, daß die uns zur Last gelegten Gesetzwidrigkeiten, nüchtern zusammengestellt, dem deutschen Juristen Dr. Ernst Müller einen dicken, enggedruckten Band lieferten. Die Stärke der Sünde ist das Gesetz. Frühere Kriege, die sich durch unbeschreibliche

Greuel ausgezeichnet hatten, wurden jetzt so angesehen, als seien sie mit romantischer Ritterlichkeit geführt worden, weil man damals keine Untersuchung über das Erlaubte und Nichterlaubte angestellt hatte. Der jetzige Krieg strotzte von Kriegsverbrechen und wies keine großmütigen Gesten auf. Es schien ein Rückschritt, war aber in der Tat ein Fortschritt.

„Meine Herren von der Garde, feuern Sie zuerst!" rief irgendein ritterlicher Oberst der Marlboroughschen Kriege. Man möchte wohl wissen, was für eine Meinung seine Leute von diesem Narren gehabt haben. Es sprach für die Mächte, die unseren Krieg durchkämpften, daß keine von ihnen sich frivol genug in ihn hineinstürzte, um zu wagen, in diesem Sinne ritterlich zu sein. Die einzige Rechtfertigung des Krieges ist, daß er als verzweifelt empfunden und aufgefaßt wird; trieb etwas anderes in ihn hinein als Todesfurcht, kann, wer ihn führt, es sich leisten, auch nur eine Chance durch Mitleid zu verlieren, dann ist das mitleidlose Verbrechen, überhaupt Krieg zu führen, schlimmer als die schlimmsten Mittel des Krieges. Menschliches Blut ist kein Geld, mit dem wir irgend etwas bezahlen, das uns lockt. Für die Demokratisierung Europas zu kämpfen ist ein bolschewistisches Verbrechen. Für die Unabhängigkeit Polens zu kämpfen ist eine grobe Leichtfertigkeit. Wenn wir jemals Blut vergießen dürfen, dann einzig und allein um zu kämpfen, weil wir kämpfen oder untergehen müssen — wir oder jemand, der Ansprüche an uns hat. Wenn wir es wagen, auch nur einen harmlosen Bauern zu verschonen, dessen tatenlose Gestalt unseren Weg versperrt, dann haben wir kein Recht Soldaten zu töten, die noch gestern Bauern waren.

Jedes den Krieg rechtfertigende Argument rechtfertigt auch jede wirksame Kriegsmaßnahme. Die Soldaten wissen das sehr wohl und posieren deshalb nicht in ihrer Berufsarbeit. Jede neue totbringende Waffe ist ihnen recht und sie lächeln über den Gedanken, daß sie verboten sein könne: „Sobald der Krieg archaisch gemacht werden kann", schreibt ein Soldat in der „Army Quarterly"[1], „wird nichts von ihm zu fürchten sein"; während ein anderer Soldat darauf hingewiesen hat, daß man nichts Überzeugendes für die Verschonung irgendeiner Bevölkerungsschicht vorbringen könne, deren Terrorisierung die Widerstandskraft des Feindes zu schwächen geeignet ist.

[1] Januar 1927.

Der Krieg von 1914 ist von Gewissen gekämpft worden, die sich in einem Übergangsstadium befanden; nicht mehr befriedigt von der groben Kriegstheorie der Vergangenheit, dem *laisser-faire,* unternahmen sie den Versuch, die Ableugnung der Moral moralisch, die Gesetzlosigkeit gesetzlich zu machen: ein Unternehmen, das von vornherein zum Zusammenbruch verurteilt war. Der Krieg blieb das, was er stets gewesen war; Moral und Recht hatten aber darunter, daß sie an seinen Wagen gespannt worden waren, so gelitten, daß sie einzusehen begannen, daß der Krieg abgeschafft werden müsse, wenn sie nicht selber abgeschafft werden sollten.

22. Kapitel

Bergab: 1917—1918

Ende 1916 hatte Deutschlands Kriegsglück seinen Höhepunkt überschritten.

Amerikas Eintritt in den Krieg wurde in gewissem Maße durch den Zusammenbruch Rußlands ausgeglichen. Im März 1917 fegte die Revolution die Dynastie der Romanows hinweg. Der Kaiser hoffte eine Zeitlang, daß sein gestürzter Feind bei ihm eine Zuflucht finden könnte[1], aber die Ermordung des Zaren machte dieser Hoffnung ein Ende[2]. Die neue Republik stand dem Kriege, was begreiflich war, mit lauwarmen Gefühlen gegenüber und erlitt im Juni eine schwere Niederlage. Jedoch in Mesopotamien und Palästina stand die Sache der Alliierten gut und im Westen versuchte Deutschland keine größere Unternehmung, sondern zog sich auf die kürzere Hindenburg-Linie zurück, obwohl britische Angriffe — Arras, Vimy-Rücken, Passchendaale, Cambrai — uns nicht viel vorwärts brachten und eine große französische Offensive — Chemin des Dames — ein blutiger Fehlschlag war. Zwei Risse wurden aber in Deutschlands Stärke erkennbar, einer in der Heimat und einer, der es von seinem Verbündeten trennte.

Der neue Kaiser Karl war von Anfang an ein Defaitist. Als er unmittelbar nach dem abgelehnten Friedensangebot ein neues anregte, hatte Wilhelm ihm geantwortet, er könne wohl um Frieden beten, aber nicht darum betteln. Karl schrieb, daß er eine Revolution befürchte; wenn die Monarchen nicht in den nächsten Mo-

[1] Czernin, S. 91.

[2] Auf eine vom dänischen Hof ausgegangene Anregung hin ließ der Kaiser Kerenski mitteilen, er mache ihn für die Sicherheit der Zarenfamilie persönlich verantwortlich. Später erklärte er sich bereit ihr freies Geleit oder im Falle der Seereise eine Eskorte von Torpedobooten zu gewähren. Die Regierung Lloyd Georges verweigerte aber ein Asyl in England. (Vgl. Jagow, Die Schuld am Zarenmord, Berliner Monatshefte, Mai 1935, und Waters, Potsdam and Doorn, London 1935.) D. Übers.

naten Frieden machten, würden ihre Völker es über ihren Kopf hinweg tun. Wilhelm bemerkte, daß ein schlechter Frieden für die Dynastien ebenso gefährlich sein würde und daß noch alles gut werden könne. Immerhin erhob Deutschland keine Einwendungen gegen Österreichs private Verhandlungsversuche, die ergebnislos blieben. In der Heimat drang aber Bayern auf Frieden, und in der Friedens- und Wahlreformfrage ertrank der letzte Widerhall des einst so eifrig aufgenommenen Sammelrufes des Kaisers: „Ich kenne keine Parteien mehr, ich kenne nur noch Deutsche."

Wie andere Länder so war auch Deutschland in zwei Lager gespalten, das derer, die Eroberungen forderten, und das derer, die zu einem Verständigungsfrieden bereit waren: Annektionisten und Verständigungsfreunde. In Deutschland wie in anderen Ländern bekamen bei Rückschlägen die Anhänger des Verständigungsfriedens Oberwasser.

Die zu bedingungsloser Versöhnung bereiten Leute allerwärts — liebenswürdig, gewissenhaft, inmitten aller Kriegsleidenschaften eine Friedensmentalität bewahrend — sind zweifellos in mancher Hinsicht das Salz der Erde. Gerade deshalb sollte jeder, der einen Krieg gewinnen will, sie chloroformieren.

Die deutsche Friedenspartei war überzeugt, daß „die britische Heimatfront" durch eine „moralische Offensive" erschüttert werden könnte, das heißt, durch die Ankündigung harmloser Kriegsziele, die den britischen Versöhnungsfreunden Ellbogenraum verschaffen würde. Diese professorale Vorstellung setzte sich über die sichtbaren Tatsachen hinweg. Was hatte der deutschen Friedenspartei Oberwasser gegeben? — Rückschläge im Felde. Was rief zeitweise eine gewisse Milderung unserer eigenen Forderungen hervor? — Rückschläge im Felde. Was brachte Amerika in den Krieg? — Angriffe im Felde (der Marine). Was brach schließlich die deutsche Heimatfront? — Einkreisung im Felde, die Aushungerung zur Folge hatte. Kurz, wo wurde der Krieg, wenn er einmal begonnen war, gewonnen oder verloren? — Im Felde.

Was wird daher der Feind als Ursache jeder Herabstimmung des kriegerischen Tones betrachten? — Eine durch das Bewußtsein der Schwäche im Felde unterhöhlte Moral.

Das Programm eines Verständigungsfriedens kann, wie wir wissen, zur Demoralisierung des Feindes verwendet werden, aber nur als Beihilfe zu Erfolgen im Felde.

Das einzige, wozu die Sprache im Kriege nutze ist, ist der Bluff:

zur Erhöhung der Wirkung von Erfolgen, zur Verminderung der Wirkung von Rückschlägen im Felde. Nicht nur, daß eine gemäßigte, vernünftige oder christliche Sprache die Kriegsleidenschaften sinken läßt und zu Hause und im Ausland den Glauben erweckt, daß die einer verhängnisvollen militärischen Schwäche bewußte Regierung eine andere nicht mehr zu führen wagt, sie kündigt auch immer einen Stimmungswechsel an, weil eine gemäßigte Sprache niemals am Anfang eines Krieges geführt werden kann, wenn jedes kämpfende Land von Wünschen brodelt, die auf die Annektierung der halben Welt gerichtet sind.

Die Regierung war durchaus bereit, sich die Ansichten ihrer gemäßigsten Anhänger zu eigen zu machen, wenn sie an den Konferenztisch trat, wollte sie aber, eingedenk dieser Überlegungen, nicht laut verkünden. Die Regierung hatte vollkommen recht: nur daß sie sich vor der Mücke gerade dieser Ankündigung scheute und das in hohem Grade verderbliche Kamel der Verkündung eines Programms geschluckt hatte, das praktisch schon ein reiner Friede war. Nach dem Eindruck zu urteilen, der im Ausland hervorgerufen wurde, waren die Minister auf völlig falschem Wege, als sie in einer Rede nach der anderen Deutschlands harmlose Absichten verkündeten; vom Standpunkte der inneren Politik waren sie dazu gezwungen. Die Linksparteien erklärten, daß sie sich auf kein anderes Programm einlassen würden. Der Hunger hatte die Moral gebrochen und die Entmutigung äußerte sich, wie immer, in einer Friedensbewegung.

Bethmann war schon lange von der Rechten und von der Armee vorgeworfen worden, daß er durch schwachmütiges Friedensgerede das Land demoralisiere und dem Feind ermutige, während die Linke und das Proletariat ihm vorwarfen, daß er die Friedenshoffnungen vernichte, indem er nicht offen Deutschlands Bereitschaft zu einem Frieden ohne Eroberungen und Entschädigungen erkläre. Besonders die Oberste Heeresleitung war sein bitterer Feind und nur die Anstrengungen des Kaisers hielten sie ihm vom Leibe. Die Fortschrittsparteien waren wegen der preußischen Wahlreform ebenfalls seine Feinde. Der Kanzler war so weit gegangen, einen Ausschuß dafür zu ernennen; inzwischen war aber von Wilhelms Gedanken, dem Volke entgegenzukommen, so wenig übrig geblieben, daß ihm der Vorwurf gemacht wurde, die Maßnahme hinzuhalten. Bethmann hielt es daher für angezeigt, etwas zu sagen, und da er den Kaiser, mit „seinem offenen Sinn“ für die Bedürfnisse des Volkes, durchaus bereit fand, kündigte ein Erlaß vom 7. April 1917, die sogenannte Osterbotschaft, die Abschaffung der Klassenwahl zugunsten der direkten und geheimen Wahl und eine Reform des Herrenhauses an.

Jedoch die liberalen Parteien dachten auch jetzt, beinahe im Rachen des Feindes, nur daran, ihre eigenen Schäfchen ins Trokkene zu bringen. Bei der ersten Sitzung des Ausschusses beantworteten sie das Entgegenkommen der Krone mit der Forderung der Verantwortlichkeit der Minister vor dem Parlament und der Gegenzeichnung der Offizierspatente durch den Kriegsminister — besonders das letztere eine ganz überflüssige Provokation. Wilhelm war erzürnt, sowohl über die Forderung wie über die hinhaltende Behandlung derselben durch Bethmann. Indessen erhielt Bethmann im Juni seine Zustimmung zur Aufnahme von Reichstagsmitgliedern in die Regierung.

Am 6. Juli hielt Erzberger vom Zentrum eine Aufsehen erregende Rede, in der er den Mißerfolg des U-Bootkrieges verkündete und eine Resolution beantragte, daß der Reichstag jede Eroberungsabsicht in Abrede stelle, wodurch diese Körperschaft sich mit Überlegung die Führung anmaßte. Fast zur selben Zeit hielt der Kaiser auf Bethmanns Bitte einen Kronrat ab, der sich nach vierstündiger Beratung mit geringer Mehrheit für das allgemeine Wahlrecht in Preußen entschied. Der Kaiser bemerkte, daß er den Thronerben darüber hören müsse; am 11. Juli rief er Bethmann an, um ihm zu sagen, daß sie beide zustimmten, und am selben Abend befahl eine Kabinettsorder dem Staatsministerium, ein Gesetz auszuarbeiten — die Juli-Botschaft.

Jetzt, wo es zu spät war, konnte Bethmann sich beeilen, aber seine Feinde schlossen schon den Ring um ihn. Hindenburg-Ludendorff, wütend über die Situation im Reichstag, reichten lieber ihre Abschiedsgesuche ein, als daß sie mit Bethmann arbeiten wollten. Der Kaiser, der Bethmanns Grundsätzen zugestimmt hatte und selber in der Kriegszeit grundsätzlich jeden Bruch zwischen Mitarbeitern haßte, hatte ihn lange und beharrlich gestützt; da aber die Entlassung des Feldmarschalls unter jedem Gesichtspunkt unmöglich war, sah er sich jetzt genötigt, das Abschiedsgesuch des Kanzlers zu genehmigen.

Er hatte mit seinem Widerstreben recht gehabt. Mit Bethmann verschwanden die letzten Spuren der Einigkeit, weil — der erfolgreiche Erpressungsversuch der Generale die Stellung des Kaisers schwächte. Die Parteien hatten sich bereits die Not des Landes zunutze gemacht, um ihre Privatkriege zu führen; die Generale übertrumpften sie noch. Entlasse deinen Kanzler oder wir schneiden dem Lande den Hals ab. Die Zwietracht hatte triumphiert. Einigkeit war die einzige Hoffnung für das Land, und die doppelt verkörperte Einigkeit war doppelt besiegt worden, in der Krone, dem Symbol der Einigkeit, und in dem Manne, auf dessen Herz man „Einigkeit" geschrieben gefunden hätte, wäre er tot hingesunken.

Schon lange waren Intrigen für die Wiederberufung Bülows gesponnen worden, aber wenn deutsche Reichskanzler fielen, so fielen sie wie Luzifer auf ewig. Sie fielen nicht herein und heraus, wie englische Premiers; waren sie von der Art, wie die Krone sie für nötig hielt um das Land zu retten, so gingen sie nicht und kehrten deshalb nicht zurück. Auf was für Leistungen konnte Bülow hinweisen? Der neue Kanzler Michaelis, ein preußischer Beamter, nahm die Erzbergersche Resolution an; trotzdem wurde er als der Mann der Rechten angesehen und nach drei Monaten von der Linken gestürzt. Er wurde durch Graf Hertling, den bayrischen Ministerpräsidenten und früheren Zentrums-Reichstagsabgeordneten, ersetzt: fünfundsiebzig, königstreu, ein Gegner des Parlamentarismus. Seine Stellung litt von Anfang an unter dem Umstande, daß die Friedenspartei jetzt ihren eigenen Kanzler in Bereitschaft hatte, Prinz Max, den badischen Thronfolger. Dieser vortreffliche Prinz und die Leute um ihn waren sich durchaus bewußt, daß jeder Friedensfühler, jede Versöhnungsdemonstration dem Feinde die Empfindung gab, daß nur Entmutigung einen solchen Annäherungsversuch erklären könne[1], sie bildeten sich aber ein, er könnte in einem „großen moralischen Programm" irgendwie versteckt werden, das von Männern zu vertreten sein würde, die schon immer als gemäßigt bekannt gewesen waren.

Die Regierung selbst ging in dieser Richtung so weit wie es möglich war. Dem Papste, der am 1. August ein „Frieden-ohne-Sieg"-Manifest verkündete, wurde mitgeteilt, daß sogar Elsaß-Lothringen für gewisse „Berichtigungen" in Frage käme, und als bei einem Kronrat die Oberste Heeresleitung „Garantien" für eine künftige belgische Neutralität in Gestalt des flandrischen Küsten-

[1] Max von Baden, S. 201, Anm. 2.

streifens wünschte, verwarf Wilhelm den Gedanken[1]. Wenn auch diese Erörterungen vertraulich waren, so ließen doch verschiedene Fühler, die von Deutschland im Laufe des Jahres 1917 ausgestreckt wurden, ganz deutlich erkennen, daß es nichts als seine eigene territoriale Unversehrtheit verlangte. Im Herbst äußerte jedoch Mr. Asquith, daß die Abtretung Elsaß-Lothringens ebenso notwendig sei wie die Wiederherstellung Belgiens. Kühlmann rief aus, der Streit, um dessentwillen Europa allmählich in einen Schutthaufen verwandelt würde, sei die Zukunft Elsaß-Lothringens, aber das abtreten? Niemals! In England schrieb Lord Lansdowne an den „Daily Telegraph", daß der Krieg schon zu lange gedauert habe.

Inzwischen waren die Zustände in Deutschland furchtbar geworden, besonders in den Städten. Dort waren die Hunde bereits verschwunden; die Pferde wurden immer weniger. Krähen waren das „frische Fleisch" in den Fleischerläden. Davis war froh, ein Stück von einem Elefanten zu bekommen, der im Zoologischen Garten eingegangen war; er hörte mit Unbehagen, daß in einer weit entfernten Stadt, aus der er etwas Fleisch bekommen hatte, Leute tot auf der Straße umgefallen waren. Es ging das Gerücht, daß der Seifenersatz mit Fett hergestellt werde, das aus Leichen gewonnen sei, doch wurde er trotzdem benutzt. Die alten Kleider der Leute — neue waren fast unmöglich zu bekommen und wurden oft aus Papierstoff angefertigt, der sich im Wasser auflöste — hingen lose um die abgemagerten Gestalten. „Wie lange die jungen Menschen noch leben können", schrieb Davis, „.... wage ich nicht zu prophezeien, aber ich weiß, daß vor meiner Abreise [im Januar 1918] die älteren Leute rasch dahinstarben, und die Zukunft der Rasse muß durch die knappe Nahrung, die die Kinder erhalten, ernstlich gefährdet sein." Jene glücklichen Menschen, deren Pflichten sie nach dem besetzten Rumänien und ähnlichen Gegenden führten, waren bei der Rückkehr entsetzt über das „nackte Elend" zu Hause: „Mißgestaltete Säuglinge mit Köpfen, die zu groß für ihre Körper waren, sechzehnjährige Kinder mit müden Augen, die aussahen, als seien sie zwölf[2]." Es herrschten Epidemien. In den Krankenhäusern starben die Patienten infolge des Mangels an Medikamenten, Desinfektionsmitteln, Seife, Watte

[1] Hertling, S. 127.
[2] Hermine, S. 127.

und anderen notwendigen Dingen in solcher Anzahl, daß im Volke, das in seiner Verzweiflung alles glaubte, das Gerücht von einer amtlich angeordneten Beseitigung dieser nutzlosen Kranken umlief. Die Nachrichten von deutschen Siegen ließen die Leute nur Verdacht schöpfen, die Regierung halte Vorräte zurück, die in ihre Hände gefallen sein mußten.

Die Truppen waren noch verhältnismäßig gut ernährt, wenn sie auch bei jedem Vormarsch mit Rabenhunger über die in feindlichen Gräben gefundenen Nahrungsmittel herfielen. Für Geld gab es noch eine Anzahl nicht rationierter Dinge zu kaufen. Es scheint, daß Generale, hohe Beamte und andere Würdenträger etwas besser versorgt wurden[1], denn der junge Hertling, Sohn und Adjutant des Kanzlers, notierte, nachdem er im Schlosse gespeist hatte, mit Betrübnis, anscheinend als eine ungewöhnliche Erfahrung, daß er „hungrig" nach Hause gekommen sei, da ihm nicht klar geworden war, daß die dünne Brühe und der Klippfisch das ganze Essen vorstellten. Wichtige verbündete Besucher wurden noch gut bewirtet, damit sie keinen zu schlechten Eindruck mitnehmen sollten, und zwar aus Vorräten, die besonders für diesen Zweck zurückgestellt waren. Die kaiserliche Familie und andere Fürstlichkeiten, so bestrebt sie auch waren sich einzuschränken, waren natürlich nicht in Gefahr zu verhungern; dies erregte einigen Unwillen, konnte aber nicht anders sein. Es war die Unmöglichkeit, nicht der freie Wille, was die anderen zu den Entbehrungen zwang; die, denen alle Hilfsquellen offen standen, konnten nicht mehr tun, als daß sie sich auf sehr schmale Rationen setzten.

Man war auch etwas verärgert, daß keiner der Söhne des Kaisers gefallen war; auch das war aber nicht ganz ihre Schuld oder die seine. Der Kronprinz konnte nur ein hohes Kommando bekommen. Eitel Friedrich teilte als Gardeoberst alle Gefahren und Strapazen mit seinen Leuten. Adalbert war auf der untätigen Flotte. August Wilhelm war an der Front, bis er außerdienstlich bei einem Automobil-Unfall verletzt wurde. Oskar führte mit Auszeichnung zu Beginn des Krieges ein Infanterie-Regiment, später eine Infanterie-Brigade; er wurde verwundet. Joachim war bei der Kavallerie und wurde ebenfalls verwundet.

Im November 1917 kamen die Bolschewisten in Rußland zur Herrschaft und es begannen Friedensverhandlungen in Brest-

[1] Dies ist nicht zutreffend. D. Übers.

Litowsk. Kühlmann, der Staatssekretär des Äußeren, hatte bei seinen Bemühungen um ein vernünftiges Abkommen den bitteren Widerstand der Obersten Heeresleitung gegen sich, obwohl er von Wilhelm in einer Weise unterstützt wurde, die ihm die Bemerkung entlockte, der Kaiser sei der einzige verständige Mensch in Deutschland[1]; als aber entdeckt wurde, daß die Petrograder Regierung inzwischen die deutsche Armee zum Aufstand aufhetzte, änderte sogar Wilhelm seinen Ton und nicht nur Russisch-Polen, Litauen und Kurland, die schon vorher gefordert worden waren, sondern auch Livland und Estland wurden gesichert, doch wurde das Recht der Selbstbestimmung nach dem Kriege für sie alle anerkannt. Auch Rumänien sah sich genötigt, Frieden zu schließen und trat etwas Land an Bulgarien und Österreich ab. Dies aber, so sagten wir empört, war eine sehr ungehörige, drückende und keineswegs nachahmenswerte Sorte Frieden.

Infolge dieser Erfolge im Felde hielt Mr. Lloyd George im Januar 1918, ungefähr zu der Zeit, als Präsident Wilson seine berühmten Vierzehn Punkte als gerechte Lösung verkündete, eine Rede, in der er sehr viel weniger scharfe Friedensbedingungen als bisher andeutete, immerhin aber Bedingungen, die die Niederlage und Bestrafung der Mittelmächte in sich schlossen — und Deutschland wenigstens betrachtete sich noch nicht als geschlagen.

Am 21. März 1918 ließ Deutschland die größte Offensive des Krieges vom Stapel und trug sie fast bis Amiens vor. Dieser Schlag führte zur Vereinheitlichung der Oberkommandos der Alliierten, die in der Hand von Foch vereinigt wurden. Am 9. April war die zweite Etappe der deutschen Offensive, die eine vierfache sein sollte, gegen unseren linken Flügel gerichtet, doch war sie nur teilweise erfolgreich. Am 27. Mai wurde die französische Front angegriffen und in drei Tagen dreißig (englische) Meilen tief eingedrückt, so daß die Geschosse der dicken Berta Paris erreichten; die Verluste der schlecht ernährten deutschen Truppen waren jedoch furchtbar. Gleichzeitig unternahm Österreich an der Piave einen Angriff, der, durch Überschwemmungen behindert, sich als ein kostspieliger Fehlschlag erwies. Das letzte Stadium der Offensive begann am 15. Juli. Sowohl Ludendorff als Foch glaubten, daß, im Falle dieser Angriff erfolgreich war, Deutschland den Krieg gewonnen hatte.

[1] Czernin, S. 312.

23. Kapitel

Das Ende: 1918

Während dieser ganzen Zeit war es dem Kaiser zugefallen, sich im wesentlichen, soweit die militärischen Operationen in Betracht kamen, auf eine Zuschauerrolle zu beschränken. Er hatte ein gerechtfertigtes Vertrauen in Hindenburg und Ludendorff; vermutlich bildeten sie eine so gute Kombination wie sie aufzutreiben war. Niemals hatte er jedoch sein Recht, befragt zu werden und Entscheidungen zu treffen, auch nur stillschweigend aufgegeben. Anfang August 1918 wurde ein Major Niemann dem Kaiserlichen Hauptquartier als eine Art Verbindungsoffizier zwischen diesem und der Obersten Heeresleitung attachiert — anscheinend infolge eines Verdachtes auf seiten der letzteren, daß der Kaiser nicht immer mit ihren Augen sah. „Und vergessen Sie nie", mahnte Hindenburg den Major nach seiner Ernennung, „daß der Kaiser ein wahrhaft edler Mensch ist!" Was würde geschehen, wenn er diese merkwürdige Warnung vergaß? Offenbar hätte er etwa durch zynische Vorschläge oder häßliche Enthüllungen bei Seiner Majestät Anstoß erregen können. Auf Grund seiner eigenen Beobachtungen kam Niemann zu der Ansicht, daß das Einhorn einen lebenslangen Kampf führte, um die wohlwollende Güte seines Charakters zu verbergen. Nahe an sechzig und in solcher Stunde wurde Wilhelm nicht mehr so leicht mißverstanden wie früher. Ein sozialistischer Kritiker des Prinzen Max gab zu jener Zeit die beste Charakteristik des Kaisers als „Kollege" — er sprach von seinem starken und leidenschaftlichen Willen, oft stehe er im Banne einer dämonischen Ungeduld, aber er sei für jeden ehrlichen Rat empfänglich und habe eine erstaunliche Selbstbeherrschung. Der hochgespannte und schwergeprüfte Geist, den er so fest in der Hand hatte, rächte sich am Körper; die Krisen des Krieges waren durch heftige Anfälle von Neuralgie und Ischias bezeichnet.

Es war Major Niemanns Aufgabe, den Kaiser auf dem laufenden zu halten und dabei den Standpunkt der Generale zu vertreten. Das war keine Kleinigkeit, wenn auch anregend; denn der Kaiser las ebenfalls die Zeitungen und hatte noch andere Nachrichtenquellen, ein Auge, dem nichts entging, und ein Gedächtnis, das ihn nie im Stich ließ, aber auch eine unheimliche Schnelligkeit im Erfassen einer neuen Situation und eine erstaunliche Fähigkeit, sich einen Vers aus den Dingen zu machen. Der Major entdeckte aber nicht nur diese Eigenschaften der Maschine. „Ich habe", schrieb er, „hier seine wahrhaft großen menschlichen Eigenschaften kennengelernt, seinen Edelmut und Idealismus, den hohen Flug seiner überragenden Gedankenbegabung; habe begreifen gelernt, wieviel auf den Monarchen einstürmte, welche Berge geistiger Arbeit er bewältigen mußte, um dem Laufe des gesamtstaatlichen Lebens zu folgen, entschluß- und entscheidungsfähig zu sein, wie unsagbar schwer die Verantwortung für das Wohl und Wehe eines Siebzig-Millionen-Volkes auf seiner Seele lastete."

„Sicherlich beurteilte der Kaiser die Lage klarer als wir alle", schrieb er wieder. „Aber gerade darum mußte er die Siegeszuversicht zur Schau tragen, die von seinem Volke zu verlangen für ihn eisernes Gebot war." Nur in Deutschland konnte der Versuch mißverstanden werden, die Mahlzeiten und andere Pausen zur Erholung von den Gedanken zu machen. Manchmal war die Anstrengung zu groß und die Unterhaltung versank in lastendem Schweigen; manchmal aber fing der Kaiser an, über Kunst oder Wissenschaft oder Technik zu sprechen, und „dann verrannen die langen Stunden wie im Fluge" und wurden eine wirkliche Erfrischung. An anderen Tagen rebellierte Wilhelm gegen das drükkende Gewicht der Gegenwart und entwarf ein Bild des goldenen Zeitalters, das hinter einem gerechten und ehrenvollen Frieden winkte, ein blendendes Spiel der Phantasie, das „immer wieder die Schimmer einer echten Genialität durchsprühen, eine neue Welt, an deren Werden er jetzt ehrlich glaubte" — und das Gefolge zuckte die Achseln und sagte beiseite, Seine Majestät sei ja wieder einmal recht gut im Zug[1]. In diesen ersten Tagen des August 1918 war er nicht nur wegen des großen Angriffs beunruhigt, sondern richtete auch „besorgte Blicke auf die Wetterecke zwischen Albert und Montdidier, enthielt sich aber jedes befehlsmäßigen Eingriffs in die Gestaltung der Operationen", wenn auch

[1] Rosner, S. 86.

Niemann seine Meinungen als Anregungen den Generalen übermittelte[1].

Am 8. August, der in Deutschland *dies ater* genannt wird, brach der Feind gerade an jener Stelle durch. Wilhelm hörte Niemanns Meldung von dem Unglück mit dem berechtigten Ausruf, er habe es kommen sehen, aber während der beiden nächsten furchtbaren Tage der Ungewißheit zeigte er „eine wunderbare Gefaßtheit und Ruhe“. Er fuhr nach Avesnes, wo Ludendorff das, was geschehen war, als eine „schwere Niederlage“ bezeichnete. Der General fügte hinzu, „besonders besorgniserregend sei, daß der kriegerische Geist bei einem Teil der Divisionen zu wünschen übrig lasse“, einer angreifenden Division seien von Truppen die Worte „Streikbrecher“ und „Kriegsverlängerer“ zugerufen worden. Wilhelm meinte, es sei zuviel von ihnen verlangt worden, was Ludendorff in Abrede stellte. Hindenburg las dann eine telegraphische Meldung des dem österreichischen Hauptquartier attachierten deutschen Generals vor, daß Österreich am Ende seiner Kräfte sei. Darauf sagte der Kaiser mit äußerlicher Ruhe: „Ich sehe ein, wir müssen die Bilanz ziehen. Wir sind an der Grenze unserer Leistungsfähigkeit. Der Krieg muß beendet werden.“

Niemand widersprach. Er sagte dann mit fester Stimme, daß er erwarte, sie in den nächsten Tagen in Spa zu sehen, reichte ihnen die Hand mit einem Ausdruck im Gesicht, der sie seines unerschütterten Vertrauens versicherte, und ging[2].

Am 13. und 14. August fanden in Spa Beratungen zwischen den Zivil- und Militärbehörden statt — unter denen chronische Feindschaft bestand — und es wurde beschlossen, die Königin von Holland um ihre Friedensvermittlung zu bitten. Die Oberste Heeresleitung wollte nicht gern etwas unternommen sehen, ehe der Feind aufgehalten war[3], und die Königin wurde nur gefragt, und nicht vergeblich, ob sie den Zusammentritt einer Friedenskonferenz im Haag gestatten würde. Österreich verhielt sich vage und schwierig und war in der Tat der Ansicht, es könne in einem Separatfrieden bessere Bedingungen herausschlagen. Am 21. ging der Kaiser nach Wilhelmshöhe, um dort das Aufhalten des Feindes abzuwarten und mit der Kaiserin zusammen zu sein, denn

[1] Niemann (a), S. 39.
[2] Ebenda, S. 43, 45.
[3] Wilhelm (a), S. 233.

sehr ernste Befürchtungen um deren Gesundheit kamen noch zu seinen anderen Sorgen. Sie hatte einen schweren Herzanfall gehabt, und wenn sie sich auch langsam wieder erholte, so wurde doch ihre Genesung durch Kummer und Sorge unmöglich gemacht. Auf einem Spazierritt suchten der Kaiser und seine Begleiter einmal nach weißem Heidekraut, um es ihr mitzubringen, und Niemann fand nicht allein das, sondern auch ein vierblättriges Kleeblatt. Sie haben der armen Fürstin kein Glück gebracht, aber vielleicht einen Schimmer von Freude. Ein anderes Mal fuhr der Kaiser nach Nauheim, um dort mit Ferdinand von Bulgarien zusammenzutreffen, der dringend um Hilfe für die Balkanfront bat, die aber im Augenblick ganz ausgeschlossen war.

Am 2. September wurde ein Rückschlag gemeldet, der einen umfassenden Rückzug auf eine kürzere Linie nötig machte. Die Nachricht warf den Kaiser mit Neuralgie nieder; wie gewöhnlich war jeder ganz überflüssig über seinen Nervenzustand beunruhigt. Er war kaum wieder auf den Beinen, als am 5. Ballin kam, um ihm einen Besuch zu machen. Der Bericht des großen Reeders über dies Zusammentreffen war ein bezeichnendes Beispiel für das, was auch von solchen, die ihn ganz gut „kannten", über Wilhelm geschrieben wurde. Der „arme Monarch", schrieb Ballin, sei wie gewöhnlich ganz schlecht informiert, er habe keine Ahnung von der Schwere des Unglücks; es solle ein Rückzug auf die Hindenburgstellung stattfinden, das sei alles, und die feindliche Offensive habe nichts erreicht, außer, daß einige Hunderttausend wertvolle Menschenleben vernichtet seien. Wilhelm hatte zu Ballin über die tatsächlich vorhandenen Vorteile der verkürzten Linie gesprochen.

Am 9. September kehrte der Kaiser nach Spa zurück — wobei er unterwegs den Arbeitern in Essen eine Ansprache hielt, die kein großer Erfolg war: die Dinge waren schon zu weit gediehen — und es wurden sofortige Friedensschritte durch die Königin von Holland beschlossen, aber durch ein separates österreichisches Angebot vom 15. September (das abgelehnt wurde) vereitelt. Während Wilhelm die Truppen an der Front besuchte — eine verhältnismäßig aufmunternde Beschäftigung —, brach der Widerstand der Türkei und Bulgariens zusammen; während er Kiel besuchte, wo die Bevölkerung ihn trotz strömenden Regens begeistert begrüßte, wenn es auch finstere Gesichter unter den Werftarbeitern gab, traf die Nachricht ein, daß Bulgarien einen Waffenstillstand unterzeichnet habe. Er eilte nach Spa, wo am 29. September die Oberste Heeresleitung, von plötzlicher Panik ergriffen, ganz unvermittelt einen sofortigen Waffenstillstand verlangte und in den Ruf nach Parlamentarismus einstimmte.

Der Kanzler hatte einen schweren Stand im Reichstag gehabt; diese unnatürliche Bundesgenossenschaft gab ihm den Rest. Er war mit dem Kaiser vorzüglich ausgekommen, denn er hatte „bei ihm nicht nur ein bereitwilliges, sondern auch ein verständnisvolles Ohr gefunden“[1]. Der Sohn Hertling, der seinen Vater bei dem Abschiedsbesuch begleitete, fand Wilhelm sehr gealtert — „man sah ihm an, was er in den vergangenen Tagen durchgemacht hatte“ — und wegen eines Anfalles von Ischias am Stocke gehend. Der Kaiser beriet mit den älteren Grafen Hertling über den neuen Kanzler, als Ludendorff unangemeldet das Zimmer betrat und sofort im Tone größter Erregung fragte: „Ist die neue Regierung jetzt noch nicht gebildet?“ — worauf der Kaiser ziemlich barsch erwiderte: „Ich kann doch nicht zaubern.“ Er fuhr nach Potsdam und am 3. Oktober übernahm Max von Baden das Amt; am gleichen Abend richtete er auf dringendes und heftiges Verlangen der Obersten Heeresleitung ein Ersuchen um Waffenstillstand an Präsident Wilson.

Die neue Regierung — zwischen dem Teufel von Feind und dem Abgrund der Revolution bebend, den Militärs bis ins Innerste feindlich gesinnt und abgeneigt, irgend etwas mit dem Kaiser zu tun zu haben — schloß Vertreter des Reichstages in sich ein, einige davon ohne Portefeuille. Es war nun zuletzt die Revolution von Oben.

Die Memoiren des Kaisers erwähnen diese Erscheinung kaum. Die erstaunliche Pedanterie und Parteiverranntheit, die Deutschland am äußersten Rande des Abgrundes mit einem Streit über Verfassungsfragen peinigte, war ihm unbegreiflich. Jede Regierung war ihm gut genug, die sich an die Arbeit machen wollte. Max von Baden fand, daß er sich bemühte „ein loyaler Mitarbeiter des Kabinetts zu sein“ und gab zu, er habe bis zu dem endgültigen Bruch „von ihm nur guten Willen und Freundlichkeit erfahren, darüber hinaus eine heroische Bereitschaft, sachlich zu sein“[2]. Dem Volke wurde davon nichts gesagt. Wilhelm, der nie-

[1] Hertling, S. 18.
[2] Max von Baden, S. 512, 536.

mals Mißdeutungen voraussetzte, würde tief überrascht gewesen sein zu hören, daß seine Haltung angezweifelt wurde, und was das Kabinett betraf, so hatte es bald Veranlassung zu wünschen, daß dies der Fall sein möge. Während des ganzen Oktober war ungefähr das letzte, was es öffentlich zugegeben hätte, eine enge Zusammenarbeit mit der Krone.

Diese Zeit, während der die Regierung jeden Hinweis auf die Haltung des Kaisers gegenüber dem neuen demokratischen Regime unterdrückte, war entscheidend für sein und seines Volkes Schicksal. Sie war bestimmend dafür, ob es bis zum letzten mit ihm kämpfen oder ihn und sich selbst aufgeben würde.

Wilhelm schrieb später, manche sagten, Prinz Max habe ihn mit Überlegung verraten, aber „mit dieser Unterstellung tut man dem Prinzen Max zweifellos unrecht". Und warum? Weil derartige Gedankengänge „bei einem Angehörigen eines alten deutschen Fürstengeschlechtes ausgeschlossen" sind[1]. Ein scharfsinniger Schriftsteller, der den Gedanken auf andere Weise zum Ausdruck brachte, behauptete, Prinz Max, der letzte Ritter, habe in ritterlicher Absicht sein Amt übernommen, um die Beseitigung des Kaisers in zarter Weise durchzuführen. Indessen weist nichts darauf hin, daß er soviel Voraussicht besessen hat. Obgleich die jetzt ausschlaggebenden Sozialisten antimonarchisch waren, obgleich Jahre falscher Darstellung und Mißdeutung Wilhelm großen Schaden getan hatten und obgleich jedes Regime in Zeiten nationalen Unglücks seine Popularität verliert, hatte es keine „Kaiserfrage" gegeben, als Prinz Max sein Amt antrat. Sie wurde durch die Wilson-Noten geschaffen.

Wilsons erste Note vom 3. Oktober beantwortete das Ersuchen um Waffenstillstand mit der Frage, mit wem er es zu tun habe, und der Forderung der Räumung des besetzten Gebietes. Seine zweite vom 14. Oktober verlangte die Aufgabe des U-Bootkrieges und sagte, daß die „willkürliche Macht", die bisher Deutschland regiert habe, vernichtet oder bis zur tatsächlichen Ohnmacht herabgemindert werden müsse.

Daß dies den gewünschten Erfolg hatte, ist bezeichnend für den merkwürdigen Mangel an gesundem Sinn bei den Deutschen. Ein solches Verlangen würde England um einen Nero gesammelt haben. Es brachte jedoch denen, die geneigt gewesen waren, ihr

[1] Wilhelm (a), S. 241.

Vertrauen auf Präsidenten zu setzen, Aufklärung und Besinnung. Viele sahen ein, daß die einzige Hoffnung war, sich zu einem letzten Widerstand zu stellen. Rathenau schrieb, daß Räumung bedingungsloser Übergabe gleichkäme und daß nichts Schlimmeres vom Widerstand zu befürchten sei — es gäbe nichts Schlimmeres —, und empfahl eine *levée en masse*. Soldaten erwarteten „den Ruf zu den Waffen, der jeden aufbieten würde, der ein Gewehr tragen konnte oder noch einen Funken kämpferischen Geistes besaß"[1]. Ludendorff kam, was die militärische Stärke betraf, nicht mit der Sprache heraus; da er aber den Abbruch der Verhandlungen wünschte und an die Möglichkeit eines kämpfenden Rückzuges zu glauben schien, so kann angenommen werden, daß er nur nicht mit Worten seine vorherige unnötige Panik zugeben wollte. Der Kanzler selbst glaubte, daß ein „Verzweiflungskampf" an der Grenze möglich sein würde. Was not tat, war Führung.

Nichts Derartiges war möglich. Der Kanzler wurde von den Mehrheitssozialisten geleitet und diese von der mutmaßlichen Stimmung im Lande; der Kriegsminister sagte: „Wir regieren nicht, sondern werden regiert[2]." Der Kaiser, der natürliche Führer der Nation in einer solchen Zeit, war auch der einzige, der sich in den richtigen Gedankengängen bewegte, der noch der Armee traute, der bereit war mit der Regierung zusammen zu arbeiten und das Volk nicht fürchtete. Er hatte jedoch in einem Zeitalter des Mißtrauens gegen nicht auf Wahl beruhende Macht den Nachteil, der Kaiser zu sein. Kraft und Energie, die bei Königen verdächtig sind, hatten Wilhelm während seiner ganzen Regierung zu einer Quelle der Beunruhigung für sein Volk gemacht; jetzt, wo der Groll des Landes über das Unglück, die Einflüsterung von jenseits der Grenze ihn so hinstellten, als stände er der Rettung der Nation im Wege, konnte er nicht ganz allein die Dinge in die Hand nehmen. Da es in einem modernen Staate für ihn nicht möglich war, in Person zu Pferde zu steigen und das Volk um sich zu sammeln, so konnte er nur denjenigen, welche das Volk zu seinen Führern erwählt hatte, seine vollste Unterstützung gewähren. Am 21. Oktober berief er die Mitglieder der neuen Regierung nach Schloß Bellevue und sprach zu ihnen über Einigkeit und Widerstand, wobei er sie seiner rückhaltlosen

[1] Lehmann and Mingos, S. 295.
[2] Max von Baden, S. 547.

Mitarbeit versicherte. „Mit Ihnen... weiß ich mich eins in dem heiligen Willen, das Deutsche Reich aus der Not dieser Zeit zu einer ruhigen und friedlichen Entwicklung zurückzuführen. Ich hoffe, daß es uns, durch heiße Vaterlandsliebe und das Gefühl starker Verantwortung verbunden, gelingen wird, dem neuen Deutschland den Weg zu einer hellen und glücklichen Zukunft zu bahnen. Daran wollen wir alle unsere Kräfte setzen, bereit, den Weg des Friedens zu gehen, bereit aber auch zu kämpfen bis auf den letzten Hauch und den letzten Hieb, wenn unsere Feinde es nicht anders wollen[1]." Dies wurde nicht veröffentlicht; am 28. versuchte er, sich direkt an das Volk zu wenden, in dem Wunsche eine Atmosphäre der Einigkeit zu schaffen, nicht dadurch, daß er Loyalität verlangte, sondern indem er sie gab. „Ich aber trete diesen Beschlüssen der Volksvertretung mit meinen hohen Verbündeten bei, in dem festen Willen, was an mir liegt, an ihrer vollen Auswirkung mitzuarbeiten, überzeugt, daß ich damit dem Wohle des deutschen Volkes diene. Das Kaiseramt ist Dienst am Volk[2]."

Auch dieser Erlaß wurde zurückgehalten. Seine Worte blieben unveröffentlicht — sie waren unwillkommen. Es sollte kein Sich-Eins-Fühlen, kein Kämpfen bis zum letzten Hauch geben. Nicht die Schwierigkeit alle zu vereinigen, sondern die Schwierigkeit sich selbst ihr Haupt abzuschlagen beschäftigte die Regierung. Es war unerwünscht genug, daß kein Wort und keine Handlung des Kaisers Anstoß erregte; Worte oder Handlungen, die Sympathie oder Anhänglichkeit erwecken konnten, mußten wenigstens unterdrückt werden. Er mußte gehen: nicht, daß seine Regierung ihm persönlich übel wollte. Er mußte gehen: nicht, daß seine Mitarbeiter ihn nicht als treu, aufopfernd und tapfer kannten. Sondern weil sie glaubten, wie der Sozialist Noske es offen ausdrückte: „Wenn der Kaiser geht, kriegen wir einen besseren Frieden[3]."

Das war der letzte Einsatz, die verlorene Hoffnung des Volkes. Weiter konnte das Elend nicht gehen, es war der Untergang einer Nation. Die Menschen hatten jede Vernunft verloren und es war kein Wunder, wenn sie sich an das einzige Versprechen klammerten, das ihnen in dieser schrecklichen Zeit gegeben worden war,

[1] Max von Baden, S. 473—474.
[2] Ebenda, S. 525.
[3] Ebenda, S. 497.

wenn sie auf Wilson hofften, da sie nirgends sonst Hoffnung erblickten. Niemand konnte ihnen noch Sieg versprechen; niemand versprach ihnen auch nur Befreiung aus der Not; die Stimme, die ihnen Rettung durch Einigkeit gepredigt hatte, war seltsam stumm — war das vorbedeutungsvoll? Die sozialistischen Triumphe ermutigten das revolutionäre Element gegenüber der Schwäche der Regierung; es gab genug Parteifanatiker, die in der Niederlage selbst nur die von den Göttern gesandte Gelegenheit zu einem Wechsel der Verfassung erblickten. Die hungrigen Schafe schauten auf und wurden nur mit Ermunterungen sich selber preiszugeben gefüttert. „Wenn der Kaiser geht, kriegen wir einen besseren Frieden."

Der Kanzler behauptete später, daß er nicht ein solcher Tor gewesen sei, das zu glauben. Er warf seinen Atout-König fort, ohne auch nur zu erwarten, daß dadurch etwas zu gewinnen sei. August Eulenburg glaubte damals nicht, daß mit Erfolg auf eine Abdankung des Kaisers hingewirkt werden könnte „wenn der Preis, den die Entente dafür zu bewilligen bereit wäre, nicht mit einiger Sicherheit in die Erscheinung trete"[1]. Das war aber eine Frage, die der Kanzler nicht einmal stellte. Die Deutschen verkaufen ihre Könige nicht. Sie verschenken sie. Die Theorie des Prinzen Max, so sagte dieser selbst, war nicht, daß die Opferung des Kaisers — zusammen mit den U-Booten — bessere Bedingungen sichern würde, sondern vielmehr, daß das führerlose und waffenlose Volk, nachdem es entdeckt hatte, daß er umsonst geopfert worden, gewahr werden würde, daß Seine Majestät nicht wirklich das Hindernis für einen erträglichen Frieden gewesen war, und sich nun zur Abwehr der schon vorauszusehenden erdrückenden Bedingungen zusammenfinden würde[2]! Hat es jemals so etwas wie diesen Kanzler an der Spitze einer Regierung gegeben? Natürlich hat aber Max tatsächlich niemals solchen Unsinn geglaubt. Er war eingeschüchtert durch die innere Lage, empfand seine Unfähigkeit ihrer Herr zu werden, und zog es vor, in die Hände Wilsons zu fallen und nicht in die der Kommunisten.

Anstatt also zu antworten, daß Deutschland nicht von einer willkürlichen Macht regiert werde und auch niemals regiert worden sei — selbst eines der Reichstagsmitglieder im Kabinett bemerkte, daß der Kaiser ohne Kriegskredite keinen Krieg hätte

[1] Max von Baden, S. 526.

[2] Ebenda, S. 534.

führen können —, erwiderte der Kanzler, daß die Regierung von solchen Einflüssen befreit sei und daß der U-Bootkrieg aufhören werde. Der Präsident antwortete darauf am 24. Oktober etwas präziser, daß „die Macht des Königs von Preußen die Politik des Reiches zu bestimmen und zu lenken unvermindert" scheine, und daß die Regierung der Vereinigten Staaten, wenn sie „mit den militärischen Führern und der monarchischen Autokratie Deutschlands jetzt verhandeln muß", dann „nicht Friedensverhandlungen, sondern Unterwerfung fordern" müsse. Damals meinte man in Deutschland noch, daß zwischen diesen Dingen ein Unterschied bestände.

Wenn auch die Macht des Königs von Preußen zerfiel, hatte er doch wenigstens noch den Willen, Einigkeit zu Hause mit Widerstand im Auslande zu verbinden. Als er am 25. nach Berlin fuhr, sagte er zu Niemann, er sähe die einzige Möglichkeit, eine Einheitsfront herzustellen, im folgerichtigen Fortschreiten auf dem Wege parlamentarischer Konzessionen, da dieser Weg nun einmal beschritten sei; bei den Beratungen an diesem Tage willigte er ein, die militärischen Behörden den Zivilbehörden zu unterstellen. Er kehrte „erschöpft" zurück, um gleich darauf die Nachricht von einer Kanzlerkrise zu erhalten, und verbrachte eine schlaflose Nacht. Ludendorff hatte ein Manifest an die Armee erlassen, in dem er Wilsons Bedingungen für „unannehmbar für uns Soldaten" erklärte, und Prinz Max drohte mit seinem Rücktritt, wenn der General nicht entlassen würde. „Seit Wochen", sagte der Kaiser verzweifelnd zu Niemann, „arbeite ich mit allen Kräften daran, alle Teile des Volkes zu einer Einheitsfront zusammenzuschweißen. Jetzt droht das ganze Gebäude zusammenzustürzen. Es ist doch ein unmöglicher Zustand, daß solche Kundgebungen ohne mein und des Kanzlers Einverständnis hinausgehen. Ich sehe keinen anderen Ausweg, als der Forderung des Kanzlers zu entsprechen." Er beschloß jedoch, den Versuch zu machen, den Kanzler zum Bleiben zu bewegen, gegen die Zusicherung, daß jeder solche Eingriff in die Politik in Zukunft unterbleiben würde und daß die Politische Abteilung des Generalstabes aufgelöst werden solle. Diese letzte Hoffnung wurde aber von Ludendorff selbst zerschlagen, der sich bitter darüber beklagte, daß die Regierung die Heeresleitung nicht decke, und auf seiner Entlassung bestand. Er wurde durch General Gröner ersetzt, der in dem Rufe stand ein vorzüglicher Organisator zu sein.

Es war kein Wunder, daß der Kaiser, der sich abmühte, diese

widerstreitenden Elemente zusammenzuhalten, wiederum „erschöpft“ nach Potsdam zurückkehrte. Warum, sagten viele, dankt er nicht ab? Er glaube nicht, daß der Kaiser sehr traurig sein würde, schrieb Ballin, Seine Majestät sei zermürbt durch den Krieg, der seinem Charakter so völlig zuwider sei, und werde gewiß nicht dem Vorteil seines Volkes im Wege stehen wollen. Am 25. Oktober tauchte der Gedanke zum erstenmal in der Presse auf und nun fingen die Zeitungen an, sich damit zu beschäftigen; eine brachte eine schöne imaginäre Unterhaltung, die damit endete, daß der Kaiser mit einer großen Geste abdankte. Die Erkenntnis, daß es nicht der entscheidende Punkt war, ob sein kriegsmüder Kaiser persönlich traurig sein würde, konnte von Ballin nicht erwartet werden. In einem solchen Augenblicke den Staat seines Oberhauptes zu berauben, bedeutete in jedem Lande und ganz besonders in Deutschland die Preisgabe der letzten Reste der Einigkeit zugunsten der Anarchie und Spaltung, wahrscheinlich auch Blutvergießen im eigenen Lande; es war ferner zweifelhaft, ob die Armee, wenn auch angesteckt von der Abneigung gegen das bestehende Regime, sich zum Gehorsam gegen einen bloßen bürgerlichen oder sozialistischen Präsidenten bereit finden würde. Überdies gab es eine nackte Wahrheit, die der Öffentlichkeit entgangen war: „Im allgemeinen möchte ich bemerken, daß es sich immer als falsch erwiesen hat, wenn man Ratschläge des Feindes befolgt[1].“ Noch gab es mündliche und schriftliche Demonstrationen für die Krone. Einigkeit ist Kraft. Welch einfacher, welch rettender Glaube!

Nur ein einziger im Lande hatte diesen Glauben.

Er war in der traurigen Lage, zu erkennen, was notwendig war, und nicht die Macht zu haben, es durchzusetzen. Dem Fürsten Blücher tat das Herz weh, als er ihn sah, weißhaarig und merkwürdig einsam unter seinen noch immer beflissenen Höflingen, wie er halb mechanisch über Hoffnung sprach — mit einem Ausdruck, aus dem jede Hoffnung geschwunden war. Die Bürger sahen ihn im Tiergarten spazieren gehen, was nach Ansicht der Fürstin Blücher physischen Mut erforderte „da es, glaube ich, Leute genug gibt, die ihn gern erschießen würden“. Warum nicht? Er war lange genug der Sündenbock für Nation und Regierung gewesen. „Ich könnte manchmal vor Scham erröten“, schrieb die

[1] Wilhelm (a), S. 251.

Fürstin, „über Leute, die immer solche Treue für ihren Souverän beteuert haben und nun, da die Zügel langsam seinen Händen entgleiten, sich gegen ihn wenden und ihn offen zerreißen. Gerade diejenigen unter seinen Satelliten, welche sich am meisten krümmten, sind am wildesten in ihren Angriffen auf ihn und tragen keine Bedenken, ihn bei Frühstücken und Abendessen öffentlich schlecht zu machen. Viele von ihnen haben ihm ihre ganze Stellung zu verdanken, und das sind die schlimmsten."

Von einer Regierung, die voller Angst war seine Unpopularität zu teilen, nicht nur verdrängt, sondern eifersüchtig ferngehalten, voll Widerwillen gegen die Untätigkeit und in Sorge wegen der Armee, griff er gern Hindenburgs Wunsch auf, er möchte nach Spa kommen. Der Kanzler war dagegen, aber der Kaiser verstand seine Einwendungen nicht. Hatten sie denn nicht die Regierung, die sie haben wollten, fertig aufgezogen und betriebsfähig? „Er fragte, warum ich reisen wollte, und erhielt zur Antwort, daß ich die Rückkehr ins Feld für meine Pflicht als Oberster Kriegsherr hielte, nachdem ich fast einen Monat von der schwerringenden Armee getrennt gewesen sei." Diese preußischen Vorstellungen! „Auf den Einwurf des Kanzlers, ich sei zu Hause unentbehrlich, entgegnete ich, wir befänden uns im Kriege, und der Kaiser gehöre zu seinen Soldaten. Schließlich erklärte ich endgültig, ich würde reisen[1]." Er fuhr also am 30. Oktober. Der Kanzler wollte ihn wahrscheinlich in der Nähe haben, damit er seine Abdankung unterzeichnen konnte; aber Wilhelm betrachtete die Schlachtfront noch als die wichtigere.

Nach der Ankunft bestand er, diesmal gegen die Einwände des Generalstabes, auf dem Rückzug in die kürzere Linie der Antwerpen-Maas-Stellung.

Kaum war er fort, als sein Sohn August Wilhelm vom Kanzler gebeten wurde, ihm nachzureisen und ihn zur Abdankung zu bewegen, doch antwortete er natürlich, das sollte Max nur selber tun.

Selber? Ja, der Kanzler hatte doch, obgleich das Schicksal des Kaisers jetzt der Hauptgegenstand der Kabinettsberatungen war, ihn niemals darüber zu Rate gezogen oder ihm einen Rat angeboten oder auch nur ihm gesagt, daß es die Hauptfrage für — die kaiserliche Regierung geworden war. Selten hat ein Philanthrop eine

[1] Wilhelm (a), S. 237.

eigenartigere Auffassung von Treue gehabt. Er wußte freilich, daß Wilhelm davon wußte[1], aber es war typisch für ihn, daß er hoffte, die Sache würde in Ordnung kommen, ohne daß er selbst dabei etwas riskierte. Am 31. Oktober bat er den Kaiser telegraphisch zurückzukommen, nur um über den Waffenstillstand und innere Fragen zu beraten, wobei er bemerkte, daß die Abwesenheit des Kaisers bei der Armee manche Leute argwöhnen ließe. daß er einen militärischen Staatsstreich beabsichtige. Wilhelm antwortete, indem er auf Bekanntgabe seiner wahren Gefühle drang; während die Generale seine Anwesenheit an der Front für notwendig erklärten, da seine Abwesenheit bereits die Offiziere entmutigt habe, die befürchteten, er habe die Absicht, die Armee zu verlassen[2]!

Am 1. November schrieb die „Germania", wenn Wilhelm dem neuen Regime ehrlich zustimmte, so könnte diese Tatsache nicht schnell genug bekanntgegeben werden. Nun wurde der Erlaß veröffentlicht, aber selbst dann nicht seine Ansprache an die Minister.

Am gleichen Tage erschien der preußische Minister des Inneren, Drews, in Spa und schlug die Abdankung vor, wenn auch mehr als einen guten Gedanken, der aufgekommen sei, denn als eine Empfehlung der Regierung. Der Kaiser setzte auseinander, daß es nach seiner Ansicht durchaus kein guter Gedanke sei, und Hindenburg und Gröner, die hinzugezogen wurden, sagten Drews sehr deutlich ihre Meinung. „Zumal Gröners Kennzeichnung des Prinzen Max", sagte der erfreute Gegenstand der Debatte, „war von einer solchen Deutlichkeit, daß ich Drews noch beschwichtigen und trösten mußte... Daß es gerade ein süddeutscher General war, der so für den Deutschen Kaiser und König von Preußen eintrat, wie hat mir das wohlgetan[3]!"

Da es hieß, daß der Bolschewismus in der Hauptstadt vor der Tür stehe und die Regierung in Gefahr sei, bot der Kaiser an, Truppen hinzuschicken, um Ordnung zu halten. Hindenburg sagte zu Drews, die Armee würde nicht zusammenhalten, wenn der Kaiser ginge[4].

[1] Niemann (b), S. 93.
[2] Max von Baden, S. 589.
[3] Wilhelm (a), S. 240; Niemann (a), S. 123.
[4] Wilhelm (a), S. 240; Max von Baden, S. 562.

Am 1. November ergab sich die Türkei, am 3. unterzeichnete Österreich einen Waffenstillstand, der den Alliierten gestattete, seine Straßen und Transportmittel zu benutzen. Deutschland stand jetzt allein, war aber nach Ansicht der Armee noch zu einem Widerstande fähig, der genügte um zu verhindern, daß ein Vormarsch des Feindes ein Spaziergang wurde, und es ihm ratsam erscheinen lassen würde, erträgliche Bedingungen anzubieten. „Der Monarch“, erkannte Niemann mit vielen seiner Kameraden, „wurde in dieser Lage zum Symbol des letzten entschlossenen Widerstandes.“ Der Kaiser selbst fühlte sich an der Front verhältnismäßig wohl; an die Truppen, die noch immer ihren Mut behielten, verteilte er Auszeichnungen inmitten des Getöses der Fliegerabwehrgeschütze, die gegen feindliche Flugzeuge über ihm gerichtet waren. Bei der Abendtafel im Hofzug, den der Kaiser mangels eines geeigneten Quartiers bewohnte, machten sich die Offiziere seines Gefolges über die Aufregung bei den Zivilisten lustig, als Bomben in der Nähe gefallen waren. Wilhelm lächelte und sagte: „Toren!“ Diese unerwartete Bemerkung — denn eine Abneigung gegen Bomben erscheint auf den ersten Blick nicht als ein Anzeichen mangelnder Intelligenz — fand ein paar Augenblicke darauf ihre Erklärung, als wieder Bomben abgeworfen wurden, und zwar in größerer Nähe als vorher. Hatte der Feind den Zug entdeckt? Die Unterhaltung hörte plötzlich auf, die Zivilisten erbleichten; der Kaiser sah ein wenig zerstreut aus, als ob er versuche, sich irgend etwas ins Gedächtnis zurückzurufen, und nun fiel es ihm auch ein und er sagte es mit ruhiger Stimme: „Von allen Wundern, die ich je gehört, scheint mir das größte, daß sich Menschen fürchten, da sie doch sehn, der Tod, das Schicksal aller, kommt, wann er kommen soll[1].“

Am 5. November traf die Antwort des Präsidenten ein, es wurde darin mitgeteilt, daß Foch ermächtigt sei, den Vertretern der deutschen Regierung die Bedingungen für den Waffenstillstand bekanntzugeben.

Die Alliierten hatten inzwischen darüber beraten „was für Bedingungen die Deutschen daran verhindern würden, den Kampf wieder aufzunehmen, und es den Alliierten möglich machen würden, den Frieden zu diktieren... Haig drang auf Mäßigung, weil die alliierten Truppen außer Atem seien und die deutsche

[1] Shakespeare, Julius Caesar, II, 2. D. Übers.

Armee noch ungebrochen"[1]. Bewaffnet und mit dem Rücken gegen die Wand — Haig wußte, was England in solchem Falle getan hätte. Die anderen waren besser informiert, wie es mit der deutschen Moral in der Heimat aussah, oder sie waren eher imstande, diese Dinge zu begreifen. Und tatsächlich wurden auch Erzberger und eine Abordnung anderer Zivilisten entsandt — um zu zeigen, daß es mit dem Militarismus vorbei sei.

Am 7. erklärte Bayern sich zur Republik. Der kaiserliche Staatssekretär Scheidemann, ein Sozialist, stellte seiner eigenen Regierung ein Ultimatum, in dem unter anderem die Abdankung des Kaisers gefordert wurde. Prinz Max bat ihn, die Sache noch anstehen zu lassen, er würde indessen dem Kaiser zureden, daß er ginge. Dann telegraphierte er dem Kaiser, er bäte um seine Entlassung, da er Seine Majestät nicht bitten könne, abzudanken. Am folgenden Tage jedoch rief er ihn an und sagte ihm mit der plötzlichen Brutalität schwacher Menschen und, wie es seine Gewohnheit war, das verwandtschaftliche Du gebrauchend, daß er gehen müsse. Nein, das würde er nicht tun! Max könne auch nicht gehen, sagte der Kaiser, er müsse den Waffenstillstand durchführen.

Am selben Tage — 8. November — traf im Hauptquartier die Nachricht ein, daß alle Rheinübergänge in Händen der Aufständischen seien.

Am Morgen des 9. rief die Kaiserin in Spa an, um zu hören, wie es dort stand, und bekam eine beruhigende Antwort; sie ihrerseits sagte, es ginge ihr sehr gut. Wilhelm, „tiefernst, aber ohne Spuren nervöser Erregung", ging im Garten der von ihm bewohnten Villa Fraineuse spazieren, indem er so seine Leidenschaft für frische Luft mit dem Warten auf die hinbestellten Generale verband. Er sagte zu Niemann[2], wenn der Bolschewismus ausbräche, so schiene seine Abdankung ihm erst recht nicht am Platze zu sein, vielleicht würden sogar die Alliierten einsehen, daß um Europas willen die Recht und Ordnung in Deutschland verkörpernden Kräfte nicht untergehen dürften. Er schien zu glauben, daß man mit den Meuterern am Rhein fertig werden könnte. Dann kam der Leibjäger herbeigelaufen und meldete, daß Hindenburg und Gröner gekommen seien. Der Kaiser und Niemann gin-

[1] Gooch, S. 658.

[2] Seine Darstellung liegt den folgenden Szenen zugrunde.

gen schnell ins Haus zurück und fanden dort noch drei andere Generale und Staatssekretär von Hintze.

Hindenburg sprach als erster und sagte matt, er hoffe, Seine Majestät werde gestatten, daß Gröner berichte; er könne seinem König nicht sagen, was gesagt werden müsse. Der Kaiser, der an der Tür stehen geblieben war, begab sich zum Kamin, lehnte sich fröstelnd dort an und nickte schweigend.

In einer langen Rede legte Gröner die verzweifelte Lage dar und erklärte, daß die Armee nicht mehr zuverlässig sei. „Und Ihre Ansicht, Graf Schulenburg?" sagte der Kaiser mit rauher Stimme, da er bemerkt hatte, daß der Graf gern etwas sagen wollte.

Schulenburg, der Chef des Stabes des Kronprinzen, sagte, es gäbe noch zahlreiche verläßliche Verbände, die zur Vertreibung der Meuterer von den Brücken verwendet werden könnten.

Gröner erwiderte, daß der Befehl, gegen die Heimat vorzugehen, einen furchtbaren Kampf innerhalb der Armee entfesseln würde.

Der Kaiser stutzte und rief aus, daß er das nicht wolle. Worauf es ankomme, sei, den Waffenstillstand abzuschließen und dann das Heer zurückzuführen, um die Ordnung in der Heimat wiederherzustellen. Davon hinge alles ab. Und dies war in der Tat der einzige vernünftige Plan, der vorgeschlagen wurde.

Gröner sagte: „Unter seinen Generalen wird das Heer in Ruhe und Ordnung in die Heimat zurückmarschieren, aber nicht unter der Führung Euerer Majestät."

Der Kaiser fuhr auf, machte einige Schritte auf Gröner zu und sagte mit vor Zorn bebender Stimme: „Exzellenz, diese Erklärung verlange ich von Ihnen schriftlich. Schwarz auf weiß will ich die Meldung aller kommandierenden Generale haben, daß das Heer nicht mehr hinter seinem Obersten Kriegsherrn steht. Hat das Heer mir nicht den Fahneneid geschworen?"

Fahneneid? das sei eine Fiktion, meinte der General.

Vermutlich waren sie gegenseitig über ihre Auffassung vom Fahneneid überrascht. In diesem Augenblicke telephonierte Prinz Max an und drang in den Kaiser, daß er abdanken möchte: nur das könne den Bürgerkrieg verhüten. Es war eine merkwürdige Sache, telephonisch über etwas Derartiges zu verhandeln. Schulenburg anderseits bat ihn, nichts zu übereilen, und schlug vor, die Militärbehörden in Berlin um ihre Meinung zu befragen und ebenso die Armeeführer an der Front. Der Kaiser ging wieder ins Freie, eben traf der Kronprinz ein, den er mit seinem gewöhnlichen festen Händedruck begrüßte. Das Telephon klingelte ununterbrochen. Die Reichskanzlei meldete, daß bereits Blut fließe. Das Oberkommando sagte, das sei nicht zutreffend, aber die Dinge ständen ernst. Ein Oberst Heye erschien, der mit Offizieren, die von der Front hinberufen worden waren, inzwischen gesprochen hatte, und meldete, die Armee würde nicht gegen die Heimat kämpfen, aber die Person ihres Kaisers schützen, darauf könne er sich verlassen.

Ein Offizier von Schulenburgs Stab, der dieser Besprechung unaufgefordert beigewohnt hatte, sagte dem Kronprinzen, man hätte den von der Front gekommenen Offizieren eine Frage vorgelegt, deren Fragestellung in bedenkenloser Weise auf die Antwort hinwies. Sie waren nicht gefragt worden, ob die Armee dem Kaiser folgen würde, um nach dem Waffenstillstand die Ordnung wiederherzustellen, sondern ob man von ihr verlangen könne, dem Feind den Rücken zu kehren und nach Berlin zu marschieren, um dem Kaiser die Krone wieder zu erobern[1].

Jetzt faßte Wilhelm für einen Augenblick einen letzten Plan, den seine geradezu phantastische Loyalität ihm eingab. Der Gedanke war, auf die Kaiserkrone zu verzichten, um Blutvergießen zu vermeiden und den Frieden zu erleichtern, aber König von Preußen zu bleiben und die Armee nicht zu verlassen, die, wie seine Generale ihm bisher stets versichert hatten, zusammenbrechen würde, wenn er sie verließ. Ein Regent könne die Geschäfte des Reiches führen, bis die Dinge sich geklärt hätten. Er konnte es nicht begreifen, daß die Minister entsetzt waren bei dem Gedanken, er könne noch die Einheitsfront zustandebringen, die Armee zurückführen, um die Ordnung wiederherzustellen, und Wilsons Wohlwollen verderben. Auch war er nicht darauf gekommen, daß eine derartige Abdankung „mit der Verfassung unvereinbar" sein könne — die sich in jenem Augenblick im Schmelztiegel befand.

Die telephonische Mitteilung von dieser Absicht des Kaisers wurde in der Reichskanzlei anscheinend dahin verstanden, daß er im Begriffe stehe ganz und gar abzudanken[2]. Es machte nichts

[1] Kronprinz, S. 283.
[2] Max von Baden, S. 646—647.

aus; nichts konnte jetzt noch von Nutzen sein. Er wußte nicht, daß er besiegt war, aber seine Berater wußten es.

Danach das Frühstück — aber niemand konnte essen oder sich unterhalten.

Nach dem Frühstück, als die Lage wieder besprochen wurde, drangen der Kronprinz und Schulenburg, denen der Zustand in Spa nicht gefiel, in den Kaiser, er möchte doch mit ihnen zu ihrer Heeresgruppe kommen. — Nein, warum? das könnte aussehen, als ob er sich fürchtete. Er wolle da bleiben und die um sich sammeln, die ihm treu seien.

Jemand erschien an der Tür. „Wollen Euere Majestät die Gnade haben, für einen Augenblick hinüberzukommen?"

Der Kaiser sprang auf. Im Nebenzimmer hielt General von Gontard ein Schriftstück in den bebenden Händen, während ihm die Tränen herunterliefen. Es war ein Telegramm: „Der Kaiser hat als Deutscher Kaiser und König von Preußen abgedankt, der Kronprinz auf seine Kronrechte verzichtet. Ebert ist zum Reichskanzler ernannt worden."

Und während sie dies lasen, versanken die Bestimmungen des Prinzen Max über eine Regentschaft und dergleichen in denselben Abgrund und die deutsche sozialistische Republik wurde von den Stufen des Reichstages verkündet.

Der Kaiser kam durch das Gartenzimmer zurück, rief aus, das sei Verrat und er wolle das dementieren, und begann seinen Protest auf Telegrammformulare hinzuwerfen. Der Kronprinz und Schulenburg verabschiedeten sich in der Annahme, daß er seine Stellung noch aufrecht erhalten werde; sie sagten den Soldaten, die sich um ihren Wagen drängten, daß der Kaiser entschlossen sei, bei ihnen zu bleiben, worauf sich ein begeistertes Hurra erhob.

Das paßte aber den nunmehrigen Machthabern nicht. Nach Niemanns Ansicht war das Ganze ein abgekartetes Spiel: sie wollten auf alle Fälle den Kaiser loswerden. Hatte es je ein so widerspenstiges Einhorn gegeben? „Was gibts?" fragte der Kaiser, als seine militärischen und zivilen Berater sich ihm nochmals näherten. Es sah in Spa nicht gut aus, selbst den ausgewählten Truppen war nicht zu trauen, der Bahnhof sollte von meuternden Banden besetzt sein. Die Generale und Sekretäre drangen gemeinsam in den Kaiser, ins neutrale Ausland zu gehen; sie wollten nicht, daß er nach Berlin geschleppt und der revolutionären Regierung ausgeliefert würde. Es war nicht schwer vorauszusehen, daß der nächste Schritt in die Hände der Alliierten führen würde, und es schien nicht notwendig, ein solches Schicksal für ihn und eine solche Erniedrigung für Deutschland zu provozieren.

Niemand sagte etwas davon, es müsse verhindert werden, daß er nach Berlin geschleppt werde, und von dem übrigen. Nichts drängte auf sein Bleiben und nichts gestattete es als nur sein eigenes standhaftes Herz. Er sagte, sie könnten sich mit Holland in Verbindung setzen. Gleich darauf kam eine andere Botschaft: könnte er nicht noch am Abend fahren? Die Sache sei dringlich, es müsse schnell geschehen. Gut, er würde fahren; wenn er von der Kaiserin gehört hätte. Prinz Eitel Friedrich wurde angerufen; sie hielte sich wunderbar aufrecht und hoffte, es ginge gut, war die Antwort. Dies warf den ungern gefaßten Beschluß des Kaisers um, wie es auch anders leicht geschehen wäre. „Meine Frau hält aus, und man will mich überreden, nach Holland zu gehen. Das tue ich nicht, das wäre wie ein Kapitän, der sein sinkendes Schiff verläßt." Der Befehl zur Abreise wurde widerrufen und er gewann seine Ruhe und Spannkraft zurück.

In Spa herrschte Verwirrung und Panik, man traf Verteidigungsmaßnahmen, es gab die wildesten Gerüchte von Angriffen der Meuterer. Im Hofzug war man sehr besorgt, aber Niemann, der Telegramme fortgeschickt hatte, fand den Kaiser dort bei Tisch und weder aufgeregt noch, wie der Major befürchtet hatte, in die Apathie versunken, die sich als Reaktion nach übergroßer Anspannung einstellt. Ungefähr um 10 Uhr kam eine letzte dringende Bitte. Seine Majestät möchte doch fahren! Der Weg an die Front und der Weg in die Heimat wären beide versperrt. Und nur von Holland aus könnte er etwas für die Kaiserin tun. Er dürfte keine Stunde mehr zögern!

„Wenn es denn sein muß! — aber nicht vor morgen früh." Er schritt seinem Schlafwagen zu.

Der Zug fuhr am 10. November um 5 Uhr ab.

24. Kapitel

Anti-Klimax

Wilhelm von Hohenzollern überschritt die holländisch-belgische Grenze bei Eysden am 10. November 1918. Es wurde erzählt, er habe dem erstaunten holländischen Posten seinen Degen übergeben wollen[1]. Es dauerte einige Stunden, bis ein Sonderzug eintraf, in dem er bis zum nächsten Morgen wohnte, während beschlossen wurde, wohin der Sonderzug fahren solle. Solche Gäste verursachen einige Verlegenheit, aber Graf Godard Bentinck, ein holländisch-englischer Reichsgraf und Ritter des Johanniter-Ordens, an den sich die Regierung gewandt hatte, erklärte sich getreu seinem Gelübde bereit, einem anderen Ordensritter in der Not beizustehen. „Wer ist dieser Bentinck? Ich glaube, ich kenne ihn gar nicht", sagte der Verbannte, und in der Tat sahen sie sich am Nachmittag des 11. November auf dem Bahnhof Maarn zum ersten Male.

Es regnete in Strömen. Der Kaiser, in Uniform, einen Stock in der Hand, stieg schnell aus und begrüßte seinen Gastgeber und Graf Lynden, den Gouverneur der Provinz Utrecht, der mit diesem zusammen erschienen war. Sie fuhren nach Amerongen, einem schönen alten Hause, das von einem tiefen Graben umgeben ist, über den zwei Brücken führen. Trotz aller an den Tag gelegten Energie wäre der Verbannte nicht sterblich gewesen, wenn er jetzt nicht ziemlich nahe am Ende seiner Kräfte gewesen wäre; als sie die Brücke überschritten, machte er also die überraschende und unerwartete Bemerkung: „Jetzt müssen Sie mir eine Tasse heißen, guten, echten englischen Tee geben lassen."

Mit den Familienmitgliedern und dem Gefolge von vierzehn Personen waren es fast vierzig Menschen, die sich an diesem Abend in Amerongen zur Tafel versammelten. Bei der Überstürzung der Vorbereitungen und der Seltsamkeit des Ereignisses wur-

[1] Dies war nicht der Fall. D. Übers.

den sehr große Anforderungen an die Geistesgegenwart gestellt und alle möglichen Verlegenheiten schwebten wie Gespenster im Hintergrunde; nur Wilhelms Bemühungen halfen über alles hinweg. Er schlief diese Nacht in einem Bett, das von Ludwig XIV. in dem Jahr, als er die Niederlande eroberte, benutzt worden war.

Eine starke Schutzwache war in das Schloß gelegt worden und Besucher wurden nur mit Ausweisen eingelassen. Am 28. November, nachdem einige feierlich aussehende Zivilisten gekommen und wieder gegangen waren, kam der Verbannte zu seinem Gastfreund und sagte ihm, in seinem Hause dürfe nichts vorfallen, wovon er nichts wisse, und so wolle er ihm mitteilen, daß er am Morgen seine Abdankung unterzeichnet habe.

Es wurde nicht weiter darüber gesprochen, aber das Dokument ist bald darauf veröffentlicht worden. Es lautete wie folgt:

> Ich verzichte hierdurch für alle Zukunft auf die Rechte an der Krone Preußens und die damit verbundenen Rechte an der deutschen Kaiserkrone. Zugleich entbinde ich alle Beamten des Deutschen Reiches und Preußens, sowie alle Offiziere, Unteroffiziere und Mannschaften der Marine, des preußischen Heeres und die Truppen der Bundeskontingente des Treueides, den sie mir als ihrem Kaiser, König und Obersten Befehlshaber geleistet haben. Ich erwarte von ihnen, daß sie bis zur Neuordnung des Deutschen Reiches den Inhabern der tatsächlichen Gewalt in Deutschland helfen, das deutsche Volk gegen die drohenden Gefahren der Anarchie, Hungersnot und Fremdherrschaft zu schützen.
>
> Urkundlich unter Unserer höchsteigenhändigen Unterschrift und beigedrucktem kaiserlichen Insiegel.
>
> Gegeben Amerongen, den 28. November 1918.
>
> gez. Wilhelm

„Mein Eindruck ist, daß Wilhelm II., Max von Baden, Ebert und Co. im Einverständnis miteinander handeln, um die deutsche Einheit um jeden Preis zu retten", hatte Hanotaux am 11. November 1918 an Foch geschrieben, als er die französische Politik der Zerstückelung Deutschlands skizzierte. Diese Rettung war in der Tat das Ziel, wenn auch nicht viel Einverständnis vorhanden war und es Wilhelm war, der den Preis bezahlte. Die letzte Handlung seiner kaiserlichen Laufbahn atmete Zusammenarbeit, und nicht nur in Worten. Die förmliche Abdankung, die unter Umständen vollzogen wurde, die jeden Zwang unmöglich machten, war ein freiwilliger Dienst an der deutschen Einheit.

Am gleichen Tage traf die Kaiserin ein, tiefbekümmert und voller Angst um ihren Gemahl.

Die „Flucht" des Kaisers war sowohl von denen im Ausland, die sie gefordert, wie von denen in der Heimat, die sie erbeten und schließlich erzwungen hatten, mit Hohn begrüßt worden, und von manchem schlichten Gemüt in Deutschland mit Tränen und Bestürzung. „Warum mußtest du von uns gehen?" Wäre er länger geblieben, sagte die eine Partei, so wäre uns die Unterwerfung erspart geblieben. Wäre er eher gegangen, rief die andere, so wäre uns die Revolution erspart geblieben. Diese widerstreitenden Behauptungen ließen jedoch erkennen, daß es nur die Uneinigkeit seines Volkes war, die es verhindert hatte, daß ihm beides erspart blieb. Sein Fortgehen war nicht die Ursache, sondern das Symptom und Symbol des Zusammenbruchs Deutschlands; es ist auch nicht zu leugnen, daß es angezeigt erscheinen mußte, seine hinderliche Person zu entfernen, nachdem er gezwungen worden war, seine hinderliche Standhaftigkeit aufzugeben. Es blieb also nur noch übrig zu sagen, er hätte noch weiter gehen sollen — in ein Selbstmördergrab.

Daß die öffentliche Meinung in den Ententeländern degoutiert war über seine Feigheit weiterzuleben, war begreiflich. In seinen Erinnerungen erörterte er ihre warme Empfehlung des Selbstmordes mit der ihm eigenen Offenheit: „Und würde man dann nicht gesagt haben: Wie feige! Jetzt entzieht er sich aller Verantwortung durch den Selbstmord." Wir warteten nur darauf, und mehr als das, wir warteten darauf, die Tat als Beweis von Schuld und Wahnsinn zu begrüßen. Henry Kingsley nennt den Selbstmörder einen „wahnsinnigen stolzen Feigling" — gerade das, wofür Wilhelms Feinde ihn halten wollten. Nicht nur auf dem Kontinent, wo der Selbstmord gebilligt wird, wenn die Ehre befleckt ist, sondern auch in England, wo er in keinem Fall gebilligt wird, beklagte man sich also im Chore über die Unanständigkeit der Unterlassung des Selbstmordes. Manche meinten, er hätte „an der Spitze seiner Truppen den Tod suchen" sollen. Für einen modernen König wäre es freilich einem Selbstmord gleichgekommen, den Kopf über den Grabenrand hinauszustrecken, aber gewiß fand man, daß ein wenig theatralisches Blendwerk prächtig am Platze sein würde.

Man glaubte unter lauter Japanern zu sein. Da aber weder die landesübliche Religion noch die augenblicklichen Umstände es Wilhelm empfehlenswert erscheinen ließen, sich selbst und seinen Ruf mit einem Schlage umzubringen, fuhr er fort zu leben. Für die Kaiserin war indessen dieses ganze Gerede darüber entsetzlich gewesen; wenn er sich auch nicht umbringen wollte, so schien es andere zu geben, die es wollten und in ihrer Macht und Zielbewußtheit furchtbar genug waren. Die aufgeregten britischen Wähler vom November 1918 hatte man mit Versprechungen, den Kaiser zu hängen — *„hang the Kaiser“* —, eingefangen. Im Artikel 227 des Vertrages von Versailles stellten die Alliierten den vormaligen Kaiser „wegen schwerster Verletzung des internationalen Sittengesetzes und der Heiligkeit der Verträge“ unter öffentliche Anklage und ein besonderer, aus fünf Richtern bestehender Gerichtshof sollte eingesetzt werden, um ihn abzuurteilen, und zwar sollten die Richter von — den Vereinigten Staaten, Großbritannien, Frankreich, Italien und Japan ernannt werden.

Der Einwand, daß dieses geplante Verfahren aller Elemente eines Gerichtsverfahrens entbehren würde, wurde anerkannt, aber als pedantisch betrachtet. Die rechtliche Form möge ungewöhnlich sein, aber der Zweck sei Gerechtigkeit. Vielleicht wurde nicht ebenso klar erkannt, daß der Gerichtshof, ob er wollte oder nicht, völlig außerstande sein würde, den Angeklagten freizusprechen. Der Anklage der Verletzung der belgischen Neutralität konnte nur mit dem Einwand höchster Notwehr begegnet worden sein, der sofort die Kriegsstreitfrage aufwerfen würde; der Rest der Verhandlung würde von den Versuchen des Verteidigers beansprucht werden, den Richtern nachzuweisen, daß sie auf die Anklagebank gehörten. Das war der eigentliche Streitpunkt. Der Mann auf der Straße mit seinem Wirklichkeitsinstinkt sah in einer Hinrichtung des Kaisers die Strafe dafür, daß er „den Krieg gemacht“ habe, und das war es auch, was die Sieger bestrafen wollten. Der Gedanke, den Krieg als ein Verbrechen zu behandeln, war vortrefflich; wenn aber siegreiche Völker sich auf ihn beriefen, die noch bluttriefend waren vom Kampfe und beutebeladen, so wurde er offenbar mit Vorbehalten angewandt. Ein leichtfertiger Krieg, wurde nun erklärt, sei ein Verbrechen; für eine gute Sache dürfe man kämpfen. Gewiß! und wer entscheidet darüber, welches die gute Sache ist? Der Sieger? Sehr gut. Das ist dann ein echtes Gottesurteil durch die Schlacht: du hast verloren, du bist schuldig.

Wenn diese natürliche aber primitive Entscheidung das moderne Gewissen nicht mehr befriedigte, so war die gegebene Alternative ein echtes internationales Gerichtsverfahren als Ersatz für den Krieg, aber nicht ein Scheinverfahren, das nur die Rache maskieren sollte.

Der Plan scheiterte an der Abwesenheit des Angeklagten. Die Anregung, er solle sich in seiner gewohnten Rolle als Sündenbock selbst stellen, hatte ungleich der des Selbstmordes für ihn, wie er bemerkte, „viel Bestechendes", aber es ließen sich dieselben Einwände dagegen vorbringen. Das Spektakel einer pseudo-gerichtlichen Verurteilung Deutschlands war kaum etwas, das zu erleichtern er sich berufen fühlen konnte; während das in einer Selbststellung liegende Eingeständnis, daß irgendeiner in Deutschland gehängt werden müsse, sogar noch weniger angebracht war. Er untersagte das von seinem Sohne gemachte Anerbieten, sich als Vertreter Deutschlands einem Verfahren wegen „Kriegsverbrechen" zu stellen. Im Januar 1920 erhoben die Alliierten formelle Anklage und verlangten seine Auslieferung. Die holländische Regierung erklärte, sie habe den Friedensvertrag nicht unterzeichnet und die Ehre verböte es ihr, jemand, der in ihrem Lande Zuflucht gesucht habe, auszuliefern. Die Alliierten wiederholten ihre Forderung und beschwerten sich, daß er entkommen könne. Darauf wies die holländische Regierung ihm durch königliche Order einen Wohnsitz in der Provinz Utrecht an und bestimmte die Insel Wieringen als Aufenthaltsort für den Kronprinzen. Die Alliierten sagten nun, daß die Verantwortung auf Holland fiele, und damit hatte die Sache ein Ende.

Das Jahr, in dem über diese Frage debattiert wurde, war in Amerongen vergangen, ohne daß man eigentlich einen anderen Ausgang erwartet hatte. Trotzdem kam es vor, daß Auguste Viktoria aus dem Schlafe auffuhr und rief: „Sie kommen ihn holen!", und ehe nicht diese Sache vorüber war, schien es kaum der Mühe wert ein Haus zu kaufen. Amerongen war ein freundliches Refugium. Die Räume, die er bewohnte, waren mit märkischem Holz getäfelt, und den Graben füllte Wasser aus dem Rhein: „So haben mich wenigstens meine Bäume und mein Fluß nicht verlassen!" Wenn der Ausruf auch andeutete, daß manche seiner menschlichen Gefährten es getan hatten, so war doch niemals ein bitteres oder vorwurfsvolles Wort von ihm zu hören, und das fiel dem Grafen Godard besonders auf. „Von jenem Tage an bis heute", erzählte der Graf seiner Nichte, „ist niemals ein bitteres Wort gegen irgend jemand, Engländer oder Deutschen, über seine Lippen gekommen, mit der einzigen Ausnahme des Prinzen Max von Baden, von dem er sagte ‚Max von Baden hat mich hintergangen'." Er hätte Vorbilder genug gefunden, wenn er hätte ausfallend werden wollen. Für die Welt wurde von nun an sein Charakter von Ausländern gezeichnet, die ihn jetzt als Feind ihres Landes betrachteten, von Ministern, die sich reinwaschen wollten, von Hofbeamten, die irgendeinen persönlichen Groll hegten — und welcher Deutsche täte das nicht? —, und von Anhängern des neuen Regimes. Für seine Nicht-Wiederkehr zur Macht rächte sich Bülow nach seinem Tode durch Denkwürdigkeiten, die so erstaunlich erfindungsreich waren, daß man sie in Deutschland seine Denk-Unwürdigkeiten nannte. Fremde teilten dem Verbannten durch die Post mit, was sie über ihn dachten, und Geschichten von Greueln tauchten auf, deren Urheber er gewesen sein sollte, so daß er seine Gelassenheit nicht bewahren konnte und lange in der großen Galerie auf und ab lief.

Die Beschränkung seiner persönlichen Bewegungsfreiheit hatte aufgehört, aber jede Ausfahrt bedeutete Polizeischutz und Neugier des Publikums, so zog er es vor, sich zu Hause Bewegung zu machen und amüsierte die Welt dadurch, daß er anfangs die Öfen des Grafen Godard und dann seine eigenen mit Brennholz-Vorräten versorgte. Er machte sich nichts mehr aus Jagd und Kartenspiel. Gespräche, so glänzend und fesselnd wie immer, waren noch immer seine Erholung. Er fand Interesse an dem Leben um ihn herum, an den Sorgen des Dorfes, an den Enten, die bis ans Haus kamen, um sich füttern zu lassen, — kleine Wirklichkeiten, die sich einer Nachkriegsstimmung anpaßten.

Anfang 1920, als von der Auslieferung nicht mehr die Rede war, erwarb er Haus Doorn, das er im Mai bezog. Dem Orte Amerongen schenkte er beim Fortgehen ein kleines Krankenhaus, das mit den modernsten Einrichtungen versehen war, vor denen die Einwohner zunächst ein wenig Scheu hatten.

In Doorn starb Auguste Viktoria 1921 nach langer Leidenszeit. Der Choc des Selbstmordes ihres jüngsten Sohnes im Jahre vorher — er war, wie Niemann schrieb, „gebrochen" gewesen durch „die Schmach des Vaterlandes" und „die Unbarmherzigkeit des Lebens" — beschleunigte, was nicht mehr aufzuhalten war. Für ihr krankes Herz war seit einigen Jahren unbedingte Ruhe erforderlich gewesen, gerade zu einer Zeit, da Ruhe für sie unmöglich war. Sie hatte unter gewissen Erscheinungen der Revolution so gelitten, wie Frauen nicht um ihrer selbst willen leiden. Aber dieses Leiden hatte einen Untergrund, der nicht schmerzlich war. „Wir haben uns vorgenommen, alles gemeinsam zu tragen", hatte sie als Braut gesagt, und der Pakt war niemals gebrochen worden bis jetzt, wo sie ihn verlassen mußte, nachdem alle ihn verlassen hatten. Er sollte sehr bald wieder heiraten, hatte sie zu einer ihrer Damen, der Gräfin Brockdorff, gesagt.

Der einsame Winter in Doorn bestätigte denen, die um ihn waren, die Weisheit der Kaiserin. Die Welt würde Besseres über ihn gedacht haben, wenn er gleich seinem frommen Ahnherrn geantwortet hätte: *„Non, non, j'aurai des maîtresses!"* Mätressen waren aber nicht seine Gewohnheit, noch hätten sie ihm das geben können, was ihm so nötig war. Es traf sich aber so, daß ein eigenartiger Roman sich abspielen sollte.

Selbstverständlich schwärmten alle kleinen Schulmädchen in Deutschland in den neunziger Jahren für den jungen Kaiser. Auch die kleine Prinzessin Hermine Reuß, eine entfernte Kusine, schwärmte für ihn, was sie aber natürlich nicht davon abhielt, bald den Prinzen Schönaich-Carolath zu heiraten. 1922, als sie eine fünfunddreißigjährige Witwe mit fünf Kindern war, schrieb einer ihrer kleinen Söhne einen kindlichen Geburtstags-Glückwunschbrief an den Verbannten, der eine Einladung nach Doorn zur Folge hatte. Solche Legenden hefteten sich noch immer an Wilhelm von Hohenzollern, daß die Prinzessin Sorge hatte, ihre Kinder mitzunehmen, im Fall er doch etwa partiell geisteskrank sein sollte. Sie hatte manchmal gehört, wie andere auch, daß er ganz in Melancholie versunken sei und sich einen langen weißen Bart habe wachsen lassen, manchmal, daß er religiösem Wahnsinn verfallen sei. Sie heiratete ihn am 5. November 1922.

Die düsteren Presselegenden, die sich bald auch an seine zweite glückliche Heirat hefteten, waren eine Folge der seit seinem Sturze verbreiteten Ansicht, daß der Verbannte wahnsinnig oder melancholisch sein müsse und daß niemand es bei ihm aushalten könne. Er selber, der den Standpunkt des Auslands richtig einzuschätzen wußte, bemerkte, er werde in den Ententeländern angesehen als „der zweite Etzel der Weltgeschichte, der Träger brutalster Eroberungsgier, der autokratische Unterdrücker jeder freien Regung im deutschen Volke" — „gewissermaßen das Prinzip der Unkultur"[1]. Offenbar widersprach es jedem Schicklichkeitsgefühl, daß eine solche Persönlichkeit im Besitze inneren Friedens war. Wenn er sich noch im Recht glaubte, mußte er von Wut über die Ungerechtigkeit der Welt gepeinigt sein; oder wenn er sein Unrecht eingesehen hatte, von Gewissensqualen.

In Deutschland hatte nach seinem Sturze allmählich ein komischer Umschwung in der Meinung über ihn eingesetzt. Im Lichte der geöffneten Archive wurde erkannt, daß das Unheil, das als notwendige Folge seiner persönlichen Einmischung in die Politik und seiner Ideen über Kavallerie-Angriffe prophezeit worden war, in Wirklichkeit eine andere Ursache gehabt haben müsse. Ihn nun aber zu entlasten würde zu offensichtlichen Ungelegenheiten geführt haben. So wurde eine Theorie aufgestellt, deren Standpunkt das entgegengesetzte Extrem war, und er wurde nun als eine Art Turteltaube angesehen, die sich in eine allzu rauhe Welt verirrt hatte. Walther Rathenaus Schrift gab dieser neuen Vorstellung poetischen Ausdruck. Dort hatte sich sogar in der äußeren Erscheinung des Kaisers ein angemessener Wandel vollzogen; er bekam jetzt „eine zarte Haut", „weiße Hände", „kleine weiße Zähne" usw. Rathenaus Standpunkt war, die Monarchie sei etwas so Schlechtes, daß selbst ein Mann mit einem so unverderbbar guten Herzen durch seine Stellung zugrunde gerichtet und derart unter einer Glasglocke gehalten werde, daß ihm keine Möglichkeit für männliche Taten bleibe. Da es nun bewiesen war, daß er nicht der Tyrann seiner Minister gewesen war, so wurde er jetzt als ihr Werkzeug angesehen.

Auf das, was er selbst dazu zu sagen haben würde, wartete man hauptsächlich in der Hoffnung auf unterhaltende Indiskretionen.

Seine erste Veröffentlichung (1921) „Vergleichende Geschichtstabellen von 1878 bis zum Kriegsausbruch 1914" war eine Polemik, die den Zweck hatte, durch chronologisch dargestellte Tatsachen den Nachweis zu führen, daß alle internationalen Störungen seit 1878 von Deutschlands Feinden ausgegangen seien. 1922: „Ereignisse und Gestalten", in England in der farblosen Fassung „My Memoirs" erschienen. 1926: „Aus meinem Leben 1859—1888." Ein paar Jahre später eine Skizze der Geschichte des Hohenzollernhauses in einzelnen Lebensbildern, als Antwort auf die Leute, die sich bemühten seine Ahnen herabzusetzen.

[1] Niemann (b), S. 104.

Im Jahre 1922 erschien auch ein Buch von Oberstleutnant Niemann, dem „lieben, treuen Kameraden“ aus der Kriegszeit, der ihm auch in Doorn ein Begleiter wurde. Niemann hatte durch Fragen eine Reihe von viel methodischeren Selbstoffenbarungen erreicht, als sie Wilhelm jemals aufgezeichnet haben würde; dadurch wurde eine gedrängte Darstellung alles dessen ermöglicht, was allerdings auch der Gesamtheit seinen eigenen Schriften entnommen werden konnte. Ein jeder kann einen Freund dazu bringen, ein Buch zu schreiben, in dem er als ein Ausbund von Tugend und Erleuchtung hingestellt wird; für alle, die Wilhelms eigene Bücher gelesen hatten, konnte aber eine Hypothese, daß hier Unaufrichtigkeit obwalte, nicht bestehen. Er mochte dazu fähig sein, die Menschen waren ja immer von der Annahme ausgegangen, daß er unbeherrschtes Ungestüm mit abgrundtiefer Doppelzüngigkeit zu verbinden wisse; aber das konnte man doch nicht annehmen, daß sein Stil den Naturgesetzen Hohn spräche, und niemand kann etwas anderes als sich selbst niederschreiben. Was man sagt, mag ein Lügengewebe sein, aber die Art, wie man es sagt, wird immer die Wahrheit sein. Was Wilhelm in seinen Büchern und in seinen Gesprächen sagte, war ein Gewebe von unerwarteten Diskretionen; aber die Art, wie er es nicht sagte, ließ ein unbeschwertes Gewissen erkennen und einen Geist, dem, so glänzend er war, die Fähigkeit zur Verstellung fehlte: ein Gewissen und einen Geist, denen die Wahrheit leichter fiel als die Lüge und die Großmut leichter als der Schein der Großmut. Die schlichte, gerade und rasche Sprache, das ungestüme Hineinstürzen *in medias res,* die vorschnelle Zuversicht Glauben zu finden, die gelegentlichen unbefangenen Offenherzigkeiten, das schweifende Interesse am Leben und die unentwickelte Fähigkeit der Selbstbetrachtung, die völlige Vernachlässigung jedes Versuches, entgegengesetzten Anschauungen entgegenzukommen, und das schnelle Aufgehen in der Sache, die eigentümliche Gleichgültigkeit, halb Detachiertheit und halb Depeschenstil, bei Erörterungen, die jedem anderen unerträglich erschienen wären und Verlegenheit bereitet hätten — ein Kritiker, der bei Wilhelm die Art eines Machiavelli entdecken konnte, muß jedes mindesten Gefühls für Stil bar gewesen sein.

Die erste Enthüllung, daß er noch immer im Recht zu sein glaubte, konnte keine besondere Überraschung hervorrufen, da eine gegenteilige Meinung bei Autobiographen selten, wenn nicht unbekannt ist. Seine Beständigkeit ging jedoch viel weiter als das. Er glaubte noch, daß seine Regierung im Recht gewesen sei. Im allgemeinen machten es deutsche politische Memoirenschreiber einfach dem Leser klar, daß irgend jemand anderes, gewöhnlich Wilhelm, die Schuld an der Fehlerhaftigkeit der vergangenen Politik trüge und daß sie selbst stets die schrecklichen Resultate prophezeit hätten. Nicht einmal ihre Memoiren konnten seinen Glauben an sie erschüttern. Er hatte sein Leben als Monarch unter den Tugendhaften, den Glänzenden, den Arbeitsamen, den ernsthaften Vaterlandsfreunden zugebracht. Er unterschied seine Ansichten von den ihrigen nur in den großen Fällen angeblichen persönlichen Regiments, nicht um die Verantwortlichkeit abzulehnen, sondern um die Unverantwortlichkeit abzuleugnen. Auf die Politik, die er und sie also in voller Harmonie durchgeführt hatten, blickte er zurück als auf einen ehrlichen Versuch der Pflichterfüllung nach Grundsätzen, die für irrig zu halten er keinen Grund sah. So wie die Elemente nun einmal sind, ist nicht jeder Schiffbruch auf einen Fehler des Kapitäns zurückzuführen. Er hatte Gefahren kommen sehen und hatte gewacht und gewerkt, um ihnen auszuweichen, nach seiner besten Einsicht und seinem besten Vermögen, und war besiegt worden: ist das ein Grund, die Flagge und das eigene Gewissen zu wechseln? Er erhebe nicht den Anspruch, sich nie geirrt zu haben, sagte er zu Niemann, aber seine Aufgabe sei „übermenschlich schwer" gewesen.

Vermutlich hatte er vollkommen recht.

Es war nur natürlich, daß seine Regierung von deren Nachfolgern tadelnswerter Ziele und falscher Maßnahmen halber angegriffen wurde; es war notwendig, daß sie leidenschaftlich angegriffen wurde, denn die Kritiken hätten keiner nüchternen Prüfung standgehalten. Die Ziele seiner Regierung wären nicht geeignet gewesen, bei irgend jemand zwischen dem Extrem einer Maus und dem anderen Extrem eines wilden Stieres Anstoß zu erregen; ihre Maßnahmen unterlagen nicht mehr und nicht weniger als die meisten menschlichen Maßnahmen berechtigten Meinungsverschiedenheiten. Als ein Glied in der Kette der nationalen Entwicklung ohne Rücksicht auf den Krieg beurteilt, war ihre innere Politik ohne Frage erfolgreich. Sie hatte, besser als eine entschieden liberalisierende Regierung es gekonnt hätte, die beiden Elemente der Erhaltung und des Fortschritts in sich vereinigt, die erforderlich waren, um das lose gefügte Reich zu einer

Nation zu schweißen. Die persönliche Stellung des Kaisers war die eines ursprünglich zentralen und übergeordneten Mitgliedes gewesen, aber durch den Zeitgeist zu der eines bloß unabhängigen Mitgliedes mit in hohem Grade unbestimmten Rechten und Funktionen herabgemindert worden, und zwar in einer Maschinerie, die einer Autokratie zu dienen bestimmt gewesen und durch deren Verschwinden stark aus den Fugen geraten war. Die moderne preußische Krone war weder autokratisch noch machtlos und ihr Träger mußte sich völlig auf sein politisches Fingerspitzengefühl verlassen, um konstitutionell zu bleiben — und die Geschichte hat längst bewiesen, daß Wilhelm das geblieben ist — ohne sich der Gefahr auszusetzen, beiseite geschoben zu werden.

Was die auswärtige Politik anbelangt, so braucht man Deutschlands Bestrebungen und Erwerbungen nur mit denjenigen der anderen Mächte während des gleichen Zeitraums zu vergleichen, um zu erkennen, daß sie durchaus gemäßigt waren und Benckendorffs Zeugnis über ihren friedlichen Charakter verdienten; auch darin war Wilhelm ihr vernünftigster Vertreter gewesen. Er war ein Gegner ihrer hauptsächlichen Fehlgriffe in Einzelheiten gewesen; wären seine Ratschläge durchgedrungen, so hätte es keine Krüger-Depesche, keinen Tanger-Besuch, kein Algeciras, kein Agadir gegeben — es war schwierig, sein Bild ohne diese Perlen in seiner Krone neu aufzubauen. Man tadelte seine Persönlichkeit wegen des Argwohns und der Reizbarkeit, die von den internationalen Beziehungen unzertrennlich sind; und doch, wenn er den Versuch persönlicher Verhandlungen unternahm, so mußten seine Verhandlungsgegner, wie Haldane und der Zar, von ihren entsetzten Freunden aus dem Bereich seines versöhnenden Einflusses geschleppt werden. Es ist nachweisbar, daß die Ursache des wirklichen Fehlschlages seiner auswärtigen Politik, des Fehlschlages einer Verständigung mit England, nicht seine vielgetadelte Flotte war; in keiner anderen Hinsicht ist er aber auch von seinen Ministern so wenig unterstützt worden, hat er bei seinem Volke so heftige Gegnerschaft gefunden. Man könnte ihn in der Tat den einzigen ernsthaften Befürworter stetiger englandfreundlicher Politik oder einer englisch-deutschen Verständigung nennen; ihn wegen des Verderbens zu verdammen, das die Folge von Englands Gegengewicht in der Waagschale der Macht war, hieß also den Vorwurf erheben, daß er seiner Regierung, seinem Lande und Europa nicht ein unwiderstehliches persönliches Regiment auferlegt habe.

Der Grund, weshalb die Systeme, die wir dulden und aufrechterhalten, nicht einsichtsvoller beurteilt werden, ist darin zu suchen, daß wir unser geringes Maß von Intelligenz darauf verwenden, die Männer, die das Opfer dieser Systeme sind, anzuklagen. Noch heute sind wir Anthropomorphisten wie unsere frühesten Vorfahren, noch heute halten wir daran fest, daß die Kräfte, die unsere internationalen Tragödien verursachen, persönliche menschliche Gestalt tragen. Solange Deutschland Wilhelm II. für einen phänomenalen Stümper hält, solange wir ihn für einen gekrönten Schurken halten, der das internationale Arkadien mit seinen unmoralischen oder wahnwitzigen ehrgeizigen Bestrebungen gestört habe — so lange wird es nicht möglich sein, aus seiner Geschichte eine fruchtbare Nutzanwendung zu ziehen. Dann bietet sie uns nichts als das süße Gift der Selbstzufriedenheit und der Zufriedenheit mit den äußerst unbefriedigenden Tatsachen. Wenn wir uns bereit finden werden, in ihm einen ehrlichen, fähigen, intelligenten Herrscher zu sehen, der das bestehende System so wie er es vorfand übernommen und das beste daraus zu machen versucht hat, dann werden wir in der Lage sein, aus dem Experiment Vorteil zu ziehen, das sich vor unseren Augen abgespielt hat. Das erste Metall, das in der Ära des Weltfriedens aus den eingeschmolzenen Kanonen gewonnen wird, sollte in eine Statue Wilhelms von Hohenzollern gegossen werden wegen seiner Verdienste um die Menschheit, die er sich dadurch erworben hat, daß er in seiner Person, in einem Augenblick, als die Frage in der Luft lag, die Nutzlosigkeit einer Versicherung gegen Untergang im Kriege während des gegenwärtigen Zustandes der Völkergesellschaft dargetan hat.

Hätte Wilhelm die Nachkriegswelt als Herrscher eines wenn auch ruinierten Deutschland erlebt, so verbürgte seine ganze Vergangenheit, daß er sich lebhaft auf die neuen Gedanken einer Welt-Einigkeit geworfen haben würde, die er selbst ausgesonnen hatte. Verlorenem nachzuweinen ist nicht Hohenzollernart, und Vergangenes ist nach seiner robusten Philosophie eben Vergangenes. Allerdings betrachtete Wilhelm den Frieden von Versailles als ein schreiendes Unrecht — „man soll indessen nicht pharisäisch sein; bis zu einem gewissen Grade ist nach einem Weltringen um Leben und Tod die Überspannung der Bedingungen durch den obsiegenden Teil eine natürliche Folge des befreienden Gefühls, der Todesgefahr entronnen zu sein"[1]. Er fand, daß die Entente Deutschland den Krieg aufgezwungen habe, aber er fuhr fort, die Art des Verfahrens vor den englischen Polizeigerichten zu bewundern, und bewahrte die angenehmsten Erinnerungen an Besuche in England. Er ließ sich nie soweit herab, die Revolution als eine Sache persönlichen Grolles für sich selbst zu behandeln, kaum als eine Ungehörigkeit an sich, insofern sie das Ergebnis „ehrlicher Überzeugung" war. Der Zeitpunkt nur machte sie zu einem „Verbrechen gegen das Volk"; was aber verwerflich gewesen war, das war die jahrelange Aufhetzung, die zu Resultaten führte, über welche die Volksführer selbst keine Macht hatten[2]. Er ermunterte diejenigen, welche ihm treu waren, die republikanische Regierung zu stützen, deren Verfassung er allerdings als überzentralisiert ansah, denn sie schien ihm der organischen Wurzeln in den deutschen föderalistischen Eigentümlichkeiten zu entbehren, während er sich „grundsätzlich" jeder Kritik der Maßnahmen der Regierung enthielt.

Bei der Verlängerung des Gesetzes zum Schutze der Republik im Jahre 1929 fiel die Verbannungsklausel. Der Kronprinz war schon längst nach Deutschland zurückgekehrt. Wilhelm, der selbst in Doorn die Preßphotographen mit Stacheldraht aussperren mußte, gab sich nicht dazu her, Deutschland als eine Art Museumstück aus den schlechten alten Zeiten zu bewohnen. Er glaubte, die Geschichte werde seinen Motiven Gerechtigkeit widerfahren lassen, aber „die anfängliche Vertuschung und Entstellung der Vorgänge" sei für die Lebenden „niemals wieder gut zu machen"[3]. Er nahm die Tatsache mit einem Gleichmut hin, der die zweite und am wenigsten erwartete Selbstoffenbarung war. Sogar Niemann hatte vermutet, in Amerongen einen „schicksalsgebeugten, verbitterten Menschenfeind" zu finden. Er hatte nicht an den Glauben gedacht, den Eulenburg fatalistisch genannt hatte. Gott weiß, wie Wilhelm es einfach ausdrückte, was er tut; Deutschland habe eine friedliche Mission auf der Welt und werde wieder aufsteigen[4]. Kein persönlicher Groll trübte das standhafte, treue Herz, das kein Mitleid mit sich selbst kannte und seine eigene Frage, ob er anders hätte handeln[5] können oder

[1] Wilhelm (a), S. 284.

[2] Ebenda, S. 288—289.

[3] Niemann (b), S. 103.

[4] Wilhelm (a), S. 287, 289—290.

[5] Niemann (b), S. 130.

müssen, mit einem festen Nein beantwortete. „Denen, die im Unglück zu mir stehen, wie einst im Glück, bin ich dankbar. Die, die sich aus ehrlicher Überzeugung gegen mich stellen, kann ich achten", und im übrigen: „Ihnen wird es nicht gelingen, mich von den Deutschen zu scheiden." Von denen, die sich von ihm gewandt hatten, konnte er gleich einem anderen gestürzten König sagen[1]: „Obwohl sie meine Königreiche auf Erden für zu klein erachten, um sie und mich gleichzeitig zu tragen, lasse doch das weite Reich deiner unendlichen Gnade endlich sowohl mich wie meine Feinde aufnehmen. Möge mein Volk glücklich sein, wenn nicht durch mich, dann ohne mich."

[1] König Karl I. von England, Eikon Basilike. D. Übers.

Schrifttum

ALTER DIPLOMAT, EIN: Wilhelm II. (Zürich, 1904.)

AYME, F.: Education Impériale.

BADEN, PRINZ MAXIMILIAN VON: Erinnerungen und Dokumente. (Berlin, 1927.)

BELGISCHE AKTENSTÜCKE, 1905—1914.

BENTINCK, LADY NORAH: The Ex-Kaiser in Exile. (London, 1921.)

BETHMANN HOLLWEG, T. VON: Betrachtungen zum Weltkriege. (Berlin, 1919.)

BIGELOW, P.: (a) Prussian Memories. (London, 1916.)

— — (b) Seventy Summers. (London, 1925.)

BISMARCK, FÜRST: Gedanken und Erinnerungen. (3 Bde., Stuttgart, 1898 und 1919.)

BLÜCHER, FÜRSTIN: An English Wife in Berlin. (London, 1920.)

BLUM, H.: Bismarck und seine Zeit. (München, 1894.)

BOGHITSCHEVITSCH, M. (Zürich, 1919.)

BONNEFON, J. DE: Drame Impériale. (Paris, 1888.)

BORNHAK, C.: Deutsche Geschichte unter Kaiser Wilhelm II. (Leipzig, 1921.)

BRITISH DOCUMENTS ON THE ORIGINS OF THE WAR 1898—1914, edited by G. P. Gooch and Harold Temperley.

BUSCH, M.: Bismarck; some secret pages of his history. (London, 1898.)

CZERNIN, GRAF O.: Im Weltkriege. (Berlin und Wien, 1919.)

DAVIS, A. N.: The Kaiser I knew. (London, 1918.)

DILLON, E.: The Eclipse of Russia. (London and Toronto, 1918.)

EARDLEY-WILMOT, ADMIRAL: Brief in „The Times", 19. Juni 1924.

ECKARDSTEIN, FRHR. H. VON: Ten Years at the Court of St. James. (London, 1921.)

ECKHARDT, J.: Aus den Tagen von Bismarcks Kampf gegen Caprivi. (Leipzig, 1920.)

„EPPINGHOEVEN, GRÄFIN": Private Lives of William II and his Consort. (1903.)

EPPSTEIN, G.: Fürst Bismarcks Entlassung. (Berlin, 1922.)

EULENBURG-HERTEFELD, FÜRST PHILIPP ZU: Aus 50 Jahren. (Berlin, 1923.)

FREYTAG, G.: Der Kronprinz. (Leipzig, 1889.)

FRIED, A. H.: The German Emperor and the Peace of the World. (London, 1912).

GERARD, J. W.: My Four Years in Germany. (London, 1917.)
GERHARDT, ETC.: La Maladie de Frédéric III. (Paris, 1888.)
GOOCH, G. P.: (a) History of Modern Europe, 1878—1919. (London, 1924.)
— — (b) Germany (The Modern World Series). (London, 1925.)
GRADENWITZ, O.: Bismarcks letzter Kampf. (Berlin, 1924.)
GREY OF FALLODEN, LORD: Twenty-five Years. (London, 1925.)
GROSSE POLITIK DER EUROPÄISCHEN KABINETTE 1871—1914, DIE. (Sammlung der diplomatischen Akten des Auswärtigen Amtes. Berlin, 1922—1926.)
GUICHARD, LIEUT. L.: The Naval Blockade. (London, 1930.)
HALDANE, LORD: Before the War. (London, 1920.)
HALLER, J.: Aus dem Leben des Fürsten Philipp zu Eulenburg-Hertefeld. (Berlin, 1924.)
HAMILTON, LORD FREDERIC: Vanished Pomps of Yesterday. (London, 1919.)
HAMMANN, O.: (a) Der neue Kurs. (Berlin, 1918.)
— — (b) Um den Kaiser. (Berlin, 1919.)
— — (c) Bilder aus der letzten Kaiserzeit. (Berlin, 1922.)
— — (d) Zur Vorgeschichte des Weltkrieges. (Berlin, 1918.)
— — (e) Der mißverstandene Bismarck. (Berlin, 1921.)
HERMINE, KAISERIN: Days in Doorn. (London, 1928.)
HERTLING, GRAF, K.: Ein Jahr in der Reichskanzlei. (Freiburg i. B., 1919.)
HINZPETER, G.: Kaiser Wilhelm II., eine Skizze nach der Natur. (1888.)
HOHENLOHE-SCHILLINGSFÜRST, FÜRST CHLODWIG ZU: Denkwürdigkeiten. (Stuttgart, 1906.)
HOUSE, COL. W.: Intimate Papers. (Boston, New York und London, 1926—1928.)
HULDERMANN, B.: Albert Ballin. (London, 1922.)
KAUTSKY, K.: Die deutschen Dokumente zum Kriegsausbruch. (Berlin, 1919.)
KERR, ADMIRAL SIR M.: Land, Sea and Air. (London, 1927.)
LAMPRECHT, K.: Der Kaiser. (Berlin, 1913.)
LEE, SIR SIDNEY: King Edward VII. (London, 1925.)
LEHMANN AND MINGOS: The Zeppelins. (London, 1928.)
LICHNOWSKY, FÜRST: Heading for the Abyss. (London, 1928.)
LIMAN, P.: Kaiser Wilhelm II. (Leipzig, 1909.)
LOREBURN, LORD: How the War Came. (London, 1919.)
MACKENZIE, SIR MORELL: Frederick the Noble. (London, 1888.)
MAHAN, CAPT. A. T.: Armaments and Arbitration. (1912.)
MAJOR, H. D. A.: Life and Letters of William Boyd Carpenter, Bishop of Ripon. (London, 1925.)
MARGUTTI, FRHR. A. VON: Kaiser Franz Joseph. (Wien-Leipzig, 1924.)

MASSOW, W. VON: Die deutsche innere Politik unter Kaiser Wilhelm II. (Berlin, 1913.)
MEHRING, F.: Geschichte der deutschen Sozialdemokratie. (Bremen, 1878.)
MOLTKE, H. VON: Erinnerungen. (Stuttgart, 1922.)
MORLEY, J.: (a) Memorandum on Resignation, August, 1914. (London, 1927.)
— — (b) Life of Gladstone. (London, 1906.)
MUEHLON, Dr.: Diary. (London, 1918.)
MÜLLER, E.: Weltkrieg und Völkerrecht. (Berlin, 1915.)
MULLINS, C.: The Leipzig Trials. (London, 1921.)
NICOLAI. OBERST W.: The German Secret Service. (London, 1924.)
NIEMANN, OBERSTLEUTNANT A.: (a) Kaiser und Revolution. (Berlin, 1922.)
— — (b) Wanderungen mit Kaiser Wilhelm II. (Leipzig, 1924.)
PAGET, WALBURGA LADY: In my Tower. (London, 1924.)
PHILIPPSON, M.: Kaiser Friedrich III. (Wiesbaden, 1908.)
PLESS, FÜRSTIN VON: Daisy, Princess of Pless, by Herself. (London, 1928.)
RATHENAU, WALTHER: Der Kaiser. (Berlin, 1919.)
REISCHACH, FRHR. VON: Unter drei Kaisern. (Berlin, 1925.)
RENOUVIN, P.: Les Origines Immédiates de la Guerre. (Paris, 1925.)
REVENTLOW, GRAF E.: Kaiser Wilhelm II. und die Byzantiner. (München, 1906.)
ROSNER, K.: Der König. (Stuttgart und Berlin, 1921.)
RUSSELL, BERTRAND: Justice in War Time. (London, 1916.)
RUSSELL, LT.-COL.: Reminiscences of the German Court. („The Fighting Forces“, März 1924.)
SCHOEN, FRHR. VON: Erlebtes. (Stuttgart und Berlin, 1921.)
SCHRÖDER: Ein Tagebuch Kaiser Wilhelms II. (Breslau, 1903.)
SCHWARZSEHER, EIN: Kaiser Wilhelm II. und die Schwarzseher. (Freiburg i. B., 1919.)
SCOTT, J. B.: Blue Books, etc., of all Nations on the War.
SETON-WATSON, A. W.: Sarajevo. (London, 1926.)
SIEBERT: Diplomatische Aktenstücke zur Geschichte der Ententepolitik der Vorkriegsjahre. (Berlin, 1921.)
SPENDER, J. A.: Campbell-Bannerman. (London, 1923.)
STEIN, A.: Wilhelm II. (Leipzig, 1909.)
STIEVE, F.: Der diplomatische Schriftwechsel Isvolskys, 1911—1914. (Berlin, 1924—1925.)
STÜRGKH, GRAF: Im Deutschen Großen Hauptquartier. (Leipzig, 1921.)
SWAYNE, LT.-COL.: Brief in „The Times“, 14. Juni 1924.
TIRPITZ, ADMIRAL VON: Erinnerungen. (Leipzig, 1919.)
TOPHAM, ANNE: (a) Memories of the Kaiser's Court. (London, 1914.)

TOPHAM, ANNE: (b) Memories of the Fatherland. (London, 1916.)
— — (c) Chronicles of the Prussian Court. (London, 1926.)
VICTORIA, KAISERIN FRIEDRICH: Letters. (London, 1928.)
VICTORIA, QUEEN: Letters.
WALDERSEE, FELDMARSCHALL GRAF VON: Denkwürdigkeiten. (Stuttgart, 1922.)
WATERS, BRIG.-GEN.: Past and Present. (London, 1928.)
WILHELM II., KAISER: (a) Ereignisse und Gestalten. (Leipzig und Berlin, 1922.)
— — (b) Aus meinem Leben. (Leipzig und Berlin, 1927.)
WILHELM, KRONPRINZ: Erinnerungen. (Berlin, 1922.)
ZECHLIN, E.: Staatsstreichpläne Bismarcks und Wilhelms II. (Stuttgart, und Berlin, 1929.)
ZEDLITZ-TRÜTZSCHLER, GRAF R.: Zwölf Jahre am Deutschen Kaiserhof. (Stuttgart und Berlin, 1924.)

Register

F

Z

Bitte beachten Sie
folgende Seiten

Friedrich Wilhelm
Prinz von Preußen

Das Haus Hohenzollern 1918-1945

Teil I

Die Hohenzollern
und
die Weimarer Republik

Teil II

Die Hohenzollern
und
die nationalsozialistische Bewegung

Teil III

Die Hohenzollern
und
die Nationalsozialisten im Konflikt

Langen Müller

Louis Ferdinand Prinz von Preußen

Im Strom der Geschichte

Langen Müller

Langen Müller

Viktoria Luise

Tochter des Kaisers

Im Strom der Zeit

Langen Müller

Langen Müller